珍藏本
纪念版

汉译世界学术名著丛书

制度经济学

下册

〔美〕康芒斯 著

于树生 译

2017年·北京

John R. Commons
INSTITUTIONAL ECONOMICS
ITS PLACE IN POLITICAL ECONOMY
THE MACMILLAN COMPANY
NEW YORK, 1934
本书根据麦克米伦公司纽约 1934 年版译出

汉译世界学术名著丛书
（120年纪念版·珍藏本）
出 版 说 明

2017年2月11日，商务印书馆迎来120岁的生日。120年前，商务印书馆前贤怀揣文化救国的理想，抱持“昌明教育，开启民智”的使命，立足本土，放眼寰宇，以出版为津梁，沟通中西，为中国、为世界提供最富智慧的思想文化成果。无论世事白云苍狗，潮流左右激荡，甚至战火硝烟弥漫，始终践行学术报国之志，无改初心。

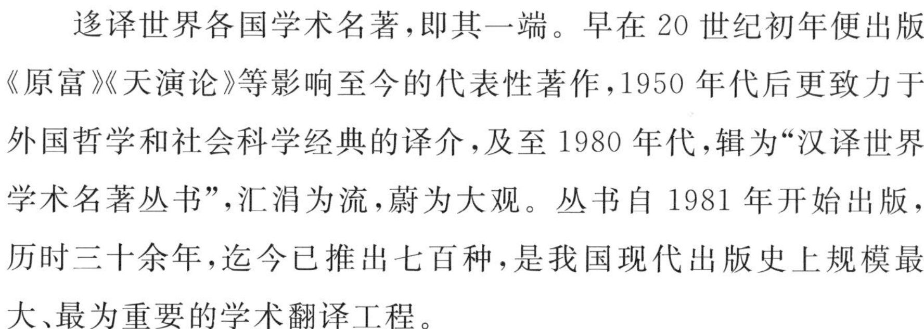

迻译世界各国学术名著，即其一端。早在20世纪初年便出版《原富》《天演论》等影响至今的代表性著作，1950年代后更致力于外国哲学和社会科学经典的译介，及至1980年代，辑为“汉译世界学术名著丛书”，汇涓为流，蔚为大观。丛书自1981年开始出版，历时三十余年，迄今已推出七百种，是我国现代出版史上规模最大、最为重要的学术翻译工程。

丛书所选之书，立场观点不囿于一派，学科领域不限于一门，皆为文明开启以来，各时代、各国家、各民族的思想与文化精粹，代表着人类已经到达过的精神境界。丛书系统译介世界学术经典，引领时代思想，为本土原创学术的发展提供丰富的文化滋养，为推动中国现代学术和现代化进程做出了突出的贡献。

为纪念商务印书馆成立120周年，我们整体推出“汉译世界学术名著丛书”120年纪念版的珍藏本，寄望既利于文化积累，又便于研读查考，同时向长期支持丛书出版的译者、编者和读者致以敬意。

两甲子后的今天，商务印书馆又站在了一个新的历史时间节点上。我们不仅要铭记先辈的身影和足迹，更须让我们的步伐充满新的时代精神。这是商务人代代相传的事业，更是与国家和民族的命运始终紧密相连的事业。我们责无旁贷，必须做好我们这代人的传承与创造，让我们的努力和成果不仅凝聚成民族文化的记忆，还能成为后来人可以接续的事业。唯此，才能不负前贤，无愧来者。

商务印书馆编辑部

2017年10月

目　次

第九章　未来性 …… 1

Ⅰ 债务的流通性 …… 1

1. 债务和商品 …… 1

2. 债务市场和债务金字塔 …… 7

3. 财产和财产权 …… 8

4. 有形体的、无形体的、无形的财产 …… 15

(1) 时间和时间的尺度 …… 15

(2) 辩护和经济学 …… 22

(3) 义务和债务，权利和债务 …… 24

(4) 交换性 …… 29

(5) 信用的双重意义 …… 31

(6) 无形的财产 …… 38

(7) 从有形体的到无形的财产 …… 41

(8) 商品市场和债务市场 …… 43

(9) 贴现和利润 …… 48

a. 两种价格 …… 48

b. 两种制造品 …… 49

c. 商品价格和短期价格 …… 50

d. 英格兰银行 …… 54

(10) 从心理经济学到制度经济学 …… 58

(11) 债务市场的分开 …… 64

a. 货币和资本 …… 64

b. 资本收益和银行利率 …… 74

(a)制造家还是商人？ …… 76

(b)储蓄和储蓄的市场价值 …… 77
c. 从单一的因果关系到复合的因果关系 …… 80
Ⅱ 债务的解除 …… 80
Ⅲ 债务的创造 …… 98
Ⅳ 债务的稀少性 …… 111
1. 硬币的稀少性 …… 111
2. 资本和资本物品 …… 115
3. 等待的稀少性 …… 130
Ⅴ 利息和利润贴现(或折扣) …… 137
Ⅵ 交易的货币和价值制度 …… 141
Ⅶ 利润的边际 …… 160
1. 利润的份额 …… 163
(1) 消费和储蓄 …… 167
(2) 股利迟延 …… 169
(3) 销货迟延 …… 172
2. 销货预测 …… 174
3. 就业迟延 …… 186
4. 供给和需求 …… 190
(1) 消费者的供求法则 …… 190
(2) 商业的供求法则 …… 192
5. 边际 …… 198
(1) 总收入和销货总额 …… 203
(2) 营业边际 …… 203
(3) 损益边际 …… 207
(4) 应税边际 …… 210
(5) 财务边际 …… 214
(6) 价格边际 …… 217
(7) 利润垫层 …… 224

(8) 既得权利和利润边际 …… 226
(9) 边际与生产成本 …… 228
(10) 时间顺序和伸缩性 …… 230
(11) 结论 …… 232
Ⅷ 世界范围的偿付社会 …… 233
1. 长期利率和物价 …… 234
2. 短期利率和物价 …… 239
3. 从边际生产力到资本收益 …… 242
4. 公开市场利率和顾客的利率 …… 252
5. 风险折扣——负债过多和萧条 …… 254
6. 实验的尝试 …… 256
7. 战争循环 …… 257
8. 自动的和管理的复苏 …… 258
Ⅸ 社会 …… 259
1. 从成本到份额 …… 259
2. 整体和它的部分 …… 266
(1) 机械结构、有机体、机构 …… 266
(2) 重复的速度 …… 269
3. 关键的和一般的交易 …… 277
(1) 效率 …… 277
(2) 稀少性 …… 280
(3) 机构 …… 283
第十章 合理的价值 …… 302
Ⅰ 凡勃伦 …… 302
1. 从有形体的到无形的财产 …… 302
2. 从财富的增殖到观念的增殖 …… 310
3. 从管理的交易到买卖的交易 …… 328
4. 时间之流和时间的经过 …… 330

Ⅱ 从个人到制度 …… 334
Ⅲ 从自然权利到合理价值 …… 338
Ⅳ 统治权 …… 342
1. 行政权 …… 343
2. 立法权 …… 343
3. 司法权 …… 344
4. 分析的和机能的法律和经济学 …… 352
(1) 力 …… 353
(2) 稀少性 …… 356
Ⅴ 习惯的假设 …… 357
Ⅵ 理想的典型 …… 381
1. 教育的理想典型 …… 387
2. 宣传家的理想典型 …… 391
3. 科学的理想典型 …… 396
4. 伦理的理想典型 …… 408
Ⅶ 集体行动 …… 416
1. 政治 …… 417
(1) 人物、原则、组织 …… 417
(2) 管辖 …… 422
(3) 限额 …… 423
a. 程序 …… 423
b. 经济的后果 …… 429
c. 辩护 …… 431
2. 商业资本主义、工业资本主义、金融资本主义——产业的阶段 …… 433
3. 稀少、丰裕、稳定——经济的阶段 …… 442
(1) 竞争 …… 442
(2) 差别待遇 …… 450

4. 物价 …………………………………………………………… 459
5. 课税的警察权力 ………………………………………………… 477
(1) 私人效用和社会效用 ………………………………………… 477
(2) 地基、成本、预期 …………………………………………… 481
(3) 课税原则……………………………………………………… 487
(4) 静态和循环 …………………………………………………… 508
6. 意外事故和失业——保险和预防 ………………………………… 515
7. 人格和集体行动 ………………………………………………… 551
第十一章 共产主义、法西斯主义、资本主义………………………… 553
译名对照表…………………………………………………………… 585

第九章　未来性

Ⅰ　债务的流通性

1. 债务和商品

政治经济科学在十八世纪开始出现时，和当时占优势的认为人类原来是自由的和有理性的学说相一致。卢梭在他的名著《社会契约论》(1762 年)里，通俗化了这种学说。人原来是自由的，而政府使他变成奴隶。人也是有理性的生物，只要能自由，就会按照理性行动。这是独立宣言和法国革命的理论。它始终是古典派、乐观主义者和心理学派的主要假设。他们的理论的基础是一个绝对自由的个人，他了解自己的利益，如果让他自由行动，所有一切行动的总和自会是利益的协调。

这些自由和理性的学说在推翻君主专制、废除奴隶制和建立普及教育上造成了非常重大的结果。可是，那不是因为这些学说在历史上是真实的——而是因为它们树立了未来的理想。从历史上说，比较正确的说法是绝大多数的人生活在一种解除不了的负债状态中，自由是由于逐渐代以可以解除的债务而实现的。从历史上说，比较正确的说法是像马尔萨斯所说的那样，人类原来是一种具有情欲的和愚蠢的生物，对于他们，自由和理性是一个道德品格慢慢进化以及由政府执行纪律的问题。

由于现代历史研究的发展，特别是由于获得现代社会学、人类学和法学史的帮助，人们可能完全改变十八世纪关于一种原始的自由和理性状态的幻想，说明怎样通过实际的可是受到反抗的步骤，根据从属阶级的习惯和目的，可以解除的债务变成为现代资本主义的基础。政治经济学变成不是个人自由的科学，而是一种有关债务的创造、流通性(negotiability)、解除和稀少性的科学。

我们现在称为商人阶级的那种人，他们买进和卖出、雇用和解雇、借入和贷出，并且因为握有对产业的合法控制权，现在是其他各种人的"发款员"。这些人原先是奴隶、农奴或者小贩，没有公民的权利，而只靠封建领主和君王是否愿意和能够赐予和委派给他们一些特殊权利。他们最想望的权利是自治，就是集体控制他们自己的成员，不受到封建领主的专横暴力。有了这种集体的自由，他们就可能建立自己的法庭，制定自己的规则，用来判决他们自己之间的争执。

这样就产生了商人基尔特[①]和商业习惯法，然后又产生了同业行会；通过这些东西，适宜于买卖、制造和国外贸易的契约和习惯就由它们自己的法庭发展和实施起来了，很像我们现今在商事仲裁和劳动仲裁中所看到的那样。

可是，商人和制造家所需要的不仅是不受任意的干扰——他们也需要君主所创立的法庭的帮助，以便实施他们的契约和习惯，正如提倡商事仲裁的运动现在正争取立法规定，要法庭执行他们自己的仲裁庭所作出的裁定一样。这后一运动是四百年前在英国法庭中开始发生的那种情况的再现，美国法庭的习惯法方法就是起源于那种情况。

在十六世纪以前，买卖行为比较少。买卖只限于市集和商业村

① 商人基尔特，向国王献金而获得商业独占权的商人组织。——译者

镇。只有地主和富人能订立契约，习惯法法庭会保证它的执行。这种人高于别人一等的特别标志在于他们各有一种印信，可以用火漆盖在冗长的文件上，作为他约定偿付的证据。那叫做“盖印契约”。这种交易需要时间和郑重的手续。今天在房地产的出卖和抵押中它仍然存在，虽然在发源于澳大利亚的托伦斯制度下，连这种手续都被取消了，代以一种类似汽车所有权登记的简单的登记制度。

可是，买卖商品的商人没有闲暇、财富或政治权力。他们的“口头的”或者没有盖章的契约不能一律在法庭上执行。但在十六世纪中，他们成了不可少的、有势力的人物。法庭现在必须想法执行他们的成百成千的契约。经过若干年的实验以后，聪明的法律工作者发明了一种简单的假设，认为一件交易的当事人的心中一定有这种假设的情况。这种假设认为商人无意于掠夺、窃取或欺骗，他们只是想做正当的事情。这意味着，如果一个商人实际把一种商品交给另一个人，有意使他成为这一商品的所有者，那另一个人就有意付给代价。即使没有提到价格，他也准备偿付恰当的代价。他承担了偿付的义务。

这是“口头的”契约，或者不如说，行为的契约。自从有“欺诈律”以来，它只限于小额的契约。然而，它仍然存在于证券交易所的规章里，在交易所中，价值百万的财产在几分钟内仅仅凭发狂似的经纪人的手势所有权就发生了转移，其契约由交易所本身执行，虽然必须有书面的证据才能在法庭上执行。当一个监工接受一个工人的产品，或者接受一个供给者的原料时，公司方面就有意偿付代价。现在我们认为这种意图是当然的，是一种自然法则；可是它是四百年前法律家的发明。商品的接受就造成一种法律上的负债，尽管在心理上也许并没有想要偿付的意思。

可是，对商人来说，这还不够。他们还需要可以买卖债务的法律上的权力。法律家费了整个十七世纪的时间才完全发现债务的流通性。商人所需要的是把他们的债权变成货币。在早期的历史上，货币仅仅是一种计算上的货币，像希腊所用的牛；后来它变成一种金属的商品。后来，国王们在金属上标以印记，使它成为纳税和偿付私人债务的合法手段。铸币于是就不再是商品。它成为一种制度，就是"法币"，偿付公私债务的共同手段。

因此必须赋予铸币两种属性，以便使它和商品有所区别。这些属性又是法律家的发明。一种是流通性，另一种是可以解除债务的属性。

如果一个诚实的商人在卖货时从一个窃贼手里收到他偷来的钱，这些货币就变成那商人的财产，全世界都不能干涉他，包括那被偷的人在内。那窃贼取得了惊人的法律上的权力，使他对原来不属于他的东西有了完整的权利。这就是流通性的意义。必须将可转让性和流通性区别清楚。一个人转移给另一人的东西，不能超过他自己所有的权利。他只能转让他的"平衡法上的权利"——买方仍然对这项财产上的任何留置权负责。这是可转让性。可是，买进所谓商品——即铸币——的"买方"，也就是卖出货物的卖方，对于货币却取得完全的权利，没有任何义务要为他的占有权提出证据。这是流通性。因此，铸币和金银块不同，甚至和外国钱币不同，外国钱币在输入的国家里不是法币。金银块或者外国钱币可能被偷去卖掉，但是，可以被合法所有人收回。货币可能被偷去，如果由卖货人在老老实实的交易中作为"货款"收进，那就不能由原失主收回。那失窃的原主只能控诉其他有关的人，要求赔偿损失。

因此，如果要使商人的债务像货币一样，就必须使债务也可以流通。这里有另一种困难作为障碍。契约曾被认为是一种履行诺言的义务，但只以对契约的另一方为限。这是一种个人的问题。工作之约[1]，婚姻之约，至今还不能卖给一个第三者。假如以契约的自由为借口，那岂不是奴隶制、劳力偿债制或者蓄妾制。可是，一种有一定数目和一定日期的偿付法币的契约，为什么不可以卖给第三者换取货物，虽然那货币还不存在？人们不仅费了十七世纪而且费了以后的几个世纪才发明了方法，使得这种契约可以转让。结果，"可转移的票据"法成为法律上的一套办法，这些办法把货币的预期变成了货币本身。[2]

在发展债务流通性的这一段长时期的同时，由自然权利到私有财产的观念也在发展着。直到 1689 年的革命把统治权和财产分开以后，这种权利才在英国生效。只要统治者对臣民的生命财产有任意处置的权力，就不可能存在什么不可侵犯的财产权；像我们在费尔默和洛克的辩论中所看到的那样，不管人们认为这种权利多么"自然"或"神圣"。

可是，又经过一百五十年之久，财产权本身包含商品的两种矛盾的意义，即有形的物质和物资的所有权。古典经济学家的卓越的著作之所以调和一致，完全是因为他们本身内含的矛盾是看不出的。直到 1840 年至 1860 年二十年中，从正统学派的这种基本矛盾中产生四派非正统的经济学家时，这一矛盾才显得很突出。普鲁东把这种矛盾转换为无政府主义，马克思把它变成共产主义，凯雷和巴斯夏把它变成乐观主义，可是，麦克劳德采取了商品所有权那方面的意义，把商品的物质的意义放在生产论和消费论里面去。

这种商品的双重意义，一直是既有通俗的意义，又有经济学家的意义。商品是一种可买可卖的有用的东西，可是，当它正被使用

① 除了不能替代的劳动，例如演员和棒球球员。

② 康芒斯：《资本主义的法律基础》，第 235—261 页。

时(不管是用于生产或者用于消费),却不是商品。它在这时候只是物资——包括土地、设备、生产过程中的半制成品,或者最终消费者手里的消费资料。只有在市场上,它才是商品。

麦克劳德所做到的是创立一种在市场上可以出卖的“经济量”的概念,用它替代古典经济学家的物质资料。这种经济量他称为“债务”,相当于法律上的“义务”之经济名词。这“经济量”的概念对经济学家们显得非常奇怪,以致他们不能了解,可是,我们发现它的意思等于现代“资本”的意义。这种现代的意义本质上是一种法律的概念,因为它完全以所有权为基础。它使古典经济学家感到稀奇,是由于它包含“未来性”作为它的一面,同时也包含老派经济学家们的使用价值和稀少性价值。然而,未来性是商品的所有权方面的要素,他们以前认为这是当然的。

因此,在作为法律家的麦克劳德看来,人们通过让与和取得的合法程序所买卖的不是物资,而是物资的所有权。因此,任何所有权(不是所占有的物资)都是一种“商品”。一种所有权是物质的东西的所有权——有形体的财产。另一种是债务的所有权——无形体的财产。两种所有权因此都是“商品”,因为两者都能让与和取得,一种在商品市场上,另一种在债务市场上。

这样,麦克劳德这第一个法律家和经济学家,在 1856 年是第一个形成一种债务市场观念的人。他在一项概括的原则里,把商品市场上所有权的交换和债务市场上所有权的交换结合起来。由于这个缘故,他使“交换性”成为经济学必须研究的唯一的原则。他说得很对,这种交换性实际上是古典经济学家的主要原则。

然而,如麦克劳德自己所说,他以为在那双重的所有权的移转中两种经济量相互交换,这种双重移转我们认为向来总是被了解为一项“交易”的意思,和“交换”有所区别。每一种经济量实际上是由交易造成的一种债务。一种是卖户要在短期内交出具体物资的债务，例如交出一千吨钢，这个我们称为履行的义务。另一种是买户要在一定期限，例如六十天内付给钢的代价，这个我们称为偿付的义务。这些债务是经济上的名词，意思等于法律上的义务。这些义务都不是物质的东西，可是它们有交换价值。因此，这里就用得着麦克劳德的“经济量”的概念，就是一种债务，等于他的法律上的义务的概念，当然，这不是一种物质的量，但仍然是一种可以出卖的量，因此是一种经济量。

2. 债务市场和债务金字塔

根据麦克劳德的债务市场和商品市场的区别，我们能建立一种“债务市场”和“债务金字塔”的公式，使他的理论适合联邦准备制在 1924 年 6 月 29 日的情况。债务市场通常称为“金融市场”，虽然它是由于债务的流通性才可能产生的唯一的市场。它的每日记录是联邦准备制的贷方和借方，从四千八百万有赢利业的买者和卖者，一直到这些买者和卖者、移转交易中所造成的债务所有权的会员银行甚至非会员银行，必要时再移转到十二家准备银行，这些银行本身由联邦准备银行董事会和美国财政部统一调节。

非会员银行，甚至属于“金汇兑”体系的其他国家的中央银行，可以把它们的商业债务卖给会员银行，从而和准备银行发生关系，以致连整个世界都被债务的流通性联系在一起。在我们以下的研究中，这一点将在许多地方出现。

通过黄金的集中于中央银行所造成的惊人的上层建筑，人们把这种制度正确地称为“债务金字塔”从附图 6 和 7，可以看出“债务金字塔”的复杂情况。这种以最低限度的黄金为基础的庞大债务市场的相互作用，可以在别处发表的长篇巨著中看到，现在我们只能对麦克劳德所奠定的基础作一种批判的检查。

麦克劳德的理论有几种缺点，一部分是法律的，一部分是经济的，主要地由于他周围的古典经济学家的唯物主义的概念，以及他在努力构成一种不是唯物主义的"经济量"的新颖概念中所有的困难。我们将追溯这些困难的解决，从麦克劳德的债务的流通性(1856年)起，经过西季威克的金融市场和资本市场的区别(1883年)；威克塞尔的世界范围的债务偿付社会(1898年)；卡塞尔的等待的稀少性(1903年)；纳普的债务的解除(1905年)；霍特里的债务的创造(1919年)；以及费希尔的负债过多和萧条(1932年)。这些都是从1856年开始的麦克劳德的著作中发展出来的。

3. 财产和财产权

> 麦克劳德说："如果有人问，什么发现对人类的财产变化的影响最深，我们大概可以符合实际地说——那是人们发现债务是一种可以出卖的商品。……丹尼尔·韦伯斯特曾说信用对于使国家富裕的贡献千倍于全世界所有的矿山，他这句话的意思是指人们发现'债务是一种可以出卖的商品或物；它可以像货币那样使用；并且产生货币的一切影响'。"

这种可以出卖的商品，麦克劳德认为，是"财富"！我们叫它"资产"。

实际上，债务或所有权都不是财富。它们是制度。我们从数量观点把它们叫做资产和负债，我们认为这是商人的资本的意义。由于逐渐承受十七世纪中商人的习惯，在法律上发明了债务的流通性，人们已经使债务可以出卖，像商品的所有权那样，特别像法偿商品——铸币。银行家买进一项债务时，他不是买一种具体的物资，而是买那叫做债务的制度。制造家买进具体的物资时，他所

图 6　债务市场贷方和借方

1929 年 6 月

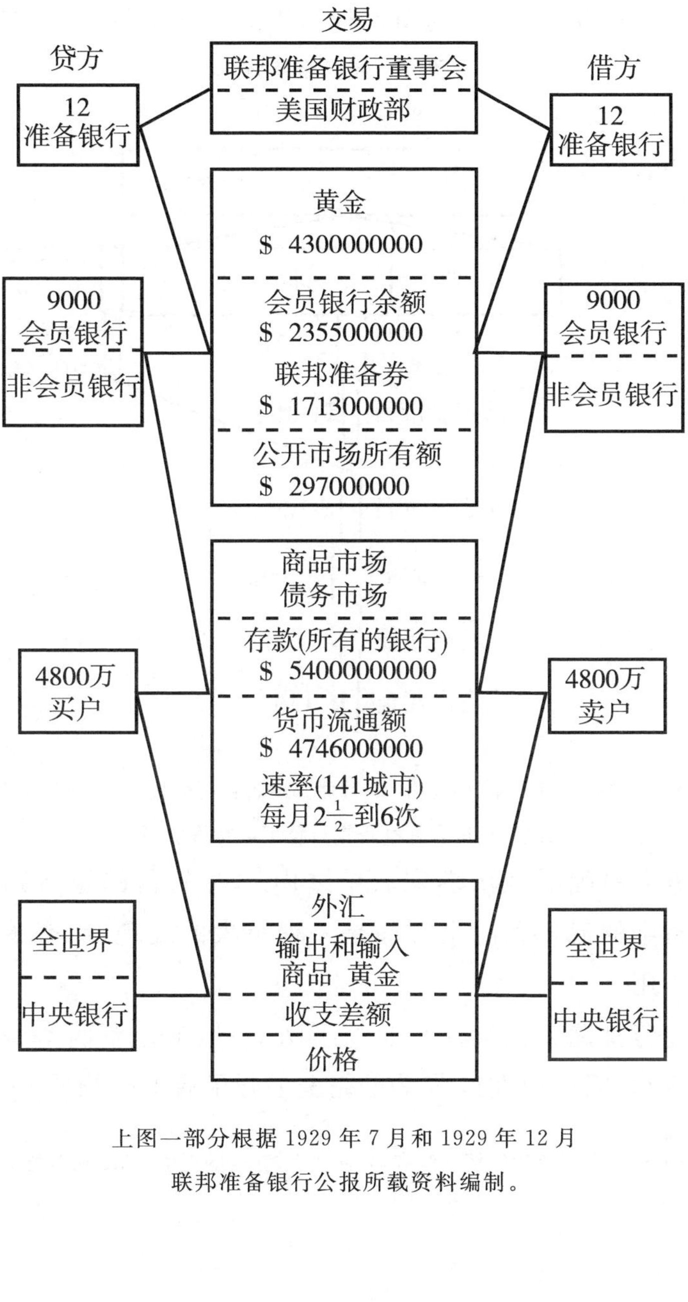

贷方

12
准备银行

9000
会员银行
非会员银行

4800万
买户

全世界
中央银行

交易

联邦准备银行董事会
美国财政部

黄金
$ 4300000000
会员银行余额
$ 2355000000
联邦准备券
$ 1713000000
公开市场所有额
$ 297000000

商品市场
债务市场
存款(所有的银行)
$ 54000000000
货币流通额
$ 4746000000
速率(141城市)
每月$2\frac{1}{2}$到6次

外汇
输出和输入
商品　黄金
收支差额
价格

借方

12
准备银行

9000
会员银行
非会员银行

4800万
卖户

全世界
中央银行

上图一部分根据 1929 年 7 月和 1929 年 12 月

联邦准备银行公报所载资料编制。

买的不是物资，而是物资的所有权。

麦克劳德曾受到责备，人们认为他把一件东西算了两次，一次作为有形的物质，一次作为财产权。因为这个缘故，他的名字不列

图 7　债务金字塔

1929 年 6 月 29 日

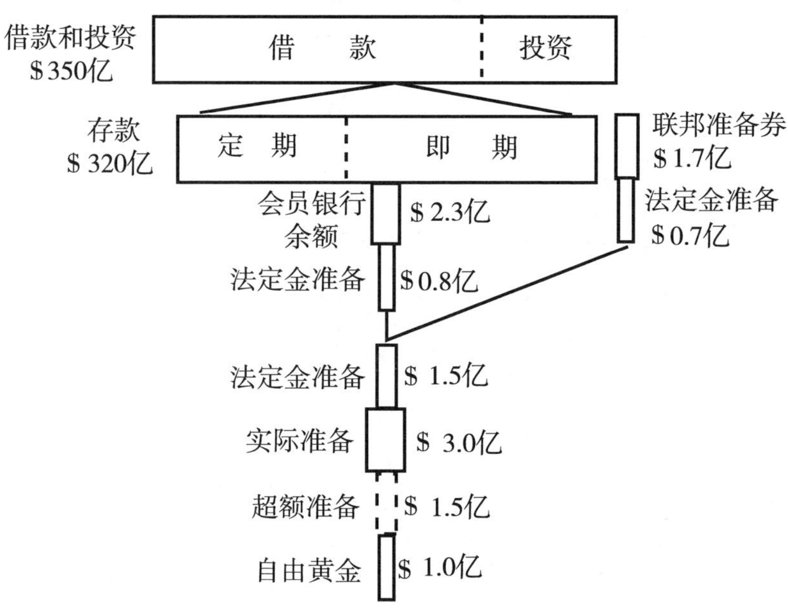

根据 1929 年 7 月和 1929 年 12 月联邦准备银行公报。“自由黄金”数字，经过联邦准备银行董事会特许引用。

在权威方面所编的经济学家名单之内[①]，尽管他的银行贴现原则在调节黄金的流入和流出方面是一种重大的发现，后来英格兰银行还曾采用。

麦克劳德确实把某种东西算了两次，但不是**东西**本身和对那东西的**权利**，因为他在经济学里完全丢开了有形的物质，只算那可

① 帕尔格雷夫：《政治经济学辞典》，直到 1923 年的新版本，麦克劳德的名字才包括在内。

以转让的债务和商品的所有权。可是，他把几种其他的“东西”算了两次——他把两种财产权——有形体的和无形体的——在一年的时间内算作两种存在物。他把无形的财产算作一种债务，其实那是债务的否定。

既然他是根据一个法律家渊博的法律知识分析法律权利经济学[①]第一个，实际上也是唯一的经济学家，既然他的谬误议论和他的批评家的误解曾使经济学家们更坚信边沁以痛苦和快乐替代布莱克斯顿的法律和习俗的说法，我们应该找出麦克劳德的错误在什么地方，从而看到这些错误怎样可以纠正。因为，我们认为，只要他的物质的比喻和双重计算取消，障碍就去掉，就可以建立关于财产权的经济理论，像他想要做到的那样。

麦克劳德的理论体系所根据的基本观念，虽然由于物质的比喻而显得混淆不清，却是“权利和义务”的法律意义里所包含的“未来性”原则。麦克劳德认为，未来性客观地存在于一种现在的“经济量”里，这经济量就是“信用”，它的意义和债务相等。

适当地确定麦克劳德的地位，最好从庞·巴维克所作的批评开始，在所有的经济学家中，他自己尽了最大的力量把“未来性”引进了主观的经济学。庞·巴维克也重叠了他的主观的未来性和技术的效率概念，就像麦克劳德重叠了他的法律上的未来性和物质的比喻那样。他在经济学说里排除了麦克劳德的“权利和关系”，正如麦克劳德排除了后来是庞·巴维克的心理的东西。麦克劳德认为，心理的欲望虽然是基本的，却没法测量，因此不能作为科学的根据。可是，庞·巴维克认为，权利是社会的关系，包含了双重计算。

① 麦克劳德曾受皇家委员会的委任，编订一种票据、纸币等法令汇编，转载于所著《银行的理论和实践》和《经济学原理》。

庞·巴维克说[①]经济学家向来选择于四种独立的概念之间，这四种概念都是从一件物质的东西推论出来的——例如清水。第一是有形的物质，水；第二是它的内在的客观特性，有用性或效用；第三是它对人类有用的劳务；第四是对水的权利。

其中第一项，物质的东西本身不管它的特性，庞·巴维克正确地予以否定，因为它除了作为它的有用的特性的寄身之所以外，不可能是经济学家的研究对象，经济学家们所做的工作是选择某些特性和其他的特性分开。麦克劳德所择取的特性是交换性，他认为这就是"财富"，并且这是庞·巴维克的四种概念所共有的。

如果我们考查这样结合在"财富"这个名词里的个别的意义，被庞·巴维克区别为第二、第三和第四项的那些名词，我们将发现它们实在是三种不同的科学的出发点，每一种都用"经济学"的名义，可是在现代的研究和教学里每一种都是被区别开来的。庞·巴维克的"内在的客观特性"——有用性或效用，我们称为技术的使用价值——是工程和家政经济学的研究对象。这是使用价值的生产，不管麦克劳德的交换性或者"使它参加商业"那些判断的标准。庞·巴维克的"对人类有用的服务"是财富的生产和消费，其中最重要的是欲望的满足，这方面已经成为家政经济学的研究对象[②]。他所说的"对水的权利"是法律通过权利、义务、自由和暴露(liberty and exposure)，对人的控制，这就是以麦克劳德为创始人的制度经济学。

重农学派和李嘉图是农业和工程经济学家；包括庞·巴维克

---

① 庞·巴维克：《权利与关系》，1881年。他们所谓"关系"就是我们叫做无形财产的商誉、商标等等。庞·巴维克的后来的一些著作没法了解，除非参证他在1881年所奠定这种较早的基础。

② 原来是家政经济学家的"农家经济学者"，近来加入了市场关系，自称农业经济学家。

本人在内的快乐主义者是家政经济学家;制度学派则是所有权经济学家。由于名词的双重的和三重的意义,由于类比、隐喻和人化,这些不同的学科在历史上发生了混淆和重叠。这是不可避免的,因为每一种"特性"在一个包含其他特性的"领域"以内运行,任何一项特性的选择都是一种分析、实验、判断和具有目的的精神活动。

麦克劳德的前辈,重农学派和古典经济学家选择了第二种特性即使用价值,可是和其他的特性混合起来,它们的"嫡系的"子孙是工程和农业经济学。心理经济学家,像庞·巴维克本人,选择了第三项,就是对人类有用的劳务,他们的子孙是家政经济学。可是,我们称为制度经济学家的那些人选择了第四项,就是财产的权利。

麦克劳德的误解一部分起源于"财产"的双重意义。麦克劳德澄清了这一点,可是人们对他不了解。

> "大多数人,"他说,"在说到或听到财产的时候,想到某种物质的东西,例如土地、房屋、牲畜、货币等等。"可是,那不是财产的真正意义。"财产这个名词的真正的和原来的意义不是指物质的东西;而是指使用和处理一件东西的绝对权利。……财产……的真正意义是完全指一种权利、利益或所有权;因此,把物质的东西叫做财产和叫做权利、利益、所有权,是同样的荒谬。"①

接下去他又说,经济学所研究的不是"土地、房屋、牲畜和谷物",而是土地、房屋、牲畜和谷物"以及一切其他东西"上的"财产"。财产和财产权一样;物质的东西对经济学没有价值,除了因为它们能被人依法占有和它们的所有权能依法转移。任何其他一

① 麦克劳德:《经济学入门》,第 23、24 页。

种持有或转移是侵占、掠夺、偷窃。其他科学研究物——经济学研究对物的合法权利。这样他把物质的东西推移到未来，代以他的所谓"经济量"，对物的未来使用的现在权利。

既然麦克劳德这样消除了前辈留传的物质的东西与物质所有权的双重意义，因此完全在对未来事物的权利的意义上研究财产，人们对他的理论的批评就不应该针对他的假定的对物和权利的双重计算，而应该针对他对权利本身的双重计算。这起源于他的"信用"这个名词的双重意义，以及他自己不能完全摆脱以前法律家和经济学家的物质的类比。对财产和物作双重计算的是他的批评者，他们忽视了麦克劳德所说的他根本不把物质的东西作为经济科学的研究对象。

然而，他给他们留下了误解的缘由，因为他用了他们的物质概念来表示他的意思。他对一物只计算一次，作为财产权的交换性，这个他叫做"财产"，并且对一切财产权给予他所谓经济量("信用")那种东西的意义。经济学家向来认为商品当然是财产。因此，那是一种不变的特性，他们就能一心讨论物资的具体的生产、运输、交换、分配和消费，不管那假设的相等的特性(财产权)方面的任何变化性。可是，麦克劳德排除了作为属于其他科学的范围的物质的东西，而一心研究对那些东西的权利的交换性。实际上，财产权中的某一种，"可以出卖的债务"，在它自己的市场上可以单独变化这一事实，对他来说，是他的理论体系的出发点。可是，在这方面可以出卖的债务和一般财产权没有区别——一切财产都是信用和债务，他认为，因为那是预期可以从别人那里取得有价值的东西。仅仅这种预期就能买进卖出。

4. 有形体的、无形体的、无形的财产

(1) 时间和时间的尺度——在区别现在与过去和未来方面，麦克劳德遇到严重的困难。在一个地方，现在指的是一种时间的零点；在同一问题上，又指未来的一年[①]。这是他对“有形体的”财产和“无形体的”财产的区别。有形体的财产延长到未来的一年。可是，无形体的财产在有形体的财产已经停止以后完全延长到未来。在一个地方，无形体的财产从现在的零点时间开始，而在另一个地方，从未来的一年以后开始。

第一，关于他的时间的零点。

> “财产，像两面神一样，”他说，“有背对背的两面。它有关过去和未来，”因此“属于对立的特质。……现今在一切数理和物理科学中，向来的习惯总是用相反的符号代表相同的数量，可是属于相反的特质。因此，完全为了便利起见，并且遵守自然科学上不变的习惯，如果我们把这种财产之一作为正的，就可把另一种表示为负的，作为区别的标记。……如果我们把对于在过去取得的东西的财产表示为正的，就可以把对于将要在未来取得的东西的财产表示为负的。”[②]

现在“数学家知道”，他说，“我们像用正号一样，能够用负号作同样的运算。”因此，麦克劳德用正号加(＋)代表“过去的产物的财产”，就是他所谓有形体的财产；用负号减(－)代表“未来的产物的财产”，就是他所谓无形体的财产。他这样地表示：

① 麦克劳德:《经济学原理》，第 1 卷，第 154—159 页。
② 同上书，第 154—155 页。

可以转移的财产①

财产(过去的产物)	现在	财产(未来的产物)
有形体的财产	0	无形体的财产
正的　(+)		负的　(-)
土地、房屋等…………………………	………	永远的每年收益
商人已获货币 …………………………	………	他的信用
营业房屋,店中的存货……………	………	商誉
专门职业者已获货币 ……………	………	业务执行
已出版的书籍等 …………………	………	版权
已造成的机器 ……………………	………	专利权
商业公司的资本 …………………	………	股份;各种年金;基金;收费权;摆渡权;地租,等等

像在上列图表内看到的,有形体的财产是对已经生产的物资的产权。可是,在同一问题上,他说有形体的财产在未来的一年后存在。

> "……虽然土地的每年产物只有隔开未来的时间才实际存在,对这些产物实际存在时的权利或财产却是现在的,可以像任何物质的有形体财产一样地买进卖出,例如一张桌子、一把椅子或者若干谷物。就是说,这些永久年产物各有一种现在的价值:土地的买价只是这一系列永久未来产物的现在价值的总和,再说,虽然这一系列未来产物是无限的,一种简单的代数公式说明它有一定的限度:这一定的限度主要决定于当时的平均利率。当一般的利率是百分之三时,总的土地价值大约是三十三倍于它的年产价值:因此土地总财产的三十三份中的三十二份是无形体的:只有剩下的一份是有形体的。"②

这里有形体的财产是一年的预期,无形体的财产到那第一年

① 麦克劳德:《经济学原理》,第1卷,第159页。

② 同上书,第156—157页。

年底才开始。这和他的表格里的说明相反，在表格里无形体的财产从一个现在的时间的零点开始，可是，在这里他的有形体的财产似乎没有未来性，连一年的未来性都没有。当然，事实是他的有形体财产的价值包括他的全部“三十三倍于它的年值”。如果是这样，他的有形体的财产本身也就是“无形体的”财产，应该改列在他的表格的负方。[①]

有形体的或正的一面，作为财产和作为价值，完全消失。它在过去可能是财产，在过去可能有过价值，可是那是因为过去是当时的现在，并且在它前面还有未来。当过去消失，消失在现在时间的零点时，财产权和这些权利的价值也跟着一起消失。

实际上，有形体的财产的意义是双重的，都是面向着未来。它意味着占有为了个人自己未来的使用，又意味着把持着别人所需要可是不占有的东西。前者是麦克劳德所谓对永久的每年产物的现在权利的意思。可是它们不仅仅是每年的产物。它们是占有一切未来产物（最近的或遥远的未来），供自己使用的权利。

第二种意义是“交换性”，在议妥价格以前不让别人取得某种东西的权利。这种权利，他说得不错，并不等待一年。它是一种在他的现在时间的零点立即开始的权利。可是，这种交换性的权利就是他的无形体的财产和有形体的财产的流通性或可转让性的意义。

他所以弄得像这样对未来时间作双重计算，是由于他十分粗浅地混淆了时间和时间的计量，就是年或者“每年的”收益。他说，

> “债务或信用，和任何物质的财产一样，是可以买卖的商品：为了销售的便利，它们必须被分成某种单位：煤按吨出卖；谷物按夸脱出卖；

① 我们在下面称为“无形的”，代替“无形体的”。

糖按磅出卖；其他东西按盎司出卖。债务的单位是对一年后支付的一百镑可以要求支付的权利。用来购买这债务单位的货币的总数是它的价格；当然，用来购买固定的债务单位的价格越小，货币的价值就越大。"①

这样，如果债务是一年后偿付的一百元，银行家以九十五美元的价格买进，那么，银行家的货币的价值就是略高于每年五美元。可是，如果银行家所付的价格减少到九十美元，他的货币的每年的价值就是略高于十美元。

当然，这不过是一种年率，他也很了解，可是这是金融市场的语言，金融市场把货币的"价值"或货币的"价格"说成每年的利率。然而，在债务市场上作为"贴现"，这种贴现实际是在现在的时间点上发生，虽然那未来时间的间隔可能是一天或者九十天，为了便利起见折合为一种计量单位，一年。但是他的"债务的价格"的概念使麦克劳德能作出他的重要发现，发现了英格兰银行在控制黄金的流出和流入方面的适当的贴现政策。②

结果，麦克劳德的"现在"的概念，原来在他的表格里从过去和未来之间的一个时间零点开始，这一来被转移到时间的两点——一年的起始和终了——之间的一段时期。因为在一年未来时间中的这种奇怪的重叠，批评家就好像有理地指摘了关于物质的东西和对东西的权利的双重计算。可是，他根本没有计算物质的东西——他计算了对东西的所有权。他的双重计算是对于未来时间的双重计算，只在有关供自己使用的有形体财产的情况下，在一年的未来期内。

麦克劳德的不幸的未来第一年，必须看作商品经济学家遗留

① 麦克劳德：《银行的理论和实践》，第 1 卷，第 57 页。

② 参阅本书下册，第 48 页，《贴现和利润》。

下来的唯物主义的痕迹，以及他自己不能一贯地区别他们的有形体的东西（从过去积累起来的）和他的有形体的财产，他的有形体的财产和他的无形体的财产同样肯定地只面向未来。

实际上，像上文提过的那样，他在他的经济理论体系中没有运用这种双重意义，因为他的中心观念是交换性。他说经济学只讨论交换价值，而不讨论使用价值，后者他认为是心理的。只有交换价值能用货币为尺度。因此，他的意思真正所在的有形体财产的权利，不是可以使用那东西的权利，而是可以让与那东西的所有权的权利，以及可以给予买户一种合法所有权的权利。

这种让与权并不等待一年，像他自己所说的那样，也不包含时间的重叠或者有形体和无形体的权利的重叠。所有人现在就可以给予别人合法的所有权，如果他现在有法律上的所有权。他现在就能取得他对土地或任何其他"有形体的"财产的权利的交换价值，不必等待一年，虽然他可能要等待一年才能得到那土地将生产的作物的所有权。可是，作为麦克劳德的唯一的研究对象的让与的权利，从现在的时间点开始，由于这一点才可能造成对土地的交换价值，或者对它的未来产物，或者对其他东西的权利。他的"可以转移的财产"图表无疑的是他自己的比较正确的了解，在那个表里现在是时间的零点，而不是未来的一年时间。

在同一问题上可以看出，他在他的有形体的财产的意义中确实不包括未来的一年。

> 他说，我们可以有"一种财产或权利，完全和任何特殊的主体或者被占有的物品分离和分开。它甚至在现在的时间可能还不存在。因此，那些占有土地、果树、牲畜等等的人，对它们的未来产物有财产权。虽然产物本身只将在一个未来的时间存在，对那产物出生后的财产权却是现在的，可以买进卖出，和任何物质的财产一样。或者，那东西也许

已经存在，可是现在也许是别人的财产；只能在一个未来时间才归我们所有。这样，一个人可能有权利在一个未来时间向另一个人要求一笔钱。这笔钱，没有疑问，可能已经存在，但是还不归我们占有；甚至还不归将来应该付出的那个人占有。在付给我们以前，它可能经过不知多少人的手。然而，我们可以要求这笔钱的权利却是现在的和已经存在的，我们可以出卖它和处理它，就像它是物质的财产一样。因此，它是财产；可是在罗马和英国法律里，它叫做无形体的财产，因为仅仅是一种抽象的权利，完全和任何特殊的实体分开。"①

因此，有形体的和无形体的财产都是在现在的时间点开始，都是现在的估价，期待着未来的取得。

古典派的商品经济学家在经济理论中不管时间这一项因素，因为在他们看来，时间只是一种心理的抽象作用，因此没有经济价值。从他们的观点来说，他们是正确的，因为他们的研究单位是物质的东西(假设有形体的财产和物资是同一的)，他们的研究方法类似牛顿的物体运动定律。

在这些自然科学的研究对象里时间不存在。时间是由人的经验放在那里的。物质的东西，甚至动物，没有时间观念。它们只管继续存在，而不思考这个问题。可是人类，由于社会的语言活动，以及制造工具供将来使用，构成一种未来时间的顺序，这种顺序他们从本身得出，然后用来解释周围的世界。最后，他们从自己的活动中，构成抽象的时间观念。

第一种困难是时间和时间的计量混淆不清。由于这个缘故，过去、现在和未来不能精确地加以区别。麦克劳德第一个试图把时间引进经济理论，他的"现在"的观念在一点时间和一年时间之间犹豫不定。现在，对经济学家和对历史学家一样，只是现时的事

① 麦克劳德：《经济学原理》，第1卷，散见第152—156页，经重新排列。

情，没有什么精确的持续期间。

经历了整个十九世纪，甚至到了二十世纪的数理的统计，经济学家才能明确时间和时间的计量在经济理论中的地位。从这些结果中，我们得出一点时间和一段时间的区别，以及物资和所有权的区别。

如果我们把“现在”解释为未来和过去之间的一个移动中的时间零点（麦克劳德，数学派），或者作为一种移动中的时间瞬息而没有可以量度的长短（皮亚斯，柏格森），那就没有物资和所有权的双重计算。物资完全是从过去到现在的时间点的物质的积累。非等到从现在的时间点开始，赋予它们未来性以后，它们对于人类并不作为所有权或价值而存在。因为，所有权（有形体的和无形体的财产）总是一种对物资的未来使用或出卖的现在的权利，所谓未来可能是极近的也可能是遥远的。物资，作为纯粹物质的存在，总是在过去。它们本身没有未来性。可是，那物资的所有权和估价总是对未来的预期。这两者被一个移动着的时间点——现在——分开，在现在的时候，物资终止，因为在它们本身以及对它们本身，已经没有什么预期；可是，它们的所有权和价值从那移动着的时间点——现在——开始，因为这些是人类对它们的预期。

这种把物资变成所有权和价值的移动着的时间点，在过去四十年中，被称为时间之“流”。在自然科学里，时间之流是事件的连续。可是，在作为一种“人类预期”的科学的经济学里，“时间之流”是预期的事件的连续。

可是，另有一种很不同的未来时间的概念，一个现在的和一个未来的时间点之间的间隔。这种间隔通常被区别为时间的“经过”，可是，经济学家在人类事件中对它作更精确的解释，作为一个现在的时间点和一个未来的时间点之间的一种预期的间隔。在

1889年，庞·巴维克第一个从事于分析这种未来的时间的间隔。可是，它的实际应用是在转移所有权的交易中。那交易在一个现在的时间点生效，例如1932年9月1日12时。它创造两种债务（无形体的财产），一种是未来的履行的债务，或者物资或服务的交货，这种物资或服务的所有权已经在交易中被让与；一种是未来偿付的债务，由那在交易中取得所有权的人承担。换一句话说，每一项交易发生在一个时间点，这时候所有权被让与和取得。可是那交易只关系未来，全靠这一点使所有权获得价值。

预期的时间之"流"（在此期内"交易"陆续发生），和预期的时间之"经过"（在此期内"等待"发生）之间的区别，最后使人们可能区别利润和利息，这两者以前总是混合在一起的。利润和损失在连续的时间点上一次又一次的交易中发生，可是利息是在两个时间点当中的期间产生的。[①]

（2）辩护和经济学——如果经济学，作为一种人性的科学，只讨论未来，因为只有未来使现在的所有权具有价值，那么，过去的物资、过去的所有权和过去的估价变成什么呢？它们成为完全给个人在现在做的事或者想要在将来做的事辩护。

我们必须使自己处于皮亚斯的记忆、活动和预期那种完全人类的状态它们发生于各个连续的时间的瞬息。过去在那瞬息时间已经消逝，可是记忆从两方面使它复活：一方面是到现在为止已经得到的物资，另一方面是人们对于在现在为未来所要求的所有权的辩护。一方面是过去劳动的产物，另一方面是由于过去的合法活动而要求的既得权利。后者是洛克的"自然"权利和麦克劳德的"财产"。

① 关于不能区别时间之"流"和时间之"经过"，参阅本书下册，第302页，《凡勃伦》。

如果我们向过去看，那么，到现在时间点为止所累积的一切有用的物资，是马克思的在过去发生作用的社会劳动力的社会使用价值。这种使用价值的所有权在历史上又被区分为公共的和私有的财产。然而，它们不断地消逝，作为已往的过去的财产，现在已经没有任何价值，并且正在作为未来的财产重现，这一点就给它们一种现在的价值。它们作为价值、资产、负债、所有权、交易和债务而重现，为了未来的生产和消费、未来的让与和取得。它们在移动中的现在没有从过去积累起来的价值，像李嘉图和马克思的劳动学说所主张的那样，因为价值只是未来的收入和支出的一种预期。

它们确实具有马克思的社会使用价值(这是他用来代表财富的名词)，可是那是一种社会概念，根据这种概念他给未来的共同所有权进行辩护。这种价值将继续不断，如果生产和补充继续不断，可是它不是对个人的价值，除非他现在能预期取得一份供他个人私用的社会财富。这预期的一份是私有财产。

因此，财产或所有权和价值是同样的情况。如果物资是过去的财产或价值，那只是因为在连续发生的时间点上，过去是当时的现在，面向着当时的未来。

因此，现在的所有人从对过去的考虑中所能得到的结果，只是一种辩护的理由，说明他现在主张所有权的权利是合理的。若是发生疑问或争执，他能用他的理由在法庭上辩护他现在的所有权，这是他现在的权利，可以把合法所有权让给别人或者自己使用那物资。他的辩护是用他预期法庭会接受的那种方式向法庭陈述。这种辩护可以一般的根据普通的习惯，结合他本人在过去的合法行动等特殊情况，例如他的过去的劳动和经营；或者他过去行使所有权权利，从来没有发生过争执；或者他过去怎样通过合法的交易，由于让出其他合法的所有权权利，而取得这一种所有权；或者用任何其他有效的方法，根据过去发生的事情为自己辩护。这是所有权的辩护，不是所有权本身；是对于现在的和打算要做的经济活动的一种辩护，这种经济活动是经济科学的研究对象。

这种辩护和经济学的混淆，在大众的、经济的和法律的语言里，几乎普遍存在，并且是经济科学开始时的主要困难。当一种经济分析的结论有人不同意时，不同意的人很容易地立刻从经济学转向辩护或谴责。他用“自然权利”、既得权利，以及他过去依照法律和习惯已经取得的东西来辩解。可是，那是辩护，不是经济学。经济学要问，一个人现在和今后可以任意行使的权利是什么？那种权利在现在的价值是什么？从别人的冲突的权利以及个人行使权利的社会后果看来，这种权利和它的价值应该是什么？

因此，我们的结论是，麦克劳德的代表过去的加(＋)号是辩护；他的代表未来的减(－)号是有形体的、无形体的和无形的财产。他的代表移动中的现在的零(0)号是交易、估价和未来的折扣。这种时间的零点区别辩护和经济学。

可是，麦克劳德在他的“未来性”的分析中有两种其他的缺点：没有债权和债务的一致性，以及债权作为债务和作为售货的双重意义。

(3) 义务和债务，权利和债务——麦克劳德分不清过去和未来时间更加严重的是他不把未来的两个相反的方面作为在现在一起同时存在。

债务的流通性，由于英国习惯法里一种古怪的偶然事件(在美国法律里照样仿效，可是在大陆法里没有这种情况)，分开了债权的存在和相等的债务的存在，认为债权在交易的那天就产生，而债务要到以后个人的偿付义务履行的那一天才算存在。“债权”在偿付债务的义务实际存在以前就能买进卖出。

这是不了解法律上的义务和麦克劳德本人给它的“经济量”所题的名称——债务——是同一的。当然,法律上的权利和义务,经济上的债权和债务,同时产生,也同时消灭。债权人在六十天后收进一千元的权利,和债务人在六十天后付出一千元的义务是同一的。然而,从法律上来说,郡长执行偿付的义务的责任,在债权人请得法院命令郡长以前,还不存在,并且不会存在。可是,债权存在,作为一个企业的“资产”方和另一个企业的“负债”方的同一数量。从预期的观点来说,义务在现在的“服从”状态中存在,等于在现在的“安全”状态中存在的权利。①

麦克劳德严正地面对这个问题,选择了似是而非的说法。他实际上引证了和他自己反对的著名经济学家的言论。②塞纽希曾说:“各个个人的资产负债表包含三种账目:现存货品、债权和债务。可是,如果我们把世界上每一个人所有的贷借对照表集中起来,变成一张表,债务和债权相互抵消,结果只剩下一种账目:现存货品。”

可是,麦克劳德,作为一个习惯法的法律家,用区别“义务”和“债务”来答复。“债务不是债务人所欠的货币,而是个人应该偿付货币的义务。”他说,罗马法律家认为当一个商人买进货品,约定三个月后偿付价款时,那个商人是“负债,但延期补偿”。可是,英国法律“似乎”采取一种不同的见解。

> “如果在债权到期以前,债权人提起诉讼要求偿付,英国法律的原则是未到期的债权可以用一般的争点予以抗辩:就是,被告可以答复说,他根本不负债。”麦克劳德似乎认为这是“正确的见解。当一个商人同意买方用期限三个月的票据和他自己的货品交换,并且收到票据时,他的货价已经得到偿付。……因而,在票据到期之前,没有债务或者付

① 参阅本书上册,第93页,经济关系和社会关系图解。

② 麦克劳德:《经济学原理》,第1卷,第303页。

款的义务。……货品已经成为买方的实际财产，他三个月后偿付的义务并不减少他现在的财产。在这期内，他有绝对的权利可以处置这批货：债权人对它没有任何权利；或者没有权利来阻止他任意加以处置。结果‘追诉权’和货物或货币同时存在，同时在商业中流通。”①

显然，在这里，麦克劳德依赖一种偶然的法律上的错误，认为债权和它的追诉权现在存在，而债务和它服从那追诉权的义务现在不存在。可是，两者现在都存在，基于同样的原因——预期和经济状态。

这种错误似乎是一般的误解以及法律上的错误的根源，美国法院对于土地和抵押双重征税，作为两种经济量同时独立地存在，债务的价值和土地的价值。它们确实存在于两种市场，可是，土地所有人个人的偿付义务还不存在。如果土地在地产市场上价值一万美元，抵押债券在金融市场上价值五千美元，那就有“追诉权”五千美元和“货品或货币”一万美元，两者“同时在商业中流通”，总共的征税价值是一万五千美元。完全由于执行的困难，而不是由于认识到经济上的错误，人们才开始取消对抵押的征税。

我们想要在这里采用一笔交易和交易的条件依法生效以后当事人所处的“经济状态”所造成的两种义务，从而纠正麦克劳德的错觉。每一项交换所有权的交易造成两种法律上的义务，卖方的履行的义务和买方的偿付的义务。履行的义务是卖方必须在指定的时间和地点交货，例如一千吨某种规格的钢。他已经接受了交货的义务，如果他的交货不符合规定的条件，买方有麦克劳德所谓“追诉权”迫使卖方按照规定交货或者取得赔偿。转移那一千吨钢的所有权的合同，可能是在纽约签订的，而交货可能在中国。这样

① 麦克劳德：《经济学原理》，第1卷，第290—291页。

就造成了麦克劳德的“经济量”，一种卖方未来交货的债务，和一种相等的“债权”，或者买方取得交货的权利。所有权已经在纽约转移，可是交货将按照规定以后在中国履行。[①]

同时，那买方可以把他自己对卖方的履行的权利卖给一个第三者，因为它是一种占有未来的钢的权利，这一批钢在中国或者世界上另一个地方交货时，对他或者另一个人的价值超过他在纽约已经付出或者约定偿付的数目。

他在纽约为了转移所有权所付的代价是一种偿付的义务，例如在六十天后按每吨二十美元或总数二万美元付款。这是另一种经济量，对那作为债权人的卖方的价值是一万九千八百美元，这种经济量他可以在金融市场上卖给另一个买方——银行，如数换取银行的即期债务或存款。这些信用工具的许多不同种类在这里不关我们的事——我们只管那一般的事实，每一件交易造成两种债务和两种债权，这是经济上的说法，意思等于两种权利和义务，履行的权利和义务以及偿付的权利和义务。

可是，这些权利和义务，债权和债务，只是预期。它们是“经济量”，和物质量不同，完全因为它们只在未来存在。可是，它们不仅在精神上存在。它们在现在的活动和计划的调节中存在。行为对社会预期的调节在历史上称为一种“状态”。[②]状态是一种业务规则的预期，在这种规则的范围以内，个人调节他的现在的行为。债权人所处的状态是预期的安全。债务人所处的状态是服从债权人的安全。从法律的观点来说，它们是权利和义务；从数量的经济的观点来说，它们是资产和负债；从管理行为的规则的行为主义观

---

① 可以看出，这是“匹兹堡附加”案中一种基价和一种交货价格的争点的一部分。参阅本书上册，第 63 页，《从公司法人到运行中的机构》。

② 参阅本书上册，第 93 页，经济关系和社会关系图解。

点来说，它们是安全和服从。

我们采用“经济状态”的观念和麦克劳德自己的经济量的观念，想借此纠正麦克劳德的错觉。

状态是一种预期，在它的范围以内，个人调节他的现在的行为。债权人的状态是预期的安全，可是债务人的状态是预期的对债权人的安全的服从。这是资产和负债那种两面的经济状态。

这种两面的状态(不是物质的商品和个人主义)使经济学成为所有权的和制度的经济学。可是，麦克劳德，由于接受英美法院把法律和经济学分开的原则，使交易的债权方成为一种独立的经济量，可以在金融市场上买卖，直到债务方履行偿付的义务，这种经济量被消灭的时候为止。

这一点引起人们对麦克劳德的误解，认为他把一样东西计算两次，一次作为物质的商品，又一次作为以这种商品抵押担保的债务偿付的预期。可是，他根本没有计算物质的东西。他的错误在于不把负债方面算作和资产方面同时存在。

这一缺点损害了麦克劳德的名誉，使他的名字在经济文献中没有地位，以及他的重大发现被归功于别人。庞·巴维克说得很对，麦克劳德是古典经济学家嫡系的可是被脱离关系的儿子[①]。我们应该说，这是因为法律上流通性的发明把债务的地位变成了麦克劳德所谓商品。可是，债务—债权只是一种流通的制度，一种经济上安全和服从的状态，一种具有未来性的经济量，像商品一样可以出卖；因此它蒙蔽了从亚当·斯密到约翰·穆勒为止的那些经济学家，直到麦克劳德才认真研究他们，揭穿了他们的谬误。

例如亚当·斯密，麦克劳德说，“明白地把钞票、汇票，以及其

① 庞·巴维克：《权利与关系》，第5页；并参阅克内斯：《货币和信用》，1876、1895年版。

他证券”和鞋、谷物一起包括在“流动资本”这个名词项下。“所有的现代著作家把钞票叫做资本。”可是，麦克劳德说，“这些只是权利或信用。”

> “当钞票——不过是权利或信用——被认为是资本时，经济科学作为财富的生产、分配和消费的定义就变得难以理解。因为谁会了解债务或信用的生产、分配和消费的意义呢？另一方面，每个人知道各种债务都可以买卖，像任何物质的财产那样。现代商业中最庞大的一个部门——信用系统——内容完全是买卖债务：债务的可以交换的关系完全受同一普遍的价值法则的支配，和物质商品的可以交换的关系一样。”①

然而，他的可转让的债务是资本的现代意义。麦克劳德说，经济学家“从来没有要把‘信用’和‘银行业务’这一科目加入经济科学的主体：实际上，他们已经在极度失望中放弃了‘银行业务’这整个科目”。② 麦克劳德解决这种困难，由于把物质的东西转移到未来，并且代以智力的行为和法律的作用，这两者产生财产权。如果财产权本身是信用，那么银行业务只是买卖信用的一般原则的一种特殊情况。

(4) 交换性——麦克劳德说，亚当·斯密的“财富”这个名词的用法有一种双重的意义。在他的著作的上半部中，财富被解释为“土地和劳动每年的产物”；在下半部中财富是任何可以交换的东西。李嘉图效法斯密，但他的意义只限于任何以出卖为目的的劳动的产品。约翰·穆勒曾把财富解释为“一切具有购买能力的东西”。在这方面他遵守了斯密的说法，斯密曾把钞票、汇票和其

① 麦克劳德：《经济入门》，第13页。

② 这一点从约翰·穆勒的《论信用》第一章中可以看出，然而那一章和他说明价值以生产成本为根据的理论基础没有任何关系。他的信用论的基础是心理学，这是他的李嘉图式的价值和成本学说所不采纳的东西。

他证券包括在财富之内。麦克劳德说，这些是追诉权，或信用和基金、股份、商誉、专门职业者的业务等等没有区别（除了关于“它们从而产生的来源”），这一切都是“可以交换的权利”[①]。因此，麦克劳德采取了他们的财富的种种意义中所包括的一切，使交换性成为财富和价值的要素。然而，正如我们说过的那样，这一点混淆了财富和资产。

再说，麦克劳德和其他一些使交换性成为经济学的唯一研究对象的物质经济学家认为，一种精确的科学，只有在能够像自然科学那样，被化为数学方程式时，才能形成。

> “一种自然科学，”他说，“是若干一定的现象完全基于一个性质最普遍的观念或者特质。……不管什么数量，只要它包含那种特质，就是那种科学里的一个元素或者成分。……力学是‘力’的科学：力的定义是‘任何引起或者足以引起运动或运动的改变的东西’。”在经济学上这种力是需求。[②]

可是，经济学家本身，他接下去说，不研究需求，因为研究需求“就会把整个心理学引进经济学”。

> 实际上，价值，“从它最初的意义来说，是一种心理的特质或愿望，它意味着尊重或重视：例如我们说一位很受尊重的朋友。可是，这种价值不是经济的现象。要使价值进入经济学，必须以某种具体的形式把它表现出来：例如，一个人付出某种代价换取一种东西，从而表现他对那种东西的欲望、重视或价值。……因为一项交换的实现，需要两心的一致。……因此，显然价值是一种比率或等式。和距离一样，……一物的价值总是外在于它本身的东西。……单独一件东西不能有价值。我们不能说什么绝对的或内在的距离或者相等。……任何经济量可以依据任何其他经济量为标准而有‘价值’。”[③]

---

① 麦克劳德：《经济学原理》，第 1 卷，第 75—89 页。

② 同上书，第 3 页。

③ 同上书，第 53—55 页。

这样，麦克劳德由于把经济学归结为交换的比率，把它归结到当时的自然科学的概念，而这些比率就是价值。这种交换率的科学，他指出，是古今所有经济学家的意图。“财富的生产”这个名词，在重农主义者以及斯密和李嘉图，意思是从土地或者从劳动中取得某些东西，为了“使它加入商业”。这是“生产的劳动”；“不生产的劳动”是生产成果不上市场的劳动。“消费”是从市场上拿走一些东西，他们在经济学里却不包括消费本身的法则。麦克劳德说明他们的不合理，以及怎样可以避免这种不合理，由于放弃他们的生产、分配和消费那种含糊的名词，把经济科学的范围缩小到他们真正目的所在的东西——交换价值的法则。

可是，所交换的是什么呢？是物质的东西呢，还是对东西的权利呢？是债务的无形体财产呢，还是债务所有权的权利呢？是买卖权的无形财产呢，还是无形财产的所有权呢？

麦克劳德认为，经济学家以为对交换的是物质的东西，可是法律学知道所交换的是对东西或债务的财产权。麦克劳德解决了困难，由于用一种经济量——信用——替代物质的东西。这种经济量可以被人占有、买进和卖出。因此，他开始了资本的现代的意义。

(5) 信用的双重意义——可是，麦克劳德有一种矛盾的信用的意义。它的意思是一种将从未来的债务偿付中得来的货币收入，它的意思又是一种将从未来的产品销售中得来的货币收入。简单地说，它同时指债务收入和销货收入。第一种我们和他一样称为无形体的财产；第二种我们给它比较新近的名称，无形的财产。

那矛盾的意义似乎是他由银行的债务或存款的创造中得来的，存款具有一般的购买能力。一个制造家让与他的产品的所有权，接受一笔六十天后付款的商业债务的所有权，作为全部代价。他按贴现办法把这笔债务卖给一个票据商人或者银行，收进一笔银行即期付款的债务，因此付款时不需贴息。

两种债务都有购买力。作为一种“特殊债务”的商业债务，交换一种银行的即期债务。可是，银行的即期债务或存款，也是一种银行对存款人的“特殊”债务。然而，后者具有一般的购买力，可是六十天期的商业债务也有购买力，虽然要照票面价值折息。因此，第三者在商品销售中不打折扣而接受的银行债务，和硬币一样。麦克劳德说，硬币也是一种一般的信用，他的意思是指一般的购买力。

就货币和信用两种来说，所谓债务人是“整个世界”，就是说，根本不是债务人，而是任何东西的出卖者，他们不折不扣地接受货币或信用，偿付他们所卖的东西。货币和信用是一样的，因为都可以流通，因此没有留置权需要从票面价值中扣减。银行家和企业家自己把他们的存款作为货币或现金，虽然存款不过是可以转移的、过期的债务，因此不折不扣地被人接受。麦克劳德完全采用了他们的语言。

因此，他必须区别“一般”信用和“特殊”信用。一般信用是任何购买者买进商品时，可能负起的未来的债务。特殊信用是全世界的购买者当中的一个购买者实际负起的一种债务。可是，“特殊”信用是唯一的债务，“一般”信用是一般购买力！

他把经济学从东西改变到东西的所有权时怎样会发生这种矛盾的意义，可以从他对货币和信用的起源的说明中看出：当我买一匹马或者土地的时候，我所买的不是物质的东西，而是对马或土地的未来使用的一切权利，这种权利“全世界不得侵犯”。他说，那些权利是“信用”。由于买进那一束“信用”，一匹马或土地，我成为对卖方的一个债务人。如果我立刻付给一批牛和猪作为代价，像在物物交换经济中那样，我所卖给他的也不是牛和猪，而是我对牛猪的未来使用和出卖的权利。麦克劳德认为，这是另一种类似的信用，彼此互相交换。

在物物交换经济中，如果这种“信用”的交换是相等的，交易就结束。若是不相等，就有一个差额，由一方欠另一方。这差额可以立刻用货币支付，或者可以延迟一个时期。这是货币和信用的起源。

有了货币或“一般”信用，受者就可以通过购买其他产品或服务，从世界上其余的人“收取他的债”。因此其余的人也是他的“债务人”。或者，如果那件交易的特殊债务人不立刻用货币偿付差额，他的义务就推延到以后一个时间，这又是一种信用。可是，既然这是可以出卖的，其余的人就也是他的“债务人”。货币和信用都是一种“一般”信用，不分彼此地以全世界为背景。

可是，债务的创造中包含着两种可以说是相反的经济关系。一种是债权人—债务人的关系，另一种是卖方—买方的关系。麦克劳德最关心的是卖方—买方的关系，就是债务的流通性或交换性，并且他使他的名词的意义适合他从经济学家手里接受过来的根本事实。我们已经看到，他在债权人—债务人的关系本身这方面是非常薄弱的，由于他承受了英国法庭的错误。可是，使所有权的交换性成为他的理论体系的中心，而不讲实物的交换性，确实是一种新颖的识见。然而，把债务和它的交换性都叫做信用，其错误类似那些经济学家把“产品为了交换”的劳动作为生产的劳动，“产品为了自家消费”的劳动作为不生产的劳动，其实两者都是生产的。这样，麦克劳德把给予个人的特殊信用作为两个人之间的私事，可是这种信用的流通性成为一种生产的事情，它增加交易的速度，从而增加“参加商业”的财富数量。

这很像亚当·斯密的劳动作为价值的尺度的矛盾的意义，就是，在交换中可能支配的劳动的数量，以及增加了一种商品数量的劳动力的数量。一种的意思是稀少性，另一种的意思是效率。这些没有加以区别，直到李嘉图采用劳动力作为价值的尺度，把所支配的劳动留给马尔萨斯和其他斯密的信徒去讲以后，才区别清楚。所以麦克劳德没有区别两个人之间一件特殊交易所造成的债权人—债务人关系，和流通手段所造成的、以“全世界”为背景的那种关系的交换价值。

麦克劳德对“支配”一词也有双重的意义，一种经济的和一种法律的意义。他不区别支配生产者的服务或商品，用货币或信用跟他们交换，和由国家对一个债务人命令履行或偿付。一种是买卖中的经济能力，另一种是法律上强迫履行义务的能力。

可是，它又是对两种义务的混淆，这种混淆很容易从他对“行为”和“不作为”这些名词的法律家的用法中产生。履行和偿付的义务是造成债权人—债务人关系的义务，可是“避免”的义务造成完全相反的、自由的关系——无义务。买者没有买的义务，卖者没有卖的义务。可是，履行或偿付的义务不可能自由地承担或者保持，除非“全世界”都必须遵守一种避免干涉的义务。他不利用这种避免某种行为的义务，因为那只是一种“不作为”的义务，它确实是这样，可是在他的那种实在的交换行为的经济制度中并不需要，这种制度由于债务的流通性才可能实现。

债权人实际上有两种权利和两种义务互有关系，这才保证他的债务人一定会偿付。他对债务人有积极的偿付的权利，对“全世界”有消极的避免的权利。履行或偿付的义务是债务。可是，避免的义务是一切其他的人不得干涉债务人的履行或偿付义务的义务。麦克劳德的所谓以“全世界”为背景的“一般信用”不是一种履行的义务，而是一种避免的义务。这种避免的义务也是“全世界”不得干涉卖者和顾客接近的义务。

信用的矛盾的意义，作为从债务偿付中得来的未来收入和从销货中得来的未来收入，以及他的有形体财产的重叠的意义，使得批评家不能了解麦克劳德的主要论点。因此，他的最详尽的批评者庞·巴维克，本人虽然在一切经济学家中尽了最大的力量把未来性引进主观经济学，却不能了解在他以前三十年把未来性引进客观经济学的麦克劳德。如果经济学完全讨论财产，就是财产权，显然它只讨论“收入的预期”。如果这些预期要有现在的存在作为一种可能量度的经济量，而不是一种只能用例证来说明的心里的感觉，麦克劳德就能很方便地在信用和货币的流通性里，发现这种经济量的客观的存在。他只需把它扩大到一切财产权，不管是商品、货币或信用。

如果信用这个名词被想象地扩大到购买力，那是因为麦克劳德在信用的观念中有一种合理的原则——未来性，它在一个项目下把商品、货币、信用和特殊债务的所有权等一切特别情况合成一体。庞·巴维克所不能了解的是这种客观的未来性应用到具体的物资上面，虽然他了解主观的物资的未来性。当未来性包含在银行业务和投资里的时候，问题很明显，可是具体物品的财产权也只是未来性客观地表现于财产，这是怎么一回事？他说得很对，把麦克劳德当作当时正统学说的一个嫡系的可是脱离了关系的子孙。家长不承认和麦克劳德的关系，因为他使债务成为他的科学的经济量，而不用物质的东西和劳动，因此造成了他的批评者的错误印象，认为他把物和债务都算作了“物”。

既然债务是从量的，在市场上以交换率为尺度，如果使经济科学以债务为基础，我们就有一种普遍的经济量作为建立理论的根据。当一种债务的现在价值用美元和美分计量的时候，它和一种物质的东西用蒲式耳计量或者水用夸脱计量的时候，完全同样是从量的。

因此，当麦克劳德说人们所交换的是财产权，而不是物的时候，他的意思是，从经济上来说，人们所交换的是债务，用美元计量。对他来说，一切财产权是债务的所有权。不仅特殊的债务（像期票那种东西）是债务，而且所有的财产权，包括有形体财产、钞票和银行信用在内，都是债务，按照他把信用既作为债务又作为购买力的双重意义。人们所交换的不是物质的东西——而是对于出卖那些物资所取得的未来的货币或信用收入的全部或一部分权利。那些权利是特殊债务或一般债务的所有权。

直到现代“无形”财产的概念开始和麦克劳德的“无形体”财产有了区别以后，交换性或者买卖的权利，包括参加市场不受干涉的权利在内，才可能在法律上和未来债务的履行或偿付那种无形体财产分开。在这里，从销货中得来的未来收入——就是无形的财产——和从债务偿付中得来的未来收入——就是无形体的财产——是有区别的。

我们运用后来这种无形财产的概念，借助于后来霍费耳德的分析，就可以看出人们有理由说麦克劳德使用“权利”这个名词具有权利和“无权利”或“自由”的双重意义。或者，用经济学的字眼来说，他用“信用”这个名词，具有双重的意义——一种是要求债务人偿付债务的权利，一种是要求买方偿付商品代价的权利。一种我们称为债权人和债务人的权利—义务关系，另一种我们称为卖方和买方的自由—暴露关系。

说明麦克劳德怎样会把这种对立的社会关系像这样混淆起

来，就会显出名词的法律的和经济的意义上一种相当普遍的错误，产生不幸的社会后果。这种说明将使人们必须作重大的区别，以便对交易和运动中的机构作适当的法律的和经济的分析。

麦克劳德从而出发的主题是，政治经济学是一种“财产的法则”的科学，不是物质东西或心理感觉的法则。然后，他把经济学的范围缩小到这些财产权利的交换价值，因为否则它就不能算是一种总是必须研究数量和计量单位的“科学”。可是，如果他排除了从过去积累起来物质的东西，只讨论一些将在未来存在的数量，那些在市场上有一种现在的存在的未来数量，可能是什么性质呢？它们一定是人们预期其他的人会给那所有人做的事，就是向他提供“未来的产物”。这种预期在现在的市场上有一种现在的存在，他说，它的最普通的名词是“信用”。

因此，信用有三种形式。①一切有形体财产权的现在价值。这是他的“商品信用”。②未来的硬币的现在价值，这个他称为“硬币信用”。③以一个特殊债务人为对象的一种特殊信用的现在价值。最后这一种是信用的唯一的真实的意义，我们区别为无形体的财产，一种债务。头两种是无形的财产——“避免”的权利，在未来的买卖的交易中可以自由的权利。

如果我们研究麦克劳德关于把信用作为一切财产权的数量的表现这种普遍概念的全部理论，就会看出他想要怎样完全颠倒古典经济学家和重农主义者的时间因素。他在全部经济学里用未来时间替代过去时间（除了在有形体财产的一年问题那个不幸的错误上），可是把未来时间当作一种向后拉到现在市场的商品，如同他们曾把过去时间向前拉到现在的市场一样。因此，他的理论是那一时期占优势的学说的“嫡系的可是被否认了的子孙”。但是，它是嫡系的，因为对未来收入的权利和商品一样，是可以交换的。它又是被否认了的,因为当时占优势的学说不把所有权和所拥有的物资分开。

(6)无形的财产——检查麦克劳德的“可以转移的财产”表式[①],就看出他的所谓“无形体的财产”中只有两项以债务的意义的根据,就是“年金”和“基金”。其他各项都是未来产品的现在的所有权,或从未来服务或产品的销售得来的未来货币的现在的所有权。

从他的现在的有形体的财产得出的“永远的每年收益”,是预期的供自己使用的产品或未来产品销售所产生的货币收入,或者是未来的“地租”。“他的信用”不是一种对某一个债务人的特殊信用,而是一个企业家的一般“好信用”,就是投资者和银行家的好感,他期望他们愿意贷款给他,买进他的约期偿付的契约。他的企业的“商誉”是预期的有利的和顾客的交易。“业务”也是律师的诉讼委托人或医生的病人的好感,他们愿意付出代价换取他的服务。版权和专利权是优惠的或独占的销货收入的预期。商业公司的“股份”是预期的股利或其他获利机会的现在价值。“收费权”和“摆渡权”,和专利权一样,是预期的从特权产生的优惠价格。

这些,按照现代的判例,应该称为“无形体的财产”。唯一的无形体的财产,或者作为债务人的偿付义务的那种经济意义上的信用,是“年金”和“公债”,后者是预期的债务偿付的现在价值。

这些区别不仅是学究的诡辩。它们具有很大的社会意义,因为,我们已经在别处指出,由于不能区别工人的“产业的好感”和一种“工作的义务”——就是,不能区别无形的财产和无形体的财产——才引起人们反对美国最高法院所核准的“黄狗合同”[②]。这

① 参阅本书下册,第16页,可以转移的财产。

② 康芒斯:《资本主义的法律基础》,第294页。

个以及类似的问题，溯源于法律家—经济学家麦克劳德的信用的双重意义。他的信用作为一种经济量的意义仅仅是一切预期收入的现在价值，不管是债务的偿付或者价款的偿付。

然而，这双重意义却是现代运行中的机构的混合的意义，那是预期债务人将偿付他们的债务以及“全世界”将付出有利的价格换取物资或服务。如果我只取得对一个企业的物质设备的所有权，而不取得对它作为一个进行营业的机构的所有权，那么我所取得的不过是对废料价值的权利，我可以从拆掉那企业的设备，然后在商品市场上按照废旧的程度卖掉零件取得这种废料价值。可是，如果我买进那企业是作为一个运行的机构，那么，我取得的所有权就不是对拆掉的物料，而是对一个运行中的工厂，生产着具体的物资，以及那机构所有的债权和自由参加市场的权利。我取得对预期的未来的全部总收入的权利，将它们分配给我的雇工、我的债权人、我的房东和我自己。

然而，既然我不是单纯的个人，而是一种股份持有人和债券持有人的组合，不仅是这样，而且也是一种一切职工和代理人以及一切出卖原料的人的组合，既然我们这些人都期望从那业务机构的总收入中取得我们的报酬，作为我们预期为我们机构服务的代价；那么，从我们的共同产品的购买者和机构的债务人所得到的总收入，是我们的共同收入。这共同的收入通过各种交易分配在各个人当中，每一笔交易当时造成无形体财产的债权人—债务人关系，可是，每一笔交易的继续或再现，有赖于所有的人愿意参加。这种预期的参加是无形的财产。

整个的是一种运行中的机构。它是全体参加者的一种共同的意愿，雇工和经理愿意维持和经营那工厂；顾客愿意买，投资者和银行家愿意贷款，原料供给者愿意卖，以及其他的人愿意参加。各个人可以参加和因此而取得报酬的"权利"是自由和暴露的无形财产。可是,各人个别地因为他从前的服务而获得报酬的权利是债务那种无形体财产,在这里机构是债务人。麦克劳德叫它信用——是一种运行中的机构的价值。他把它看作在一点时间上的一种静的经济量。实际上,在会计员编造他的常年报告的那一点时间,作为一个运行中的机构的横断面,它确是这样,可是它是一种继续进行着的程序,经过预期的一段时间。

从技术上来说,这种运行中的机构的价值,为了立法和行政管理的目的,意思是指股票和债券的现在市场价值,在某一点时间;或者一种不列出证券市价的计算法。这些表示预期的营业净收入(除去捐税)的现在价值。可是,从经济上来说,运行中的机构的价值是全体参加者的全部预期收入的现在价值,包括征税机关在内,这一切说明全部销货总收入的内容[①]。

三种道德的和法律的义务因而产生,有助于维持那种愿意的态度,从而使机构能继续进行业务。履行和偿付的义务由所有的参加者自愿承担。这些是"债务"的无形体财产。避免或不干涉的义务由局外人承担,包括国家在内。克制的义务在外界干涉不可避免的地方由当事人承担,特别在独占事业、公用事业或者工会规章问题上是这样。人们预期他们的契约都不会超越这些范围,这种预期是无形的财产。这些预期的履行、避免和克制等权利和义务构成无形的财产,并且在参加者可以自由参加或不参加的范围内,他们的愿意或不愿意是"自由"和"暴露"的无形财产的道德的和法律的意义。

因此,那运行中的机构是无形体的和无形财产的连续,它们反

---

① 康芒斯:《资本主义的法律基础》,第182—213页。

复地被创造出来，不断地发生和不知不觉地过去，麦克劳德把它们叫做特殊的信用和一般的信用。特殊的信用是履行和偿付的义务。一般的信用是避免和克制的义务——根本不是信用和债务，而是预期的买卖的交易中的自由和暴露。他所谓特殊的信用是无形体财产。他所谓一般的信用是无形财产。考虑到时间之"流"和时间的"经过"两者的区别，无形体财产是一种预期的时间的经过，可是无形财产是一种预期的时间之流。

(7) 从有形体的到无形的财产——这样，制度的组织给我们一种运行中的机构的观念，依据参加者在他们对工作、等待和冒险的预测中所受的诱导而行动，服从一些限制他们的买卖、管理和限额的交易的范围的通则。可是，技术的组织给我们一种运行中的工厂的观念，工厂在工程师的指挥下，为最终消费者生产物品和服务，服从技术效率的法则。两者是分不开的，可是，它们给我们两种不同的归结为不同的社会哲学和政府概念的社会概念。一种是参加者的不断变动的资产和负债，另一种是国家财富的创造中不断变动的入量对出量的比率。一种是有关可以转移的权利和自由的所有权经济学；另一种是有关入量和出量的工程经济学。一种是不仅分派份额，而且，更重要的是，使那机构继续周转进行的计划。另一种是结果造成若干出产品，分给各有关方面。

老派物质的和快乐主义的学说的困难，在于它们正当公开拒绝业主的经济学的时候，却不能不私下引进所有权的经济学。它们甚至曾把财富解释为物资和物资的所有权。可是，它们的概念是静态的，没有通过交易来改变所有权那种活动的方面。适当的研究方法是首先区别经济学的两种要素，确定各自应得的地位，然后在一种集体活动的概念里把它们合在一起，这种概念，根据习惯来说，似乎运行中的机构的观念可以满足它的要求。

这一点的主要关系不在于采取新的概念，而在于打破旧概念的双重意义。这样，商品和财富从前具有所有权的财产权意义和技术的物质东西的意义；"成本"这个名词具有所有权的支出的意义和技术的入量的意义，价值这个名词具有所有权的收入的意义和技术的出量的意义。

过去几十年间在经济学说的改造中，往往只需要在基本概念上作很轻微的变动，就可以从前一时代的静态的物质的和快乐主义的概念转变到二十世纪的制度观点的活动的概念。费特在1907年从奥国学派的效用概念改变到意志观点的选择的概念，虽然表面上这是一种很轻微的变动，因为效用总含有快乐和快乐的选择的双重意义，但这一变动却使他能采取活动的概念，从而完全从庞·巴维克的快乐经济改变到现代以活动为研究对象的制度主义，尽管他硬说自己坚持着他的心理学。他实在是采取了活动的心理学，这也是以活动为出发点的无形财产的概念。[①]美国主要的数理经济学家费希尔也是这样。他在1907年，根据历史的传统，把财富解释为人类所有的物质的东西[②]。这种定义，一经改变到活动的概念，结果产生了财富的矛盾的意义，既作为增加出产，又作为限制出产。

我们已经说过这种矛盾的意义关键在于未能区别财产的制度和生产的技术。如果把制度经济学和工程经济学区别清楚，就不会有这种使人迷惑的问题。两种都是以活动为对象的经济学。制度经济学是人与人的关系中交易的活动，可是，工程经济学是人与自然的关系中增加出产的活动。国家的全部人力是它的全部活动的入量，全部对自然力的控制是从活动中产生的全部出量。可是，

① 参阅费特最近的著作：《垄断事业的伪装》，1931年版。

② 参阅本书上册，第293页，《效率和稀少性》。

制度方面的表现是为了分配和预测那出量而做的活动，这种活动决定机构本身将继续运行或停止。

因此，社会的制度的组织是个人和机构的不断变动的资产和负债，它们本身又是未来的经济诱因，引起工作、等待和冒险。买卖、限额、管理和预测的制度，扩大、限制或停止入量和出量，或者把入量和出量转移到不同的方向，或远近不同的各种未来时间。生产以前的买卖、限额和管理的交易的组织，决定利益和负担的分配，并且供给诱因，使社会机构继续运行或不运行。可是，社会的工程的组织是物理、生物和心理科学的进展，它使人类能支配自然，这种支配自然的能力是否用来取得幸福或毁灭，将决定于全世界种种制度的集体行动。两者是很不相同的，如果财产的意义仅仅是不活动的有形体的财产。因此，我们用物资的出量和劳动的入量替代“物资”这个名词[①]；用预期的物质出量和货币收入的无形财产替代有形体的和无形体的财产。

(8) 商品市场和债务市场——二十年前在费特的《价格的定义》那篇重要论文里[②]，哈德利是一百十七个经济学家中唯一的一个把价格解释为一种“权利”的价格。根据费特的引文，哈德利说，“价格，从最广泛的意义来说，是一种东西的数量，用来换取另一种东西。价格，从商业的意义来说，可以解释为对一种东西或服务的权利所交换的货币的数量。”[③]

费特所研究的只是物质的和快乐主义的经济学家，不是像哈德利那种制度经济学家，他并且是在找寻一种他们可以同意的价

① 包括“劳务”在内。

② 费特的论文见《美国经济评论》，1912 年第 2 期，第 783—813 页。

③ 弗兰克·哈德利：《经济学、私有财产与公共福利关系的说明》，1896 年版，第 70、72 页。重点是本书作者加的。

格的定义，不管他们的主观的或客观的价值学说或者货币的和非货币的学说。他所得到的定义是："价格是在换取一种物品时付出或收进的另一种物品的数量。"

可是，显然麦克劳德的价格的定义和哈德利的相同。价格是换取所有权权利所付的代价。它同样适用于商品市场和债务市场。

在商品市场上我递给你一本书，你就递给我一块钱。那是一种两重的肉体上的行为，它的意义和动物在相互帮助时的行动没有什么不同。可是，在人类社会里，如果那本书不归我所有，我就不能合法地把它交给你，收取代价。而且，即使在我可以合法地交给你的时候，我也不能使你成为那本书的所有人，使所有的来人不得干涉，除非法律认为我的肉体上的行为中含有另一种行为——一种心理上的"意志的行为"——我有意要使你成为所有人，以及另一种心理的行为——你有意要成为所有人。然后法律执行，或者人们预期法律会执行，那种两重的意志的行为。经济科学的对象是那种两重的肉体行为呢，还是那种两重的心理行为呢？显然，肉体的行为是技术的，由体力劳动的工人在所有人的指挥下实行。可是，心理的行为是所有权性的，实际上通过法律的作用，转移所有权。

再说，我交给你那本书，你收受保存，可是不交给我那一块钱。法律现在认为那本书的转移含有同样的、两个意志合一的同样的心理行为——我有意使你成为那本书的所有人，你也有意取得所有权。可是，法律也认为同一物质的转移中含有另一种物质的转移——这一次是一种预期的物质的转移，把那一块钱从你手里转移到我手里，以及我的预期的收取那一块钱，有意使它归我所有。经济学家们将怎样处理这一对两重的物质的行为呢？它们是同样的物质的转移，和前例中所举的一样，可是发生了一种时间的间隔。

经济学家们在失望中认为没法处理，麦克劳德说，结果落得极端的混乱。[①]

混乱的原因是由于有两种市场，“商品”市场和“债务”市场，以及“货币”这个名词把商品的物质的意义带进了债务市场，然后由于类比，债务市场也成为一种“商品”市场。但是铸造的货币，我们已经说过并且将要看到。不是一种商品。它是一种偿付债务的制度[②]。麦克劳德本人，因为他的信用的双重意义，未曾有效地区别商品市场和债务市场。在这个问题上，他信从了一般流行的那种物质主义的错觉：银行家说他可以借给顾客的“货币的供给”增多了，其实他们收进的只是顾客或其他银行家欠他的债务。顾客和投机者问“货币价值”若干，其实他们的意思是，债务价值若干？

麦克劳德和其他的人也许可以避免了这种物质主义的固执的观念，假如他们不讲比喻的“货币市场”，而代以真实情况，债务市场。甚至“商品市场”，诚如麦克劳德说得很对，也不是交换商品的市场，而是交换商品的所有权的市场。“货币市场”，也如麦克劳德所说，不是交换货币的市场，而是交换债务的市场。

价格，无论在什么时候，都是一种因为“报答”某种形式的合法控制权的转移而付给的代价。它是对服务的“报酬”，或是立刻的报酬或是延迟的报酬。这是权利和义务的让与的制度的意义，不是物质的交换的意义。

假如，麦克劳德有效地贯彻他把债务作为“可卖的商品”这一点线索，不使债务的所有权和商品的所有权变成一样，而一贯地区

① 克内斯后来把它作为有时间间隔的交换。克内斯：《货币和信用》。

② 参阅本书下册，第 82 页，《债务的解除》。

别债务市场和商品市场，他就会正确地说明现代企业，避免了双重计算。那就干脆有两种市场，而不是在一种市场上作双重的计算。

证券交易所和货币市场是"债务市场"的两个车轮：大车轮，股票和债券，看到未来的若干年；小车轮，银行贷款和存款，看到未来的若干小时和若干日。虽然股票在法律上不像债券那样是债务，可是在经济上和法律上它们在逐渐成为债务，因此似乎符合麦克劳德的"可卖的债务"那种说法。股票是企业对股票持有人的"负债"，甚至股利也渐渐地被看作对股票持有人的习惯和债务。连法律上也承认这一点，例如在依法管理的公用事业中，人们用股票和债券的总价值以及现行的利息和利润率来计算公众（作为预期的债务人）必须交付的代价，以便债券持有人可以得到利息，股票持有人可以得到股利。"公众"是债务人，股票持有人以及债券持有人是债权人。在特殊情况下，对股票持有人付给股利，正逐渐成为公司组织的一种法律上的责任，差不多和依法必须对债券持有人付给利息一样。债券持有人只是优先债权人，股票持有人是延迟的债权人。人们又采用了中间阶层，例如各种各样的"优先股"，它们的地位在作为债权人的债券持有人和作为准债权人的普通股票持有人之间。

即使在没有法律规定必须对普通股付给股利的地方，也发生了一种属于投资者商誉的性质的经济制裁。在美国资本主义经常的通货膨胀时期内，董事会不承认有什么必须发给股利和维持股票市场价值的道德的或经济的（更不用说法律的）义务。可是，随着千百万分散的投资者的产生，以及由于全部所有权的经营管理集中在极少数人的手里[①]，出现了公司组织的金融资本时代，因为

① 里普利：《正街与垣街》，1927 年版；布鲁金斯：《工业所有权》，1925 年版；邦布莱特与米恩斯：《控股公司》，1932 年版。

经济上有必要维持投资者的商誉，那些代表公司的董事会不得不采取一种付给惯例的股利的政策。显然还需要一种法律上的责任——这种责任已经在所谓“证券买卖取缔法”中开始，这一法令的目的是保障股票和债券投资者的利益。

因此，证券交易所是把长期债务按照法律和经济制裁分别等级的市场，从最受法律保障的债券，经过保障较差的优先股和许多种单纯的“权利”，直到法律上保障最差但是主要靠经济制裁的道德债务，历史上称为普通股份。

在这有限的范围之内，麦克劳德的预言对几种特殊的情况是对的，可是并不一般的都正确，他把一切财产权利说成“债务”或“债权”，把经济学变成一套债权人—债务人的关系。只有在要求发给股利的经济的和道德的制裁变成由法庭执行的法律制裁时，财产权利才能变成这种关系。可是，这不可能实现。资本主义制度既需要股票那种无形财产，其价值决定于利润的多寡，也需要债务那种无形体财产。[①]

可是，并不是说因此债务就应该称为商品。假如真把它们称为商品，我们就只能说麦克劳德是在作比喻，而不是讲科学。他把债务和购买力混淆起来。前者是无形体的财产，后者是无形的财产。

商品市场上的情况和债务市场上的情况相同。它们都是一种为了取得未来的货币收入的市场，这种未来的收入麦克劳德称为“信用”。换取物质货币的不是物质的东西——而是未来货币收入的所有权，这是从现在商品的所有权里产生出来的，那商品被卖出去换取对未来货币收入的主权。麦克劳德认为每一种预期是一种信用，商品信用被卖出去换取货币信用。可是，它们不相同，因为

① 参阅本书下册，第160页，《利润的边际》。

一个是债务，一个是购买力。然而两者都是未来货币收入的预期。

这正确地说明资本主义。企业家买进商品时，不是买进物质的东西——他买进一笔未来货币收入的预期，这笔收入将由卖出那商品来取得。[①]银行家买进企业家的债务时，他买进一笔未来货币收入的预期，这笔收入将在债务人卖出商品、偿付债务时取得。按照麦克劳德的说法，他们都是买进一种信用。

因此，一个商品市场和一个债务市场在一起发生作用。这里的两种机能是出产品的所有权和短期债务的所有权。在商品市场上，人们造成短期债务，立刻在债务市场上卖出，交换银行的即期债务或存款。商业债务创造出来是为了出卖，并且是因为能卖给银行才创造的。那么，商品和债务的唯一区别在于被占有的和为了换取银行即期债务而出卖的对象。就债务来说，那对象是债务市场上债务人将偿付的未来货币收入的未来合法控制权。就商品来说，那对象是准备出卖换取未来货币的物质东西的未来合法控制权。商品和债务市场都预期货币收入。两者都是对一种未来货币收入的权利，其中一种是信用——无形体的财产；另一种是未来的利润——无形的财产。

两者的区别是两种价格的区别。一种是债务市场上短期货币使用的价格。另一种是商品市场上购取所有权所付的交换价格。这种分别麦克劳德弄不清楚，以致混淆了利息和利润。我们将根据他认为贴现和利润相同这一点，进行研究。

(9) 贴现和利润。

a. 两种价格

“债务的单位，”麦克劳德说，“是要求对方一年后偿付一百镑的权利。用来购买这债务单位的货币的数目是它的价值；当然，购买固定

① 参阅本书下册，第192页，《商业的供求法则》。

的债务单位所付的价格越小，货币的价值就越大。可是，在‘债务的商业’中，通常不用购买债务的价格来估计货币的价值。因为货币自然要产生一种利润，购买定期一年的债务所付的价格，显然必须少于债务本身。价格和债额的差数是买进债务所得的利润。这种差数，或利润，叫做贴现。很明显的，随着债务的价格的减少或增加，贴现或利润就增加或减少。在债务的商业中，通常总是用贴现或货币产生的利润来估计货币的价值。因此，在债务的商业中——货币的价值和贴现成正比例。这个定理包括商业的两个部门——货币的价值和价格成反比例，和贴现成正比例。……在商品的商业中，货币的价值是指它能购买的商品的数量；在债务的商业中，它是指买进债务所得到的利润或贴现。……利率或贴现率是在一定的时期内，例如一年内，所得的利润的数额。”①

这两种价格，我们区别为短期价格或贴现，但不是利润；和交换价值，或购买力。

b. 两种制造品

“一个银行家，”麦克劳德说，“最初决不用现金买进票据。他买进票据（一种未到期的债务），给予他的顾客一笔信用，按照债务的数目，扣去贴息，贷入他的账户：这是那顾客的一种行动的权利，他可以随时要求付款。就是说，他买进一种行动的权利，可以在一个未来时间得到偿付，由于创造或发出一种行动的权利——来取即付的权利。”②

麦克劳德认为，因此银行家“不是需要贷出的人和需要借入的人之间的居间者。事实是，银行家是一种商人，他的业务是买进货币和债务，通过创造其他的债务”。

因此，银行家的利润不在于“他借入货币所付的利息和他贷出货币所取的利息之间的差额。事实是，银行家的利润完全在于他由于超过现金准备额创造和发出信用所能获得的利润。一个发出信用只交换货币的银行，从来没有利润而且不可能获得利润。只有在创造和发出

① 麦克劳德：《银行的理论和实践》，第1卷，第57—59页。

② 同上书，第325页。

> 信用交换定期偿付的债务时，银行才开始获利。……银行和银行家的主要的和显著的特征是创造和发出来取即付的信用：这种信用，人们准备它在市面流通，起着货币的一切作用。因此，银行不是一种为了借入和贷出货币的机关，而是一种制造信用的工厂。"①

c. 商品价格和短期价格——未来的债务偿付的这种贴现的价值，是买进债务所付的价格；可是，贴息本身是对方为了使用银行的货币而付给银行的短期价格。银行家"从无中制造"他自己的即期债务或存款——一种"过期"的债务——作为货币使用；他用这种债务买进顾客的定期债务，索取一种短期价格，作为使用他自己的过期债务的代价。定期债务的价值愈到后来愈增加，由于短期价格的数目愈接近到期愈减少。这种价值上的增加是麦克劳德的"利润"。

> "一个买卖人，"他说，"以较低的价格向一个人买进货品，以较高的价格卖给另一个人，从而获得利润。同样地，一个银行家以较低的价格向一个人买进一笔商业债务——就是，向他自己的顾客——以较高的价格卖给另一个人——就是，卖给票据承兑人，或债务人。这样，银行家买进的债务，从他买进的那天起，价值越过越增加，直到还完为止。因此它产生一种利润，并且因此是流动资本，和任何买卖人的店里的普通货品一样。"②

当然，在这里不能区别由于债务接近到期的价值上的增加，和由于贱买贵卖的价值上的增加。后者是利润，从两件交易中得来；前者是贴息，产生于一件交易。就两件交易来说，价格这个名词的意思是买价和卖价。就一件交易来说，价格这个名词的意思是同一交易的开始和结束之间的贴现率。这种贴现，我们为了显出两者的不同，称为"短期价格"。

① 麦克劳德：《银行的理论和实践》，第1卷，第326、357页，词句先后经重新排列。
② 同上书，第358、359页。

麦克劳德对利润和贴现的混淆之所以可能发生，是由于债务的可以转让。债务是从债权人——银行的顾客——手里买来的，到期时似乎是卖给那顾客的债务人——承兑人。表面上由银行家谈判了两件交易；实际上只有一件。

这种错误见解的关键在于以前提起的那种谬论，所谓信用或债权现在就存在，可是，债务要等到偿付的义务到期时才存在。其实两者同时产生，银行家所买进的是债务人到期偿付的未来义务。银行家不再谈判，这一次不须和债务人谈判偿付。他只是主张他的权利。

这种情况使我们必须把我们对于买卖的交易的概念弄得更明确，区别“交易的结束”和“谈判的结束”。谈判在交易达成协议、所有权转移的那一刻就结束。可是，那交易本身，直到以后履行和偿付都完成的时候，才算结束。

在现金交易中谈判和交易同时结束。在商品方面，不仅对商品的主权转移，而且商品也交到。在货币方面，不仅在结束谈判时主权转移，而且货币也交付。

这样，交易造成两种债务：履行的义务和偿付的义务。如果两者都立即实行，谈判和交易就同时结束。可是，必须到两种义务都完成，交易才结束。如果中间相隔一段时期，不到两种义务中的最后一种完成，交易不算结束。如果那是偿付的义务，不到债务人偿付以后，交易不算结束。如果那是履行的义务，不到服务完成或者物资交到和验收以后，交易不算结束。

因此，就土地或劳动偿债的长期债务来说，一件交易可以延长若干年，可是，就货币市场上的短期债务来说，一件交易只延长几天。因此，交易确实是一种创造的过程。它不是创造商品，而是创造一种经济量和经济状态；必须到履行和偿付的债务解除，交易结束时，经济状态才从负债改变到自由。

因此，麦克劳德的表面上的第二次谈判，把债务卖给债务人换取债务人的现金，并不是一种谈判——而是法律上义务的履行，它解除债务，从而结束交易。银行家仅仅是"收取"应得的东西，为了证明偿付的完成，而把债务人的债务的所有权还给债务人。

麦克劳德未能注意到一件交易的开始和结束之间的这种间隔时期，所以可能认为贴现和利润是相同的。贴现是一种"短期价格"，为了预期的等待的服务，在一件交易的开始和结束的间隔时期中等待；可是利润（或损失）是以一种价格买进和另一种价格卖出的两件交易之间的差额。

可是，利润（或损失）也能从买进和卖出债务的两件交易之间产生，跟买进和卖出商品的两件交易一样。商业银行以百分之六的贴现零星收进顾客的票据，然后以百分之四的重贴现趸批地卖出，获得一种利润。这里真实有两个市场和两次谈判，一个零售市场和一个批发市场，因此有两件交易。那商业银行在零售市场上以百分之六卖出他在批发市场上以百分之四买进的东西。[①]

麦克劳德著述的时候商品经济学家还没有区别利息和利润。这种区别，我们已经注意到，被隐蔽在"时间之流"的双重意义里。利润是在时间之流中不同的点上进行买和卖的时候获得，而利息是在一段时期或"时间的经过"中挣得，在这时间的两点以内发生无报酬的等待。

当然，麦克劳德对利息和贴现作了通常的区别。它们意味着同样的东西，可是所不同的是关于两种计算的日期，把同一越过越增多的利息算作越过越减少的贴现。预付本金全数，并且等待到

---

① 这种区别直到后来西季威克才弄明白，参阅本章(I)，第4(11)节。

年底，那种“利润”是利息。在预付的时候就扣下利润，那种“利润”是贴息。[①]

可是，从数学观点来说，贴现和利息确实不过是计算同一利率的两种方法，然而却有一点区别，产生于贴现和重贴现的办法，这种区别麦克劳德本人也注意到。为了使用银行家的货币而给他的代价如果是预付的，预先扣下利息，那就比较更接近麦克劳德的商品的代价的观念。银行家对于他的信用的使用收取一种价格，而付出一种较低的价格给那重贴现的银行，为了使用它的信用。

严格地说，它不是一种“价格”——而是一种比率，经过未来的一段时期。未来的增值，或者“地租”，或者为了货币的使用而预期的利息，被折合为一种现在的“资本化”的价格，就是贴息的数目。我们可以区别商品价格和短期价格，从而保存麦克劳德的分别。商品价格是换取商品或证券的交换价格。短期价格，或贴息，是先扣利息，为了货币的使用而预付的价格。

如麦克劳德所说，它们相反地变动，并且运用的范围比较广泛。例如，债券的价格和购买债券所用的货币上的利息成反比例，可是债券的收益和金融市场上货币的长期价格成正比例。货币的短期价格也是这样。短期商业票据的价格和贴现率成反比例地变动，可是，贴现率是银行对购买票据需用的货币所取的短期价格。

因此，债务或证券的价格是和商品的价格一样。它是为了换取债务而付给的货币。可是，贴息是为了使用他买进的货币或信用而收取的价格。两者相反地变动。这种短期价格的意义使得麦克劳德能发现怎样由英格兰银行适当地运用贴现率，控制黄金的输出和输入。

① 麦克劳德：《银行的理论和实践》，第1卷，第372页。

d.英格兰银行——安哲耳曾说“麦克劳德是……第一个人在文章里看到贴现率是外汇率的主要决定因素之一，可以巧妙地加以运用，纠正外汇的情况。关于这方面的见解，人们通常归功于戈申，其实他在六年后才发表他所研究的问题。”①

戈申的著作写在英格兰银行已经实行麦克劳德的理论以后，他“不是故意地想要做什么新奇的事情”。可是，麦克劳德曾经说过，现金外流的主要原因是三重的，“国家的负债，纸币贬值，任何两国之间贴现率的差额超过输送金银的费用。”麦克劳德也“十分接近”于“根据银行准备金和贴现率的变化来解释货币和价格的短期关系”，这种解说后来由西季威克于1883年给予“完全的和明确的形式”，并且由马歇尔于1888年予以更完备的补充。②

麦克劳德形成他的运用贴现率并从而调节黄金外流和国内物价水平的理论，是通过他的“债务的制造”和英格兰银行的国家利益（不是为了私人利润）的理论。私人利润可以由债务的“制造”来获得；可是，当私人利润引起黄金外流时，英格兰银行的国家责任就必须抵抗或消除这种利润。

首先麦克劳德必须澄清那些认为钞票和银行存款不同的混乱的观念。1844年的银行条例就是由于这种观念的混淆而产生的，这一条例把英格兰银行分为两部分，专管钞票的“发行部”和专管存款的“业务部”。在发行部里，按条例的规定，钞票的发行（超过法定的一种原始发行额以外的发行）必须由顾客存入等额的黄金作为保证，方能办理。钞票已经被认为是一种有关公众的重要问题，可是银行存款在条例里被认为是银行和顾客之间的一种完全私人

① 安哲耳：《国际价格论》，1926年版，第138页。

② 同上书，第117、118、138页。这种贴现和价格的关系直到1898年才由威克塞尔予以充分的说明。参阅本书下册，第240页，有关威克塞尔各点。

的甚至秘密的事件，政府不应该干涉。

可是，麦克劳德认为，从法律上和经济上来说，钞票和银行存款属于完全相同的性质。在法律上，它们都是一种即期债务，由银行创造出来作为货币使用。银行存款和钞票同样是一种货币的“发行”，因为它们都是一种债务的“制造”，这种债务都是即期的，来取时即用黄金支付。在经济上，它们的影响完全相同，因为同是为了随时提出黄金，以供输出。

> 存款，麦克劳德说“不过是伪装的钞票。它们只是一种庞大的信用的上层建筑，建立在一个比较小的金银的基础上：完全和钞票的发行一样。……这种表面上的存款，不是若干现金，而是信用，或者行动的权利，由银行创造出来作为他们用来买进现金和票据的价格，这些现金和票据列在另一面作为资产。银行存款的突然增加，实际上不过是一种信用的膨胀，和钞票的突然增加完全相同。……因此，这种存款的减少不是现金存款的减少，而是信用的收缩”。①

1844 年银行条例的结果证明了麦克劳德预先所说的话不错。按照条例的规定，如果黄金从发行部提出，输出国外，银行就按提出的数目减少它的钞票。这样做的理论是，这钞票的减少会引起国内商品价格的降低，使输出商品比较输出金银更为有利，因而制止黄金的外流②。可是，银行条例在业务部留下了一个“漏洞”。人们可以从业务部提取黄金来输出，只需开出支票要求付与黄金，就可以办到；虽然黄金在流出国外，钞票的发行额并不会减少③。他说，“实际上那只船有两个漏洞。条例的制定者只能看出一个；他们只防备了一个：结果非常惊诧地发现那只船由于另一个漏洞在很快地下沉，这个漏洞他们忘却了”。④在1847年的危机中银行

① 麦克劳德：《银行的理论和实践》，第 1 卷，第 329—330 页。

② 同上书，第 1 卷，第 412 页。

③ 同上书，第 2 卷，第 342—343 页。

④ 同上书，第 2 卷，第 343 页。

条例不得不“暂时停止”，以便准许英格兰银行发行钞票超过从发行部提往业务部的黄金的数额，借此解救企业家和其他银行家的困难，使他们免于“整个毁灭”①。

按照麦克劳德的看法，困难在于那流行的理论，所谓“黄金只输送出去偿付由于销售货物而产生的差额，因此当这种偿付完成的时候就一定会自动地停止。可是，这是一种极端错误的见解”。

> “……如果伦敦的贴现率是百分之三而巴黎的贴现率是百分之六，这种情况的简单的意义是黄金可以在伦敦按百分之三买进而在巴黎按百分之六卖出。可是两地输送的费用不超过百分之二分之一，结果，这一番买卖可以有百分之二又四分之一或百分之二又二分之一的利润可得。……当贴现率相差很大的时候……在伦敦的人开出由他们的巴黎代理人付款的汇票，专门为了在伦敦卖出换取现金，然后他们把现金汇往巴黎，在巴黎再以百分之六卖出。很明显，只要贴现率上的差额存在，这种外流就不会停止。再则，巴黎的商人立刻把他们的票据寄到伦敦去贴现，并且当然把现金汇给他们。……阻止这种外流的唯一方法是使两地的贴现率相等。”②

他陈述了这一般的原则，从此以后人们一直采用：“当任何两地的贴现率的差额超过两地间输送金银的费用时，金银就会从贴现率较低的地方流往贴现率较高的地方。”③

> 关于这一原则，他说，“不管这种原则在商人中多么熟悉，我们发现它从来还没有被人载入任何商业的书籍，并且肯定从来没有在通货的讨论中被显著地提出来，作为逆势汇兑的一种原因，和国家的负债或者纸币的情况完全无关。”

那么，当黄金外流时这种贴现率应该怎样提高，黄金内流时，

① 麦克劳德：《银行的理论和实践》，第 2 卷，第 170 页。

② 同上书，第 1 卷，第 418 页。

③ 同上书，第 2 卷，第 344 页。

贴现率怎样降低呢？能把它留给银行家的私人竞争去解决，听任他们各自和顾客订立私人合同，追求自己的利润吗？英格兰银行的董事们曾提出争辩，认为贴现率是他们本身和业务顾客之间的私事，各人为了自己的利益在追求利润。可是，麦克劳德指出，竞争使银行家的数目“增加得太多”，以致在贴现率应该提高防止黄金输出时，降低了贴现率[①]。再说，“商人的利益总是尽可能取得便宜的供应。”[②]英格兰银行，由于习惯的发展，已经成为各地银行的黄金准备的仓库，因此在黄金流向国外时，它的贴现政策必须控制其他银行的政策。因此，他说，英格兰银行的董事有责任在紧要关头预先采取行动，不仅要不顾他们自己的眼前利益，而且要不顾广大商业界和其他银行的眼前利益，才可能保全国家的黄金准备，不让它受到损失。英格兰银行的私利必须服从它对公众的责任。麦克劳德说，“英格兰银行负有不可避免的责任，应该经常注意邻近国家的贴现率，跟着这些变动采取措施，以便防止从本国输出金银可以获利。”[③]

在以后 1857 年的不景气期内，英格兰银行董事第一次根据麦克劳德以前主张的这种公共责任的原则采取行动，及早提高贴现率，阻止黄金的外流。约翰·穆勒后来能够说，英格兰银行在 1847 年以前一切行动所根据的原则是，他们除了自己作为一个银行的利益以外没有任何问题需要考虑，在 1844 年的条例里起草人皮尔爵士曾使英格兰银行确信“他们作为银行家在经营存款上的一切行动和公众无关，只是他们自己的事”；可是自从 1847 年以后，他们已经认识到

① 麦克劳德：《银行的理论与实践》，第 2 卷，第 139 页。
② 同上书，第 2 卷，第 366 页。
③ 同上书，第 2 卷，第 418 页。

"英格兰银行这样的一个机构不同于其他的银行，不能像其他银行那样，可以认为它们的个别的交易不会一般的影响商业世界，以及它们只需考虑自己的地位。英格兰银行的交易必然影响全国的交易，该行必须采取一个银行所能采取的一切措施，防止或减轻商业危机。英格兰银行的地位既然是这样，1847 年以后，该行对这一点的认识比较从前也清楚得多，他们在行动上已经不像从前那样只顾银行本身的安全，而不考虑任何其他问题。"①

因此，英格兰银行是现代资本主义下私人企业家的第一次重大的协力一致的行动，不通过立法，就承认他们对公众的责任——这种责任是由于全国的福利已经依赖他们，由于他们采取了协力一致的行动，作为一个发行和贴现的中央银行，完全和政府的行为分开，政府明白地让他们自己决定怎样追求自己的利益。实际上，经过舆论的重大压力，英格兰银行的当局才愿意接受像麦克劳德这种经济学家的学说，可是麦克劳德本人在后来一次再版的他的有关银行的著作里竟然能说，"制定 1844 年银行条例的必要，对英格兰银行的董事是一种很丢脸的事。那是宣告他们不能做好他们自己的工作。可是，既然现在他们已经证明他们完全能够做好，那条例也就不必要了。"②

中央银行在稳定物价以及制止黄金的流入和流出方面的进一步的责任，麦克劳德没有说明，直到威克塞尔在 1898 年才试图予以详细的解释。③

(10) 从心理经济学到制度经济学——交易的公式可以用心理学的说法来陈述，是很有意义的。生产者卖出一千单位的钢效

① 贝克哈特:《联邦准备银行制度的贴现政策》，1924 年版，第 29 页引用。此篇对英国银行利率的讨论以及根据 1797—1850 年的经验所产生的贴现政策公式，都作了很好的历史上的叙述。

② 麦克劳德:《银行的理论与实践》，第 4 版，第 2 卷，第 367 页。

③ 参阅本书下册，第 233 页，《世界范围的偿付社会》。

用,价格是每单位边际效用二十,或者总效用或价值二万单位减去未来性(远期)折扣或贴水二百单位,产生现在的效用一万九千八百单位。要把它变成制度经济学,只需采用财产的权利;法定的计量单位;债务的创造、流通性和解除;集体行动对交货和偿付两种义务的执行,这集体行动是国家,或者商务委员会,或者商会或类似的团体,它建立一种从事于司法判决或商事仲裁的组织。然后,那公式就变成这样——一千吨使用价值,钢;边际效用每吨二十美元,或价格;未来总效用或未来价值,二万美元;未来性折扣,二百美元;现在的总效用或价值,一万九千八百美元。

我们研究从哲逢斯到费特那些心理经济学家,看出他们逐渐把他们的心理学发展到差不多这种最后的一致性,现在他们尽可以自称制度经济学家,和称为心理经济学家同样的适合。费特在他的《垄断的伪装》里,从心理的经济学过渡到制度的经济学。

未来性的折扣在不同的经济学家的著作里,表现得不同。庞·巴维克的"贴水"是加上去的,在未来加上较多的劳动,以便增加未来的出产品。可是,费特的折扣是减掉的,减少现在的劳动的数量,使未来的出产品不增加。庞·巴维克把前者说成"增加迂回过程",虽然,他主要地讨论贴水,从这一点可以推论,同样的现在和将来的关系也能由减少"迂回过程"来实现。他所谓"增加迂回过程"有时候使人误解,因为现代发明的趋势是减少或缩短那迂回过程,从而减少生产一种效率较大的机器所需的劳动量。可是,我们的推断是根据他显然忽视了这一事实。如果不用劳动成本较低而效率较高的新机器来替代劳动成本相同和效率相同的老机器,我们关于庞·巴维克的迂回过程的推断是正确的。

例如,这种心理的估价无疑的是农民会有的情况,只要他用他的劳动生产一种未来的使用价值供他自己和家庭使用,而不出卖。

它也适用于鲁滨孙和消费经济学的范围，在那里没有一件东西是为了出卖而生产的。那农民由于经验了经济学家的“效用递减”原则，知道如果他生产得太多，他的供自家使用的产品的价值将降低很多。他也知道，如果生产的东西超过他一家将来需用的数量，现在工作太多就是无用的牺牲；如果他现在不充分工作，生产出自己家里将来需要的数量，家庭的需要将受到牺牲。

因此，由庞·巴维克发展完善的这种心理经济学，是普遍存在的。它存在于人类的本性中。它在生产不是为了出卖的一切经济学里肯定有相当的地位。因此，它虽然普遍存在，却不适合于买卖世界。它只讨论劳动、物资和预期，公然地丢开私有财产、有关那些未来产品所有权的权利和义务，以及既转移具体物资的应有权又创造可转让的债务的交易（这种债务的所有权也被转让）。

这种对所有权完全不管，其根本原因在于从个人心理出发，这里没有社会的利益冲突，而不是从谈判和交易的社会心理出发，这种心理起源于冲突。社会心理不仅需要可以实行的权利和义务；也需要客观的计量单位，以便所有的当事人可以知道期待于未来的是什么，以便负责判决的机关可以根据数量来作出决定。

在通俗的和经济的语言中往往是这样，一种量的计数单位被用来替代所量度的量。我们说重量或者温度表上寒热的度数，可是这些是看不见的物质力量的计量单位，这些力量在我们面前从量地起着作用。经济量也是这样。它不是一种物质东西的量，而是一种“力”的量。它是一种强有力的看不见的社会力量，预期将在看不见的未来发生作用，个人在现在的交易中对它们的计量标准是货币价值。因此，虽然麦克劳德的“经济量”的概念似乎是空幻的或想象的，其实不是，因为那是看不见的未来时期中的看不见的社会压力，表现为现在的交易中一种货币的计量。

人们采用了这种用货币表示的计量制度以后，经济量就成为现代资本的意义。货币价值是一种看不见的经济量——资本——的尺度。人们于是区别“货币市场”和“资本市场”、“现货”和“期货”等等，在这里现在的现金或银行存款构成“货币市场”，债券和股票（未到期的债务）或者未卖掉的销货，构成资本市场。

这些经济量——现代“资本”——的所有权由交易加以转移。它们转运到世界各地，就是银行家和商人账册上的贷方和借方，由电报、电话或邮信加入或抵消。纽约的联邦准备银行对于纽约货币市场上进出的“货币”编有经常的报表。可是，这种报表不过是货币市场上贷方和借方的记录。近年来准备银行才发表“分别保管”的黄金这一个项目，这种黄金实物是在银行里，但所有人在其他国家，因此作为不在美国国内。经济量是所有权，不是物资。

这种现代的资本的意义，作为一种以货币为尺度的经济量，既非常有力又非常敏感。资本完全具有一种法律的基础，如果那基础被推翻，资本可能整个地消失。资本的数值反映世界经济上的一切变动或对变动的忧虑。可是，这种经济量比政府的势力更大。它使劳动就业或失业。它偿付债务和捐税。它制造战争。

可是资本，一种存在于未来的经济量，是很敏感的。我们上文举例中的远期折扣二百美元可以再加上一种由于危险性的冒险折扣。这种冒险折扣若是高到百分之一百，资本的现在价值就完全消失，并且在那种危险程度达到以前产业早就停顿。可是，在繁荣时期，冒险折扣较小，并且可以用两种方法来抵消它：提高卖价，或者提高利率或贴现率。

如果不能提高价格，把危险转移给买方，就可以由卖方负担，接受一种比较高的贴现率。如果完全没有危险，利率也许降低到百分之三或更少；如果在我们的前例中利率是百分之三，现在的价值就是一万九千九百美元，而不是一万九千八百美元。我们可以假设通常的冒险折扣一并包含在我们的例证中的百分之六利率里，因此钢的现在价值，包括利息和冒险折扣在内，是上面所说的一万九千八百美元。

在这里必须注意从“交换”这个名词的旧意义传留下来的一种含糊的意思。古典派学说假设双方从交换中得到。各人把对他自己价值较小的东西转移给对方，而从对方收进对他自己价值较大的东西。从个人的观点来说，这当然是真实的。他总是在现有各种对象中选择较好的或“比较不坏的”一种。他总是得利，不管所放弃的或避免的另一种对象是多么繁重。可是，这种说法混淆了个人的心理和客观的经济量[①]。在一件交易中卖出的经济量和买进的经济量完全一样，实际上是同一件东西。一种经济量，例如一匹马——或者说得更恰当一点，预期的一匹马的有用的服务——的所有权被转移，换取现金或银行存款，例如一百美元。一方对马比对货币看得重或者另一方对货币比对马看得重，这是一个主观的或个人的问题。它不是客观的和可以测量的在交易中发生的情况，在交易中总有一种明确的经济量的所有权被转移，虽然有关的各个人对它重视的程度也许彼此不同。

债权和债务的相等也是这样。主观地以及从个人来说，双方对它们的评价可能大大的不同，债权人和债务人各人根据自己的目的。可是，客观地来说，债权，例如一万九千八百美元，和债务一万九千八百美元是完全相同的经济量。双方相等地增长，趋向到期，可是在任何一点时间上它们是同一的经济量。

我们以前说过的关于“自由”和“暴露”的相等，也有同样的情

① 例如在奥国学派的“主观的交换价值”这个名词上。参阅本书上册，第 357 页，《机会》。

况。主观地，当工人辞工不干的时候，雇主也许觉得他所受的损失超过工人所得的利益。或者，那工人也许认为辞工不干，他自己的利益超过雇主的损失。或者，那工人也许认为他辞工不干比继续工作利益较大，而雇主也许认为他开除那工人比留用那工人利益较大。

可是，客观地，当工人辞工或者雇主开除他的时候，雇主损失一种未来的经济量，就是预期的那工人一天的工作——和那工人现在取得并且可以在别处利用的经济量完全相同。两方之中的一方也许比对方更知道怎样较好地利用那预期的一天工作，可是这是一种个人问题，客观地并不改变那对于双方都是相同的经济量。既然普通的工人可以任意辞工，那“经济量”就由于冒险而减小。可是，就“合同工”或者演员、棒球球员等的专业合同来说，冒险折扣却大大地降低。

或者，拿“商誉”或商标的意义来说——另一种自由和暴露的关系，这种关系我们区别为无形的财产，现代资本主义的最大资产之一。虽然“商誉”的未来的收入也许是很空洞的，但在交易中它的所有权作为一种现在的经济量可以转移，按照一种金钱的估价，其中包含预期的销售、价格、利息和高度的冒险以及因此而产生的一种很高的冒险折扣率。一方也许比另一方认为它价值较大，可是客观地，它是同一经济量，是资本的现代意义——作为资产。

甚至运行中的机构的意义是一种类似的经济量，它的现在的价值也许是它的股票和债券的不断变动的价值，代表一种金钱的净收入的预期。

法庭或仲裁人所考虑的是一种同一的经济量的所有权的转移——不是个人认为他们获得或损失的个人利益或亏耗，快乐或痛苦。后者相当于心理的价值的意义，可是，我们只把它们当作谈判心理中“商谈的要点”，交易成功，它就不存在。[①]

经济学家往往用“物品”这个名词包括物质的东西、债务、股票、债券、企业的商誉、运行中的机构这些不同的概念，在这种地方我们按照麦克劳德的说法，用“经济量”这个名词，这些量值大小不同的经济量，人们买进、卖出或保持着供未来使用。这种分析类似克拉克在区别“资本”和“资本物品”时显然想要构成的分析[②]。他的“资本”是一种“价值的基金”；他的“资本物品”是具体的物资。在这里“生产资料”和“消费资料”这些名词是方便的名词，将加以使用，因为它们显然只限于生产和消费物质资料的技术范围以内。可是，如果把“物品”这个名词的意思扩充到包括股票、债券、银行存款、信用、债务或其他形式的有形体、无形体和无形财产，那就是(像麦克劳德对斯密和约翰·穆勒的批评)[③]混淆了生产和消费与债权和债务。为了保持这种分别，我们把物质的东西称为古典经济学家的技术的资本，可是所有权是现代的资本的意义。所有权是克拉克的“价值的基金”，麦克劳德的“经济量”，以及公司财政中的资产和负债。[④]

(11) 债务市场的分开：　a. 货币和资本——亨利·西季威克在1883年[⑤]是第一个经济学家利用麦克劳德对所有权和物资的区别，可是他纠正了麦克劳德，指出麦克劳德认为相同的财富和资本两者的不同。西季威克的财富是“社会效用”，是劳动的结果；可是，资本是私有的财富的所有权，财富是财富；资本是资产。区别

① 参阅本书上册，第107页，《谈判的心理学》。

② 克拉克：《财富的分配》，1899年版。

③ 参阅本书下册，第29页，《交换性》。

④ 参阅本书下册，第115页，《资本和资本物品》。

⑤ 西季威克：《政治经济学原理》，1883年版。这里所引证的是根据1887年再版本，据作者说，再版中对重要论点没有什么改动。

的关键在于利息的意义。

“利息，”西季威克说，“是产物的一部分，用利息的名义归于资本的所有人；所谓‘资本’的意思是指被使用的财富，它可以给所有人产生一种新财富的剩余。从个人的观点来说，这种资本可以有理由被认为仍然存在，即使那财富已经用掉，没有留下物质的结果，只要它是用于给所有人取得一种合理的预期，可以期待它连本带利回到他手里，甚至只是永久地收取利息。”①

可是，西季威克区别三种资本——股票、债券和土地价值。

“……这种公司的股利应该认为仅仅是股东所有的资本的利息，等于每年付给债券持有人的钱……并且土地的收益是一种利息。”②

这三种资本，在最初的投资以后，可能大大地变动。这决定于利率上的变动(假设货币的购买力是稳定的)。

“当现行利率从百分之三降低到百分之二时，一块土地的地租如果不变，土地的价格就会上涨百分之五十(其他情况如果都不变)。”③

显然我们可以说，他的其他形式的资本，股票和债券，也有同样的情况。利率降低百分之三十三，如果其他的情况不变，就会使资本的数值上涨百分之五十。

可是，这种资本数值上的增加，从社会的观点来说，并不是资本的增加。

它们的价值上的增加，“显然并不构成真正的财富的增加：因为社会所拥有的对生活必需品和便利品的支配能力，总的来说，并没有加大。由于利息降低，它的生产工具的交换价值因而增高。可是，从个人的观点来说，财富的增加，在某种意义上，是实际的而不仅是名义的；因

① 西季威克：《政治经济学原理》，第2版，第256页。

② 同上书，第258页。

③ 同上书，第259页。

为，虽然资本所有人的实际收入并不因变动而增加，他的购买消费品的能力肯定已经增加，虽然他只有用掉他的资本，才可能发挥这种购买的能力。”①

可是，这种资本将怎样用掉，从而变成可消费的商品呢？把它变成具有一般购买力的银行存款。

西季威克着手创立一种货币的定义，要适合麦克劳德的可转让的债务的定义，可是避免商品的物质的类比。他应付了解释货币这样一个“变动很大和不明确的”名词的困难，由于批评哲逢斯提出的根本反对试图作任何定义的那种说法。西季威克说，哲逢斯曾经说过，认为我们“解决一个名词（货币或资本）的意义，就能避免许多事物的一切需要分别解释的复杂的差异和种种不同的情况”，那是一种“逻辑的错误”。哲逢斯曾提到那些叫做或可以叫做货币的矛盾的东西，例如“金银块、标准硬币、代币②、兑现的和不兑现的钞票、法币和非法币、各种支票、商业票据、财政部证券、股票等”，其中每一项“需要有它自己的定义”。可是，西季威克答复说，哲逢斯认为“对许多‘种’分别予以解释，在逻辑上是对的；可是企图解释它们共同的‘类’，在逻辑上是错的”；他这种议论是“自相矛盾”。如果我们要精细地确定它们的意义。“种”的本身有“同样的困难，和广义的‘货币’的概念一样”。

然后，西季威克规定一种“货币的主要的和根本的职能”，用来作为货币的一般职能。这种职能将区别货币和“物品”或“商品”或“财富”，可是使人对于一种货币和另一种货币的差异能作比较详细的解释。这货币的一般职能是“用于交换，以及其他财富的转移，其目的不是移转某种特殊商品，而是移转一般的对商品的支配权：

① 西季威克：《政治经济学原理》，第2版，第259页。

② 英国历史上，商店自己发出的一种辅币。——译者

由于作为财富移转的媒介，货币才有资格执行它的另一重要任务——作为价值的尺度”。[①]

西季威克根据所有各种货币所共有的这一基本职能，说明企业家、银行家，甚至像巴杰霍特那样有名的经济学家怎样会起初把货币解释为硬币或钞票，可是，在他们的大部分理论中又把货币说成“银行家在顾客来取时立即付给货币的义务，这种义务连钞票里也不一定存在”。他们的解释是“在平常时期”一个实地经验过的人都知道“他能把他的银行家的负债的任何一部分随时变成黄金或钞票[②]，他完全为了自己的方便才让他的钱保存在非物质的状态中。……因此他自然地会认为并且说一切‘存在银行里的货币’是‘现金’”。因此，巴杰霍特以为英国比任何其他国家有“更多的现金”，其实它所有的是更多的来取即付的银行债务。

后来，遇到危机和信用崩溃的时候，“银行家的负债和他们偿付这些负债的手段之间的区别变得非常明显；他（巴杰霍特）刚才叫做‘现金’的那同样的东西，似乎又以相反的角色‘信用’出现；于是他（巴杰霍特）认为英国‘手里的现金’那样的‘非常之少，使一个旁观者看到它的微小和以它为基础的信用的庞大，相形之下，几乎会不寒而栗。’”[③]

西季威克心目中既有这种货币的双重意义，所以决定效法麦克劳德，采取货币市场上流行的名词，以便用货币来指“全部的”通常交换的媒介。他批评穆勒“看不起”麦克劳德“把信用的扩张说成……好像信用真正是资本”，而穆勒认为，信用只是一种“让一个

① 西季威克：《政治经济学原理》，第 2 版，第 225、226 页。

② 主要是英格兰银行的钞票。

③ 西季威克：《政治经济学原理》，第 2 版，第 223 页。又参阅本书下册，第 16 页，图 7，债务金字塔。

人使用另一个人的资本的许可”。西季威克认为，在某种意义上，这同样的说法也适用于金币。

> “……它的唯一作用是，‘准许’或者使它的所有人能取得和使用其他财富：只有在这种意义上，穆勒的说法才适用于银行贷给顾客的信用或负债，不管是用钞票的形式或是用‘存款’这个有些使人误解的名称。没有疑问，这种信用是用来转移财富的一种比较脆弱和容易消灭的工具；可是在现代产业社会里，它是主要地用于这种重要用途的工具，人们没有理由不顾这一事实。”①

西季威克这就改变了沃克的货币的定义，来符合麦克劳德的定义。沃克曾把货币解释为“在社会中自由地从甲手转到乙手，用于债务的最后清偿和商品的全部偿付方面的一种东西”。② 可是，西季威克改变沃克的字眼，把“从甲手转到乙手”改成了“从甲所有人转到乙所有人”，以便包括银行存款在货币的范围之内；这银行存款不在沃克的货币的定义之内，虽然他包括了钞票。

> “似乎是这两种字眼的差别，使得沃克先生不愿承认银行存款是货币；因为存款不能像钞票那样，‘从甲手转到乙手’。可是，在用钞票（不是法币）实行偿付的时候，没有疑问，重要的事实不是几张纸的单纯的物质的移转，而是对银行提出要求的权利的移转：这种要求权的移转在用支票偿付的时候同样可以实现。”③

这种对沃克的批评说明西季威克已经抛弃了物质经济学家把“交换”和“流通”作为商品“从甲手转到乙手”的具体交货的那种观念，而代以麦克劳德的“从甲所有人转到乙所有人”那种制度性的移转。

---

① 西季威克：《政治经济学原理》，第2版，第224—225页附注。
② 沃克：《货币对贸易和产业的关系》，1879年版。
③ 西季威克：《政治经济学原理》，第2版，第226—227页附注。

> “没有疑问，”他说，“支票的收受人可以要求用钞票兑付；可是，钞票的收受人同样地可以把钞票交入银行，如数加到他的账户上。再说，前者可以要求用黄金兑付；可是，后者同样地也可以要求。从这两种观点来看，都似乎两者没有任何根本的区别。我这样说的意思不是抹煞用钞票偿付和用支票偿付之间存在的重要的实际区别。支票不像钞票那样流通：支票的收受人通常立即付与代价，因此要选择银行，选择他同意接受它的负债作为货币的那种银行，而钞票的收受人通常不作这种选择；因此银行的负债的移转在支票上比在钞票上较为复杂；因为……银行有变更以及银行顾客有变更。可是，交易的实质仍然同样是‘债务的最后清偿和商品的全部偿付方面’银行的义务的移转。因此我认为，一种货币的定义，如果一般的包括钞票而排除其他的银行负债，实在是不能接受的。”①

寻求“货币代用品”的定义，是西季威克在创立一种货币的定义中的主要困难。经济学家笔下的“货币代用品”的意义一定总是他的“货币”的意义的残余。如果货币只是金币，转移所有权的其他一切偿付和购买的手段就是一种货币代用品。

西季威克用各种不同货币在债务的清偿和商品的全部偿付中的“终极性”这个题目，应付这种困难。他认为终极性是程度的问题，“最高度”的终极性属于现代政府的不兑现纸币，这种纸币作为国内交换的媒介，通过两种法律的手段，由政府按票面价值接受，准许人们用以缴纳国家捐税，并且承认它们为私人债务偿付中的法定货币。这种货币的“终极性”甚至超过黄金。如果黄金不是法定货币，如果偿付金块而不付法币的契约在法庭上不可能执行②，

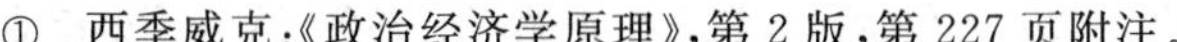

① 西季威克：《政治经济学原理》，第 2 版，第 227 页附注。

② 在宪法有关“损害契约义务”的禁令内，计划订一现代的办法：抵押契约中双方同意将来用“符合现在法定标准重量与成色的北美合众国金币，按照纽约通行的汇兑率”偿付债务。

黄金在债务偿付中的终极性就低于法定货币的纸币。

西季威克说，银行钞票，*不是*法定货币，它的终极性低于不兑现的纸币，然而和银行存款没有重大区别。这种比法定货币较低的终极性，是由于人们可以要求银行用法定货币清偿它们自己的债务。可是，这种负债由于银行另有收进黄金或钞票换出它自己的负债那种相反的交易，而获得平衡。因此"平时人们在一般债务的最后清偿中接受银行的负债"。①

可是，我们认为，在流通性以外，还需要另一种特质。要使债务可以成为一种交换的媒介，必须使它在用于偿付或购买时*不受*任何*时期折扣*的限制。如果受这种折扣的限制，它就不是货币，而是资本。西季威克似乎看不出这种区别。他的货币的定义以"流通性"为中心，但不包括*时期折扣*的有无作为货币和资本的差别的根据。他说：

> "……有一些广泛被人接受的证券——某些政府的公债、铁路的债券，等等——运输起来比金银方便得多，因此在国际债务的偿付中往往用这些证券替代金银。当这种证券被人们买进卖出是为了完成这种任务的时候，如果否认它们在这个范围内具有货币的最主要的特征，那就使我们自己成了语言的奴隶。"②

不错，我们应该说，这些证券是可以流通的，和货币一样，并且具有一定程度的"终极性"。可是，它们不应该被包括在货币的定义之内，因为它们的价值越是接近到期越是增高，由于需要打折扣的时期越过越缩短。可是，真正的货币不附带时期折扣，并且这是银行存款可以适当地解释为货币的理由。银行存款可以被列为货币，因为它是银行的*过期的*债务，可是"证券"，不管是短期商业债

① 西季威克：《政治经济学原理》，第2版，第227页。

② 同上书，第230页。

务或者长期债券等，都是未到期的债务，因此应该列在“资本”一类。①

这符合于三种市场，“货币市场”，包括过期的银行债务的所有权的移转；“短期资本市场”或者未到期但是短期内即将到期的债务的所有权的移转；“长期资本市场”，或者未到期但是将在一个较长的未来时期的终点到期的债务的所有权的移转，这种债务的利息每年或每半年一付。总而言之，货币市场是过期债务的市场，不受时期折扣的限制；资本市场是未到期的债务的市场，因而受一种时期折扣的限制。那么，货币或过期债务的“代用品”是“资本”，或未到期的债务。

当然，以上所讲的意思并不是“货币的价值”在“购买力”的意义上没有变动。那是另一个问题。它只意味着货币的价值不因未来的时间的经过而变动。过期的债务没有未来性，不是资本，而是“现金”，就是银行里的“存款”账户。同样地，短期或长期证券的购买力可以改变，可是这也是另一个问题。未到期的债务具有未来性作为它的一个方面，因此是资本，并且可以作“现金”的代用品。它是“资本”，因为它表示一种未来的价值的增长，不是作为购买力，而是作为缩短未来的时间的经过，直到偿付到期为止。②

但是，即使像这样区别了货币和资本（作为货币的代用品），仍然是西季威克运用麦克劳德的债务的流通性或者债务的所有权的移转，首先消除了物质的“循环”的比喻以及麦克劳德的把债务作为“商品”那种物质的比喻。现代银行支票根本很少循环流通的。

① 它们可以按一种“冒险折扣”收进，因为无力偿付或靠不住。可是，所谓“时期折扣”，我们的意思是指一种预期的时间的间隔，在这间隔期中产生等待。

② 我们在这里不考虑现代资本的另一种形式，“无形的财产”。我们只考虑“无形体的财产”的流通性。

支票开出来、加以背书、存入银行、然后注销，或是清偿以前买卖的债务，或是偿付当时按照市价转移商品所有权，因而造成的新债务。在美国，这方面的实际情况最近才可能作科学的计量，由于现在有了报告和公布的“个别账户的借方”的统计。[1]这些借方的记录是企业家的大部分购买行为的记录，因此是银行的即期债务从银行的一个债权人转移到另一个债权人的记录。“流通”这个名词不适用于这种程序。它始终是一种比喻，一种从硬币时代遗留下来并且从血液循环推论出来的比喻。实际情况不是像比喻那样，而是银行账上的借方和商人账上的贷方，起源于所有权的移转。因此，我们可以根据那使它生效的行为，称为“借方货币”，从而保留一般所用的“流通货币”这个名称，专指那为数不多的纸币和硬币。

麦克劳德把信用说成“生产的资本”时，他心里所想的显然是这种由于借入账户而节约货币的使用。他的意思不是说信用生产商品，像劳动那样，而是说信用增加财富的生产所依赖的各种交易的速率。他的观念很像李嘉图的观念，李嘉图区别了机器和资本——机器增加劳动的生产力，但机器不是资本[2]。麦克劳德也是这样，信用是生产性的，不是因为它生产什么东西，而是因为它增加生产的速率。换句话说，麦克劳德所做的工作实际上是把生产的意义从“生产”改变到“生产的速率”，这是从生产到效率以及从“流通”到重复的速度的改变。

麦克劳德的意思是，信用增加了商品买卖的周转的速率，超过仅仅用硬币所能达到的程度，从而大大地增加财富生产的速率（不是生产）。他的意思确实是这样，这一点从他认为硬币的使用比物

① 参阅本书上册，第 343 页，《从流通到重复》。
② 参阅本书上册，第 406 页，《李嘉图和马尔萨斯》。

物交换经济的办法具有较大“生产力”的见解中，可以看出。硬币和物物交换比较，银行信用和硬币比较，它们在技术上的意义是大大地提高商品周转的买卖的速率，这是国民生产力上一种巨大的增加。麦克劳德的解说是适当的。他说，按商业的通常过程，物品或商品从生产者或输入者手里转到制造者，然后到批发商，然后到零售商，然后到顾客或消费者。如果那生产者或输入者从批发商那里得到现金，他就能立即生产或输入另一批商品，补充他已经卖掉的部分。同样地，如果批发商从零售商那里收到现金，他就可以向制造家再买进一批，补充他已经卖掉的货。零售商和消费者也是同样的情况。

> “如果个个人都时刻有现金可以动用，循环之流或生产就可能川流不息地继续下去，以消费或需求所容许的速度前进。……但实际情况不是这样。很少的人或者没有人时刻有现金可以应付他们的需要。……如果循环之流，或生产，必须等到消费者用货币付了物品的价款以后才能重新开始，生产就会大大地减少。……可是，假设那商人对批发商的品格和诚实有充分的信任，他就凭信用把货物卖给那批发商。……就是，他卖出货物，所交换的不是货币，而是一种信用或债权。……因此，我们看到信用引起了完全相同的循环或生产，和货币一样。”因此，下一步是“使债务本身成为可卖的商品；把它卖出去或是换取现金，或是换取适当数额的其他债务，可以随时要求换成货币，因此等于货币”。不然的话，大量的商人债务就“全部是死货”。银行家买进他们的“死货”，给予“活动力和流通……把它从死货变成进一步的生产能力，然后大量的商业债务全部被变成生产的资本”。[①]

显然同样的话也可以适用于硬币。它把农业和工农从迟缓的物物交换的程序改变到快速的买卖的程序。麦克劳德说，“信用是生产性的资本，跟货币完全是同样的道理和同样的意义。”

① 麦克劳德：《银行的理论和实践》，第 1 卷，第 303—305 页。

这含有一种生产的双重意义，并且表示麦克劳德的批评者不了解麦克劳德的“生产力”的确切的意义，和当时所谓“生产”的意义不同。生产力是生产的速率。“生产”的意思，对古典经济学家来说，是使用价值的生产，不大管生产的速率。可是机器、货币和信用是相同的，因为它们同样意味着增加那生产的速率，从而增加全国的生产力或生产的速率，这生产的速率我们称为效率。

b. 资本收益和银行利率——在以上的讨论中，我们只考虑了短期和长期债务的“无形体的财产”，作为跟短期和长期资本相同的东西。可是现代资本由无形财产以及无形体财产构成。无形财产是预期的未来销售所产生的净收入的现在价值；而无形体财产是预期的债务偿付的现在价值。这两者一起构成现代的资本。麦克劳德对两者不加区别，我们已经看到；西季威克也没有加以区别。西季威克把债券的现在价值（无形体的财产）以及股票和土地的现在价值（无形的财产），同时结合在单一的“储蓄”的概念里。他因袭了麦克劳德的错误，把它们都作为债务看待。因此，他不区别更现代的“债券收益”和“股票收益”，或者和股票收益类似的、根据土地的资本化的现在价值而产生的收益。我们对于这些和类似的收益——根据资本化的现在价值而产生的收益——将称为资本收益。①

西季威克使这种区别的关键系于两种利息，资本收益和银行利息。

在西季威克以前，经济学家通常满足于只谈“平均”利率。可是，西季威克区别了短期贷款的利率和长期贷款的利率。西季威克向主要考虑商业银行短期贷款的麦克劳德进攻，他说，

① 参阅本书下册，第242页，《从边际生产力到资本收益》。

"职业贷款者所借出的贷款必须为贷款者产生一些'管理的工资'以及严格的利息;因此,我们根据这个理由,可以预期汇票的贴现率高于一般资本的利率。另一方面,我们必须考虑银行在很大的程度上生产它所借出的货币,就是它自己的义务,这种义务只要它的业务顺利,实际上决不会必须还清;它能以低于一般资本利率很多的价格出卖这种商品的使用。因此,如果银行家主要地放短期贷款给商人,从而扩大他的业务的范围和增加他的业务的安全,竞争也许会使他对这种贷款所取的利息不高于——甚至低于——永久而同样安全地投资的资本所得的普通利息。这似乎是实际的情况;也许部分地是因为商人是银行的特别重要的顾客;可是,主要地是因为银行家借钱给在一定的短期后必须偿还的借户,比较方便,这样他们遇到需要作大宗支付时,就可以随时减少放款的数额。因此,我们没有理由预先肯定地说,银行家对商业票据所取的贴现率——即使是平均的并且把危险程度的差别计算在内——和一般资本所得的利息相同;没有经济上的理由可以说商业票据的贴现率不应该高于资本的利率,因为银行家的麻烦必须得到报酬;另一方面,没有理由可以说它不应该低于资本的利率很多,如果上面提到的有利条件的价值确实很大;因为对于银行家自己不费多大成本生产出来的交换媒介,一种比较低的利率就足以使他在营业资本上获得正常的利润。"①

银行家所得的这种利率,西季威克区别为"货币使用的价值",可是,那些不是"职业货币商"的人所得的利率是"为了使用储蓄而付的价格",或者另一种意义相同的说法,"所有人因为让别人使用他的资本而取得的价格。"

这样,西季威克的货币和资本的区别,其关键在于付给银行的利率和付给其他的人的利率的区别,前者不是因为银行的储蓄,而后者是为了他们的储蓄的使用。他认为这些储蓄是"资本",表现为土地价值、股票价值和债券价值这三种形式,按现在的价格计

① 西季威克:《政治经济学原理》,前引版,第245—246页。

算。就“职业货币商”来说，利息是一种银行收费，不是储蓄的代价。就其他贷款的人来说，利息是一种资本收益，是储蓄的代价。

可是，在这方面，两者没有什么不同。银行收费是一种为了储蓄的使用而付给的利率，和资本收益是为了储蓄的使用而付给的费用，完全一样。西季威克的谬误起因于两种错觉，麦克劳德所谓信用的制造厂，而不讲信用的交易，以及储蓄的实体，而不讲储蓄的市场价值。

(a)制造家还是商人？——西季威克仿效麦克劳德，把银行家想象为自己不花成本的“信用制造者”，对这种信用的使用，他收取一种价格(贴息)。

可是，银行家不是一种制造家。他买进他的顾客的短期或长期债务，在他的账册上把别人的所谓储蓄转移给他们，这种储蓄他已经承担了随时付还储户的责任，由于发出他自己的过期债务(存款)。

这样，如果为了买进一项六十天期的债务二万美元，银行家以存款账户的方式付给一万九千八百美元，那么这一万九千八百美元就是一种负债(他一般的对其他的人的负债)的移转，使他们的“储蓄”可以由他们随时请求支付。为了承担这种责任，他收取一种价格(贴现率)，在本例中是二百美元，年息百分之六，或者每两个月百分之一。

或者，反过来说，银行家卖给他的顾客他自己的一般“良好信用”的一部分(一万九千八百美元)，这种信用的保障在于他的商誉、他的法定准备金和其他为了加强他的信用而规定的法律条件。为了这种一般信用的使用，他收入二百美元。可是这种“良好信用”完全在于他能随时应存户的请求，付给存款。同时，在法律的让与的意义上，他买进了他的顾客的特殊的良好信用，结果在这一笔交易上他的利润是二百美元。

假如，那二万美元是一种长期债务或者债券，同样的关系也能适用。可是这里在核计价格时必须考虑那一年一付或半年一付的利息，这价格是用一种存款负债的名义支付的，由银行家从他对所有其他存户的负债或随时应他们的请求归还储蓄的责任中，转移给这个特殊的卖方，用“现金”或一般购买力计算。

因此，银行家不是“信用的制造者”。他是一个商人或中间人，买进和卖出别人的“储蓄”，所采取的形式是用他们的未到期的债务交换他自己的过期的债务。在这种买卖的交易中，决定价格的不是一个制造家的“生产成本”，像麦克劳德所暗示的那样；而是商人的机会的选择，这种选择我们曾加以分析，作为机会成本，或者反机会价值。[①]

因此，在这方面麦克劳德混淆了制造家和商人。没有成本的制造家是商人，所谓成本的意思是古典派的“正的”或积极的生产成本。正如我们在对凯雷、巴斯夏和庞・巴维克的学说的分析中看到的，他是一个商人，买进和卖出社会的“储蓄”。商人的成本是“负的”或消极的成本，由于选择一种较大的收入而避免了一种较小的收入；他的“价值”是“负的”价值，由于选择一种较小的支出而避免了一种较大的支出。从制造家的生产成本的积极意义来说，这些是“没有成本的”，然而银行这个机构的清偿能力、周转能力或破产却决定于这些没有成本的机会的选择。

(b) 储蓄和储蓄的市场价值——这使我们要谈到另一种错觉——关于储蓄的错觉。古典派学说把储蓄说成等于资本，有一种“正的”生产成本——节欲。[②]这种在消费上节欲的强度由利率

---

① 参阅本书上册，第 357、361 页，《服务的成本和产品的成本》、《服务的价值和产品的价值》。

② 参阅本书下册，第 130 页，《等待的稀少性》。

来表现。利率若是高，节欲的痛苦或者储蓄的“生产成本”就重；利率若是低，节欲的痛苦或者储蓄的“生产成本”就轻。

可是，储蓄具有一种和利率一样的“资本价值”。西季威克注意到只有在储蓄被用来按股票、债券或土地的当时市场价值购买“资本”的那一刻时候，储蓄等于资本。此后如果利率发生变动，它们在价值上就分开。

可是，它们根本并不“分开”。储蓄本身消失，一种别的东西再现，就是资本。如果利率低落，“资本”在价值上增长；如果利率上涨，“资本”在价值上减低。“资本”现在不是储蓄，而是储蓄的增加的或减少的市场价值。

可是，我们注意到，这种储蓄的市场价值不仅决定于利率。它也决定于繁荣、投机买卖、萧条、银行的周转能力、信心、熟悉内幕者对价值的操纵、货币购买力的波动等等一般情况。储蓄的价值可以因股票、债券、土地的价值跌落或者银行的破产而消失。或者储蓄的价值可以因资本价值的增长而扩大。

早期古典派对物质资本（物资）的劳动生产成本学说也有同样的情况。生产时劳动的原始使用价值产量，后来由于折旧或陈废，可能减少；或者它的使用价值，在最初生产出来以后，由于新用途和新时尚的关系，可能增加。

储蓄在理论上被认为和资本相同的时候，也是这样。储蓄发生在过去，可是，资本是打了折扣的对未来收入的预期。它们之间没有任何相同性。实际上，从亚当·斯密的节约和极度俭省的观念或者悉尼耳的节欲观念来说，储蓄正像早期经济学家的劳动学说一样，完全从现代资本主义制度中消没。变化是从储蓄到储蓄的市场价值，就是，从储蓄到资本。我们说银行家是一种中间人买进和卖出“储蓄”，我们的意思其实不是储蓄，而是对未来收入的现在权利。这是现代的资本的意义,和陈旧的储蓄的意义完全没有关系。"储蓄"这个名词变成可以说是仅仅一种宣传家的口号。[①]

这种排除储蓄、代以资本价值的说法,似乎符合现代的很中立的名词,债券收益和股票收益,以及它们的结合体"资本收益"这个名词[②]。这些名词仅仅是说明资本价值和资本所有人有权利取得的一种收入之间的比率。各种因果作用影响这种比率的大小,可是不管怎样,那比率是预测的标准,而不是过去的储蓄的量值。

这种比率的概念,当资本家比较他们投资在各种短期或长期债务、公司股份或者土地价值的资本的估价时,表现在他们的日常语言中。计量单位是每年收入的美元。取得这笔收入所需要的资本的市场价值的数额和利率成反比例,和预期的净收入成正比例。这样,在我们的举例中,如果利率是每年百分之六,那取得这项利息所需要的资本数额就是大约十七与一之比。或者,如果利率是百分之三,取得这项利息所需要的资本数额就是大约三十三与一之比;依此类推,可以适用于许许多多不同的利率或贴现率。

因此,我们得到一种计量麦克劳德的"经济量"的标准。它是一种和预期每年从销售或利息上所得的净货币收入成正比例并且对利率成反比例的倍数。实际上这种观点很久以前在欧洲从土地价值开始,这土地价值是按购买若干年的预期的每年收入的代价计算的[③]。如果,像西季威克举例说明的那样,利息从百分之六降低到百分之三,那以若干年计算的购买价格就从十七增长到三十三。换一句话说,增加一倍的不是储蓄,而是收入的"资本化"。银行家所买进和卖出,交换他们自己的过期债务的,是这些预期收入

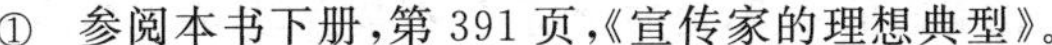

① 参阅本书下册,第391页,《宣传家的理想典型》。

② 参阅本书下册,第242页,《从边际生产力到资本收益》。

③ 参阅本书下册,第115页,关于杜阁部分。

的资本化。他们的来取即付的负债不是他们必须负责在顾客来取时恢复储蓄的原状，而是他们必须负责在顾客来取时恢复资本的原状，用“现金”或一般购买力来计算。

c. 从单一的因果关系到复合的因果关系——西季威克说他的分析是一种“静态的”分析，不是“动态的”。所谓静态，他的意思是假设利率在研究的时期以内始终不变，以及货币的购买力没有显著的变化①。所谓动态，他的意思是指货币、制度和生产上的一切变化。这两者就是我们所谓单一的因果关系和复合的因果关系。一切科学作为一种研究的工具，必须作出这种区别。基础必然奠定在一种单一的因果关系的分析里。每一因素都是相继推论出来的，正像其他因素未发生变化似的。可是，所有的因素是在一起变化。我们将用限制的和补充的因素的经济概念，得到一种复合的因果关系的理论②。同时，我们将研究各种不同的因素，债务的创造、稀少性、可转让性和解除。

我们已经考虑了麦克劳德的债务的流通性。我们现在要考虑纳普的债务的解除，霍特里的债务的创造，以及卡塞尔的等待的稀少性。

Ⅱ　债务的解除

纳普在他的“偿付的社会”的概念中开始了一种动态的分析。偿付的社会是债权人和债务人的协力一致的行动，建立一种怎样

① 西季威克：《政治经济学原理》，第 259 页。后来克拉克在所著 1899 年版《财富的分配》中采用了一种比较扩大的静态的分析，他的所谓“资本基金”是心理学的说法，其意义等于西季威克的制度的资本价值。

② 参阅本书下册，第 277 页，《关键的和一般的交易》。

解除债务的程序或手续。纳普是德国的麦克劳德[①]。他根据德国和奥国的经验创立了他的“货币国定学说”，如同麦克劳德根据英国的经验创立了他的习惯法学说。可是，不像麦克劳德，纳普的货币和债务不是商品。它们是制度，作为可以买卖的债务和一个偿付债务的社会在债务的购买和解除上所必需的协力一致的行动，具有双重意义。他所谓“债务的解除”就是我们所谓“结束那件交易”的意思。

在他的货币学说里，“主要的”特质是支付手段，至于货币是金属还是纸的，那是“偶然的事”。实际上，为了使他自己不用比喻的说法，并且用一种“以政治学为基础的制度的观点来替代硬币论者的观点”，他杜撰了一种奥僻难懂的名词，像生物学家把猿叫做猿猴“hylobate”那样[②]。这样硬币就称为“hylogenic lytric”——一种用若干重量的物资来解除债务的手段，而纸币是“autogenic lytric”——一种用命令、立法或法庭判决来解除债务的手段。

支付手段的这种“主要特质”是什么呢？这必须用一种一般的法则去找，这种法则将包括像1866年的奥国国家钞券那样的贬值纸币以及硬币。纳普说，“因为，仔细考虑一下，似乎在这种‘变坏了的’货币中可以找到线索，从而发现货币的性质，尽管初听起来，也许显得不合理。通货的灵魂不在于一个个钱币的物质材料，而在于管理钱币的使用的法律条例。”纳普说，“硬币论者”只研究货币的“不会动的躯体”，而不能解释通货、流通或纸币。纸币“也许是一种有疑问的，甚至危险的货币，可是即使最坏的一种也必须包括在理论之内。它必须是货币，才能是恶货币”。[③]纳普特意说，他

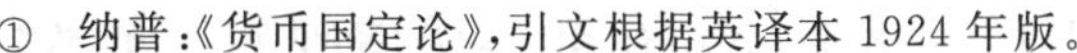

① 纳普：《货币国定论》，引文根据英译本1924年版。

② 同上书，英译本，第2页。

③ 同上书，英译本，第1页。

不主张采用单纯的纸币。“我不知道我们有什么理由要在正常的情况下脱离金本位。”

纳普的支付手段的“主要特质”系根据可解除的和不可解除的债务之间的区别，以及商品和支付手段之间的区别。我们可以说，奴隶是受一种不可解除的债务的支配，那是一种终身为主人服役的义务；这种债务不是由主人强派和核定的，而是由社会的管理势力所规定和许可，在这个社会里那主人是一个成员，那奴隶是一个不情愿的参加者。可是，一个自由人——那主人自己——主要的是受可解除的债务的支配，从这种债务中，他能把自己解脱出来，由于提供一种东西，社会认为可以接受作为一种赎金或解放的代价。

纳普不研究这种从不可解除的债务到可解除的债务的历史发展，这种发展是文明的全部历史。因此，他不谈履行的债务。他只谈可解除的、偿付的债务。麦克劳德认为，债务是经济量，这种经济量的义务是个人的责任。解除债务是解除义务，不管是履行或是偿付的义务。在历史上，各个阶段是逐渐发展的，从执行正式的和习惯的履行或偿付的契约（不管负担多么繁重），发展到一再扩大解除的方法。解除的方式和方法从废除奴隶制和为了债务的监禁，从破产法和工资免税法，直到爱尔兰的废除地租契约，美国的废除公用事业契约，逐渐废除劳工的定期或终身契约而代以“随意”的契约，禁止实物偿付而代以货币偿付，等等。在多数的时候，用来替代习惯的债务或契约的债务的，是国家当局认为“合理的”履行或合理的偿付。由于扩大了解除债务的方式和方法，债务和义务因而减少。资本主义是可解除的债务的现在的状态，纳普的支付手段的定义是方式和方法上的变化的一般原则的一种特殊情况，这些变化，通过文明在有关解除债务方面的运行规则上的变化，不断发生。

这是货币的"主要特质"，根据纳普的说法。纸币实在不是国家的"债务"，虽然由于历史的原因，含有国家承担偿付的意思。和硬币一样，它是一种解除债务的手段。

> "纸币解除我们的债务，一个摆脱他的债务的人不需要花费时间来考虑他的支付手段是不是物质的。主要的是它解除我们对国家的债务，因为国家在发出纸币时就承认它在收进税款时将接受这种支付手段。租税的关系越大，这一点对纳税人越重要。……用非物质的货币支付，对原始发行的国家来说，和任何其他的支付是同样的真实。它足以应付国内贸易的需要；实际上它使这种贸易可能进行。它确实不能满足某种其他的需求，可是那种现象本身不是不正常的。"①

纳普的次要的区别，商品和支付手段的区别，系基于首要的区别，可解除的债务和不可解除的债务的区别。他把商品解释为"交换商品"，从他所谓"十分基本的观念"出发。在这一点上，他明确地说出一切经济学家和法律家在"商品"这个名词本身所含蓄的意思。它意味着所有权的可转让性，"交换"这个名词并不增加任何意义。交换商品就是商品。

可是，一种商品是不是一种支付手段呢？我们说不出它是不是，如果只看"一件交易"。

> "然而，在任何社会里，例如一个国家，如果法律上逐渐承认一种习惯，一切物品都应该对一定数量的某种特殊商品（例如白银）交换，那么在这种情况下，白银"就是一种一般的交换商品，"一种社会交易的制度；它是一种在社会里取得了特殊用途的商品，最初由于习惯，后来由于法律上的承认。"②

这种社会承认的一般的交换商品向来是"支付的手段"。

---

① 纳普：《货币国定论》，英译本，第52页。

② 同上书，第3页。

“并不是每一种支付手段都是社会承认的交换商品。……要成为商品，它必须在法律规定的用途以外，又能有工艺上的用途。……工匠眼睛里的纸币只是一张张的纸，这些纸就是没有其他产业用途的东西。因此，它们不是交换物品，虽然是一种交换的手段。”“一个能使用自己因为某种工作而获得的交换商品、可是不能使它继续流通的人，他所有的是一种商品而不是支付手段。”①

这种金属，用作支付手段的时候，取得一种例如“镑”或“美元”的名称，这种名称，经过相当时期以后，就原来的重量来说，变成纯粹“有名无实”。那名称甚至还沿用到纸币上，以致从原来的重量的观点来说，它不是一种实际存在——其意义已经转移到另一种目的，一种为了用于债务偿付的“效力的单位”。现在对它的解释，不是从真实出发，而是从历史的发展来说。

因此，纳普认为货币作为一种支付手段，和“制钱”及纸币都有区别，后者在他看来，只是一些“圆片”、“符号”、“表记”、“券”。“‘券’这个名词是当时的一种很好的说法，久已用于表示一种能移动的、有标记的并且有一定形状的东西，由法令使它有一种用处，不受本身物质的影响。……它的意义不能从标记上了解，而是必须参考法令的规定。”②以往，在法令生效以前，支付必须通过权衡重量；现在，支付根据公布的法令来进行。

这种法律上的意义起源于习俗，然后被法律采纳，使它在国家的管辖范围以内普遍适用。无论在哪一种情况下，这种意义都由纳普的“偿付社会”的概念表现出来。银行和它的顾客“形成一种所谓私人的偿付社会；公共的偿付社会是国家”。③这个“偿付社

① 纳普：《货币国定论》，英译本，第4、6页。

② 同上书，第32、33页。

③ 同上书，第134页；又参阅本书下册，第233页，《世界范围的偿付社会》。

会”里的情况是成员们彼此之间根据“效率单位”偿付债务，这种效率单位等于“价值单位”。它们是“有效的”，因为得到社会的承认，意思就是说社会作为一个整体，解除债务人以后再偿付的义务，从而使得它们有效。

那么，支付手段和交换手段的区别在于后者是具有交换价值的一般商品的一种特性，而前者是一种社会认可的赎金，或者义务的解除，这种义务是个人所在的社会由于别的原因加在个人身上的。一种用交换价值的单位计量，另一种用债务偿付效率的单位计量。一种是经济的，另一种是法律的。这种效率单位，在它具有交换价值的范围内，也是一种价值单位，虽然我们从历史上知道它可能有效力而没有交换价值。

人们立刻可以看出，这种“支付的手段”或者债务的解除的概念，是一种普遍原则，适用于从原始时代到最现代的一切人类社会，只要它们继续是“进行中的机构”；可是关于表示债务解除的工具和行为，却有彼此大不相同的规章法则。在这里纳普由于他的概括的“偿付社会”的概念，比麦克劳德更前进了一步。

我们不需要进一步追问，纳普的“偿付社会”凭借什么制裁，使成员们不得不接受和使用这种解除债务的工具。那不仅是暴力的“法律制裁”（纯粹的“国定论”只限于这种制裁），而且也是他所谓“私人的偿付社会”的道德的和经济的制裁。法律制裁可以称为法币或法偿——其他的都是“法律以外的”，因为它们是习惯的手段或者习惯的偿还行为。用他所举的商业银行和顾客的例子来说：什么东西强迫顾客们接受一张所谓存户支票的那样一种“券”所代表的一家有偿付能力的银行的即期债务，作为别人偿还欠他们的债务呢？这种银行债务，根据成文法或习惯法，都不是由暴力强迫使用的法币——它们是习惯的手段。然而，债权人在习惯的范围以内不得不接受，在经济上（虽然不是法律上）却是强迫性的，因为任何要在这个社会里做生意或者继续做生意的人，必须接受这种支票。假使他坚决不肯接受，总是要求对方用法币支付，那么，在这一偿付社会的范围内就没有人会和他发生通常的买卖关系。他为环境所迫，不得不接受“信用良好的”银行支票，让人们用来偿还欠他的债务，正如他不得不接受法币一样。这不仅是一种对他便利的问题，也不仅是一种自愿的选择，也不仅是预期他自己作为债务人的时候也能用同样的或相等的银行支票偿还自己的债务，也不是预期人们用法币赎回——而是一种经济的强制问题。是竞争的经济制裁，有关最后的利润或亏损、成功或破产，使他不得不接受银行支票那种习惯的手段。结果，在美国十分之九的债务偿付不是用法币实行，而是用习惯的手段实行的。

在历史上，其他的“偿付社会”也是这种情况。支付手段作为习惯的用币开始，后来可能成为或者不成为法币。例如——把纳普的德国历史转移到英美偿付社会来说——公历1300年，在圣伊弗斯镇[①]的集市法庭，理查德·梅控诉约翰·斯坦格朗德不公平地破坏了一项契约，因为他用“去角牛和废马”偿还他所借的一头牛和一头猪的债务，而不用英镑偿还。在订约的时候一头去角牛或一匹废马照当时惯例作价一便士，可是在交易开始以后结束以前的期中国王发布了公告，在英国各地禁止去角牛和废马，“以致没有人应该接受它们，除非按两头去角牛或废马折价一便士计算。”集市法庭的陪审员于是决定应该服从国王的命令，不应按照习惯行事，约翰应按所欠债款每便士补给理查德一头去角牛，外加对“不公平的拖延”赔偿损失。后来，经济学家把这种赔偿称为变

① 圣伊弗斯(St. Ives)：英格兰西南部的一个市镇，在圣伊弗斯湾上。——译者

相的利息。

纳普所作的解释，可以适用于像这种事例，其关键在于他的“价值单位”和“效率单位”这两个名词的意义。他把它们说成是相同的，并且用“价值单位”这个名词，不管法律上的效力和经济上的价值的区别。他的名词没有经济的或物质的意义，是纯粹法律的名词，只有一种“有名无实的”意义。这“有名无实的”意义就是一种债务偿付的效率的单位，由偿付社会承认、给它一种名称、并且实际施行，不管那偿付社会是圣伊弗斯集市的买户和卖户的社会，或是联邦准备银行制度中的银行和顾客的社会，或是一个中古时代的国王、现代的立法机关或者现代独裁者所统治的社会。在交易中，就像在“英镑”或“废马”这些名词所含的物质的或经济的意义发生变动的时候，理查德得到利益而约翰受到损失那样，某些个人也许大大地损失经济价值，另一些人也许大大地获得那同样的经济价值。可是，这不是支付手段的法律上的“要素”。重要的是，人们用习惯的手段或法定的货币完成偿付时，那偿付社会就解除债务人以后再偿付的义务。

这似乎是很平常的道理，也许可以认为当然，不须讨论，像物质的和快乐主义的经济学家的看法。当然，如果由于战争危机或黄金不见流通，或者由于集中黄金，以致纸币或钞票或银行存款替代硬币，使国家甚至若干国家的集团不得不通用的时候，这一点的重要性就显露出来。

作为维持一种“支付手段”的制裁，纳普认为第一重要的是需要用来偿付对国家的强迫的债务，例如租税；第二重要的是偿付公民彼此之间或国家和公民之间自愿的、用法币偿付的债务。第一种我们将称为“租税”，作为代表对政府的一切强迫的债务；第二种我们将称为“债务”，作为代表自愿的债务，包括政府作为一个私人在市场上进行买卖时人们欠政府的债务在内。租税是强迫的债务，例如捐、费、定额税、关税，这些捐税人民必须缴纳，不是因为买卖的交易，而是因为国家根据纳税能力或其他原则而规定的限额。它们可以更恰当地称为“命令的”债务，因为是由命令强加的，不是由劝诱或说服而来。可是，自愿的债务是严格意义上的债务，因为它们起源于劝诱或说服，按照习俗、习惯法或成交法所立下的规则，因此可以更恰当地称为“公认的”债务。命令的债务是租税，公认的债务才是债务。①

这种区别同样适用于私人的团体，例如工会、卡特尔、俱乐部、商会。成员们对一个私人团体应纳的会费、费用、指定捐款，是命令的债务，属于本团体内的租税的性质；成员之间遵照团体的规章所做的交易产生公认的债务。两种债务同样由“偿付社会”加以执行，同样是必须偿还的，可是，一种的起源不经过买卖，另一种经过买卖。这种区别彼此混淆，像塞利格曼说明的那样②，可是，也相当明了，足以作为下文的基础。

纳普提出的问题是，作为采用解除个人对其他个人的债务的手段的基础，哪一种比较重要？是租税，还是公民之间的公认的债务呢？纳普的答案是前者比较重要。

> 他说：“因为国家一经把一种货币（例如国家发行的钞票）提高到‘价值的代表’的地位（可以由国家收进和付出），它在法律上就不能要求私人债务者用一种方法履行他的偿付的义务（可以解除的债务），而国家作为债务者却用另一种方法。因此，如果由于政治的必要，国家宣告它今后将用国家的钞票偿付一切，那么，作为法律的源泉，它就必须

① 康芒斯：《资本主义的法律基础》，第83—121页。

② 塞利格曼：《财政科学的社会理论》，载《社会科学季刊》，1926年第41号，第193、354页注。

同样地准许国家钞票可以用于其他的支付。……在发生争执的时候，国家作为裁判者，必须决定只要用国家钞票支付。假使它不这样决定，那么，作为裁判者，就是否定它自己的行动，就是自相矛盾。”①

他认为，虽然在逻辑上确实是这样，可是，在历史上，我们还应该考虑两种因素的比较重要性，就是现行制度和国家的迫切需要这两种因素，哪一种较为重要。当信用的制度在社会里比旧的硬币的制度占优势的时候，由于惯例（像上文所说的商业银行）或是由于法律（例如代替金镑的纸币和国家银行的钞票），支付手段受债务偿付的需要的支配就较多，超过付税的需要对它的支配。同时，如果国家的需要或政策为了其他目的比私人债务的偿付更加重要，那么，这些特殊的国家需要就决定用什么工具作为私人交易中的支付手段。

因此，付税的手段和偿付债务的手段这两种目的共同发生影响，可是在历史上它们曾被分开。在公历1300年以前，英国国王们曾下令规定，除了用实物完纳的租税以外，在人们向国家交付一切强迫的债务或租税时，国家只接受金镑，可是直到国王真正禁止私人交易中的去角牛和废马，圣伊弗斯的“偿付社会”才消除用它们作为偿付手段的习惯。偿付私人债务的手段和交付租税的手段是可以分开的。国家规定作为交付租税的手段的东西，即使“在逻辑上”也不一定必须用作偿付私人债务的手段。圣伊弗斯的商事法庭继续用它自己的惯例的偿付手段，直到国家真正禁止它们，才停止使用。

因此，更重要的区别不是租税和债务的区别，不是它们在决定当时的支付手段上哪一种占优势，而是国家目的和私人目的的区

① 纳普：《货币国定论》，第110页。

别，究竟由哪一种目的支配，决定租税或债务的支付手段。由那为私人目的服务的商业惯例来支配呢，还是由为公共目的服务的政府政策来支配呢，不管是立法、行政或者司法方面的政策？这些公共目的的关键不是仅仅在于租税的征收，实际上它们和租税的减低不是矛盾的，因此和租税在规定私人支付手段方面的重要性日益减少，也不是矛盾的。

圣伊弗斯法庭上的行动在美国南北战争初期重演了。国会最初发行了它的"见票即付的票据"，用来购买战争物资。这种票据，可以用作付税的手段，可是不是私人支付中的法币。公众在私人偿付中不收这种票据，因为它们用于交付关税时可以升水，以致不能一般的流通。因此，在战时的需要下，政府采取下一个步骤，强迫通用，发行了美国钞票（绿背纸币），赋予法币的特质，适用于公私债务的偿付。但是，这种纸币在交付关税时不作为法币。再则，政府授权财政部再发出这种纸币，支付政府在商品市场上的采购，可是不能用于支付公债的利息。

美国最高法院，对宪法作了解释，最初否认国家有权对这种纸币赋予法币的特质，可是后来它又改变了自己的解释，于是作为法币的绿背纸币成为一种永久的支付手段，适用于公私债务。这种改变所根据的理由，起先是在战时必须保存联邦，后来又说国会在平时享有最高权力，可以宣告国家的政策。因此，在决定私人债务的偿付手段方面，人们承认公共目的是主要的，其重要性超过私人目的。

再说，1873 年从复本位制改变到金本位制的时候，债务人被剥夺了以前可以用比较便宜的白银偿付的机会，可是公共的目的达到了，国家需要建立一种等于英德的金本位的币制，可以便利对外贸易。

1910年有关当局决定在菲律宾建立金汇兑本位制的时候，菲岛政府禁止银币出口。有一个商人在联邦法庭提起诉讼，控告菲律宾政府，理由是“不经合法程序”，他被剥夺了私有财产，这种剥夺是美国宪法以及设立菲律宾政府的权能授与法令所不容许的。那商人的银币在香港的价值比在菲律宾较高，每一美元多值八美分，因此他被剥夺了银币的价值，虽然不是剥夺银币本身。这种稀少性价值被认为是私有财产，可是美国最高法院却认为所谓“合法程序”在本案中的意思是指建立金汇兑本位的那种公共的目的。虽然，菲律宾采取的措施可能不妥当，可是它的行为是一个重要的国家政策问题，因此那商人被剥夺了他的财产，不是不经过而是经过合法程序的。

英美历史上的这些例子说明纳普所主张的那一般原则，国家作为最高的“偿付社会”，用单纯的命令创立支付手段。可是，它们也说明那一般原则不应该从租税交付的情况中产生，而应该产生于各方面的情况，在这种情况下政府当局认为一种公共目的比私人目的更为重要。在所有这种时候，私有财产——就是私有财产的稀少性价值——从一种人的手里，债权人或是债务人、买户或是卖户的手里，被移转到另一种人的手里，债务人或是债权人、买户或是卖户的手里，由于单纯的政府命令，宣告用什么作为法定的支付手段。

它们也更清楚地说明纳普对他的“价值单位”这个名词的意义是什么。实际上它是一种法定效力的单位，而不是一种经济价值的单位。“种种辅助的货币，”他说，“带有申水（例如，在使用绿背纸币时的金币和银币，菲律宾事例中的银币），假使它们的圆片作为一种商品来使用，所值的债务偿付能力单位多于作为支付手段时所得的价值；‘有（交换）价值’是商品的一种特质；有效率是靠命令的钱币的一种法定的特质。”[①]法定的效率解除债务人的义务，使他不再受债权人在法律上对他的控制。如果用经济的字眼，把这种效率称为一种价值的单位，那所谓“价值”是一种新的使用价值——集体行动的“使用”，我们称为一种制度。一蒲式耳小麦或者一元的实物黄金，在工艺和产业上有一种技术性的物质使用价值。用它们可以制成面粉和食物[②]。可是，一种人类的制度的使用价值——就这个特殊例子来说——是对债权人和债务人的用处——对债权人有用，因为那偿付社会解除他需要逼迫他的债务人偿还的麻烦；对债务人有用，因为偿付完成以后，它解除他再偿付的义务。这种偿付债务的用处，实际上是一切“社会使用价值”中最重要的一种，因为资本主义就建立在这一点上面。

然而，在这里显出了每一种偿付义务的相互的或相对的一面。不仅有偿付的义务——在相对的一面，还有交出商品或服务的义务，我们称为履行的义务。

这种履行的义务是用使用价值的单位来计量的。契约上交货一蒲式耳小麦的义务和偿付小麦价格的义务是相互的。这里，法律上的效力单位是蒲式耳，可是经济上的价值单位是那一蒲式耳小麦的价格。由于交出一定数量的商品若干蒲式耳小麦，他解除了再履行的义务。由于交到一定数目的美元，他解除了再偿付的义务。

因此纳普的“偿付社会”也是一种履行的社会。在“偿付”方面，它确定法定的或惯例的偿付的数额。在商品或劳动方面，它确定法定的或惯例的履行的数量。一种是法定的偿付手段或惯例的偿付手段；另一种是法定的履行或惯例的履行。一种计量法用于

① 纳普：《货币国定论》，第164页。

② 同上书，第4页。

解除买户偿付的义务;另一种计量法用于解除卖户交出一种商品或提供一种服务的义务。无论就哪一种来说,被计量的对象都是那可以作为法定的或惯例的履行手段或者作为法定的或惯例的偿付手段的东西。

这里我们得到纳普所谓“价值的单位”的完全的意义。它是履行或偿付手段的一种法定的或惯例的计量单位。作为一种效率的单位,它只是重量和度量的单位,一种从被衡量的东西上抽象出来的概念。因此有所谓价值单位的“名义性”和“命令性”那些说法,其实他的价值单位只是一种效率的单位。一个“蒲式耳”也是“名义的”和“命令的”,因为我们的“履行社会”用这个单位来量度完成履行义务所需要的行为量。社会在完成履行的义务中所实施的是法定的履行单位,和一切其他计量单位一样。美元也是“名义的”,因为“偿付社会”用它作为一种计量单位,确定在完成偿付的义务中所需要的偿付量,不管那偿付量所包含的是黄金、白银或是银行信用,这些都是偿付或支付手段。

这是我们对纳普的所谓“价值单位”所能作出的唯一的解释。由于是“效率的单位”,它只是一种计量的单位。它是单纯法律的或惯例的衡量的制度,从被衡量的东西上抽象出来,法庭使用它,以便对任何一种偿付或履行可以计数。它是执行偿付或履行中的计量单位,从而解除诉讼当事人的偿付或履行的义务。实际上,计量单位是从历史上而不是从逻辑上来解释的,因为它们是历史的制度,从习俗或法律中发展出来,为了使法律的执行可以准确。一切计量单位都是“名义的”,如同语言是名义的或空洞的一样。然而,它们有实在性。它们的实在性是集体行动,因为它们使运行的规则可以准确,这种规则决定个人或法人组织应该偿付或履行的是多少。

这使我们接触到这些效力单位的经济意义。它们的制度的意义在于义务的计量、执行和解除。它们是法庭所用的单位——因此也是一切可能发生纠纷需要法庭解决的私人交易中所用的单位——法院在按照当时的国家政策而决定的相互的履行和偿付的义务中，用它们来计量、执行以及解除个人所负的义务。它们的经济意义在于每一项交易谈判的时候，那种预期的关于履行手段和偿付手段的相对稀少性。

这适合交易上的价值的意义，具有使用价值、稀少性价值和未来扣息价值这三个可以计量的方面。第一方面由标准的物质单位来计量，例如蒲式耳或者金元的物质重量。第二方面由标准的稀少性单位（美元）来计量。第三方面由一种标准的时间单位（年）来计量。第一种单位量度法律上履行的手段；第二种量度法律上偿付的手段；第三种量度等待和冒险的服务。

这使我们得到纳普所谓"券"的一种双重意义——一种是要求商品的使用价值的委托券，另一种是要求商品的价值的债务券。他认为"券"是一种"符号"，而它的意义必须求之于法律书籍。习惯法发展出相当于价值的两种意义（使用价值和价值）的法律上的工具，即"券"。[①]

对一个人要求一种商品，只管它的使用价值，而不管它的稀少性价值或扣息价值上的变化，这是委托法所创造的一种"券"，可以名之为"商品券"。被委托人的责任（由栈单、提单、保管库存单、黄金或白银券等为凭），是交割该项商品，当然所有原来的使用价值必须没有损减，但不问价格或者任何预期的时期间隔上的变化。可是，要用一种商品券或合法的要求权交换另一种合法的要求权，

① 康芒斯：《资本主义的法律基础》，第 254 页。

却是一个有关它们的稀少性价值和扣息价值的买卖的问题；在法律和经济学里，这是它的价值。古代银行业务中的金银券（这是商品券或委托）由金匠发行[①]，其发行额超过存金时，不得不由法律规定这种券属于银行的债务，而不是委托，也就不是一种商品券；它们变成价值券。作为一种价值券，或者债务，它们是一种符号，代表着使用价值、稀少性价值和扣息价值那种三面的意义[②]。可是，作为一种商品券或委托，它们只是商品的使用价值的符号。

使用价值和合法控制权的稀少性价值或扣息价值之间的这种区别，不仅是古怪的和比喻的，它而且是从约翰·劳到普鲁东以及克洛格的美国绿背纸币主义一切历史上纸币谬论和祸害的根源。他们的错误就是不能区别作为使用价值的委托或符号的纸币，和作为稀少性价值和扣息价值的符号的纸币。他们因此要求有足够的纸币来"代表"一切商品，而不曾采取预防物价高涨的措施。他们混淆了作为委托（要求交付商品）的"券"的意义和作为债务（要求交还商品的价值）的"券"的意义。

对于"在市场买卖"一字的双重意义，常常也可以看到同样的混淆。它的意思可以指买卖的实际活动，或者指市场上的买卖议价。在买卖的实际活动中，"券"和栈单一样，要求实际交割货物。可是，在市场上的买卖议价中，"券"和商业债务或银行存款一样，要求偿还货物的价值。如果委托是可以转让的，它要求的是商品货物。如果债务是可以转让的，它要求的是商品价值。

因此纳普所谓支付的手段也成为购买的手段。如果我从另一个人手里收到一种商品，成为它的所有人，而不是一个小偷、强盗

① 十八世纪以前，金匠往往兼营银行业务。——译者

② 参阅本书下册，第 141 页，《交易的货币和价值制度》。

或拦路贼，法律就假设我已经同意按当时市价用当时的法币或者以前的所有人肯接受的等值的东西付给代价，那以前的所有人现在被认为卖户，而不是被害者。

因此，所谓商品或服务的“购买”在法律上是一种债务，是所谓购买者因为取得商品或服务而负担的债务，信用销售和现金销售的唯一区别在于实际交货时刻和债务解除时刻中间经过的一段时间。在“现金”购买中，债务的偿付即时实现，没有一段值得量度的时间，可是在债务（一般意义的所谓债务）的偿付中，商品的交货和债务的偿付之间却有一段经过的时间。卖和买跟贷和借同样是债权和债务，贷和借在法律上也是一种可转让的工具的卖和买。可是，在现金销售中，债务随即偿付，没有可以计量的时间经过，而在信用销售中债务要经过一定的时间以后才偿付。时间上的不同可以区别为债务的现金偿付、短期偿付和长期偿付。

因此纳普和麦克劳德一样，认为一切商品所有权的移转是债务的创造，因而对“支付手段”和“购买手段”不作区别，这种见解是正确的。“偿付社会”一经替代了物物交换，一切东西的交换不再单纯用实物进行，不管所有权的问题，像物质经济学家实际上假设的那样，而东西的所有权的移转是用偿付社会所建立和实行的一种债务偿付的手段为代价，那就无论在事实上、惯例上或者法律上都没有区别。

必须注意，纳普对他的问题的处理，其关键在于立法和行政的分别。立法是国家承认要做的事；行政是它实际做的事。关于1866年奥地利的国家纸币（显然也适用于1862年的美国绿背纸币），他问道“在法律上，这些纸币是什么地位”。

> “……在表面上，法律也许承认它们是债务，可是实际上，如果那债务是不准备偿还的话，它们不是债务。就国家发行的正式纸币来说，国

> 家不提供其他的支付手段;因此,即使明确地声明由国家负责的话,它也不是一种承认国家负债的契约。这种声明无非是政治上的善良意向,实际上国家并不会把它兑换成某种其他的支付手段。决定性的因素不是国家尽可能地肯做什么,而是它实际所做的事。因此,认为用不兑现纸币偿付不是真实的偿付,那是完全错误的。它是一种真实的偿付,虽然不是物质的。……如果我们拿国家机关在征收捐税中接受某种货币作为测验,那就非常接近事实。……根据这一点来说,有决定性的不是发行,而是,我们称为,承认。"[①]

正像上面解释的,此外,我们还要加上私人必须和国家官员一样地承认。

就是这种立法和行政的区别,使纳普把支付手段分别为"起源的"和"功能的"两类。起源的一类说明支付手段的由来,那是双重的:凭重量的支付,以及凭法令的支付。这种区别产生他的"名义性"的观念,因为在衡量上和法令上都使用同一名词,美元、法郎或马克。[②]

可是,功能的分类是属于行政的,产生"本位"和"辅助"的区别。本位币是本身就有效的货币,因为行政上和法庭上用它作为支付的手段。它可能是硬币或纸币;它的主要特质是用于偿付债务和完纳租税的现行法币。辅助币是在对法币(本位币)的一定关系下有效的货币,也可能是硬币或纸币。本位币(法币)不起商品的作用,决不作为买卖的对象。它是行政和法庭在偿付上的"最后的手段",不管是付出或收进。可是,辅币是一种商品,因为它毕竟是用法币购买的。[③]

这样,纳普比一般的货币概念进了一步,深入那更为根本的社

① 纳普:《货币国定论》,第50、51页。

② 卡南:《1797—1821年的英镑纸币》,1919年版。

③ 同上书,第158页。

会学的概念。他用可以转让的制度替代物质的商品。他说普通人生来是一个“硬币论者”。例如，银行家说他收进的“钱”增多了，因此钱就“松”，其实他所收进的是他对存户的负债额的增多。这些债务是支付的手段，那所谓“松”的东西，不是钱（货币），而是过期的债务。“华尔街”号称“货币市场”的中心，其实它是债务市场的中心。经济学家说“货币的数量”或者“数量货币论”，其实不是一种货币的数量，而是一种债务的数量，这笔数量的债务总有一笔相等数量的债权存在。货币的数量是债务的数量，债务的数量是债权（信用）的数量。那“真实的东西”、“本体”，不是货币——而是债务交易的现在的和预期的重复，在这种交易中所谓货币的“额”就是债务的“额”。货币的额不是“物”的额，而是债权人和债务人交易的重复。货币的制度的本体是义务和债务，自由和债务的解除，由“偿付和履行社会”使其实现；它的物质的本体是商品；它的经济的本体是稀少性、有用性和扣息。

纳普特别避免了这经济的本体和他的法律问题上一切“经济的反映”。我们将从霍特里身上得到这种对经济价值的反映，适合于纳普的法定效力学说。

Ⅲ　债务的创造

麦克劳德和纳普都不把债务和商品联系起来，纳普是因为故意地避免一切“经济的反映”，麦克劳德是因为误认债务就是一种商品。直到 1919 年，霍特里才辨别债务和商品，可是，把两者在单独一项交易中结合起来。

霍特里说，人类所创造的人为的东西，像货币、茶匙、伞，必须以它们的用途或目的来解释，跟自然事物，像地震和金凤花不同，在这些自然事物中，用途与解释或定义没有关系。[①]商品经济学家的学说认为货币的主要用途是作为价值的贮藏，交换的媒介、价值的尺度和延期支付的标准。可是，霍特里跟麦克劳德和纳普一样，认为货币的主要用途是解除债务，这种债务起因于不相等的交易；它的次要用途才是交换的媒介和价值的尺度，以致它的"价值的贮藏"只是别人所欠的一种债务的市场价值。

商品经济学家对货币的四种功能的说明，系根据一种假设的、起源于物物交换的货币的历史发展。可是，霍特里区别他所谓货币的"逻辑的"起源和"历史的"起源。逻辑的起源是作为一种"计算上的货币"，用来支付买卖人之间的差额，因此它可以记在脑子里或者账簿上，没有物质的存在。

再说，债务和"偿付的契约"是有区别的。债务"根本上是一种不是偿付货币而是偿付财富的义务"。它起源于生产的程序本身，通过这种程序"所作出的服务造成一种债务，使获得产品所有权那个人对作出服务的那个人负债"。从法律上来说，货币的使用使债务人能结束那笔交易，或者，如纳普所说的，能解除债务人所负的义务。可是，从经济上来说，必须等到债权人在市场上取得"他收进的购买力所代表的那么多财富"以后，那债务本身才算偿付完毕。因此，债务是欠另一个人的"财富"，货币是通过偿付债务而供给那笔财富的手段。

这是"计算上的货币"起作用的地方。"如果，他不从债务人那里收进货币，而把他在债务上的权利转让给另一个人，换取相当数量的财富，他就采取了达到同一目的的捷径。"这种债务的转让意味着他用其他方面的人欠他的债，向一种人购买商品。可是，他不

① 霍特里：《通货和信用》，1919 年版。引证系根据 1923 年再版本，第 1—16 页。并参阅霍特里：《中央银行技术》，1932 年版。

可能继续不断地这样做，除非所有和他有业务关系的人也都把人欠的债务转让给一个中间人。这中间人是银行家。他们向银行家换得的银行信用也仅仅是一种债务，这种债务“和其他债务所不同的只在于银行家所提供的便利，可以把它转移给另一个债权人”。他们找银行家帮忙，不是为了“货币”，而是为了“计算上的货币”，因为银行是给社会记有债务账目、抵消他们彼此的债务，并且用他自己的债务清偿差额的中间人。那是纳普的偿付社会。

这样，我们的经济理论的出发点，不是亚当·斯密所假设的个人生产和取得财富的自由，而是霍特里所假设的一种生产和交付财富的义务。虽然霍特里认为无需详尽地发挥他的出发点的逻辑的和历史的含义，但是他的学说和古典派及快乐主义经济学的差异非常之大，我们将努力指出我们所看到那种对比。

亚当·斯密认为，个人的自由不仅是“自然的”（他的意思是指理论上必然的），而且从历史观点来说也是想象的个人的原始状态。可是，霍特里认为，理论上必然的和历史上的状态是有区别的。个人由于作为社会成员而发生的根本的理论上必然的状态，是有义务把财富交付给对他服务、生产财富并且把财富交付给他的那些生产者。这种交付财富的义务是债务，债务是经济的语言，它的法律上的等义名词是义务。照斯密的说法，财富是自由地生产出来，以供预料会自由地生产其他商品进行交换的其他的人使用之商品。照霍特里的说法，财富是必须生产出来，以供已经作出服务而未受到报酬的其他的人使用之商品。一种是个人自由，另一种是社会义务。在一种情况下，人们没有生产财富的义务，所处的状态是个人的自由和暴露。在另一种情况下，人们有生产财富的义务，所处的状态是债务的制度的束缚。照斯密的说法，信用学说和生产学说完全脱离关系，因为生产只创造一种交换价值，信用必须在另一种不同的理论基础上从头说起。可是，照霍特里的说法，生产学说同时就是一种有关生产和信用两者的学说，因为生产在那取得产品的一方造成一种债务，同时为那交出产品的一方造成等值的债权。

霍特里虽然未曾从事于一种历史的研究，以便发现他对所谓“根本的”东西的“逻辑的”分析，从历史观点来说是否也是根本的（斯密却假设他认为合乎逻辑的情况因此也就是历史的情况），然而，历史的研究——不是空想的历史——却表明，从历史的观点来说，霍特里的逻辑的基础即“债务”，也是经济史的根本出发点，这种经济历史不是空想。原始社会往往有“赠与”的制度，这是他们创造债务的方法，并且人们知道他们甚至创立了一种计算上的货币。只要有纳普的可以解除的债务和不能解除的债务的区别，并且考虑到契约、流通性和法币等这种值得注意的法学上的发明，就可以完成一种经济学说，不仅使生产和信用统一，而且也使历史和逻辑统一。

这可以做到，只须注意霍特里怎样把他关于计算上的货币、交换的媒介和价值的标准等主要概念，在逻辑上联系起来，然后观察这种逻辑怎样和历史秩序互有关系。他那种逻辑的货币的起源是从一种假设出发，首先假设一个“完全有组织的和文明的社会，具有一切现代的商业和工业的发展”，然后研究“假如没有货币的使用，现在这样的社会可能存在到什么程度”。他从社会的一个横断面出发。他发现这种社会，没有一种作为货币的商品，就会采用一种“计算上的货币”。很有趣味，现代人类学家确实发现了一些在社会成员间的确以这种计算上的货币[①]进行交易，而对其他社

① 特纳：《在波利尼西亚十九年》，1861 年版；戈登—柯明：《在斐济的故乡》，1885 年版；霍伊特：《原始商业，经济学心理学》，1926 年版。以往在希腊这种计算货币是牛。

会即“对外”贸易时使用商品货币的原始社会。换一句话说，他们在内部贸易创立了一种相当于纳普所谓偿付社会和霍特里所谓计算上的货币的东西，使得霍特里从现代信用社会所推论出来的想象的逻辑，实质上是历史上原始社会里实有情况的一种写照。以下是霍特里对这种计算上的货币的叙述：

> “商品被拿到市场上来交换。可是，尽管没有交换的媒介，商品并不因此就必须直接地物物交换。如果一个人卖一吨煤给另一个人，这就造成一笔买户对卖户的债务。可是，那买户本身也会是对另一个人的卖户，那卖户本身也会是一个买户。市场上的买卖人可以聚在一起，抵消他们的债务和债权。可是，为了这个目的，代表各种商品买卖的债务和债权，必须折合为某种共同的标准。实际上，一种债务的计量单位是不可缺少的。在一种商品被用作货币的地方，它自然地可以作为债务的计量单位。在没有货币的地方，这单位一定是一种完全习惯的和指定的东西。这是学术上称为‘计算的货币’的东西。甚至在使用货币的地方，有时也会发生一种情况，计算债务的单位在某种程度上和流通的货币不完全一致。假使那样，货币和计算货币的分别立刻就成为一种实际问题。标准钱币的价值将用……计算的货币为计价单位，人们将需要用不同数量的标准钱币来偿付一项固定的债务。这就接近我们所假设的那种事态。”①

那么，在没有商品或法币作为货币的地方，由什么机构发生作用，稳定这种计算的货币，使它会继续作为日常债务的标准计量单位呢？一种机械作用必须代替商品的作用。计算的货币或者由习俗或者由银行使它稳定。在原始社会里，我们已经说过，在社会成员当中计算的货币可以由习俗加以稳定，另一方面，在部落与部落间的贸易上，人们使用商品货币，而由买卖谈判的各种力量决定一切。

---

① 霍特里：《通货和信用》，第2页。

可是,在一个现代社会里,如果没有商品货币又没有法币,稳定计算货币的责任就放在银行家的身上。霍特里说,他所描写的机构不是空想的,因为那是英格兰银行在1797年至1812年这十五年中所起的作用,当时"英国普遍的支付手段是英格兰银行钞票,那不是法币,而只是英格兰银行应该偿付的一种债务的证据,可是,这种债务不能用黄金或任何其他媒介物偿付"。[1]它仅仅是一种银行钞票,在经济上和银行存款没有区别,结果在那一时期内商业债务不用货币支付,甚至不用将来付货币的契约支付,而用英格兰银行所管理的计算的货币。因此,可以看出,霍特里的"计算的货币"是不兑现的纸币,这种计算的货币的单位是"英镑纸币"。[2]英国于1931年以及美国于1933年停止硬币支付以后又是这样。

在没有货币或法币的情况下,机构的运行和纳普的偿付社会一样。霍特里说:

> "整个社会的债务可以通过银行转账或者交付钞票等代表银行义务的证券来清算。只要银行有偿付能力,银行的义务是一种完全适当的手段,可以用来解除债务,因为(如麦克劳德所说)一笔债务可以和另一笔债务对消,就像由偿付货币来消灭它一样。当然还是可以说,假使银行家本身被人在法院追诉,却没有一种法币可以由法院命令他用来偿付他的债务。可是,如果他是有偿付能力的,他就能从另一个银行家那里取得信用。实际上,对一个私营商人的偿付能力的自然的考验,就是他是否能取得足够的银行信用来应付他的负债;对一个银行家的偿付能力的考验,就是他是否能把自己的义务变成其他银行家的义务。"[3]

可是,这里立刻发生问题,如果我们假定一种没有货币的社会,既没有黄金又没有法币,然后又认为有偿付能力的银行的银行

① 霍特里:《通货和信用》,第13、14页。
② 卡南:《1797—1821年的英镑纸币》,1919年版,第xvii—xxix页。
③ 霍特里:《通货和信用》,第4页。

信用和货币一样地完成相同的目的，那么，我们用另一种名称引进货币，是不是违反了我们的假定呢？不是，因为我所引进的一种东西在法律上和经济上都跟货币不同。霍特里说，

> "……我们习惯于认为银行信用是货币。可是，这不过是因为对于日常的实际用途，银行信用和货币的区别没有什么重要关系……银行信用仅仅是一种债务，和其他债务所不同的只在于银行供给的便利，可以把它移转给另一个债权人。没有人想象贸易上的债务是货币，尽管它和银行信用同样是一种资产。"①

因此，我们回到霍特里最初的假设，所谓一种社会没有商品货币也没有法币，只有一种自愿采用的计算的货币，并且回到他的最初的问题，所谓银行的作用，如果没有商品货币或者法币，是否能稳定那用于债务的计量和偿付的计算的货币的单位。

结果是一项债务和一项价格是同样的数量，或者不如说，价格的作用是"决定一项债务的大小"。因此，计量债务的单位和计量价格的单位是同一的，后者决定那债务的大小。这是因为霍特里不是从商品的观点把价格看作一种商品在交换中取得的其他商品的数量（这些其他商品之一是商品货币），而是从交易的观点把价格看作由交易的当事人造成的一种法律上认可的义务。它是习惯法的口头契约学说的自然的结果，作为在十六世纪中起始的现代契约学说的元素。"……任何商品在市场上开出价格时，就构成一种'要价'，接受这种要价就造成商品的买卖对卖者的债务。价格的作用是决定这项债务的大小。"②

因此，霍特里的假设，所谓一种社会，没有商品货币也没有法

---

① 霍特里：《通货和信用》，第 5 页。

② 同上书，第 5 页。当然，霍特里在这里只说到债务的量的一面，其他方面是"价值"的其他方面。

币，只有一种计算的货币，那不仅是说明信用和货币的区别的逻辑的方法，也是历史情况的“必然”结果，历史上的情况使法庭在解释和执行契约时必须有一种比那不稳定的计算货币更进一步的东西，才可能保障经济上的安全（有别于法律上的安全）。这种必要在逻辑上（但不是在历史上）怎样发展的，以下是霍特里的说明。

既然计量债务的单位就是计量价格的单位，它也“必然是计量价值的单位。一切商品的相对价值（从价值的经济的意义来说）都以它们的相对价格为尺度。各商品的价格是它的单位价值的尺度”。

这里所用的价值这个名词，是指交换价值那种经济的意义。商品的价格是它换取货币的交换价值，就是，每单位那种商品在市场上会换得这种计算货币的数目。

> “只要价值的意思是指交换价值，任何东西，不管是一种商品或是计算的货币单位，它的价值一定总是一种比例——以另一种东西为根据的价值。正如每种商品有一种依据单位计算的价值，计算的单位也有一种依据每种商品计算的价值。它也许是一种裤子或者一吨煤的等值。”①

这样，一条裤子或一吨煤的“价格”，用习惯的货币单位计算，也是那裤子或煤的“价值”。

在这里人们会注意到，价值具有双重意义：作为每单位的价值，那是价格，又作为一批商品按那种价格计算的价值。我们已经把这些意义区别为价格，以及数量和价值。从这两种意义里将区别出价值的第三种意义，各种商品价格的平均。这第三种意义的产生是由于“价值单位必须具备的主要条件是稳定性”。因此，价值

---

① 霍特里：《通货和信用》，第5—6页。

的这第三种意义是一切价格的平均数，霍特里对这种平均数作如下的说明。“说单位的价值必须不变化，那的确很好，可是那单位的价值没有单纯的解释。它在煤这方面的价值也许稳定，而在裤子方面的价值也许上涨或下落。”然而，这种情况，一种商品黄金和假设的计算单位都同样会有。“只须说，如果我们能指出以那单位计算的一切物价同时上涨的趋势，那意味着单位的价值在下落；一切物价下落的趋势意味着单位的价值在上涨。”[①]那是说，如果一切物价的平均数上涨，就是货币单位的价值在下落，相反地，如果物价的平均数下落，单位的价值就是上涨。这种道理，对于在没有货币时的计算单位，和对于货币的单位，同样适用。

那么，如果没有货币，而只有一种算账的单位用来支付债务的差额、仅靠“一天一天的继续使用那种单位，是不是就会自然地防止它的以商品计算的价值变得过高或过低呢，虽然它并不和任何特殊商品有等值的关系，并不受到这种约束？”

要回答这个问题，且看信用的机构怎样发生作用。“当一个银行家贷出时，我们说他贷与或创造信用，或者‘一种债权’。这是对一种双重交易的模糊的说法。”事实是“两种债权或债务被创造出来”。其中的一种，银行家的债务或者“银行信用”，来取即付，是顾客的财产，作为一种“存款”归他所有，由他通过对银行发出支付命令的方式，用这笔存款偿付另一个人，偿付他因为购买商品而欠那第三者的债务。另一种债务，顾客对银行家的负债，“由于它在到期以前的这一段时期内产生利息或贴现，供给银行家的利润。”[②]

这种对顾客的银行债务，由顾客创造他自己对银行的债务用来向银行家购买，但是那顾客将购买多少呢？如果那顾客是商品

① 霍特里：《通货和信用》，第6页。
② 同上书，第10页。

的买户，他的标准首先是“当时一般的市场价格”；如果他是制造家，标准就是他必须付出的原料和劳动的市价。他创造自己的债务来购买的银行债务，其数额将决定于他的需要，决定于他在这些先前的生产者生产，这些货品和他自己在市场上向这些货品的购买者收进价款之间的一段时期内需要付给先前生产者的数额。可是那货品的这个购买者以及所有以后的批发和零售购买者也必须创造自己的债务用来购买银行债务，以便支付这些价款，这样继续下去，直到最终消费者付出了价款为止。

可是，另一方面，这个最终消费者在不断地以银行的顾客们向银行借入的这些信用中收进他的购买力。他们的购买力的来源受这些银行信用的数额所支配；实际上这种购买力就是用银行家贷与商人和制造家的信用在他们的产品销售以前预先付给他们的。虽然最终消费者，例如工资劳动者，不向银行借款，可是他们的雇主代他们在借，从而能够付给他们工作的报酬，在他们作为最终消费者出钱购买制成品的若干月甚至若干年以前就付给他们。

结果，要按照当时市价供给消费者的购买力所需的资金，只需由银行不断地每天创造足够的新信用来替代它们的顾客不断地每天偿还银行的老信用，他们用来偿还银行的就是银行每天在创造的这些新信用。它循环地运行，一种无尽止的循环，银行家创造他们自己的银行存款债务，从而买进它们的顾客的商业债务，并且使这些顾客们后来能解除这些商业债务，由于创造数额相等的新银行债务，用来偿付顾客们的商业债务，这样循环不绝地在货币市场上创造和解除债务，从而在商品市场上偿付货物的价格。

如果每天都是这样，没有一切物价同时上涨或下落的趋势，那么，只要继续不断，就足以维持算账的货币单位的稳定的价值。“信用机构的经常运行……依靠新借款大体上足够补充还掉的旧借款，既不太少又不太多。……假定做到这样，整个机器的其他各部分就自然会稳定。”①

可是，我们开始所讲的计算上的单位的价值的稳定又怎样呢？

> 假定这种经常的运行受到阻碍：“如果我们要证明那货币单位是一种稳定的价值的标准，必须证明那单位若是遇到任何扰乱的原因，就会回复它以前的价值，或者，无论如何，会达到一种新的和比较稳定的价值，和以前的价值没有多大差别。”②

在这一点上，首先考虑新借款的缩减所引起的波动，然后考虑新借款的扩增所引起的波动。

借贷的缩减可能由于商人减少向制造家订货，或者由于借款人减少自己的负债，而不用他们的信用去购买商品和劳动。就后一种情况而言，消费者将购买较少的商品；并且在这两种情况下，“减少新信用的创造意味着减少对制造家的订货。”③这情况将在越来越大的范围内蔓延，结果“最初的信用的限制会继续实行并且加强”。

可是，不久就有一种纠正的倾向开始发生作用。

> “信用的限制意味着银行家的业务受到限制。银行家不会心甘情愿地坐视他们的利润因此减少，他们将诱引顾客来借款。事实上，他们将减低所取的利息。”④

可是，减低利率的不仅仅是银行家的自愿，也是由于经济的强制。

> “信用的缩减引起商品需求的萎缩。这需求的萎缩将产生物价的

① 霍特里：《通货和信用》，第 11 页。
② 同上。
③ 同上。
④ 同上书，第 12 页。

下落。商人将发现他们手里的存货损失价值，这价值的损失将减少利润——他们用这种利润来支付供给这些存货的资金的借款的利息。因此，跌价会自然地使借款不如以前令人感觉兴趣，减低借款人所愿付的利率。银行家必须相应地减低他们所取的利率，才可能引诱顾客继续按减少了的数额借入他们的货物周转所需要的资金；如果要诱得这些顾客增加他们的借款，必须把利率减少到甚至这种低水平以下。”①

可是，如果这些措施并不促进人们借款，物价将跌到什么程度呢？信用的运转不会减缩到完全停止的地步，因为失望的商人们会被迫接受任何条件的借款，“仅仅为了使他们的企业能苟延残喘。”因此，老一套经常的运转将会恢复，可是，在一种较低的物价水平上——就是，较高的单位的价值——并且没有“自动地回复以前价值的倾向”。通过一种缩减新借款的新的波动，它可能继续落到更低的水平。

可是，谈到那相反的波动——那引起信用扩张的事态。

“……这种变动在范围上甚至更没有限制。私利促使大胆进取的商人总是要多借一些，以及大胆进取的银行家总是要多贷出一些，因为信用运转的增加对于双方都意味着业务的增加。……物价的普遍上涨将引起借贷方面一种比例的增加，以便供给一定数量的产品所需要的资金（不包括产量的增加所需要的资金的增加）。……这种过程发展到什么地步为止呢？在信用缩减的时候，银行家的私人利益和商人的困苦使得他们要恢复信用的创造，虽然不能达到以前的水平。可是，在信用扩张的时候，却没有这种矫正的势力在起作用。信用的无限扩张或膨胀似乎同样有利于商人和银行家两者的眼前利益。”②

再说，计算货币的价值完全失去了标准。这里是货币本身有用的地方。第一，作为银行家和顾客在法律上解除债务的手段。

① 霍特里：《通货和信用》，第 12 页。

② 同上书，第 12、13 页。

这是它的主要用途。“银行家的义务必须是偿付货币”,因为它本身不是解除债务的合法的手段。

第二,作为交换的媒介,“因为购买造成一笔债务,货币供给偿付那债务的手段。如果用现金偿付,那不过意味着债务立刻解除。”因此,“交换的媒介”,从法律和经济的观点来说,是一种债务的创造和立刻解除。如果那媒介是银行信用,债务的解除是由于自愿的接受;如果那媒介是货币,债务的解除是由于强制的接受。

第三,作为价值的标准。“一种立刻到期的债务必然等于依法偿付这种债务所用的手段的价值。因此稳定信用和稳定货币的价值是同一问题。”①

这样,霍特里完成了法律问题的经济学,这种经济学不仅是由麦克劳德和纳普而且也是由马克思和普鲁东开始的。它的关键在于财产和价格。在马克思和普鲁东看来,财产的意义是古典派和快乐主义经济学家所主张的意义,就是,个人绝对占有一种物质的东西,供自己使用,任何人不得干涉。麦克劳德添上了“无形体的财产”的法律意义,就是一个人欠另一个人的债务。可是,他把这种债务像商品一样看待,因为,由于法律上发明了“流通性”,这种债务可以像商品一样地买进卖出。因此,由于英国习惯法上一种纯粹技术的偶然性所引起的误解,他把这种债务当作一种重复的商品,在物质商品以外的另一种东西,那物质商品的担保或出售创造了这种债务;他没有看到商品市场和债务市场只是同一市场的两方面。

然后,纳普由于他的“偿付社会”的概念,发挥了一种债务市场的原理,而不是一种商品市场的原理。最后,霍特里详细研究商品

① 霍特里:《通货和信用》,第 16 页。

市场和债务市场上现代商业交易的每一步骤，用他所讲的价格的两重表现把这两种市场结合起来：商品市场上的一项价格决定货币市场上一项债务的数值。在法律方面，麦克劳德只采用了法律上"流通性"的方法，适合于债务所有权的移转；霍特里添上了早期法律上的契约学说，适合于债务的创造本身。这种学说，经过现代的发展，已经成为各种市场上差不多一切交易的基础，并且，实际上，就是假设只需商品市场上有人提出一种价格和有人接受，就按这个价格造成一种债务，它在货币市场上的流通性引起了麦克劳德的兴趣，它可以由银行办公室里用记账方法来解除，引起了纳普的兴趣。

因此，不是商品而是债务成为一种经济科学的研究对象，这种经济科学在一种相互依存的机能关系上把财富的生产、财富和货币的相对稀少性以及财产的法律结合起来。既然霍特里的所谓银行的债务，或者当作货币使用的所谓"存款通货"，是银行账册上借入和贷出的流动账目，我们可以根据那使它生效的行为，称它为"借入货币"。结果，那三种货币是硬币、纸币和借入货币。

霍特里于1919年讨论了那些生产者的短期债务和银行家的随时偿付的债务，这改变了货币的概念，使它成为"账上记入借方"的概念。完全为了研究历史的变迁，我们回溯到硬币时期的经济学家休谟和杜阁，然后说到借入货币和算账货币的中央银行时期的经济学家卡塞尔、威克塞尔、马席士、海耶克、凯恩斯和费希尔。

Ⅳ　债务的稀少性

1. 硬币的稀少性

从洛克到斯密和李嘉图、马克思和普鲁东的劳动经济学以及从边沁到门格尔和庞·巴维克的心理经济学终于成为效率和稀少性的概念，和它们同时并进的有一种货币经济学在发展形成，从休谟起，经过杜阁、麦克劳德、西季威克、哲逢斯、卡塞尔、威克塞尔、纳普、霍特里和费希尔，结果产生了未来性的“债务”的概念。

休谟于 1752 年在他对重商主义的攻击中引进了三种观念，这三种观念有助于把后来不同派别的经济学家分为商品论者和货币论者。第一是变动和稳定的区别；第二，稀少性和习俗的区别；第三，货币的利息和资本的利息相等。

休谟对于以商品和劳动为标准的货币供给上的变动以及货币供给的稳定两者的区别，结果使那些还没有数学方法可以研究变动的相对性的物质经济学家，用劳动替代货币作为永久不变的价值的尺度，因而混淆了效率和稀少性。后来，约翰·穆勒悄悄地用金属货币替代劳动作为价值的尺度的时候，货币已经从金属货币变成借入货币，然而在他看来，那是一种心理学上的东西，和他的一般经济学理论无关。休谟只谈金属货币。他说：

> “……无论在哪一个国家里，只要货币开始流入，比以前增多，一切就会呈现一种新面貌：劳动和产业获得生气；商人变得更加勇于进取，制造者更加勤快和熟练，甚至农夫犁田也会更加敏捷和专心。……虽然金银的增加必然会引起物价的高涨，但不是立刻就上涨的；而是必须经过相当的时期，然后那货币才流遍全国，使各种人受到它的影响。起初，人们看不出变动；物价逐渐上涨，一种商品先涨价，然后另一种再涨，最后全部物价达到新的水平，和国内现有的现金的新数量成适当的比例。我认为，只有在取得货币以后和物价上涨以前这当中一段时期的情况下，金银数量的增多有利于产业。”另一方面，“在金银减少时，这种中间时期对产业有害，和金银增多时对产业有利一样。工人不能从制造家和商人那里获得雇用；虽然他仍旧出同样的价格在市场上买东西。农人没法出卖他的谷物和牲畜；虽然他必须向地主缴纳同样的地

租。那必然会产生的穷困、衣食不周和怠惰，不难预料。”①

货币的稀少性方面这些变动的影响完全在商品和劳动的价格上。节省下来的商品的数量和因此而产生的利率，决定于人们的“生活方式和习俗”。“在一个只有一种地主利益集团而没有任何其他东西的国家里，因为不俭约，借债的人一定很多，利率必须和它成适当的比例。”他把这种情况和一个商业和制造业的国家作了对比。

> “一切勤劳的职业必然会产生俭约，使贪图利得的心胜过贪图享乐的心。……为了要有许多贷出的人……不一定必须有大量的金银，而且单有金银也还不够。只需国内的财产（不管大小）或者对那财产的支配权集中在某些人的手里，形成相当的数目，或者构成一种庞大的金钱上的利益集团。这就产生若干放债者，压低高昂的利率；这……并不决定于现金的数量，而决定于特殊的生活方式和习俗，它们使现金聚集为许多分开的数目或者价值很大的巨额集团。……那些认为货币多是利息低的原因的人，似乎是把附随的结果当作原因；因为那压低利息的产业，一般也需要大量的金银。花色繁多的精巧制造品，加上时刻留心的善于经营的商人，很快就会把货币吸引到一个国家来，只要世界上有这种货币。……虽然货币多和利息低这两种结果都自然地起源于商业和产业，它们却完全不相互依赖。”货币的数量多一些或者少一些“对利息没有影响。可是，劳动和商品的现有量多一些或者少一些一定有很大的影响；因为，我们出利息借入货币的时候，实际的结果是借入这些东西。”②

这产生了休谟的第三种观念，所谓货币和节储下来的实物以及付给这种节储的物品作为利息的实物，是相等的。

> “如果你借给我这么多的劳动和这么多的商品；你取利百分之五，

① 《休谟哲学选集》，格格与格娄斯1898年校订本，第3卷，第313、315页（《道德、政治和文学论文》，《论货币》，《论利息》，《论贸易差额》等篇）。

② 同上书，第3卷，第325—328页。

就是收进这样比例的劳动和商品，不管用什么来代表，不管是用金币或银币，不管是用一镑或一盎司。”①

换一句话说，如果人们付出较高或较低的价格购取用作**资本**的商品和劳动，他们就也付出同样较高或较低的价格购取那作为资本的**利息**的商品和劳动。因此，货币数量多少上的变化引起商品和劳动的价格上的变化，但不引起利率上的变化。利率的变动是由于生活标准的变动。休谟的分析的目的在于揭露重商主义者的错误和解除他们对国际贸易逆差的忧惧。人们不必担心一个国家会失去它在世界的金银中应当保有的一部分，如果商品输入量超过商品输出量。由于现金的输入或输出而分别引起的国内物价的上涨或下落将加以矫正，最后会使所有的“邻近国家保有适当数量的货币，差不多和各国的产业和技术相称”。如果英国国内货币的数量由于输出货币偿付商品输入而减少，劳动和商品的价格就会下落；其他国家就会“送回我们所失去的货币”，因此，把英国的物价提高到国际水平。物价不可能永远涨得高于那国际水平，因为“没有邻国买得起我们的商品；另一方面，它们的商品变得比较起来非常便宜，以致不管制定多少法律，便宜的商品总会弄到我们国里来，我们的货币总会流出去。”②

虽然休谟的论辩只限于它对重商主义在国际贸易中争取金银的关系，可是，将近二百年来，他的三种新观念把后来的经济思想分成商品论者和货币论者两派。在商品论者方面，如果货币只是反映真实资本和真实利息的一种容易变化的镜子，那么，货币就是有名无实的东西，应该完全丢开不谈，人们只应该注意物质的自然，注意劳动和商品。这一派从魁奈、斯密、李嘉图和马克思一直

① 《休谟哲学选集》，第3卷，第322页。

② 同上书，第3卷，第333页。

发展到近日的管理经济学家。

可是，在货币论者方面，如果货币数量上的变动有一种影响，能刺激产业或者使产业萧条，那么，货币就不是有名无实的东西，而是所有决定生产、积累、买卖和消费的各种交易中的一个决定性的因素。货币论者这一派可以说是从杜阁对魁奈的修正开始，直到最后金属货币的绝迹，黄金由中央银行集中为止。这些学说中有特色的转变是从休谟的硬币转变到麦克劳德的可转让的债务，以及从偶然变动的观念转变到不断变动的观念。

2. 资本和资本物品

杜阁是最博学的重农主义者，他对法国革命的关系就像洛克对英国革命的关系一样。他是伏尔泰、休谟和魁奈的朋友和信徒；亚当·斯密在法国寄居期间访问过他；当过法国一个穷苦的省区的行政长官，并在该省进行了一些改革；当过财政部长，可是由于把国家经费的负担一部分转移到地主贵族身上而被免职；他的种种改革由十五年后的大革命重新实行，这次的革命把那些他本来也许可能挽救的人们送上了断头台。

杜阁是他自己的理论的实行者。在革命的二十五年前，他还当着一个省区行政长官时，他早就写成手稿，陈述理论的基础[①]，为了他的种种改革，也为了现代的货币学说，这些学说继承古典的和快乐主义的商品经济学家。在商业银行、证券交易所和企业公司的时期以前，在当时货币是白银、土地财产是“巨大事业”、封建主义正变成资本主义的时代，他阐明了货币、价值、资本、利息、商品市场和货币市场这一些复杂纷乱的问题。他说：

① 杜阁：《关于财富的形成与分配的考察》，英译本1898年版；引文根据英译本，但作者又对照1788年版法文本有所修改。

> "在商品市场上,若干数量的小麦按相当重量的白银来估价;在借款市场上,被估价的对象是一定数量的价值在一定时期内的使用。第一种情况是若干数量的白银和若干数量的小麦作比较;另一种情况是若干数量的价值和它本身的固定的一部分作比较,这固定的一部分成为在一定时期内这若干数量的价值的使用的价格这种时间—价格是利息。"①

对于这种说法,卡塞尔曾作了评论,他说杜阁由于放弃了那种把利息作为"货币的价格"的旧观念,而把利息解释为,"为了在一定时期内使用一定数量的价值而付给的代价",创造了"一个最明确的公式,至今还没有比它更好的说法。"②那么,杜阁所谓"若干数量的价值",人们为了它而付出代价(利息)的这个"对象",究竟是什么呢?它有两方面,麦克劳德区别为无形体的财产"债务"和有形体的财产"地产"。前者是一种法律上的契约,约定为了使用白银的价值而付出白银。后者是一种权利,可以取得土地的收益。

> "一块土地,若是每年生产净收入六头羊,它所能卖得的一笔价值,一定能用等于这笔价值的羊的数目来表示。……那么,这块地产的价格简单地就是它的每年收入的若干倍。二十倍,如果价格是一百二十头羊;三十倍,如果价格是一百八十头羊。因此,土地的市价按本身财产的价值对每年收入的价值的比率自动调整,财产价格所包含的每年收入的倍数叫做若干年的年收益。例如,当人们用二十倍、三十倍或四十倍的每年收入购买土地时,土地的价格就是二十年、三十年或四十年的收益。"③

杜阁把地产的这种买价也叫做一种"价值的总量",那每年的六头羊叫做土地所有人收入的总量的一种比率。构成预期的年收

① 杜阁:《关于财富的形成与分配的考察》,第78节。

② 卡塞尔:《利息的性质和必要》,1903年版,第20页。

③ 杜阁:《关于财富的形成与分配的考察》,第57节。

入的羊数和构成“价值的总量”的购买土地所付的羊数之间的这个比例，是所有人由于让别人使用购买此项地产原来所需要的羊数而收入的“每年的价格”。

决定这种利息和资本的比例的东西是什么呢？是需求和供给。这比例“一定按愿意买卖土地的人数多寡而变动，正如一切其他商品的价格按供求的不断变动的比例而变动一样”。因此，如果地产的买者所付出的“价值的总量”是一百二十头羊，他每年所得的收入是六头羊，那么，那买者由于使用他买地的一百二十头羊而收入的代价是每百头羊每年五头，比率是一对二十。可是，如果土地购买者的竞争把价值的总量抬高到一百八十头羊，而预期的年收入仍然是六头，那么，每年收入的代价就是每百头羊三头。土地的卖者放弃每百头羊每年收入五头的预期，如果买者为了取得这种预期的年收入而付出一笔“价值的总量”等于一百二十头羊；或者，那同一卖者放弃每百头羊每年收入三头的预期，如果竞争使买者不得不付出一笔“价值的总量”等于一百八十头羊，换取预期的每年三头的收入。

最后，杜阁和休谟一样，把借款、土地以及每年的收益变成等值的白银。

> “二万盎司白银的价值在商品市场上不管是等于二万蒲式耳小麦或者只等于一万蒲式耳，这二万盎司白银一年的使用，在债务市场上，仍然值本钱的二十分之一，或者一千盎司白银，如果利息是按二十年的收益计算。”①

换一句话说，每蒲式耳小麦或每头羊的价格是一盎司还是两盎司白银，对利率没有关系，因为这是一种用白银支付的价格，为

① 杜阁：《关于财富的形成与分配的考察》，第 78 节。

了换取白银的使用，而前者是借银人用那白银本身购买商品或土地所付的价格。如果商品的价格加一倍，利息还是照旧不动，因为它是两个货币数量之间的比率，可是那变动的物价是一个货币数量和一个非货币的商品数量之间的比率。一种是债务市场上资本与利息的关系；另一种是商品市场上买与卖的关系。

同样的原理在各种制造业以及商业的各部门中都适用。它是杜阁的“资本”和“资本物品”的区别。“资本”是企业家和贷款者所垫支的“价值的总量”，可是“资本物品”是这样垫支的“积累的财富的总量”。这区别类似一百二十余年后克拉克所区别的“资本的基金”和“生产资料的流动”。按杜阁的说法，资本是资本基金；资本物品是生产资料。克拉克作为效用来计量的东西，杜阁作为羊或白银来计量。杜阁认为，它们是同一价值的总量，可是资本是货币在购买物品中的价值，而资本物品是用货币购买的同样价值的物品。

这种区别使杜阁懂得了魁奈所谓“货币的流通”的“真正的意思”，也使他自己区别了储蓄和投资。

> 他说，货币的流通产生“许多资本物品或者许多可移动的积累的财富，这种财富，最初由企业家以这些各种不同的努力垫支出来，必须每年回到他们那里去，连同一种稳定可靠的利润；可是那资本在同样企业的继续经营中必然会再被用于投资，重新垫支出去，而利润就用来供给企业家相当舒服的生活。资本物品的这种垫支和归还，构成人们必须称为‘货币的流通’的那种情况；这种有用的和有利益的流通，使社会的一切工作获得生机，维持一个国家里的活动和生命，极有理由可以比作动物身体里的血液循环。”①

这是储蓄和投资的区别。储蓄是省钱。投资却是用钱。一个积累资本，另一个“形成”资本物品。杜阁说，

① 杜阁：《关于财富的形成与分配的考察》，第 67 节。

“货币在现有资本物品的总数中不起什么作用；可是在资本物品的形成中它所起的作用很大。实际上，所有的储蓄差不多都是通过货币来进行的；业主以货币形式收进他们的所得，各种企业家以货币形式收回他们的垫支和利润。因此，他们所节储的是货币，每年资本物品的增加也通过货币实现。可是，企业家们没有一个不是立刻把货币变成他们的企业所依赖的各种用品；于是这货币重又加入流通，资本物品的一大部分只以各种用品的形式存在。①……任何人，如果从自己的土地收益中或者从自己的劳动工资中每年收入的价值超过他需要花费的数目，都可以把这种多余的部分加以保存，积累起来。这些积累的价值就是所谓资本。”②

杜阁总结地说明使用“资本物品”的不同方法，都是通过“资本”的投资和回收，以货币为手段。

“第一是购置地产，取得固定的净收入。

“第二是把自己的钱投资于农业经营，租赁土地——这土地的出产应该在租赁的代价以外，足以支付经营者的垫支应得的利息以及他所使用的物力和劳动的代价。

“第三是投资于工业或制造业。

“第四是投资于商业。

“第五是贷给他人，取得利息。”③

这是关于投资。它是有关用掉货币的积极的买卖的交易。可是，储蓄也是积极的——它是等待的服务。

“不管什么人，只要看过制革匠的工作场所，就体会到一个穷人或者甚至几个穷人绝对不可能靠自己的力量置备生皮、石灰、鞣酸皮、各种工具……房屋……维持几个月的生活，等待制成的皮革卖出去。”那么，谁来垫支这些费用呢？“垫支的人将是那些拥有资本物品或者可移动的积累的价值的人们之中的一个。……这个人将等待皮革售出，然

① 杜阁：《关于财富的形成与分配的考察》，第100节。

② 同上书，第58节。

③ 同上书，第83节。

后不仅收回他的一切垫支，而且外加一笔利润，足以补偿他假如用他这笔钱购置产业所可能获得的价值，还要足以补偿他的工作、操心、冒险、甚至他的手腕所应得的报酬。"①

这样，杜阁把资本和资本物品、资本基金和生产资料、货币价值和生产资料的价值、消极的节约储蓄行为、积极的等待的服务、用掉所节储的货币以及把储蓄投资于生产资料的那种买卖的交易等种种概念，都等同看待，作为同一价值的总量。利息成为换取等待的服务的代价或价格。

杜阁把这些都认为同一的以后，进一步揭露多玛·亚奎纳的谬误。

"经院派神学者，"他说，"根据货币本身不生产任何东西的事实，认为贷出的货币要收利息是不公道的。②……货币作为一种自然物体来看，作为若干数量的金属来看，不生产任何东西；可是，货币用于对企业的垫支，经营农业、制造业和商业，却取得一定的利润。人们用货币能购置产业，从而取得一种收益。因此，贷出货币的人不仅放弃对这笔钱的占有，而且剥夺自己的机会，不能运用这笔钱谋取利润或收益；利息补偿他在这方面的损失，不能认为不公道。"③

因此，杜阁的利息或利润不是决定于正面的实在的成本，而是决定于其他可以选择的机会，后来格林和戴文波特称为"机会成本"。

杜阁没有一贯地区别利息和利润；因而他没有始终区别债务和购买力，或者储蓄和投资，这些是近来对无形体财产和无形财产的区别。在麦克劳德用"债务"这个名词的地方，杜阁用"保证"，并且他和麦克劳德一样，区别了特殊的保证和一般的保证，前者是债

① 杜阁：《关于财富的形成与分配的考察》，第 60 节。
② 同上书，第 73 节。
③ 同上书，第 73 节。

务，后者是购买力。他说，“每一商品是一切商品的一种代表的保证。”[①]从这些特殊的保证中产生那一般的保证即货币。它们是保证，意思是说商业“使每种商品有一种与每种其他商品相对的当时价值；因而也就是，每种商品是相当数量每种其他商品的等值物，可以认为是代表它的一种保证。”[②]

因此，杜阁的“保证”，应用在货币和一切商品上，是经济学上的预期的购买力，其意义等于法学上的“无形的财产”。它不是一种债务——它是买卖的交易中预期的对商品的价格达成协议的能力。它是财产，因为人们有不受干涉的权利，有自由可以参加市场并且有自由可以通过谈判规定商品的价格和价值。他的地产，或者有形体的财产，将成为无形财产，如果那预期的有形体的收入羊或小麦成为预期的、把羊或小麦卖成货币所得的价格。

杜阁最出色的创见是他的边际生产力的概念，这种概念一百六十年后变成威克塞尔的“自然利息”的概念，可是，在这一段期间，由于李嘉图的边际生产力的概念盛行，而没有受到重视。李嘉图的是一种劳动生产力的概念；杜阁的是一种“资本物品”生产力的概念。杜阁得到这个概念是在他从事于研究的过程中，他要说明增加储蓄的供给因而减少对等待的报酬是对社会的服务。他说，

> “那么，贷款的现行利率可以认为是一种温度表，反映一个国家里生产物品多寡以及可以运用贷款的各种事业的范围。……利息的价格可以看作一种水平，在这水平以下一切劳动、一切农业、一切工业、一切商业都归于尽。它像一片海，铺盖在广漠的地面上：山顶露在水外，形成肥沃的耕作的岛屿。如果，这片海偶然退落，海水逐渐低降，起初露出山腰，然后平原和山谷先后出现，生长着各种产物。海水涨落一英尺就足以淹没很大的地区，或者使这些地区可以经营农业。资本物品的

① 杜阁：《关于财富的形成与分配的考察》，第 38 节。

② 同上书，第 33 节。

丰裕使一切事业获得生机；货币的低利息是资本物品丰裕的结果和标志。”①

杜阁把这种说明从整个的工业和农业扩大到特殊的企业。如果，由于“资本物品”的稀少，利息是百分之五，那么工业和农业就被限制于较高的水平，在这里它们的产品卖得的价格可以给资本产生百分之五的收益；那么一种每年产生五万里佛尔②的财产的价值就是一百万。可是，如果由于“资本物品”丰裕，利息是百分之二又二分之一，那么工业和农业就扩张到较低的水平，那同一财产的价值就是二百万。

因此，资本物品的“边际生产力同时是资本的扩大范围的和增加深度的‘边际收入’”，这是同一资本物品的丰裕或稀少的两面。出产方面是“各种产物”；收入方面是出产在商品市场上换得的白银。它们是相等的，因为所取得的白银是出产的交换价值。一面是物质的生产力，另一面是“价值生产力”。然而，这价值生产力是收入，不是出产。首先它是一种总收入。必须有一种白银的净收入留给资本，以便支付利息——为了使用垫支的价值总数量而付的价格。因此，同一资本物品的丰裕或稀少有两面——未来和现在。未来是预期的从商品市场所得的白银净收入；现在是为了取得资本市场上的那种预期而付出的等于若干年收益的价格。例如，他说：

“一个每年收租五万里佛尔的人，如果地产的卖价是二十年的收益，他的财产只值一百万；如果地产的卖价是四十年的收益，他就有二百万的财产。如果利息是百分之五，一切未开垦的土地，凡是出产所得除了垫支的归还和耕种者的工作报酬以外，不能再负担百分之五的利

① 杜阁：《关于财富的形成与分配的考察》，艾希利版，第29、90节。

② 里佛尔(livre)，法国的一种旧币，价值等于现在的法郎。——译者

息者，就不会有人来耕种。任何制造业和商业，如果营业所得除了经营者的劳力和冒险的报酬以外，不能再有百分之五的利息，就不会继续维持下去。如果有一个邻近国家，在那里货币的利息只有百分之二，它就会不仅从事于那个利息百分之五的国家所不能经营的各种商业，而且，由于它的制造家和商人能满足于一种较低的利润，就会更进一步，把他们的商品以低得多的价格推销到所有的市场。”①

这样，资本物品的丰裕或稀少，对那构成资本的价值总量，从多方面发生影响。它增多或减少商品的产量，连带地就增多或减少产品所售得的白银收入；反过来说，它提高或降低一宗地产的现在价值（即资本）。

因此，资本物品的折旧和利息是不得不负担的必要支出，和劳动的工资以及种地的佃户的报酬一样。损耗的和用坏的资本物品必须加以补充，以便保持资本不受损失，保持它原来的价值总量；利息的高低必须适应资本物品丰裕或稀少的当时情况。这一切支出都是“不可避免的”，就是经济上必需的，因为国家不能用暴力强制，不能“挪用其中的一部分应付国家需要而不对国家有所损害。……在一个国家里，除了土地的纯产物以外，没有任何真正可以随便使用的收入。”②

因此，租税的负担必须不仅从制造家和商人身上去掉，而且从农业和贷款上面去掉，同时不是像杜阁的批评者假设他说的那样，放在农业上面，而是必须放在地主和地主贵族身上，这些制造家、商人和农业家所付的这种地租都是付给他们的。

他说，不错，资本家作为“一种可以移动的资本的所有人，可以选择还是用它取得地产，还是用它经营农业或工业，谋取利润”。可

① 杜阁：《关于财富的形成与分配的考察》，艾希利版，第89节。

② 同上书，法文版，第95节。

是，在他“已经在农业或工业上成为一个企业家”以后，他就不能再有所选择，和工业中的工人或者耕田的农夫一样。即使他是贷款给一个“地主或者企业家”，一方面和当时的工人和农夫不同，他还能“处置他自己的身体”，然而，对于他的资本本身，却没有再选择的机会，因为那资本已经“陷入企业的垫支中，收回资本就会损害企业，除非由一笔相等价值的资本来替代。”[①]以贷款为业者“就他的身体来说，属于可以自由处置的阶级，因为他不忙于做业务工作，可是，就他的财富的性质来说，他又不属于这种阶级。”[②]

另一方面，贷款者或资本家从他的货币上所得的利息是“可以自由处置的”，因为，他个人可以随意使用。可是，就农业、工业或商业来说，利息不是可以自由处置的，因为它们并不是无代价地或无故地给他利息。利息决定于资本物品的一般丰裕或稀少，因此“是垫支的价格和条件，没有那种垫支企业就不能进行。如果这种报酬减少了，资本家将收回他的货币，企业就完结。”这利息的数目，既是这样决定于资本物品的一般丰裕或稀少，“应该是不可侵犯并享受完全豁免的特权，因为它是对企业垫支的代价，没有这种垫支，企业就不能进行。侵犯它就会增加一切企业中付给垫支的代价，因而减损企业本身，就是减损农业、工业和商业。”

付给地主的地租，情况不同，因为他们并不自己耕地取得工资或利润，也不垫支资本取得利息。

> “社会中一切其他阶级的收入，只是工资和利润，这些工资和利润，或是由所有人从他的收入（净所得，例如地租）中支付，或是由生产阶级的代理人从准备用来满足他们的需要的部分中支付，为了这些需要，他们不得不向那生产阶级购买商品。这种利润或是分配给工人作为工资，

① 杜阁：《关于财富的形成与分配的考察》，艾希利版，第 94 节。
② 同上书，第 96 节。

或是给企业家作为利润，或是作为对垫支的利息，不管什么形式，并不改变它们的性质，并不增加生产阶级所生产的在它的劳动的代价以外的〔净〕收入的数目——在这个数目里产业工人阶级所分享的只限于它的劳动的代价。

“那么，所谓除了土地的纯产物以外没有收入（地主的净收入，或地租）那个主题，仍然不受影响，一切其他每年的利润或者由收入来支付，或者构成那用来生产这种收入的经费的一部分。”①

这种情况怎样造成的呢，杜阁的解说不是根据魁奈的“自然权利”学说，而是根据一种历史的分析，这种分析我们可以看出是一种经济的和制度的对历史的解释。②

第一，是原始的土地耕作者之间的地域分工和产物交换。

第二，劳动者被这些土地耕作者雇用，或者，到了“后者的劳动使土地的生产超过个人需要时”，工匠的产品由耕作者用代价换取。

第三，那只有自己的劳动可以出售、此外一无所有的劳动者的工资。

“由契约规定（和耕作者订立契约），耕作者尽可能压低代价；既然他可以在很多的工人中选择，他喜欢用劳动代价最便宜的人。工人们因此不得不降低价格，互相竞争。在各种工作中一定会发生，并且事实上确是这样，工人的工资只以能够取得生活所必需的东西为限。”

第四，耕作者的地位不同。

“土地直接给予他劳动的代价，不受任何其他的人的支配，也没有什么劳动契约。大自然不和他讨价还价，使他不得不接受绝对必需的最低生活。自然所赐予的，既不按照他的需要，也不按照一种用契约规定的对他的工作日的估价。那是土地生产力以及他用来增加地力的良好方法的自然结果，这两种因素的关系大大地超过辛苦的劳动。到了耕作者的劳动的出产超过他的需要时，他就能用自然完全作为一种恩赐所给他的这种多余部分，购买社会中其他成员的劳动。后者出卖劳

① 杜阁：《关于财富的形成与分配的考察》，第99节。
② 同上书，第1、26、44、63、98节。

动给他，只能获得他们的生活；可是那耕作者，在他的生活以外，聚集一笔自主的和可以自由处置的财富，这种财富他并未买进，可是他卖出。因此，他是财富的唯一来源，这些财富，经过流通，使社会所有的劳动获得生机；因为只有他的劳动所获得的收入超过他的劳动的工资。”

最后，当人口增长而土地稀少时，那耕作者本身变成一个佃户，起先作为自耕农，然后作为资本家。

“土地被人占有，开垦的越来越多。最好的地终于全部被占。只剩下第一批人所不要的瘠地给后来的人。可是，到最后所有的土地都有了主人。……所有权可能和耕作的劳动分开；不久确是分开了。……地产作为商业的对象，现在被买进卖出。……许多所有人的土地他们自己耕作不完。……他们不把自己的全部时间用于辛苦的劳动，而宁愿把自己多余的一部分给予愿意替他工作的人。……耕作者现在和所有者有了分别。……由于这种新的安排，土地的产物被分为两部分。一部分包括耕作者的生活费用和利润以及他的资本所得的利息。剩下的是那自主的和可以自由处置的部分，就是土地在耕作者的垫支和工资以外完全作为一种恩赐而给他的那另一部分；这是所有人的部分，或者就是净所得，他可以靠它不劳动而生活，并且可以随意把它带到什么地方。因此，社会分成三种阶级：耕作者阶级，对这种人我们可以保留生产阶级的名称；工匠和其他从土地产物中领取生活工资的人。（这两种人所得的报酬都不超过他们的劳动。）第三，所有人阶级，只有这一种人，他们不因生计而被束缚于一种特殊的劳动，能被用来为社会的一般需要服务，例如军事和司法，或者由本人亲身服务，或者由他们从自己的收入中付出一部分，国家或社会可以用来雇人执行这些职务。因此，对这种人最适合的名称是可以自由处置的阶级。”①

那么，这种纯产物，这种属于可以自由处置的地主阶级的、超出经济上必须付给劳动阶级以及必须作为对垫支的利息付给资本家的数目以外的净产量，是从那里得来的呢？这不是来自他们的储

① 杜阁：《关于财富的形成与分配的考察》，第10、15节。

蓄。“虽然所有人阶级拥有较大的多余部分，他们却节储较少，因为他们有较多的闲暇，于是有较多的欲望；他们认为自己的家财比较有保障；他们对于怎样安逸地享受想得比较多，对于怎样增加家财想得比较少；享乐生活是他们继承的传统。”可是，其他阶级的工资收入者和企业家，如果他们“在生活外还有多余，……就用于他们的企业；忙于增加他们的财产；由于劳动，他们没有什么花费很大的娱乐和欲望；他们节储所有的多余部分，又投资于他们的营业，从而增加他们的多余。”[①] 因此这些其他阶级增加资本物品的丰裕，减低利率，扩大耕作范围到较低的边际，并增多属于地主的价值总量。[②]那么，如果地主的地租不是来自他们自己的劳动，或者来自他们的经营或储蓄上的利息，而是来自别人的劳动、经营和储蓄的增多了的产物，这种地租一部分是无代价的恩赐，完全由于对自然资源的所有权而来，同时一部分是一种强迫得来的收入，由于压低雇佣劳动和那种自己没有土地的农夫的报酬。

因此，这些地主应该负担一切租税。资本家不会受害，虽然地主会受损失。

> “如果只有土地担负供应国家支出的租税，这种租税规定以后，购买土地的资本家在他的货币的利息里就不会把那必须派作租税的一部分收入计算进去：就像现今买地的人并不买进教区牧师所收的什一税，甚至只要是已经知道的捐税都不包括在内，而仅仅买进扣除什一税等各种捐税以后所剩下的收入。”[③]

难怪贵族因为杜阁实行他的理论而罢免他的官职，可是后来自食其果，发生了农民、工人和资本家的革命。法国大革命没收了

① 杜阁：《关于财富的形成与分配的考察》，第100节。

② 同上书，第78、81节。

③ 同上书，第98节。

贵族的土地;杜阁所要做的只是增加他们的捐税。

杜阁对边际生产力的说法,应该和五十年后李嘉图的说法比较一下。杜阁的是一种货币论,李嘉图的是一种劳动论。关于地主、资本家和劳动者,他们得到相似的结论。他们都认为,地产的价值是一种财产的权利,地主作为单纯的所有人,取得这种权利而对社会毫无贡献;可是,资本物品的价值代表一种对社会有益的等值的商品和服务的生产。并且他们都认为,没有财产的劳动者只获得最低生活。但是,关于地租——地产的资本价值的决定因素——的根源,他们得到他们的结论是经过相反的道路。李嘉图的"地租"是自然在耕种边际上的较大吝啬和在较好田地上的较小吝啬之间的差额,就这种差别起源于土壤的"固有的和不可毁灭的"特质来说,杜阁的地租起源于自然对地主的无代价的恩赐,超出了资本家在李嘉图所说的那种耕种边际上所得的收入。可是,他们都认为,地租又和工资有关系,工资若是低,地租就比较高,工资若是高,地租就比较低。

李嘉图认为只有农业中有报酬递减原则和边际生产力原则,可是杜阁认为一切制造业、商业和工业中都有这种原则。因此,李嘉图对于农业中劳动的边际生产力,赋予一种因果关系的力量,它规定一切商品的价值;可是杜阁认为各种事业中资本物品的总的丰裕或稀少是因果关系的力量,它决定各种事业中边际生产力高低的程度。

他们分别由货币的和非货币的道路达到了相似的结论。李嘉图丢开货币,代以劳动者的生活作为"资本",因而资本变成"物化劳动"的数量。杜阁仍然讲资本物品的形成是由于在货币流通中所支付的价格,因而他的资本变成"物化的货币"。

李嘉图的资本物品是用工时为尺度的劳动力的出产,可是,杜阁的资本物品是用货币为尺度的投资的支出。

另一方面，杜阁的资本是未来的净收入的现在价值，可是，李嘉图的资本是资本家用在劳动的生活上的过去的一部分总产品。

显然，杜阁和李嘉图分别根据货币的和非货币的假设而得到相似的结论，但是他们的理论的对象都是金属货币时代，不是银行信用时代；是个人企业时代，不是运行中的机构的联合行动的时代；是小工具时代，不是庞大的、由劳动大军操作的工厂的时代；是资本主义刚从封建主义或半封建主义中开始或半开始的时代。然而他们奠定了基础，后来可以在上面进行建筑。

如果我们引申杜阁的分析，把它变成后来一些经济学家的相等的名词，他的“价值总量”仍然是资本，不是作为一种价值的总量，而是作为预期的净收入的现在价值，或者，照他的说法，“估价”。这种“估价”有很多名称，例如资本、资本价值、资本化、投资资本、投资、垫支、借款、贷款。估价不是用羊或者小麦来计算，也不用白银或黄金，而是用银行债务。我们所有的不是在流通中的白银，而是商品市场上现在的和预期的交易的反复，把结果所产生的债务卖给银行，换取存款信用。这些债务构成资金、购买力、交换价值的尺度，它们相当于杜阁的流通中的白银的价值。这种信用交易的反复发生是由运行中的机构的代理人所经营，正是这些运行中的机构代替了杜阁的地产。那机构的所有权，或者不如说是那机构的预期的净收入（包括预期的利息和利润在内）的所有权，由公司组织的债券和股票代表，或者由地产证书代表。证券交易所成为杜阁的“价值总量”的市场；商业银行成为债务市场，代替他的白银市场；在商品市场上，他的“资本物品”的价格和数量是许多个别账户上借方记录的一再反复。他的资本物品的边际生产力以及和它同义的资本的边际收入成为运行中的机构的“债券收

益”和“股票收益”，环绕着这两种收益，商业利率或高或低地变动。他的利息对价值总量的比率，变为债券和股票价格的上涨或下跌跟债券收益和股票收益的减少或增多成反比例。

3. 等待的稀少性

卡塞尔在1903年回溯到杜阁，他认为“价值总量”和“等待的数量”是同一的，利息是为了等待的服务而付给的代价。[①]

杜阁区别了“资本”和“资本物品”。资本物品是以货币计算的物品的价值。资本是物化在物品里的货币的价值。作为利息付出去的货币是为了换取“资本的使用”而付出的。卡塞尔说，化成一种“算术上的数量来说，这种资本的使用是一种具有两面的数量，它的测量的方法是若干数量的价值乘使用的时期”。

可是，他继续说，“这种测量法和等待的测量法是一样的；因此，我们可以推论‘等待’和‘资本的使用’意味着同一件事。事实上，它们表示同一生产业务；‘等待’用来表示供给劳务的人所做的事，‘资本的使用’表示购买劳务的人所取得的东西。”[②]

因此，等待是和工作的劳务一样，具有同样的重要性、根本性、生产性的供给生产手段之积极的人类劳务。卡塞尔说，“煤毫无疑问是一种生产要素，但不是一种不依赖其他东西的要素；它是由其他要素主要是由劳动生产出来的。可是，等待却不能像这样被变为更基本的要素；它是一种完全独立的和性质特殊的人类努力。”[③]

因此，生产的基本要素是工作和等待。从这里衍生的要素才是煤、小麦、金属、建筑物，甚至土地，以及最后消费资料之类的物

① 卡塞尔：《利息的性质和必要》，1903年版，第20页。
② 同上书，第48页。
③ 同上书，第89页。

质的商品。它们是工作和等待这两种基本的人类劳务过程中的各种结果。

悉尼耳(1834 年)曾认为利息作为对禁欲的一种报酬是有理由的,[①]禁欲是迟延消费资料的使用。可是,悉尼耳的概念只是对利息的一种伦理上的辩护,而不具有一种经济数量上的意义。后来(1874 年),开因斯曾想对禁欲给予数量上的意义。他说,禁欲的测量方法,“是对于……所克制的财富的数量……乘禁欲的时期。”[②]可是,麦克文(1887 年)曾批评开因斯,大意是说“禁欲本身不是一种主要的产业事实”。它仅仅是一种消极的因素——“不做”什么。“根本的事实是劳动的支出和成品的占有之间必须经过的那一段时间。”[③]麦克文接着建议用禁欲这个术语来代替杜阁的“等待”。

卡塞尔批评麦克文,根据两项理由,等待的数量以及所等待的对象。他说,

> 麦克文的“‘等待’这个名词只包含一种成分——是一种‘单一的量’,只有时间一面。当然这是不能承认的;只说‘等待若干时期’而不说明所延迟的是什么,那毫无意义。也许麦克文的意思是‘等待’应该被了解为意味着某项具体事物或享受的延迟。可是,假使那样,我们就应该放弃等待作为一种算术上的数量的特质,这一来就会使等待成为一种很无用的概念。而且,这样一种等待的定义,还有一个更严重的缺点。很少有什么具体事物的延迟;节约储蓄的人并不一定知道,假使他没有节约,他的钱会用在什么上面;他只是延迟若干数量价值的消费。因此,在事实上,测量‘等待’的方法是若干价值乘等待的时间。这种测量方法说明等待的根本定义;这种意义上的等待,是构成具体生产费用的各种服务之一。”[④]

① 悉尼耳:《政治经济学》,1834 年初版;引文根据 1872 年的第 6 版,第 58 页。

② 开因斯:《政治经济学主要原理新解》,1874 年版,第 87 页。

③ 麦克文:《生产成本的分析》论文(《经济学季刊》,1887 年第 1 期,第 481、483 页)。

④ 卡塞尔:《利息的性质和必要》,第 41、42 页。

对待哲逢斯所杜撰的两种概念，货币的“投资的数量”和心理的“禁欲的数量”，[①]卡塞尔的方式和麦克文一样。哲逢斯认为“投资的总量”决定于两个可变的数量，一个是M，代表所投资的货币，另一个是T，代表投资经历的时期，结果投资的总量是MT。

可是，哲逢斯又创立了一种“禁欲”的量的公式，根据他自己原来发现的主观效用，作为快乐的程度递减，而按最后的效用加以平均化。因此，他的禁欲的数量是UT，这里的U是最后效用量，T是经历的时间。

可是UT，或者禁欲的数量，照卡塞尔的看法，就是MT，或者投资的数量。因此，为什么不把它也叫做M或货币，代替U或效用呢？卡塞尔的解释是这样的：

> “用这样一种名词‘像效用’，”他说，“似乎不……正确。它只可能是想象的，因为我们还没有真正建立一种方法，可以直接测量感觉的强度。经济学家可以用作效用的尺度的唯一标准，似乎是购买商品时所出的价格；如果我们承认这个标准，就必须用M代替哲逢斯的禁欲数量公式中的U。结果这种数量变成和投资的数量相同。”[②]

这样，卡塞尔在杜阁的基础上发展，把所有后来的理论都变成一种算术上的数量，相当于杜阁的“价值总量”。我们不是仅仅禁欲，而是通过投资参加生产；我们不是等待消费资料，而是等待“若干价值的消费”。

可是，这种等待“价值的消费”是从杜阁的理论衍生出来的一种错误的说法。价值不是被消费掉，也不被节约，也不被等待。卡塞尔后来提出“资本控制”或者“资本支配”这些名词，作为相当于杜阁的“价值总量”和他的“价值的总数”这些名词的意思比较接近

① 哲逢斯：《政治经济学理论》，1886年，第3版，第232、233页。

② 卡塞尔：《利息的性质和必要》，第49页附注。

债务市场和商品市场上的议价交易。他们所指的是相当于债务那种无形体财产的法律上的控制。他在1918年说：

> "'等待'的意思是一个人在一个时期内，放弃对一定数额的价值的支配。由于这样，他使另一个人在同一时期内能够处分那笔资本。因此，从算术的观点来考虑，'等待'和资本控制，其数量是相同的；并且，和资本控制一样，测量的方法是资本乘时间。因此，那种理论一般的不必要用两种名词。在下文中，我们将用资本的支配也同时表示节约储蓄者对资本市场的劳务"。
>
> "这样地解释'等待'的意义，我们同时解释了劳务，为了酬报这种劳务，人们付给利息，作为一种算术上的数量。"①

这样，那假定相等的名词的意义就明白了。放弃一定数额的价值的那个人，放弃了另一方面的一般购买力，这种购买力他本来可以随意在任何现在的市场上使用。他放弃消费资料和资本物品两种的购买，这意味着他放弃消费和投资。由于这样，他使另一个人能购买消费资料或资本物品，就是，使别人能消费或投资。

可是，那两者不是相等的，如果我们把自己放在谈判的时候，面向着未来。

事实上有两个等待的人——储蓄的人和投资的人。这是无形体财产和无形财产的制度上或原理上的区别。当我们储蓄的时候，我们储蓄货币，等待债务人偿还。当我们用那货币投资的时候，我们购买商品或劳动，等待顾客来购买产品。不管在哪一种时候，都有一种意志的因素，为将来打算，因而承担和转移风险。法庭在必须判断由于交易而起的争执时，创造了各种财产权和自由权，来配合那参加交易的冲突的意志。那么，如果我们像法庭那样想象我们自己是在谈判的时候，从当时向前看，看到各当事人的目的和

---

① 卡塞尔：《社会经济学理论》，1918、1924年版，引文根据1924年版，第184—185页；本书1926年德文版，第171页。

预期，我们就能分析一切交易中所考虑的种种经济打算，作为等待、冒险、预测和计划。卡塞尔，和其他的人一样，把这种未来性的原则称为“愿意”——“人们愿意等待”以及“愿意冒险”。两者是分不开的，“然而，在现代社会的许多交易中，风险减低到最小限度，实际上几乎不加考虑。”①

就是说，现代社会已经把由于交易而起的担保和债务那种无形体的财产，与自由和暴露那种无形的财产区别开来。

它们都是从决定交易的同一谈判中产生出来的，它们虽然是分不开的，然而是可以区别的。在现代经济的运行中的机构里，它们被区别为对机构的各种服务，因此该机构即承担补偿的义务。利息是对等待意志的报酬，工资是对工作意志的报酬，利润是对冒险意志的报酬。关于当初表明的意志或默契的意志与事后的履行之间一致到什么程度，可能是有争执的，但是造成某些特殊个人之间法律上的关系的，是当事人的意志；这些意志，如果不发生争执，就默契地生效，如果发生争执，就由法律的判决明确地使其生效。这种“法律的作用”，默契地或者明确地，是偿付或履行的义务的解除。经济的结果是相应的偿付和履行的债务。

把资本作为一定数量的“资本的分配”那种货币论的法律的和意志的概念（这种资本处分权我们称为法律上的控制），在时间方面，和古典经济学家把资本作为过去贮存为将来生产服务的物质商品的累积那种概念，完全相反。卡塞尔说明从过去到未来的改变如下：

> “节约储蓄的人无疑地避免某些商品或劳务的消费。由于这一事实，就产生了一种极古怪的概念，因而在政治经济学里引起了很多混

① 卡塞尔：《利息的性质和必要》，第135页。

淆。资本被认为只是这些非消费商品的积聚,像亚当·斯密所谓在'某处积藏的各种存货';因此,人们就说,资本的作用是作为一种储存的基金,为了在劳动者的劳动果实还未成熟以前维持他们的生活。这种见解完全错误。实际上,所有避免消费的商品和劳务,根本没有被生产出来;大体说来,只有消费者需要的东西才被生产。如果消费者决定要节约储蓄,把他们的钱投资于生产企业,那意味着社会的产业,在某种程度上,从生产立刻有用的东西转移到生产资本。因此,节约储蓄的意思是把生产的力量转向未来的目的。"①

因此,意志这种谈判心理的经济结果不是禁欲的痛苦的"成本",甚至也不是什么等待的痛苦的"成本"。它的经济结果是意志的成本,放弃可能取得的另一对象,或是因为另一买户给卖户一种较低的收入,或者因为另一卖户要买户负担一种较高的支出。②可是,这种对象的选择使生产转变方向。

同样的道理也适用于人类预测和计划的其他方面。其他一切,无论是预期的利息、预期的利润、预期的工资等等,都是一样,对现在机会的选择会把生产转向近的或远的将来,会有这种社会的结果。

可是,这种不同对象的选择,只是一种表面的说法,实际上就是限制选择的那种经济局面,这完全是稀少性的原则,因为有稀少性,所以必须付出代价才可能得到劳务。

等待的劳务必须由受益者付与代价,不是根据伦理的理由,而是因为稀少性的关系。

卡塞尔说:"利息是等待或者资本使用的价格。……可是,既然被报酬的劳务本身是由一年中所使用的一定数目的货币来计量,那劳务的价格将作为此项数目的一部分计算。因此,等待或资本使用的价格是

① 卡塞尔:《利息的性质和必要》,第134页。

② 参阅本书上册,第357页,关于机会成本和反机会价值部分。

用‘率’或者‘百分’之几来表示。然而，不应该让这种情况隐蔽了根本事实，就是利息是一种真实的价格，应该和一切其他价格处于同等地位。”①

这种一切价格的“同等地位”是卡塞尔对国家政策的主张。在古典派所发展的理想的物价制度下，例如他们的和重商主义的歧视政策对立的自由贸易政策，价格的社会任务或者公共目的要求任何同样的一项商品要有一个一律的价格。要这种一律的价格的原因是供给稀少，那价格防止次要的欲望获得满足，从而减少需求。可是，一种较高的价格也“使社会的较大一部分的生产性劳务被用于该项商品的生产。因此，一种物价制度不仅可以作为消费的调节者，而且可以作为社会的整个生产的调节者”。②

利息作为一种价格也是这样。它必须高得足以引来充分的等待的供给，但是不可太高，以致引起需求的减少，最后发生等待的过剩。

既然对等待的需求和对资本支配的需求意义相同，所需求的数量“可以用一定数目的货币乘一定的时间来求得”。一个资本一百万元的公司“每年使用一百万单位的等待”。为了使用这种等待所付的价格，或者利率，是它的稀少性的尺度。

这样，由于卡塞尔的深邃的识见，自从休谟以来各派经济学家所提出的许多概念，都被归纳到同一算术上的数量，货币乘未来一段时间，以及那普遍的稀少性原则。那许多概念之中，有些是显然主观的，例如禁欲、无耐性、时间选择、节约本能。有些是显然客观的，例如货币、资本、资本物品、资本货物、物质资本。一切都被集合在“未来性”和“稀少性”这两种意志的概念里，像等待和投资；我

① 卡塞尔：《利息的性质和必要》，第92、93页。

② 同上书，第73、77页。

们从活动来说,区别为买卖的交易,从制度来说,区别为无形体的和无形的财产。

卡塞尔又区别长期的等待和短期的等待。

> "……长期的等待是等待的真正的和主要的形式。短期的等待,和长期的比较起来,是次要的形式。这种等待所作的劳务只适应一种生产程序的小部分,最普通的是适应一种特殊的分配的状态;并且只有通过人为的手段,特别是通过复杂而巧妙的汇票方式,这种等待才可能实行。"①

威克塞尔在1898年创立了长期等待和短期等待的机能关系的观念。②

V 利息和利润贴现(或折扣)

利息和贴现通常被认为是同样的支出,不过是从现在和未来两种不同的时间观点来看,但是,既然一切谈判和交易发生于现在,一切交易中的普遍事实就是现在的贴现,而不是未来的利息。在数学上,我们知道,同一经济数量,例如年息百分之六,作贴现计算,大于作利息计算。并且在心理上也是贴现原则支配一切交易,因为未来的利息不如现在的贴现靠得住。庞·巴维克的理论以未来利息为基础,因此需要在现在的估值上加上一种未来的消费资料的贴水,以便使现在的和未来的价值相等。可是,这是假定那未来在现在是已知的,其实不过是猜测。为了谨慎起见,较大的现在贴现推动交易,这种贴现,随着怕担风险的程度,可以达到巨大的比例。所以,如果我们从现在的观点出发,那就是利息贴现和风险

① 卡塞尔:《利息的性质和必要》,第135页。

② 参阅本书下册,第233页,《世界范围的偿付社会》。

贴现两者支配一切交易中的谈判。这是庞·巴维克的快乐经济和麦克劳德的贴现经济的不同，前者指望未来的较大的丰裕，后者注意现在有限资源的较大的牺牲，以及未来的较大丰裕还有疑问。

劳动者参加工作的时候，不是预先拿到报酬。他等待到发工资的日子。暂时他是企业中的一个投资者。每交割一样在雇主的原料上所加的使用价值，就增加他这方面应计的债权和雇主那方面的债务。那是一种法律上的程序，反复的提供和承兑。监工代表雇主所接受的每一件使用价值，使雇主同时增加了对雇工的债务。此项债务在发工资的日子清理，可是那使用价值混合在一种共同产品里，那雇主预期这种产品在商品市场或债务市场上将给他一种对另一个债务人的债权。这里的原则正像等待三十天或六十天后，原料供给者收到他们的原料的价款一样。

劳动债务是一种短期债务，由于劳动市场的惯例，劳动者的等待的劳务应得的报酬不另外计算，而是折算在他的工作的报酬之内。他所承担的风险也是这样。他对风险的预测，像亚当·斯密所说的[①]，在他未去工作以前，就参加他的谈判的心理，并且也折算在他的工作的报酬之内。习俗、法律、交替机会、讲价力，像在其他的交易中一样各自发生作用，然而，当那劳动者去工作的时候，他却因此已经在一项交易中，作为债权人，将工作、等待和冒险的未来报酬都予以贴现。这种用贴现来折算的程序，可以称为"预

① 参阅本书上册，第187页，《亚当·斯密》。我在斯密的冒险以外又加上劳动者的等待。劳动者的这种等待，往往比他们的工作或冒险还更加痛苦难受，这一点在他们宁愿对"高利贷者"或"小额贷款"公司付给特别高的利息时，可以看出，这种利率有高到年息百分之三十，百分之四十，甚至百分之二百者。"等待"的折算，往往也出现在劳动者宁愿选择较低的工资，只要是每天或每星期发一次，而不愿每半个月或一个月发一次。我在南部看到过有些黑人认为每天发工资比工资的高低更加重要，并且选择每天发工资的雇主，不欢迎那些每星期发一次工资的雇主。又参阅本书上册，第357页，关于机会成本和反机会价值部分。

测”。它对工作、等待和冒险的未来报酬做出一种现在的经过贴现的估价。

说到雇主的市场的时候,在劳动市场上所暗含的意思,在商品和债务市场上都变得明确了。一个制造家预计在六十天后将卖出一种产品,那时候可以值六万美元。他向银行借款,由他自己出具一张六十天期的六万美元期票,交给银行。银行按年息百分之六将这张期票贴现。这就是说,银行在一笔五万九千四百美元的存款账户上成为对制造家的债务人,该款立刻可以支取。制造家用这笔钱购买原料,他开出由银行见票即付的支票,付给那出卖原料的人。或者,如果他要付出现金,例如工资和薪俸,他就开一张“付现”的支票,从银行提取通用货币,然后作为工资发给他的工资劳动者。

不管是用支票购买原料或是提取现金发付工资,事实总是那制造家答应付给银行家六百美元,作为使用银行信用六十天的代价,以便制造家自己可以在收到产品售价的六十天以前购买原料以及发付工资和薪俸。

这六百美元必须有人负担。实际上是这样负担的:那制造家现在所愿意付出的原料价格和劳动工资,比预期在六十天后可以收进的产品的售价,少六百美元。换一句话说,原料和工资的**现在价值**是六十天后产品的**扣去贴息的预测的价值**。

可是,企业家在他付给银行家的六百美元利息以外,又必须为他自己取得利润。如果他预期的赚头是全部售货额的平均年息百分之六,这种赚头就是每六十天百分之一。他取得这种利润也是通过同样的方法,在原料和工资上面少付六百美元。换一句话说,为了要给利息和利润两者预留余地,他在原料和工资上面所付出的,比预期在成品上所收入的,将要少一千二百美元,就是,如果他预期六十天后在成品上可以收入六万美元,他只能在原料和工资上面付出五万八千八百美元。这五万八千八百美元是具有六万美元“预测价值”的商品的现在贴现价值或现在价值。

因此，现在价值是预测价值经过双重贴现或折扣的结果，一种利息折扣和一种利润折扣。在我们的举例里，利息折扣是六百美元，利润折扣也是六百美元。利息和利润两项的折扣总共一千二百美元。双重折扣的准确性依赖预测的准确性。它结果可能是损失，如果那预期的价值成为现在价值的时候，少于六万美元；或者可能是利润，如果那预期的价值结果确是六万美元或者更多。

这种变化无常在配合商业循环的一种动态分析中，对我们关系很大，因为在这种变动的情况下，利息折扣和利润折扣反比例地相互影响。如果由于预期价格上涨和销售增加而利润折扣低，那么，利息折扣就可能高，像在1919—1920年那样。可是，如果由于物价下跌和销售减少的风险大，而利润折扣高，那么，利息折扣就会低，或者完全消灭，因为没有人借款。

这种变动现在在我们的静态分析中，对我们没有关系。如果利息和利润两种折扣不是一千二百美元而是两千美元，那么，现在价值或购买力就只有五万八千美元，而不是五万八千八百美元。较高或较低的预测折扣可以照此类推。

我们以前已经提到，同样的道理也适用于长期证券。如果发行一批股票的债券，票面价值一百万美元，实售九十万美元，预期股票和债券的年收益是十万美元或者百分之十一，那么，现在可以用于建筑的数目就是九十万美元。可是，如果这批证券售得一百一十万美元，这就是现在的购买力，对资本家来说，资本收益是年息百分之九。

费特教授在时间折扣和资本化的一般原则下，非常高明地概括了这些贴现和价格的原则。他从而看出了庞·巴维克的贴水和实际贴现程序的区别，他的方法是把一切未来的地租、利润、利息甚至商品的未来价格，都归纳到预期的净收入这个单一的概念，这种收入，他和庞·巴维克一样，称为“租金”，可是他把它们推到未来，不像庞·巴维克保留它们作为现在的租金。然后，这些未来的“租金”一律用时间折扣化成现在的价值。这种经过折扣或贴现的估价是资本化的普遍原则，这是“资本”的现代的意义。[①]

可是，费特的时间折扣很恰当地也是一种利润折扣。一种是等待一段时期的折扣。另一种是在预期的一段时期中变化无常的折扣。对等待的报酬是预期的利息收入。对冒险的报酬是利润或损失。风险折扣是一种损益折扣。

利润和利息往往同时变动。如果由于风险较少，利润的希望很大，借款的人就出得起较高的利息，像在1919年那样。如果利润的预测变成损失的预测，人们就不会再承担付出借款的利息甚至本金的责任，像在1932年那样。总之，企业滞缓或者停顿，因为风险折扣大大地减少了甚至消灭了现在的资本价值。

Ⅵ 交易的货币和价值制度

我们的讲价交易的周转的公式，向来不包括银行家在内。然而现代一切交易都需要银行家参加。甚至一般称为“货币流通”的“现金”支付，也只是从银行提出现金，而不在银行里转移见票即付的债务。这种现金又“流”入银行，偿付欠银行的债务。银行本身，如果缺少这种“流通中的货币”，就向联邦准备银行请求供给“货

① 费特：《经济学原理》，1904年版，第8、10、15、17各章；《利息理论和价格变动》，《美国经济会议录》，1927年3月，第62—122页；《最近对资本概念的讨论》，《经济学季刊》，第15期（1900—1901年），又《旧的地租概念已成过去》，同上季刊，第416—455页。

币”,因而减少它们在准备银行的存额。或者,如果流通的货币有多余,它们就把自己的“现金”还给准备银行,偿付对准备银行的债务,因而增加它们在准备银行的存额。

因此,一项买卖的交易中两个买户和两个卖户,他们作全部的债务支付,不仅各人必须在自己来往的银行里有一个账户,而且必须和银行家约定怎样取得支付手段,这种支付手段由那银行家自己创造,作为一种存款,以供进行交易。

这样,我们的一种完全的买卖的交易的公式必须有四个银行家,交易中的两个买户和两个卖户各有一个银行。这四个银行家是否实际上只是**一个**银行家,那没有关系,因为没有一个银行会把某一顾客的账户的情况告诉任何其他顾客的。即使四个不同的银行通过票据交换所和联邦准备银行制度共同协作,它们的行动也不包括彼此交换关于顾客账户上的消息,虽然银行检查官经过宣誓保守秘密的手续,可以取得这种资料。因此,就交易中的四个参加者来说,他们每人各有一个分开的私人账户,以及各人和他自己的银行有一种私人的谅解。

因此,从每一笔商业交易中可能产生各式各样的短期商业债务,不管是个人票据、商业承兑票据、银行承兑票据或者其他票据。所有的票据有一点共同的事实,就是商品的出售造成一项商业债务,这种债务由银行家购进,而把他自己的存款债务卖给那商人。商业债务存在的期限从一天到九十天,一笔交易非到约期届满债务清偿时不算结束。银行家在交换中创造“过期”债务,因而是来取即付,其数额以商业债务经过贴现的未来价值为范围,这种存款是支票账户,顾客立刻可以开发支票,偿付他因为购买原料和劳动所负担的债务。

因此,每一笔借贷交易创造它自己的货币。并没有一种“流动”的货币的基金，而是反复地创造、出售和偿付短期债务，其数额等于被让与的所有权的贴现价值。因此，以后将发生两种价值上的增加：商品的使用价值的出量的增加，由于加上了劳动的入量；以及贴现的债务接近到期时价值上的增加。

第一种价值的增加在各种商品市场上出现，例如铁矿的价格变成生铁的价格，然后变成辗钢、农业机器以及餐具刀叉的价格，由最终消费者购买。第二种增加在货币或债务市场上出现，在这里每一笔短期债务由于时间减短而价值增加，直到清偿为止。

每一笔借贷交易因此创造它自己的货币，因为银行家是积极的参加者。以往关于数量货币论和商品货币论的争辩，其关键在于自然的因果关系，根据这种关系，人们认为先发生的事情是后发生的事情的原因，统计对这一点的证明或反证，在于说明货币数量上的变动是先于还是后于物价上的变动。可是，交易或预测的货币和物价学说，是一种讲预期物品的所有权的移转的学说，不是讲物品的移转，因为物品以后才来。双方协议的价值是取得所有权权利的价格，这种价格总是对最近的或遥远的将来的一种预测。这种因果关系在未来，不在过去或现在。米契尔的研究证明通常是价格的变动先来，后来才交货，然后货价的支付，[①]这符合所谓价格变动的“原因”在于共同的对未来的预测那种原理，甚至这种未来延长到超过偿付的义务到期的日子。因此适当的因果原理存在于无数的交易中，其中创造货币的银行家作为一个对交易的指导者参加活动。工程师是效率专家，企业家是稀少性专家，银行家却是未来性专家。

很难理解，以往的货币数量论和商品数量论怎样能适用于这

① 米契尔：《商业循环问题及其调整》，1927年版，第137页。

种估值的程序，这种在转移经济量的所有权、转移作为货币的银行债务以及消灭商业债务代以新创造的银行债务的交易程序中的估值。确实，这些都是“数值”，可是货币的物质数量在哪里？那数值是一笔买卖的交易中双方同意的价格或价值的算术的说法。我们所有的不是若干数量的货币，而是一种可以变化的银行债务的“周转额”，它的总额每三十天或差不多这样的天数就谈判、创造、勾销、再重新开始一次，可是，在数值上随着预期的商品、服务和债务的价格和数量而各不相同，这些商品、服务和债务的价值主要地决定以后所有权移转所造成的新债务的数值。在这种时候，物质的类比不适用——只有对周转率、迟滞量以及预测等等的统计的考察和实验才可能有效。交易的和预测的货币制度从所有权的估价开始，在这里每一个银行家的估价创造它自己的货币，供所有权的移转使用。

这种交易的货币论似乎包括并超过柯普兰为了否定数量货币论而论述的范围，柯普兰曾说明价格和贸易额（PT）在货币的数量和速率（MV）之前发生[①]。他在“交换方程式”的计算法中，说明“商品”只占支付的三分之二，其余那三分之一包括对“无形的东西”的支付，例如利息、股利、捐税、债券、股票等等。由于包括这些“无形的东西”，他得到这种结论，认为“大多数的时候，在因果关系上PT先于MV”。

可是，如果我们用商品的双重意义——物资和所有权——来区别一种商品，那么，所有权的移转总是先于物资的生产。这种所有权和他们所提到的那些无形的东西完全是同样的“无形”，因为它们都是指望未来的有形的物资，由于现在所有权的转移，那些物

① 柯普兰：《货币、贸易和物价——因果先后的测验》一文，载《经济学季刊》，1929年第43期，第648页。

资将被一方提供出来，归另一方取得。在现在的交易中被移转的，不是物资，而是可以要求未来物资所有权的现在权利。这种道理适用于商品的所有权，和适用于股利、利息、捐税、股票，和债券完全一样。它们都是期待未来的物资的所有权，不管是生产物品或消费物品。那“交换方程式”，如果我们把它放在现在时间点上的交易中，总是一种所有权交换的方程式。就是在这里，在交易的谈判中，价格被规定出来，因为付出价格是为了换取所有权，不是为了换取物资。

恰巧柯普兰的“无形的东西”通常较多地指望到远距离的未来，或者是取得最后物资以前的中间交易，而商品的所有权期待在物资提出或消费以前的短期的未来。这使得测量所有权的移转和物资的出现之间的时间距离，更加困难，但仍然必要。未来时间的长短不是充分的理由，可以用来区别商品的所有权和其他无形的东西的所有权。它们全是未来，交换的方程式总是期待未来的所有权的交换，而不是一种物资的交换，不管是在现在的时间或者最近的或遥远的未来。因此，我们应该总是预期 PT 先于 MV。

以上所述的一切，说明货币在现代的意义上是关于因交易而产生的债务的创造、可转让性及其解除的社会制度。如果偿付随即实行，不经过一段值得计量的时间，我们就称为现买或现卖，它和短期及长期债务有所不同，只因为省去了债务的可转让性那个中间阶段。因此，货币作为交换的媒介是它的次要的职能——主要地是一种创造、转移和消灭债务的社会手段。

可是，作为一种社会制度，如果每一项借贷交易创造它自己的货币，那全部总额每三十天经过一次创造和消灭，货币的定义就应该从静态的数量的观念改变为动态的过程的观念。那过程是无数的买卖的交易，其中有银行家参加。

我们认为，如果用动词代替名词，可以把一种过程解说得比较正确。名词可能引起误会，因为它们给人静的数量的印象，而动名词适合于买卖的交易，这种交易实际就是定价、估值和造成负债的程序，它们创造、转移、消灭和再创造经济数量以及把它们作为价值来计量的货币。价格、价值、债务都是在双方的协议转移所议定的经济数量的时候连带决定的，如果不能算是真正创造；所有的变化，按时间的顺序合在一起来说，是一种用交易的手段进行定价、估值和造成负债的程序。

我们已经说明货币计量稀少性的大小，这种大小，在把一种经济数量的一个单位孤立起来单独计量时，就是它的价格。价格是任何东西的稀少性的尺度，无论是商品、股票、债券、服务或者甚至等待和冒险。

可是，稀少性只是结合在一起共同发生作用、从而构成价值的各方面因素之一，每一方面必须加以测量，以便确定每一方面的变化性，因而确定那被估值的整个经济量的可变的数值。这种数值的大小以及和它相等的债务，对无形体的财产来说，不是单独一个可变数——价格——的数值，像我们如果对霍特里不充分研究就可能推论的那样，而是等于在交易中双方同意的总价值。这种价值和债务的数量，是现代短期和长期"资本"的数量，它需要分析。我们可以把它分析为九种或十种或者更多的能独立变化的可变的数值，每一种可以归结到，而且隐蔽在，每一项买卖的交易和每一项债务的货币计量总额里面。因为，如费希尔所说，"货币的重要作用之一就是从错综复杂中造成统一的计量标准。"[①] 大部分这些可变的数值，我们可以称为：商品或者所经营的证券的稀少性，支付

① 费希尔：《资本与收益的性质》，1906 年版，第 1 卷，第 15 页。

手段的稀少性，等待的稀少性，预期的时间经过，所冒的风险，商品的数量，商品的种类和质量，财产权利，以及讨价还价的能力。我们把这一切归结为三种可变因素——使用、稀少性和未来性。

因此，必须创立一种交易论的价值的定义，说明由这些不同的独立的可变因素所构成的价值，这样构成的价值，其数量将与按这种价值转移所有权而造成的债务本身的数量相等。

古典经济学家认为"使用价值"无法比较和计量，因而丢开不谈，只研究交换价值，简称"价值"。可是，所谓"使用价值"，如果我们的意思和他们大概一样，是指人们认为有用的物品的客观的物质特性，那么，使用价值就不难测量，并且人们向来总加以测量，利用许多不同的物质计量制度，例如钢以吨计，糖以磅计，面包以个计，电力以千瓦时计等等。而且又用越来越精细的"分级"制度来计量，从而标准化和区分质量上的差别。

这些物质的计量法的意义是每单位使用价值总是完全一样(减去折旧或陈废)，不管它的稀少性方面发生什么变化。这物质的方面是使用价值的出产额，它和同一质量的物质单位的数目成正比例地变动，例如十亿蒲式耳小麦的使用价值十亿倍于一蒲式耳。因此，使用价值的三方面，在买卖的交易中所必须考虑的，是种类、等级、数量、折旧或陈废，用物质单位计量。

可是，稀少性价值变动的方向相反。它和数量成反比例地变动。像门格尔所说的那样，丢开货币和财产不谈，稀少性是需要的数量和可有的数量之间的社会关系[①]，当然这是供求的社会关系的一种说法。稀少性价值因此是两种可变量之间的关系，然而它们都不能客观地测量。那关系本身，以往古典经济学家用若干单

① 参阅本书上册，第 441 页，《门格尔、维塞尔、费希尔、费特》。

位自然对人的阻力来计量，快乐主义经济学家用若干单位自然给人的递减的快乐来计量。可是，这些是人格化。从所有权出发的稀少性的尺度是价格。价格是“稀少性标签”，我的一个学生有过这样的说法。在这里我们所测量的——不是直接测量供求，也不是门格尔的需要的数量或者可有的数量——而是测量两者之间不断变化的关系的影响，这种影响表现在每一项买卖的交易中双方同意的价格里。有些类似我们测量热量的方法，不是直接地，而是间接地用水银的膨胀和收缩来测量。温度表是一种人造的工具，为了准确地测量热的影响，如同货币是一种人造的工具，为了准确地测量稀少性的影响。一种是机械，另一种是制度。机械测量一种机械的数量，制度测量一种所有权的数量。

可是，如同在一切计量的制度中一样，测量的工具必须具有和被测量的东西同样的大小或轻重，不管我们是直接测量那东西本身，或者只测量它的影响。“码”直接地测量长度。“磅”间接地测量重量，由于用相同的影响来比较。无论如何，创立一种人为的单位，总要使差别和变动能用数字的语言来计算和比较。对于稀少性也是这样。那人为的数量是支付手段，它的稀少性也是需要的数量和可有的数量之间的社会关系。所需要的数量是需要用它来支付。可有的数量是由政府、银行和企业机构的共同活动所供给。还有，我们不能直接地测量需要的数量和可有的数量。我们只能测量个别的买卖、信用和“资本”交易中两者之间不断变化的关系的影响。因此，价格是两种稀少性关系之间的一种关系，其中之一的货币，被区分为大小不同的单位金额，用来量度另一种稀少性关系。

在这一切测量数值上相对变化的方法中，我们可以像已经用过的那样，适当地使用原因和结果那种意志的名词，因为我们不是和复杂的宇宙总体发生关系，而是测量特殊因素的特殊变化，这些因素是根据限制性的和补充性的因素的原则，从宇宙总体中选择出来，为了指导和控制目前的人类行为。

价格确实是稀少性的结果、原因和尺度，这在买卖或讨价还价的程序中可以看出。在这里意志的程序是人们熟习的，并且认为当然。我们用两种计量方法，稀少性的计量法和数量的计量法。一种是稀少性价值的尺度，另一种是使用价值的尺度。小麦的价格是每蒲式耳一美元。为了测量稀少性，我们自然地假设使用价值的数量不变，总是一蒲式耳。那么，和可以用来购买此项小麦的货币有关的小麦的稀少性，就随着美元的数目多少而变化，那是它的价格。可是，为了测量使用价值的数量，我们就自然地假设价格不变，从而丢开稀少性不管，那么，使用价值就随着蒲式耳的数目多少而变化。当我们把两者合并在一个数值里的时候，那是"价值"，含有它的两种可变数，稀少性价值或者价格，和使用价值或者物资的数量。

上面所讲的这种价值的意义，等于费希尔对价值和价格加以区别以后那种价值的意义所根据的原则。[①] 在这方面，费特在关于"单位"的意义上对费希尔的批评，是测量法的理论本身原有的含义。当一种被测量的东西具有两个或更多的可变因素时，能对其中一项因素单独进行测量的唯一方法，就是假设其他因素不变。那些其他可变因素并不消灭——它们仍然存在，不过它们的可变性被消除了。价格经双方同意以后，另外再协议按这种价格购进的数量。价格是单位量的价格，价值是按这种价格购进的若干单位量的总数。因此，在单位量的时候，显然价值和价格的意思是指

① 参阅本书上册，第441页，《门格尔、维塞尔、费希尔、费特》。

同一数值。

可是，在“若干单位的总数”的时候，把总数的价值说成总数的价格，就违反习惯用法。一辆汽车的“价格”是一千美元。这也是双方所同意的那汽车的“价值”。可是，如果是两辆汽车，那就有两个价格，两个价格的总数是两辆汽车的价值。同样的习惯适用于一所农场或者整个一家运行中的机构，作为一个单位来说。购买那农场或整个机构所付的“价格”也是那农场或机构的“价值”。可是，如果所买的是若干农场或机构的一种集合体，那就是集合体的“价值”，而不是“价格”。

价值和价格的这种区别之所以产生，不是仅仅因为市场价值和市场价格的唯一区别是数量上的区别。那是因为“价值”是一种平面的或两面的概念（省去未来性）——具有两种不同的因果关系，一种是稀少性价值或价格，决定于供求，另一种是在交易以后的劳动程序中被创造出来的使用价值的产量的多少。

同样的理论适用于可以相互代替的物品，在这里所有的单位完全相同。小麦的“价格”是由于假设使用价值的数量经常是一蒲式耳，不会变化，因而双方同意的供给和需求，或者价值的稀少性的一面。然而，只有对这一蒲式耳来说，价格和价值是相同的。可是，对一蒲式耳以上或者一批农作物全部来说，那另一面——使用价值，物质的一面——是可以变化的，对于这种单位的集合体，应该用的名词是价值。

因此，在买卖的程序中凡是定价和估值的时候，可以说有关各方总是明确地或者由于习惯而自然地测量价值的两面：用价格测量稀少性方面，假设一种习惯的或法定的使用价值单位，以及用这些物质的单位测量物质方面，假设一种双方同意的单位价格。两者的结合是估值，其结果（包括未来性折扣在内）是价值、“资本”以及和它等值的债务。

这是货币为什么是一种和商品不同的东西的一个原因。它是计量的标准。每一项交易必须用两种合法的计量单位——一种支付的单位和一种履行的单位。履行的单位用来表示交易中约定必须交货的商品的数量。支付的单位用来表示必须支付的商品的单位价格。两者的倍数是价值，等于交易所造成的两种债务。没有这些合法的计量单位，现代商业不能进行；如果要说明自从国王任意改变单位那种时代以来的商业，经济学家使用合法计量单位以外的东西，是不容许的。在家庭经济学里可以那样做，可是在商业经济学里不能。这是一点，在这里"制度"经济学用它的业务规则替代心理的和劳动的经济学，因为计量单位是强迫性的制度，不是心理学或传奇式历史的幻想。

当费希尔用一蒲式耳小麦的说法来说明他对"数量、价格和价值"的分析时，我们理解这不过是说明需要有一种共同的单位作为价值的尺度，因为所有他的实际计量标准都是用货币单位。[①]

甚至在心理学的领域里，维塞尔也有这同样的情况。费希尔很可以引证维塞尔作为他自己的"新奇的建议"的一种"前例"。维塞尔的值得注意的"价值的反论"那一章[②]，正是费希尔的概念，不过他所根据的是随着物品的数量增多而递减的边际效用。然而，因为他的"边际效用"只是价格的人化，他的"价值的反论"也只是那普通的价值概念，所谓价值决定于两个可变数，价格和数量。既然价格，或者"边际效用"，随着数量的增加而减少，那就是说总额的价值增涨，如果数量的增加超过价格的下落，总额的价值低减，如果价格下落的速度超过数量增加的速度。这是"价值反论"的一种

① 费希尔：《资本与收益的性质》，第1卷，第14页。

② 参阅本书上册，第441页，《门格尔、维塞尔、费希尔、费特》。

公式，二百余年前就由格雷戈里·金用货币算出[①]，并且是人们在一切商业和统计中很明白的价格、数量和价值之间的关系。十九世纪的劳动和心理学说把经济学家引入幻想和魔术时，那是从金氏原来的商业意义的一种错误的演变，因而使费希尔到1907年还不得不说他的公式“有些不合于经济学上的习惯”。它并没有不合于商业上或法律上的习惯，或者常识，或者金氏。

然而价值还有其他的意义。有一种意义是经济学家和大众习惯用法所需要的，因为货币的一般购买力不稳定。货币作为稀少性的尺度，不是一种稳定的单位，像码或蒲式耳作为数量的尺度那样。它可以说是像气压计，它所表示的气压必须按海拔高度的不同加以校正。货币上校正的方法是人们所熟悉的。就是把现在所有的物价按一种基数水平，例如1860或1913年的水平，加以折合。这种一般购买力的反比例，就叫做“货币的价值”，物价的均数上涨，就是币值降低，均数降低，就是币值上涨。

但这种价值的意义不是穆勒的“一般购买力”的意思，后者包括货币在内，作为属于同类的“可以购买的商品”之一，这种商品，一件东西的所有权可以加以支配。它也不是所谓“价值可以用任何一种财富、财产或服务来表示，而任何东西的价格总是用货币表示”，[②]那种说法所包含的意思。这里“财富、财产或服务”大概包括货币在内，价格并不是属于不同种类的东西，而是财富或财产的价值的一种特殊状态。照这样来说，价值的意义和穆勒的意义相同，包括货币在内作为可以购买的商品之一。相反地，“货币的价值”那个名词只是一个简略的名称，代表货币价格总额的反面，表示货币作为一种计量单位的不稳定的程度。这，我们可以称为购

① 格雷格里·金：《英国商人》，见所著《自然和政治论丛》，1802年再版。

② 费尔柴耳德、弗尼斯、巴克合著：《经济学基础》，1926年版，第1卷，第24页。

买力观点的价值的意义。

和交易的及购买力的价值的意义有密切关系可是又不相同的，是通常由“名义价值”和“实际价值”这两个名词所表示的那种区别，像我们说实际所得或实际工资和名义所得或名义工资形成对照。这种实际价值的意义最接近穆勒把价值作为交换价值的意义，以及以“财富、财产或服务”为根据的价值的意义。可是，它在本质上不同，因为那些意义包括货币本身在内作为可以购买的商品之一。而“实际价值”完全撇开货币作为属于不同种类的东西，因此是“名义的”，虽然在交易的和购买力的意义上它是“实际的”，和买、卖、债务以及资本的现代意义同样的“实际”。然而，农夫或工资劳动者想知道他所卖出的小麦或劳动究竟能换得多少他所买进的商品。他只有撇开货币价格才能够计算那种数量。古典派和效用论经济学家用劳动或快乐代替货币，真正所要排除的就是这种“名义价值”的意义。现代统计学实质上但不是实际上排除货币，它所以这样做，不是因为货币是名义的，而是因为要达到一种不同的目的——测量财富分配上的变化，所用的工具是货币。

价值和价格的其他意义，含有伦理的或心理的成分，例如“评估的价值”，属于我们所谓谈判的心理，因为，如果在任何谈判中把它们变成可以计量的尺度，就是货币价值。把这一切都考虑在内，我们有三种不同的价值的意义，都是基于同一概念，认为货币和那种可以用货币买进卖出的东西有区别，它属于不同的种类。一种是交易的价值的意义，作为价格、数量和未来性折扣的倍数，因此和债务及“资本”等值。另一种是购买力的价值的意义，作为价格的总额。第三种是分配的价值的意义，作为实际价值，以货币和价格为财富分配的工具。在这几种意义里全有那几项原则：稀少性，以价格为尺度；使用价值的数量，以物质单位为尺度；以及价值，作为价格和数量相乘的总额。

可是价值还有其他一面的可变因素，以前所讲的已经包含这个意思，经济学用这第三方面——时间的长短——来运行。可是，在交易的估值程序里，时间总是未来时间。未来性在等待和获利（冒险）两方面发生作用。这两面都是折扣大小的问题，由于这种折扣，一个未来量的现在价值，在货币的数量上，总是小于假使在交易依法生效的现在时间和预期获得结果的时候之间没有一段距离时的价值。我们已经辨别了未来性的影响，作为利润折扣和利息折扣。两者都是变动很大的。假使两者之一达到百分之一百的折扣，现在价值就完全消灭，产业停顿。1929 年 7 月以后几乎所有的产业都缩小范围，其起因是利润折扣，不是利息折扣。

冒险和等待通过两种不同的时间的意义而发生作用，商品经济学家对这两种意义不加区别，这一点从他们不能辨别利润和利息中可以看出。一种是时间之点的重复，在这些时间点上预期某些事件会发生；另一种是两个时间点之间的距离，在这一段时期中利息产生。这是一种时间的“流动”和一种时间的“经过”的分别，往往辨别不清。预测是预期的风险，可是等待是预期的延迟，两者合在一起造成银行。未来性的这两面在事实上是分不开的，因为银行家也是预测家，可是两者在测量的标准上可以分开，甚至可以在银行家和其他企业家的分工中分开。

事实上，一切有价值的商品在空间上总是或多或少地有相当距离，在时间上或多或少地总是未来，像“欲望”或“需要”这种名词所表示的那样。到了不再需要的时候，像“满足”所表示的那样，它们已经越过现在的时间点进入过去。

在价值的这个未来性方面，显然有“隔着相当距离的行动”，这是心理的价值学说的根据。然而，经济学家对心理学的需要只有在未来性方面,如果他们理解“效用”和“反效用”是稀少性的人格化。因此,交易论的价值的定义成为一种有意义的定义,因为它包含未来性。实际上,很显明,整个的价值概念是意志的而不是机械的,因为价值是对预期于未来的东西的现在的估价,不管是立刻的、短期的或者远期的未来。这种心理的作用是意志统一一切的原则,这一原则把所有的可变因素结合在一起,既然意志本身的变化性很大,也许可以被指定为价值的另一种可变因素。可是,这是多余的,因为心理的变化性无法测量,而且不管它有什么影响,已经在各种未来性的测量标准的协助下,包括在谈判里面。

实际上,未来性必须根据主观的心理吗?是不是有一种它可以作为根据的“客观的”心理呢?不倚靠哲学的或理性主义的关于客观性的理论,有没有一种经济学上的对象,既是心理的又是客观的,但不是一种商品?它必须是那样的一种东西,不依靠从事于估值的个人的感觉或意志,就能把未来和现在结合起来。如果有这样一种东西,它能把未来和现在结合起来,并不依靠每项买卖的交易中个人的意志,那么,这种东西就符合客观性的真正意义。事物并不必须是物质的而后才可以是“客观的”。它只须不依赖任何个人的意志。理解了这一点以后,我们所说的那样东西就是集体行动,它可以作为政治经济学的研究对象。

麦克劳德第一个主张这研究对象不是物质的东西而是财产。麦克劳德是用律师的职业语言在说话,律师为了本身职业上的用途,觉得把财产和财产权作为相同的东西就够了。然而,财产这个名词,为了适合经济学而加以分析,包含三种可以分开的概念,就是稀少性、未来性以及集体行动所造成的权利、义务、自由和暴露。不是预期会稀少的东西,都不是财产,凡是预期会稀少的东西,很快就由集体行动使它进入财产权的意义的范围。当预期的波长的稀少性引起关于使用权的冲突时，连空气也必须加以限额配给，归个人专用。

财产的这种稀少性—未来性方面，像我们以前说过的那样，在美国对公用事业的估值中已经造成它自己的一种特殊的名称，就是“无形的财产”或“无形的价值”。无形的财产是取得预期的经济量的权利，这种经济量的计算标准是作为从预期的商品或服务的销售中可以产生的价值；立法的行为，如果“不合理地”削减公用事业公司将来所取的价格，法院就认为是没收公司的财产。它没收预期的稀少性价值。

这种“无形的财产”和麦克劳德的“无形体的财产”肯定不同。无形体的财产现在必须区别为一种债务——债权人（包括作为征税权威的国家在内）迫使债务人偿付一定数目货币的权利。可是，无形的财产是完全不同的各种预期，例如商誉、专利权、铁路的评价、继续营业的权利、可以参加某一种劳动市场的权利，它们的现在价值决定于在集体行动的控制下预期可以从未来交易中获得的数量和价格。因此，甚至无形体的财产可以用转让的方法变成“无形的财产”，因为债务现在有一种市场价值，债务的“价格”，它根据长期、短期和即期债务的不断变动的比较稀少性而上涨或下落。这种债务的市场价格是它的稀少性价值或价格，并且这种市场价格就是债务市场上的“无形的财产”，正如商品、服务或劳动的预期的价格是其他出卖者在其他市场上的无形的财产和无形的价值。它们的“无形”是它们的稀少性和未来性，这两项东西的预期是财产，它们的价值的尺度是价格，它们的“客观性”既是资本的现代意义，又是集体行动，这种集体行动，不依赖个人意志，造成财产的权利。

因此，不管是有形体的财产、无形体的财产或者无形的财产，财产的意义是四重的：有用性、稀少性、未来性以及集体的法律上

的权利、义务、自由和暴露等关系。它意味着占有、保留、让与、取得和不受干涉的权利。这是买卖的交易的定义。当财产被购买时,这些所有权的关系的全部或一部分就转移。所交换的不是物质的东西——那是一种劳动程序——不如说所转移的是权利、义务、自由和暴露;从心理学来说,这些是一种未来的预期的移转,然而这些预期在现在的买卖的交易中具有一种贴现价值。

麦克劳德错误地把无形体的财产叫做商品,离开有权利可以取得的未来的商品或货币,独立存在。他像一般的律师那样,没有把商誉及专利权那种无形的财产和债务那种无形体的财产区别开来,因为两者都是可以出售的。这种无形的财产,在可以转让的意义上,也是一种"商品"。麦克劳德的双重错误起因于他的不正确的"时间"的概念。然而,如果像律师麦克劳德以及一切律师所知道的那样,财产权不过是一种制度上的方法,为了使未来的预期可以靠得住,从而把未来的商品、未来的价格以及未来的货币和现在接合起来,由于使别人将来不得不交货、付款或者不得干涉市场和价格——那么,财产权就和商品本身同样是客观的,因为连商品也只是指未来的商品,而财产权是指其他的人在交货和付款方面的未来行为。其他的人的这些未来行为是客观的,不是因为它们是物质的商品,而是因为它们不依靠任何个人的意志。再说,财产权像这样解释,不把一件商品计算两次——一次作为商品,又一次作为对商品的权利——它们计算同一商品所有权的未来和现在。

在时间的作用和客观性的意义方面作了这些修正以后,麦克劳德的基本命题是对的。制度经济学和工程经济学及家庭经济学有别,它的研究对象不是商品、不是劳动、也不是任何物质的东西——而是集体行动,它规定有关所有权的权利、义务、自由和暴露的业务规则;这些是买卖当事人的现在的预期,认为社会将注意

使他们买卖的价值由他们自己和别人在将来予以实现，无论是关于商品、劳动、货币或者任何现在人们预期会有未来用途和稀少性的东西。

这是价值的另一方面的可变因素——对于集体行动通过法庭、行政、评议会、委员会，以及发行钞票的中央银行所执行的习俗、法律、权利和自由将如何处理的预期。价值的这一方面的可变因素通常被人作为一种不变数，因为价值是一个名词，不是估值的程序。可是，不仅苏联证明它是可变的，而且美国法律史也证明它的变化性很大。我们不直接地加以测量——而是根据它在现在交易中对货币估值上的影响来测量。

因此，事实是我们并不买卖商品——我们买卖它们的价值，这些价值是经济量的货币计量，其对象不是物质的东西，而是对未来的东西的法律上的控制的预期。这种法律上的控制是预期的集体行动。

经济学家自然地反对这种法律上的价值和价格的定义，认为是表面的。他所要的是在它下面的真实。可是，真实是有的——那是人类所想望的一切“物品”的未来的真实。这种预期的真实跟着买卖的估值而来。需要经过两种步骤，一种法律的程序，要求付款、履行和不干涉；以及技术的程序，在所有人的命令下进行商品的制造、运输和交货。它们的估值成为人们熟悉的谈判心理，这种心理现在在估值的程序中进行业务，交易当事人预期在所希望的政府、产业和银行的稳定状态下，取得未来的具体真实。

通过价值协议进行合法控制权的买卖，是一种高度的心理程序，只有心理学的语言能予以解释，因为它的本质是未来性。可是，所需要的心理是劝说、强迫、命令、服从、恳求和争论的谈判心理，不是商品的快乐和痛苦。一项交易的各当事人都有他自己的竞争者和对方当事人的竞争者，并且受他的需要和选择机会的驱使。这意味着初步的谈判，法律的分析把这种谈判归结为劝说或强迫、公平的或不公平的竞争、均等的或不均等的机会、合理的或不合理的价格，这一切全受稀少性、预期以及当时当地的习惯上和法律上的准则的支配。后来假使劝说、公平、均等和合理这些条件不能获得满足，或者当事人完全置之不理，那代表集体的法庭就根据历史上著名的契约学说，解释谈判，认为其中含有一方出价和一方接受，这就造成一项债务，其数值决定于以上陈述的价值的各种因素。

这样，经济学上的价值的概念以及实际上现代“资本”的概念，和其他科学上的种种概念一样，经过几个历史阶段，最后才达到一种用数字表示的纯粹相对性的学说。它最初从通俗的原始的一种物质上客观的东西的概念开始；然后转变到一种非常主观的东西；然后加上未来时间的一面；然后接受了财产的概念，那是稀少性、未来性以及权利、义务、自由和暴露的客观的等值物，这些权利、义务、自由和暴露又是稀少性的集体的结果和原因。然后，根据人们已经承认的计量单位，这些各方面的可变因素，或是直接或是间接地，由于它们的原因或结果，开始被结合起来，成为用数字表示的计量单位，表示人与自然和人与人之间不断变动的经济关系的不断变动的数值。这种程序中使用着三种计量单位系统：使用价值的物质计量单位，稀少性的货币计量单位，以及预期的风险和等待的货币计量单位。通过这些预期，人们作出综合的估值。

这九种或十种估值的因素以及和它们等值的债务可以归结为三项：稀少性，表现于三方面，商品的稀少性，支付手段的稀少性，等待的服务的稀少性；数量，表现在使用价值的种类、质量和数额上；未来时间表现在等待和冒险的折扣上，其中冒险再分为自然的

风险、个人的风险和集体行动的风险。

因此我们作出一种交易论的价值以及和它等值的债务的定义，甚至适用于现代资本，这种价值由稀少性、使用和贴现折扣这些方面的可变因素构成，它们的联合的变化性被折合为贷款和账上的借方记录。

这样我们从心理学过渡到有形体的、无形体的和无形的财产，这是现代的资本和资本主义。正当美国法院在创立无形财产的概念时，经济心理学家在创立一种相似的心理学。这一点在费特身上达到了最高峰。他的心理经济学具有无形财产的许多特质，可是，因为它是个人主义的，它不能有机会均等、公平竞争、平等的讨价还价能力或者合法程序那种制度的概念。这一切都包含在交易论的货币制度、货币的价值的意义以及社会的集体行动里面。

Ⅶ　利润的边际

关于利润在国家或世界经济中所起的作用，有两种不同的问题。一种是动态的问题，什么东西使得机构运行不辍？另一种是静态的问题，获利者使机构运行不辍，所得的利润占国民收入的什么比例？前者我们称为利润边际，后者我们称为利润份额。

两种衍生的和从属的利润关系，我们区别为利润率和利润收益。利润率是按股份的票面价值计算的比率；利润收益是股份收益，或者根据股票的市场价值计算的股利率。如果利润率是股票面值的百分之六，而股票的市场价值是百分之二百，利润收益就是百分之三，或者如果股票的市价是百分之五十，利润收益就是百分之十二。

从投机家和投资家的私人观点来看，这些从属的问题相当有趣，可是从社会观点来看，问题是两重的——利润的边际怎样使得国家运行或停止，社会对这种服务所付的代价是太多还是太少？一种是程序的问题；另一种是认为这种程序是有益或有害的问题。这两者通常并不分开。两者都是具有社会重要性的问题，因为获利者是一切其他各种人的发款员。是维持机构运行比较重要呢，还是公道地分配出产比较重要呢？

经历十九世纪和二十世纪，从李嘉图和马尔萨斯在这一问题上发生分歧的时代开始，就可以区别两种主要的可是对抗的关于繁荣与萧条交替发生的原因的学说。一种我们称为利润份额学说，另一种称为利润边际学说。两者都基于一项根本事实，就是，对产业具有法律上控制权的企业家，由于这种控制权，决定生产和就业是否继续、扩大或停止。支配他们的唯一动机是“利润”。公司组织现在甚至控制着制造业中生产总额的百分之九十，并且实际上控制农业以外其他产业中的全部生产，这些公司是由法律创造出来，完全为了适应利润动机。个人可能有其他的动机，可是当他们加入公司组织时，一切其他动机都丢开不谈。公司是追求利润的机构，如同教堂是敬神的机构，以及家庭是爱情的机构。

根据法律上的控制权这一根本事实，利润份额论者认为国民收入中归于所有权的收入太多，例如地租、利息和利润，而归于消费者的收入太少，特别是工资和薪俸。因此，消费者不能购回他们自己作为劳动者所生产的全部产品。因此生产过剩，结果是商业萧条和失业。这是马尔萨斯派的学说。

利润边际论者认为，商业萧条和失业的原因是企业家不能在一切费用以外取得足够的收益，让他们能获得利润，继续经营，不遭受损失和破产。这是李嘉图派的学说。

马尔萨斯派的利润份额论的四个阶段,我们将区别为消费阶段、储蓄阶段、股利迟延和销售迟延。

另一方面,利润边际论经历了两个主要阶段。第一阶段假设利润的边际只能用削减工资来维持,而后来的理论认为工资增加还是可能维持利润,只要价格水平不降低,而是仍然稳定,或者增加得比工资更快。前者是李嘉图派的学说,后者是从威克塞尔的学说推论出来的。

利润边际是为了各种用途而引起的负债和全部产品销售所得的总收益之间的差额。这种边际通常被称为“销货利润”或“净利润”,为了要销货而引起的一切负债的总额通常被称为“销货成本”,或生产成本。然而,既然利润和损失是不断变化的资产与负债的差额,我们用制度的名称“负债”替代古典的名称“成本”。

可是,在这方面,我们将区别营业边际和损益边际。营业边际是营业净收益,从这里面产生捐税、利息和利润,可是损益边际是支付营业费、捐税和利息以后余剩的纯损益的净收益。因此,我们有几种附属的利润边际需要考虑,其中的三种我们称为“应税边际”(利息付过以后),“财务边际”(捐税付过以后),以及“价格边际”,或者价格变动对利润边际的影响。①

下列一种典型的收入表的百分数表,就我们现在的目的来说,将表明这些不同的边际之间的关系,并且可以作为“利润的边际”以后有关各节的一种提纲。正是这些可变的利润边际,需要和利润的份额加以比较。

① 其他各种利润边际将于以下各节中加以考虑:1. 本章,第 VIII(8)节,《自动的和管理的复苏》;2. 第 10 章 VII(6)节,《意外事故和失业——保险和预防》;3. 本章,第 IX(3)节,《关键的和一般的交易》。

典型的收入表(百分数)

总收益			100
销货总额	98		
其他收益(利润的垫层)	2	100	
生产成本			90
营业费用	85		
折旧与陈废	5	90	
营业净收益(98—90)			8
捐税			1
应税边际(包括捐税和利润)8－1＝7			
利息支出			1
财务边际(包括利息和利润)8－1＝7			
损益边际			6
(销货利润)8－1－1＝6			
利润垫层(其他收益)			2

1. 利润的份额

"利润的份额"决定于我们所谓"利润"的意义。共产主义者和早期经济学家未曾区别利润和利息。可是,我们现在加以区别。利息是由法律执行并且在契约中规定的报酬。法律保证债务人将偿付,只要他有财源。否则,法律就宣告他破产。利息是债权人和债务人之间一种法律上的关系。可是,利润不是由法律保证的。利润是买方和卖方、借者和贷者、雇主和工资劳动者之间的关系,其中每一方都有可以自由地参加或不参加,每一方因为对方有这种可以参加或不参加的自由,都暴露于或者获利或者损失的情况。它是法律所允许并且由法律执行的一种自由—暴露的关系。利润的获得是通过按低物价或者按低工资、低利率,或低地租买进的交易和按高价卖出的交易。反之,结果就是"损失"。

因此,那些对公司组织和一般企业握有法律上的控制权的人,总是在追求利润,恐怕损失。那么,他们的工作是两重的:预测和计划，而那些取得纯粹利息的人仅仅是储蓄和等待。[1]利润是预测和计划的结果，这是何以在私有财产制度中，能获利的人取得产业的合法控制权，如果他们不能获利，就通过破产而丧失法律上的控制。因此，我们问利润的份额多少，就是问全国为了预测和计划付出多少报酬。可是，我们问利润的边际多少，就是问个人企业家和公司组织在付掉他们的债务以后还有多少剩余。

柯普兰采用金氏的计算法，估计1925年全部商品和劳务的国民总收入可以估值八百二十亿美元。可是，这包括那种还没有列入货币系统的"非现金"项目，例如自有住宅的租金价值、已经估计但是未用货币支付的利息，以及生产者自己家里消费掉的产物。这些非现金项目的价值估计有八十亿美元，因此估计的货币收入是剩下的七百四十亿美元。这种货币收入分配如下。[2]

货币收入的分配(1925年)

		单　位 (亿美元)	百　分　比
1.	工资	308	42
2.	薪俸	149	20
3.	恤养金、职工福利金、职工赔偿金	11	1
4.	职工的份额总计	468	63
5.	租金和使用无形或有形资产的报酬	58	8
6.	利息	39	5
7.	股利	41	6
8.	财产收益	138	19
9.	企业家收回利润	137	18
10.	共计	743	100

① 像以前说过的，股东是又冒险又等待，正如债票持有人又等待又冒险。假如统计十分精细的话，我们可能区别得更精细一些，可是我们只能假设股利是纯利的一部分，放款利息是纯利。

② 柯普兰：《近来的经济变动》，全国经济研究所1929年版，第2卷，第767页。

因此，根据这些算法，可以看出，职工取得全国货币收入的将近三分之二（百分之六十三），百分之八归于租金和特权报酬，百分之五归于利息，其余归于利润的一份约为国民收入的四分之一（股利百分之六，利润百分之十八）。

可是，这四分之一的国民收入包括那些不是公司股东的所有人（例如，农民和非公司组织的商店）会以工资和薪俸形式收入的数目，假如他们是职工的话。金氏估计，假使他们的利润被分为纯利润，和他们假如作为工资劳动者、律师、医生或者股东会得到的劳动收入对比，那么，纯利润就会只有四十亿美元，他们的劳动收入就会是九十五亿美元。纯粹利润，包括股利在内，就会是大约百分之十一（股利百分之六，利润百分之五），一方面利润获得者的劳动收入就会是全部国民收入的百分之十三左右（24－11＝13）。

可是，这种利润和工资薪俸的比拟可以不必重视。企业所有人并不因为他自己的工资或薪俸而对自己负债。他冒着得不到工资和薪俸的风险，和得不到利润的风险一样。他可能以利润的形式实际上获得一种收入，不超过甚至还远远不及他付给别人的薪俸或工资。可是，那是在数字已经编就以后的回顾，不是企业经营的方法。企业所有人是向前看的，他可以叫做自己的工资或薪俸的那种东西，如果能得到的话，将合并在预期的他支付了一切债务以后所剩余的利润边际里面。换一句话说，为了经营业务谋求利润，他变成对别人负债，要付给他们工资、薪俸、租金、特权使用费和利息，然后凭先见和计划，碰机会在将来取得他自己的工资或薪俸，不是作为工资或薪俸，而是作为利润。利润的边际不仅是纯粹的利润——而且是表面上是利润而实际是企业家的工资和薪俸的边际。

因此,我们可以回到金氏的计算法,不求十分精确,我们可以估计,像在1925年,劳动取得国民收入的百分之六十。作为工资和薪俸,财产所有人和企业家取得百分之四十。这百分之四十再细分时,其中百分之九归于租金,百分之六归于利息,百分之二十五归于利润。换一句话说,如果全部国民收入,用美元计量,是七百五十亿,那么,劳动分得的份额是大约四百五十亿,财产所有人的份额是三百亿,后者再分为租金七十亿、利息四十亿和利润一百九十亿。

显然,如果劳动只取得产品的百分之六十,那么,以货币形式归于工资和薪俸的一份就不能购回全部产品。

根据这显明的事实,沃尔在代表美国劳工联合会讲话时,作了下列的论断。

> "自从有了大量生产以后,生产额不断地提高。……工资总额已经降低。……这种趋势的结果是购买力的总量减少,越来越不能满足它的需要,或者用购买来吸收那日益增长的出产。……劳工的政策可以用几句话来说明:必须使大众消费跟大量生产齐步前进。……国家的第一需要是人民大众的生活水平越过越高,不仅要供给充分的和日益增加的就业,而且要促进社会发展,作为一种国家政策。"①

这种理论的倾向在1837年后从劳伯特斯开始,我们将这种理论的两个阶段称为马尔萨斯派理论发展程序的社会主义者阶段和工会阶段。其区别是社会主义者在这方面不依照马克思而依照劳伯特斯的学说,要通过政府的行动来实现购买力的增长,可是工会主义者要通过劳工自愿的组织使这种增长实现。

马尔萨斯创立他的学说作为从1815年后的萧条和失业中复苏

① 沃尔:《美国政治学和社会科学学院年鉴》,1931年3月第94期,第85页。

的手段，而劳伯特斯创立他的学说作为萧条和失业的原因(后来有霍布生和其他的人信奉他的理论)。[①]根据劳伯特斯的说法，地主和资本家吸取了技术生产力的日益增多的出产，供储蓄和投资，因此劳动者不能买回他们所生产的全部东西供消费之用。结果生产过剩、劳动失业和物价低落，若要加以防止，只有由政府规定一种标准的工作日，随时调整劳动的钟点和工资，以便保证劳动的人在日益提高的劳动生产力中可以得到适当比例的一份。

一位比较晚近的社会主义著作家刘易斯，曾研究社会主义理论的三个阶段，大意是说，为了预防失业，归于财产的一份应该减少，用来增加归于劳动的一份。我们略微修改他的说法，把那种理论的这些阶段称为消费阶段、储蓄阶段和股利迟延阶段。我们将认为第一阶段是那种理论的共产主义阶段，第二和第三阶段是社会主义和工会阶段。此外，我们将加上一个第四阶段，这是福斯特、卡钦斯和黑斯廷斯共同研究出的说法，我们称为这种理论的销货迟延阶段。利润份额论的整个发展体系，我们称为马尔萨斯—劳伯特斯程序，有别于我们称为桑顿—威克塞尔体系的利润边际论。

(1) 消费和储蓄——在这种理论的共产主义阶段，所得到结论是一切财产收益，包括地租、利息和利润，应该用共同所有制予以废除，使劳动会以工资或薪俸的形式取得产品的全部价值。据说，这种补救办法会消除失业。关于这种理论的共产主义阶段，刘易斯说：

> “人们主张最力的一种对周期性的商业萧条的解释，认为这种萧条的原因是我们的产业生活中利润的地位和存在所引起的普遍的生产过

① 马尔萨斯：《政治经济学原理》，1821年版；《李嘉图致马尔萨斯书信集》，邦纳编1813—1823年版；劳伯特斯：《劳动阶级的要求》，1837年版；霍布生：《失业的经济学》，1922年版。

剩。根据早期社会主义者粗浅的陈述，这种理论是，由于地租、利息、股利和利润以及工资和薪俸都是从产品中支付，工人不能取得他所生产的全部价值，因而工人们不可能买回他们所生产的全部产品。诚然，工资和薪俸的总额少于所生产的全部价值，因为产业的所有人以财产收入的形式取得产品的一大部分。可是，对这种早期的社会主义理论，人们断然予以答复，那些以地租、利息、股利和利润形式取得收入的人，也消费商品，产业所有人用掉他们的收入，就足以买回工人们的工资和薪俸所不能买的那一部分产品。"①

刘易斯说，社会主义者面对着上述的理由，所谓财产所有人也是消费者，他们就"回答说，和工人比较起来，产业所有人倾向于花费掉他们的收入中小得多的一部分，而用大得多的一部分去投资，正是他们的储蓄和投资会引起消费者的购买力方面相对的不足，不足以适应全部产品，换一句话说，就是引起普遍的生产过剩。"关于这种理论的第二阶段，刘易斯说：

"这种理论的根本困难在于储蓄只是一种目的不同的用钱方法。既然用钱不会引起生产过剩，就似乎没有任何理由硬要储蓄负生产过剩或者消费不足的责任。储蓄和投资的人也是用掉他的钱，虽然他用来购置资本设备，或者购置持久的消费品，例如一所住宅，这和用钱购买在消费行为中立刻消灭或者至少很快就消灭的消费品，完全同样是用钱。甚至一个公司用增加它的资本设备来储蓄的时候，它不过是用它的钱来支付工资给那些在生产和装置资本设备的产业中工作的工人，而不是把钱作为股利付给股东，由他们间接地支付工资给那些在生产这些股东们决定购买的东西的产业中工作的工人。换一句话说，储蓄不过是用钱购买生产物品（资本设备可以作为典型的例子），而不是用钱购买消费物品。因此，储蓄的实际效果是造成一种倾向，使劳动流入生产资本设备的产业，而不流入生产消费物品的产业。

"例如，如果一个富人决定用掉他的钱，他也许用他的部分收入购

① 艾尔弗雷德·贝克·刘易斯，见 1930 年 11 月 9 日《新领袖》杂志。

买一只游艇，这就使劳动流入生产游艇的造船厂。他也许购买国际商船公司的债券，这就使劳动流入那些生产货船或客船的造船厂，而不流入生产游艇的造船厂。储蓄和用钱的主要区别只是使国家的生产力量所流入的方向不同，无论如何，对这些生产力量的产品的总需求不一定会减少。因此，似乎很清楚，增加资本设备的行为本身并不引起任何普遍的生产过剩，或者消费者的购买力的普遍不足。

"如果在某一年中用于增加资本设备的储蓄比较另一年有显著的增加，实际的影响就会是减少某些生产资本设备的工业中的活动，但是这不是周期性的萧条的特征。因为这些周期性的商业萧条的主要特征是各种产业都萧条，它们的活动都比正常时期减少，而不是某些产业消沉低落，同时其他的产业却兴旺繁荣。"①

(2) 股利迟延——刘易斯于是放弃那种认为同时分别归于劳动和资本的份额如有变化，就会造成就业或失业数量上的差别的说法，转而陈述我们称为那种理论的"股利迟延"阶段，作为利润使用时间上的一种差别。他说：

"利润不可能在它从而产生的产品卖出以前就支付，因为不到产品卖出的时候利润不能取得，甚至还不存在。同样的道理当然也适用于股利，和利润一样。因为股利不过是支付公司所得的利润的方法，一部分地租和利息也用这种方法支付。这一事实是重要的，因为它意味着某一年度（或某一季度）的营业所产生的利润不能用来买回当年付出的工资所不能买回的那一部分当年的产品。换一句话说，如果 1928 年所生产的产品一半归于工资和薪俸，一半归于利润和股利，那么，产品的一半——利润的那一半——不能用来购买 1928 年的产品，因为到 1929 年才分配。"

如果利润是每季或每半年分配一次，同样的原则仍然适用。我们可以用"某一时期"代替他的"年度"这个名词，并不影响那种理

① 艾尔弗雷德·贝克·刘易斯，见 1930 年 11 月 9 日《新领袖》杂志。

论的正确性。

可是，还可以提出不同的意见，刘易斯说，“上年度获得而在次年分配的利润被用于那种用途。换一句话说，1927 年的利润不在 1927 年而在 1928 年付出，然后用来买回 1928 年付出的工资所不能买回的那一部分 1928 年的产品。”

刘易斯说，这种不同的意见无可争论，如果某一年的出产量和上年的出产量相同，并且两年的分配比例也相同。

> “假设 1928 年的产品是五百亿，半数或二百五十亿归于劳动，半数作为利润和股利。全部产品都可以卖掉，因为，虽然二百五十亿的利润要迟到 1929 年才付出去，在市场上作为有效需求发生作用，但是那 1927 年获得而迟到 1928 年才付出的利润二百五十亿美元，将补足此项差额。”

可是这种连续两年产量相等的情况，实际不是如此。刘易斯说：

> “让我们再假设 1929 年生产增加，产品不是五百亿而是六百亿，分配的比例仍然和上年一样，一半归于利润，一半归于工资和薪俸。那么，可以用来购买 1929 年的六百亿产品的钱，是工资三百亿和上年获得而在 1929 年分配的利润二百五十亿。这就剩下价值五十亿的东西卖不掉。”①

他把这种例证进一步说到第三年，指出每年出产增加就有卖不掉的商品积压下来，并且结论说：

> “显然，只要生产继续每年增加，卖不掉的商品的数额就会这样地增加。这些商品作为增加的存货留在零售店里，留在批发商的手里和仓库里，以及作为制成品和原料的增加的存货留在制造家的手里。”

---

① 艾尔弗雷德·贝克·刘易斯，见 1930 年 11 月 9 日《新领袖》杂志。

刘易斯然后继续十分正确地说明，零售商手里的卖不掉的商品怎样在生产全线发生不利的影响。

> “当然，卖不掉的商品存货增多的最后结果是，零售商减少他们向批发商的订货，于是批发商减少他们向制造商的订货，制造商减低生产，将工人解雇或者缩短他们的工作时间，并且大大地减少他们向天然物生产业购买原料的订货单。”

刘易斯更进一步说明为什么企业又会兴旺起来。他说：

> “诚然，制造商所采取的政策，解雇工人或者缩短工作时间，由于减低购买力和生产，会加剧和延长萧条状态。可是失业的人还是要吃。虽然无工可做，他们还是消费东西。他们提取自己的银行储蓄存款，以及用人寿保险单抵押借款，筹得钱来无论如何使商品有一些流动。在很大的程度上，工人们向邻近的商店赊取商品，从而使商品流动，虽然在很长的时期内没有货币在另一方向流过去。
>
> “再说，有些营业在萧条时期照常进行，但不能获利，甚至真正亏损，以致支付给消费者的购买力的数额，大于在这种环境下生产出来的那一部分产品的价格。由于这种种情况，积压的商品存货逐渐减少。最初以买一天吃一天的方式进行的购买，数额增加，产业又开始好转。”①

最后，刘易斯在结论中提出社会主义理论的第一和第二阶段中所主张的同样的补救方法，那种理论的正确性他以前曾加以否定。他说：

> “显然，利润以及与利润同样性质的报酬，例如股利，应负周期性生产过剩的责任，这种生产过剩一直是资本主义的特征。
>
> “这种理论方向的实际结果是，任何一种政治的或产业的计划，如果它有助于减少归于股利和利润的一份，而增加归于工资和薪俸的一份，就有助于减低我们的周期性产业萧条的严重性，或者延长周期之间

① 艾尔弗雷德·贝克·刘易斯，见 1930 年 11 月 9 日《新领袖》杂志。

的繁荣时期。转移我们的租税负担，使较多的一部分落在利润上面，或者增加用利润上的捐税支付的社会劳务，或者管理价格来减低利润，这一切将有助于减少失业。同样有益的结果也可以用其他方法取得，例如加强劳工组织的力量，使它们能通过有利的集体工资协定，增加以工资形式付给劳动的一份产业成果，或者扩大采用‘非利润’的产业经营方法，像生产或消费合作社，或国有与国营。”

在以上股利迟延论的说明中，对“未分利润”以及“公司盈余”的处理，完全没有谈到，或者谈得很少。显然，还没有宣布为股利的利润并不闲置在公司的金库里，像收藏钱币那样。这种利润或者由公司用来购买商品和劳动，扩张业务或补充损耗，或者存在银行里，让银行贷给其他公司去购买商品和劳动，或者暂时投资于正在购买商品和劳动的其他公司的债券。分派股利时，不过是把那么多的购买力从公司手里转移到股东手里。股利迟延论是谬误的，因为未分的利润被用来购买的商品和劳动，和同样数目的利润作为股利分配时所能购买的商品和劳动，数量完全相等。

(3) 销货迟延——因此福斯特、卡钦斯和黑斯廷斯共同创立了利润迟延论的第二种公式，就是销货迟延论。① 根据黑斯廷斯发表的最完全的议论，其说法大致如下：

“……企业机构，除了从其他来源取得的一切货币以外，一般支出的货币不等于它们生产的东西的价值。……即使商品的生产者在产品的总销售价格增加的同时，增加支出，并且数目相同，这种购买力方面的增加也许不能和商品同样快地到达市场；因此也许有卖不掉的商品积压起来，直到新的货币的流动在零售市场上达到十足的数额。……既然为了图利的商品生产者不是在商品生产出来的时候支付这种利润，

① 黑斯廷斯：《成本和利润对商业循环的关系》，1923 年版；福斯特与卡钦斯：《货币》，1923 年版；《利润》，1925 年版；《没有买户的商业》，1927 年版；《富裕的道路》，1928 年版。

而是必须在商品售出以后，他们在开始增加生产时支出的数目不等于商品的销售价格。……利润的数目落后于生产的数量这种暂时的迟延，以及商品的相对价值的调整……会引起卖不掉的商品的积压……原料的成本并不总是当时支付。这一事实有时使债权人不能使他的当时的支出等于他所生产的物品的全部成本和利润。……有组织的原料生产者、半制成品生产者、分配商以及劳务和无形商品生产者，也不能使当时的支出等于当时生产的商品或劳务的价值。……因此……利润的不使用和'不恰当的'使用——两者代表商业复苏和活跃时期所得利润的很大一部分——引起这种时期卖不掉的商品的积压，最后产生商业危机，作为无可避免的结果，即使没有其他因素促成这种结局。"①

这种议论由福斯特和卡钦斯加以扩充：

"通常称为'生产过剩'的那种使人灰心的结果，也许不如称为'消费不足'。不管叫它什么，主要是由于两种原因：第一，产业付给消费者的钱不足，以致他们不能购买增加的出产；第二，消费者由于必须节约，甚至连他们从产业方面得到的钱，也不能全部用掉。而且他们没有其他收入的来源。"②

根据利润的销货迟延论所得出的结论，和我们从关于消费者购买力不足的消费、储蓄和股利迟延等理论所注意到的那些结论相同。工资劳动者的消费能力必须增高，以便他们可以在企业家的利润之先购买全部产品，这种利润不到他的产品卖出以后不能成为购买力。

可是，这种利润的销货迟延论，我们可以证明它和股利迟延论同样的谬误，并且代以一种和它相反的可以叫做销货预测论的利润学说，或者风险折扣论，两者的意义相等。

① 黑斯廷斯：《成本和利润对商业循环的关系》，第6、9、11、14页。

② 福斯特与卡钦斯：《没有买户的商业》，第167页。

2. 销货预测

显而易见，工资和薪俸是在产品销售以前支付，有时在三十天之前。那么，企业家怎样取得货币，在产品销售之前支付工资和薪俸呢？不到产品卖出之后，工资和薪俸确实不能支付，正如不到产品卖出之后利润不能肯定或者股利不能宣布一样。

银行制度使得工资和薪俸在产品销售之前可以支付，并且用作购买力。也是这种银行制度，使利润能在产品销售之前被用作购买力，这种利润，以及工资、薪俸、利息和租金，都从产品销售中得来。这银行制度用两种方法运行，商业银行和投资银行。商业银行供给产业运转所需的资金；投资银行供给产业的资本设备所需的资金。

商业银行使企业家能在产品销售以前购买原料和支付工资。这一切通过我们已经说明的货币的预测制度来进行。不仅未来的利息支付，而且未来的利润（考虑到未来的风险），都被扣掉，所用的方法是现在在原料和工资上所付出的钱，少于预期在产品卖出时所收进的价格。拿我们用过的那个简化的公式来说[①]，一种预期六十天后可以售得六万美元的产品，由于减掉利息和利润的双重折扣，它的现在价值是五万八千八百美元（利息六百美元，利润六百美元——共计一千二百美元）。可能有种种变化，可是为了简化，我们丢开变化不谈，因为我们在这里只管那一般原则，利润只有在商品已卖之后才成为购买力，还是在商品未卖之前就成为购买力。构成对现在商品和劳动的购买力的，只是每一项交易的已实现的利润，还是对每一项交易的预期的利润呢？如果只有每一项

① 参阅本书下册，第137—138页。

交易的已实现的利润成为购买力，那么，归于利润的一份显然就落在生产之后，就逐渐有剩余的卖不掉的商品积累起来。可是，如果是预期的利润决定现在的购买力的数额，那就没有什么利润迟延，利润作为购买力就不落后于生产，正如工资作为购买力没有迟延一样。

然而，要了解利润迟延论和利润预测论的争点，我们需要再考查银行制度的结构。我们可以问：是不是也有一种利息迟延？银行家在什么时候得到他的六百美元利息，他得到利息时用它来做什么？他通过贴现的方法，显然在产品销售的六十天以前就得到利息。他贷给他的顾客六万美元，由顾客在六十天后偿还，可是那银行家在自己的账册上向商品的卖方负责见票即付的数目只有五万九千四百美元。差额六百美元是未使用的银行信用，银行家可以把它贷给任何其他制造家，这位其他的制造家就能把它作为一种存款账户，立刻用来购买原料和支付工资。通过这种贴现方法和银行存款的移转，那六百美元利息由其他雇主付出去，购买其他原料和支付其他工资，早于那特殊产品的销售六十天，从这一笔销售中，那位用六十天的期款六万美元向第一个制造家购买商品的顾客，将本金和利息偿付给银行家。

因此，如果商业兴旺，就没有利息迟延。利息的数目，由于原料和工资的价格低于制成品的预期的价格，预先有了准备。并且这若干利息实际上由其他制造家用在别处，创造对劳动的需求，直接在他们自己的工厂里，或者间接地通过对原料的需求。

同样的道理也适用于利润。可是在这里我们必须采用一种运行中的机构的概念。在上述的例证中，我们选出单独一笔六十天期的借款交易。可是，这只是不断反复发生的无数的同样交易之一，如果一切商业照常进行，其他运行中的机构都发生交易。假设这个特殊的机构每天生产和销售价值六万美元的制成品。那么，一年之中每天在六十天前所借的款项和所做的生意上获得利润六百美元。每天收得这笔六百美元的利润，因为在六十天前制造家在原料和工资上预先付出的钱，比他现在在制成品上收进的钱少得多，由于以前的利润折扣。

他对这每天的利润六十美元怎样处理呢？他用掉或者节储起来。利润来到他这里是支票的形式——命令许多银行支付的支票，这些支票他存入他自己的银行，记入他账上的贷方。如果他提付出来供个人消费，他直接或间接地用于使劳动就业。可是，如果他把这笔钱节储起来，他可以采用两三种方式。他把它留在银行里自己的账上作为存款，这样，银行就能贷给其他企业家去雇用劳动。如果他因为借款关系本来对银行负债，现在存入的钱就减少他对银行的负债额。可是，它也减少银行的见票即付负债，如果那银行还没有达到法定的最低准备，银行就有活动的余地，可以把第一个制造家减少的负债额六百美元贷给其他制造家。不管哪一种情况，那制造家总是节储了他的利润，并且通过商业银行，借给其他制造家，他们用这笔钱可以立刻雇用劳动和购买原料。

黑斯廷斯，跟福斯特和卡钦斯意见一致，不承认这种偿还银行借款就等于支出货币购买商品和雇用劳动。他说：

> “企业偿还银行的钱可以贷给另一个制造家（或者甚至再贷给那同一制造家本人），作为商品生产的资金。因此，最后，它可以到达一个消费者的手里，可是必须在它已经被用于另一批商品的生产以后。所生产的商品的价值和商品生产者所支出的购买力之间的差额将仍然存在。因此，我们不把银行借款的偿还当作一种货币的支出。”①

① 黑斯廷斯：《成本和利润对商业循环的关系》，1923 年版，第 95—96 页。

这里显然残留着那种错误的见解，认为消费——不是储蓄——造成对商品和劳动的需求。由银行放给另一个制造家的贷款是一种利润的“节储”，立刻被用作购买力，购买原料和雇用劳动，从事于商品的生产，这种商品以后将由那另一个制造家卖出。它不必等待到达一个消费者的手里。

再则，这样支出的购买力大致等于（扣除预测的错误）所生产的商品经过折扣的未来销售价值的现在价值。例如，在我们的例证里，现在价值是五万八千八百美元（减去了利息折扣和利润折扣），这是在销货的六十天前支付给原料和劳动的数目，结果所支出的购买力当然和所购买的原料与劳动的价值，在购买的时候，是一致的。在六十天后它的价值将较多，可是银行的作用和预测折扣解决此项差额。

或者，那制造家不让银行把等于他的利润的数目贷给其他制造家，他可以从他的账上提取货币，支付他自己企业里的费用，和他提款供个人消费时完全一样。他可以加以运用，把它作为“未分利润”又投入他自己的企业，在这种时候他就是用这笔钱来雇用劳动添造房屋或扩充其他设备。或者他可以用来在产品销售以前直接支付工资，而不向银行借款来预先支付。在这种时候，他账册上的资产方面就含有“制造中的货品”或“存货”这一类项目，按照他为了它们所支出的数目而估定它们的价值。

或者最后，如果他已经把制成品卖给顾客，三十或六十天后付款，他账册上的资产方面就会有“应收未收账”这一项目，可是在负债方面不会有相应的一笔对银行的债务，因为他每天六百美元的利润已经实际上贷给顾客，他对银行的债务也如数地减少。然而，在他账册上的负债方面却有“应付未付账”这一项目，由于购进原料尚未付款。

如果他的债务人们偿付他们对他的债务，从而减少他的"应收未收账"，他们就付给他由他们的银行付款的支票，他把这些支票存入他的银行，因此增多他自己的活期存款，可以随时支用，购买原料和劳动。另一方面，如果他减少他的"应付未付账"，偿还他对其他制造家的债务，他也是付给他们一张由他自己的银行付款的支票，那些其他制造家把这种支票存入他们自己的银行，就立刻可以用来购买原料和劳动。

黑斯廷斯又否认减少"应付未付账"是支出货币，作为购买力。他说：

> "最后，我们有这种可能性，那一百美元(现金的增多)也许用于减少'应付未付账'。如果这笔钱所付给的那个企业机构以前因为成本和利润所支出的货币等于所生产的商品的全部价值，它就不需要在本期的充分支出之外再支出这笔钱。它甚至可以用这一百美元来归还银行贷款，不因此打乱购买力的流量和商品的流量之间的平衡。然而，那债权的企业机构，往往不能支出所需要的全部数额，因为这种购买力被冻结在它的'应收未收账'上；虽然它现在可以补足这种差额，但是和这笔钱在生产商品时同时支出却不相同。"①

这里又是关于储蓄的谬论的一种残余，支持那销货迟延的谬论，由于看不出银行的作用和预测折扣。当制造家用他的一百美元来减少应付未付账时，他把存款一百美元转移给他的债权人，付给他一张由他的银行付款的支票，那债权人将支票存入银行，增加他自己账上的存额一百美元。这等于增加银行对他的即期负债一百美元，因而减少他的银行借款一百美元。

谬论的起源在于那种错误观念，认为债权机构以前不能支出所需要的全数，因为它的购买力被冻结在应收未收账上。应收未

① 黑斯廷斯：《成本和利润对商业循环的关系》，第 96 页。重点未依据原文。

收账会被“冻结”的唯一理由是因为“呆账”。如果不是呆账，就不会冻结。那就是他的资产的一部分，凭着这种资产，他的银行将按相当的折扣预借给他购买力借以立即购买原料和劳动。

这种预借通常可以用两种方法取得，一种是通过“顾客的贷款”，另一种是按相当折扣把应收未收账卖给银行。顾客的贷款构成美国国内银行业务的主要部分，在运用顾客贷款方式的时候，应收未收账虽不卖给银行，却是银行所了解的，它们构成顾客的资产，凭着这些资产，银行“支持”顾客，通过贷款和相应的支票账户，贷给他必要的数目，直到应收未收账收回为止。因此，应收未收账并不“冻结”购买力，不一定必须等待商品销售以后才能运用。它们正是银行机构在商品的价款未收到以前预先垫借购买力所根据的基础。

另一种银行预借的方法是确实把应收未收账卖给银行，减去一种“利息—风险”折扣，银行创造一笔存款，收入卖方的账户，等于那应收未收账的未来面值，减去贴现折扣。这种贷款的一个例子是“商业承兑汇票”或“双名票据”，用这种票据的时候，商品的卖户和买户都负有到期偿付的责任。这里，“应收未收账”从银行顾客的资产中消失了，替代它的仅仅是一笔“银行现金”存款，立即可以用来购买原料和劳动。这里又是没有利润迟延，也没有利息迟延。银行机构之创立，显然就是为了防止这种购买力上的迟延。银行机构使得人们在生产过程中以及商品未销售以前能够创造购买力。

再说，这种购买力大致等于（扣除预测的错误）所生产的商品的现在价值，因为它们的现在价值就是按照时价在生产过程中购买原料和劳动所实际支出的购买力的数目。它将按它们的现在价值，“购回”所生产出来的一切，到未来价值成为现在价值的时候，同样的道理仍然适用。预测折扣和银行的作用提供了按产品的现在价值计算的支付手段。

因此，如果业务正常进行，或者通过商业银行或者通过人们在自己的企业里使用，一切利润都可以立即用作购买力，用来雇用劳动，不须等到产品卖出以后，也不须等到利润被变成股利以后。我们和利润迟延论所不同的有两点：我们讲一项交易的结束，不是讲股利的分派；我们讲继续经营的企业中交易的反复，不是讲单独一项交易，把它孤立起来处理。

这样，用交易代替股利的分派，使我们能加强我们以前对交易的意义所说过的话。[①]它在时间上有一个开头和一个收尾。开头我们称为"完成谈判"。收尾我们称为"结束交易"。

开头是在两种所有权的转让上谈判生效的日期和钟点。交易的收尾是在履行或支付完结的日期和钟点，不管两者之中哪一项最后完成。这最后的日期是交易结算的日期，因为交易创造两种债务，履行的债务，这种债务在商品实际交接时解除；支付的债务在货款收到时解除。

交易可以立即结束，在这种时候两种债务立刻清偿，这是一种"现金"销售。在这里履行和支付之间相隔那么短，通常不认为是债务，然而仍旧是一种债务，不过在时间上相隔极短，不值得加以测量，以便计算一种利息的折扣或比率。或者交易必须在履行和支付之间的一段时间已经过去以后才可以结束。这种债务可以转让，在我们的例证里，交易在六十天期满时结束。据估计，美国这种商业交易的平均周转率是十五天左右，或者每年周转二十六次。[②]这意味着每十五天就可以知道这当中发生的交易的利润。同

① 参阅本书下册，第51页，关于结束谈判和结束交易部分。

② 参阅本书上册，第343页，《从流通到重复》。

时，这些利润被变成存款，由银行贷给其他制造家，或者再投入设备的扩充，或者用于营业费，包括补充重置在内。不管怎样，这些利润被"节储"了，这种节储是以继续不断的反复的节储利润，从而也造成继续不断地反复地运用利润来雇用劳动，从事于生产或建造。

同样的道理也适用于为了建造房屋和购置机器而发行的长期债券。这种交易非到十年、二十年或三十年期满不能结束。这里，如果精确地计算，可以期望债券的期限将大致符合设备有效存在的期限，由于此项设备的运用，产品被创造出来，这种产品所需要的资金则由短期的商业贷款供给。新的设备折旧，如果预期新设备的寿命是十年，就发行一种期限十年的债券，每年付息，并每年准备偿债基金，或者等于本金的十分之一的设备折旧基金，就可以在设备用坏或陈废的时候结束这笔债款交易。

据说有一家大规模的汽车制造组织采用每年"消除"机器百分之二十的政策，五年期满时它的机器就完全剔除。陈废是主要的理由。公司如果使用五年前的旧机器，而竞争者在装置新的效率较高的机器，就不能竞争。如果公司用五年期限的债券借入款项，它就预期每年拨出一笔相当于本金的百分之二十的偿债基金。[①]可是，既然它不是借入这笔钱，它就在资产中每年"消除"机器百分之二十，作为损耗和折旧。无论用哪一种方法，公司必须补偿自己的损耗，所规定的汽车的价格要包括每辆汽车应分担的折旧和陈废，作为间接费用。如果用每年消除机器原价百分之二十的方法，这个数目将从资产负债表上的资产和收入表上的利润中减掉。如果用偿债基金账的方法，这笔账将作为一种资产出现，它抵消由于

① 复利会稍微改变这个比率。

五年期限的债券所引起的负债。可是，这偿债基金资产是从减低预计的利润而取得的。

这两种方法都是把利润留下，而不转移给股东作为股利。仅仅“消除机器”是“节储”它的利润。这种程序和商业借款或利润再投资没有区别，除了预期的时间长短不同。汽车或其他产品的未来价格和数量折成现在价值，加上银行的作用，使得现在的利润可能被“节储”。一般说来，它是购买较少原料、建造较少机器或房屋、雇用较少劳动或者支付较低价格和工资的程序，因此，减低现在的总债务或负债，使它的数目少于预期从未来的成品销售中所获得的未来的货币总收入。利润赚得后马上就“节储”下来，节储下来以后，就在成品未销售以前用来购买劳动，只有那不被节储下来的余额作为股利分给股东，由股东去“用掉”或“节储”。

因此，我们的结论是，由于银行的利息制度以及预测的利润折扣，利润作为购买力没有什么迟延，和工资作为购买力没有迟延一样。在生产进行的同时，利润就可以用作购买力，和工资在生产进行的同时可以用作购买力，完全一样。

利润的销货迟延论由于有一种货币的“流通”论而显得好像有理。销货迟延论，我们已经看到，创始于法国的魁奈，1758 年时法国还没有商业银行，只有硬币构成“通货”。货币，在魁奈看来，是一种商品，和谷子或小麦一样，它从买方“流”到卖方换取产物。当纸币开始代替硬币时，它也是从甲手“流”到乙手，作为一种“流通的媒介”，使商品能向相反的方向流动。

那比喻很妙。魁奈从血液循环中得到这种意思。显然，在只有硬币或纸币的时候，消费者除非荷包里确实有物质的制钱或纸币，不能购买。公司的股东，非到以制钱或纸币的形式分得股利以后，也不能用他的利润作为购买力。制造家非到他的产品真正卖出换得制钱或纸币以后，不能用他的销货利润购买任何东西。有着这样一种从硬币时代遗留下来的货币理论，如果扩充到极大限度来说，只有工资劳动者在他们生产的时候是他们的产品的购买者，而且，既然他们只以制成的消费品形式购买那些产品，他们不可能购买生产那些消费品时所用的全部原料。他们购买消费品所用出的钱，在他们正生产这些消费品的时候，也不可能支付那些只生产原料的其他工人的全部工资。

这种物质的流通的概念，自从魁奈以来经历了几个世纪，是一切不了解商业银行和投资银行的作用的人们的日常经验；它的现代形式，在下面所引的福斯特和卡钦斯的议论中可以看出。这两位作者画了一种和一百七十年前魁奈的《经济表》十分相似的"货币的循环流动"图表以后，说：

> "有些货币很快地完成循环，有些货币比较慢。像图表中说明的那样，消费者的收入一部分直接用于换取个人服务，一部分付给个人换取旧货汽车和其他'旧商品'，因此直接从一个消费者转到另一个消费者。然而，消费者用出的货币大多数经历较长的过程，才回到消费者手里。一部分用于换取新商品——例如一双皮鞋——的货币归于批发商；这笔货币中，一部分归于制造家；一部分归于制革者；一部分归于饲养牲口的农民；一部分归于收割机器的生产者；一部分归于工厂中的工匠，这样就回到消费者的手里。在从消费者回到消费者的循环中，用来换取那双皮鞋的货币有些经过比我们的例证里更多的手；有些经过较少的手。零售皮鞋商以每周工资形式立即付给他的店员的那一部分很快地完成了循环。现金放在一边指定作为制鞋商的未分利润的那一部分，可能需要长时期才能完成循环。我们称为货币的循环时间的，是所有的货币从一种消费用途流到另一种消费用途所需要的平均时间。"①

① 福斯特与卡钦斯：《货币》，第 306 页。

这种物质的类比只适合于硬币或纸币的时代，而不适合商业银行和它的支票账户。它是产业的“现金出货”计划。它适合工资袋和荷包。这种“流通中的货币”由许许多多各式各样的制钱和纸币所构成，每种钱币的发行量有限，从而保持它和黄金的规定比价，每种钱币是一项专门研究，有它自己的历史，可以从过去七十年的法规中加以调查。

所有这种“流通中的货币”在商品的购买和债务的偿付中从甲手转到乙手。可是，十分奇怪，这四五十亿美元的流通货币真正支出的不过全部购买额的百分之十到百分之二十。全国全部买卖交易的总值的百分之八十或百分之九十以上都是用根据存款的银行支票支付。即使如此，所有这种流通中的货币都来自银行，已经包括在存户账上的借方。这些“存款”是银行家的过期债务，因此来取即付，这种存款由银行创造出来，专门为了买进企业家的还未到期可是在一定的未来时间偿付的债务。根据这种存款而开出的支票，除了经过背书以后可以酌量转让以外，并不流通。它是一种命令，使银行家在他的账册上把银行的一种来取即付的债务（存款）转移到另一个人账上的贷方。这种命令就是购买力，实际上适用于一切交易的一切价值。通常支票只存在一天或两天，可是那使得支票可能发出的贷款或贴现可以存在一天、三十天、九十天或者更长的时期。

因此，每一项贷款交易创造它自己的货币。例如，商业承兑以及一家银行和买户及卖户打交道。一个钢铁制造家卖给一个农具制造家辗钢一千吨，每吨四十美元，六十天后付款。由农具制造家“承兑”的债务是四万美元。银行家按年息百分之六或者六十天息百分之一的贴现率买进这笔债务，在他的账册上为钢铁制造家开立一个存款账户，作为存额三万九千六百美元。在这六十天内那农具制造商在同一银行已经成立一个存款账户，六十天期满时他根据自己的账户开发支票，付给银行四万美元，交易于是结束。

这笔交易在农具制造家还未能付款以前为钢铁制造家创造了购买力三万九千六百美元，此外还有四百美元可以由银行家（如果他没有超过法定准备金的限度）贷给另一个制造家，立刻动用。在这六十天中钢铁制造家的存款被支出作为购买力，可是又回到银行、贷入账户，又可以被支出；可是六十天期满时，农具制造家减少他自己的存款四万美元，用来消灭了那四万美元的贷款，同时银行也付清了他的存户。就这笔交易来说，在交易开始时银行的账册上将表现出一笔贷款四万美元，一笔存款三万九千六百美元，一笔盈余四百美元；在贷款收回的前夕，账上的情况仍然是这样。可是当农具制造家偿还贷款时，贷款和存款都被消灭，只剩下银行的盈余四百美元。这笔交易创造了它自己的货币。没有什么“流通”。只有购买力的创造、存在和消灭——总之，一定期间的“周转”——决定于价格和数量的预期。

把这种假设的单独一家银行的过分简化的交易扩大为一年中反复发生的无数的类似的交易，再加上全部银行和它们的交换所，我们所有的就不是一种货币的流通系统，而是一种货币的预测和反复发生的系统。每一笔贷款或贴现交易创造和消灭它自己的货币，由于预期生产和销售将增加价值。或者，反过来说，它自己的产品的现在价值，在生产时的未制成状态中，是它在销售时的未来价值减去了折扣。基本产业中农民、矿主、伐木人预期卖给面粉厂、鼓风炉、家具制造家；这些又预期卖给批发商，批发商预期卖给零售商，零售商最后预期卖给最终消费者。在全部过程中他们大家都是提供原料给下一步生产程序，最后达到最终消费者。在全部过程中，未来生产程序中下一步的人们要买的这些原料的预期的价格和数量，被按照前一步未制成品的生产中所支付的较低的价格和工资，予以贴现。

银行业配合这种生产程序，使每一生产者，在他自己垫支的资金以外，能预先取得所需要的购买力，按照以预期的未来价值为根据的现在价值计算。消费者的货币并不流通——它在每一笔交易中被预先支用、贴现和消灭，可以逐步追溯到它在天然资源中的起点；这些交易的每一项，由于银行制度的帮助，创造和消灭它自己的货币。

因此不会没有购买力来购回所生产的全部产品，不会因为工资劳动者不能获得他们生产的全部价值作为工资，或者因为储蓄不如同样数目的货币用在消费上造成那么多的就业，或者因为每一笔销货所得的利润不到货款支付以后不能成为购买力，而致购买力不足。这些论辩基础是认为国民收入中太大一部分归于利润，因而引起卖不掉的商品的积压和失业，所有这些议论都是谬误的。我们必须在其他地方寻求生产过剩和失业的原因，它们的原因不在利润的份额，而在利润的边际以及货币的预测制度上的计算错误。

3. 就业迟延

我们现在有可能考虑那可以叫做就业迟延论的有关购买力不足的理论。如果工人由于技术的失业而不能获得工作，劳动在全国产品中所得的一份就减少，所减少的数额是假使他们就业所能取得的工资。因此，效率上的改进不仅排除工人，而且这种排除又会减少他们作为一个阶级的购买力，使他们不能购买就业的工人所生产的东西。

道格拉斯对“永久的技术失业”和“暂时的技术失业”作了重要

的区别。关于前者，他的结论是“永久的技术失业是不可能的”。他说，“就长期来说，改进的机器和较高的管理效率不会使工人永远得不到工作，也不会造成永久的技术失业。而是，它们增加国民收入，使利润和个人收入的水平能够提高。”

即使技术的进步确实不引起永久的失业，而且提高各种人的生活水平，可是，诚如人们时常说的，人类不是生活“在长期中”。人类一天一天地生活，由于技术效率改进的暂时失业降低生活水平。

但是，两个问题必须分开。一个问题是，较高的生活水平本身是值得想望的吗？另一个问题是，维持较高生活水平所需要的较高工资，比那较低水平时的较低工资，提供较多的就业吗？我们在以上讨论归于资本和劳动的份额时已经答复了这些问题。较高的生活水平是值得想望的，为了政治的和社会的理由。可是，高工资并不比低工资对劳动提供较多的就业，因为在低工资的时候，归于租金、利息和利润的那较大的份额，也会像它作为工资支出时雇用同样多的劳动。可是，我们现在从另一种观点考虑这两个问题，从全国效率的增加来考虑。

根据道格拉斯所引证的联邦准备银行董事会的算法，1929 年每人的出产量超过 1919 年大约百分之四十五，平均每年效率增加百分之四点五。道格拉斯说：

> “这种效率的增加带来了就业人数的减少，制造业所雇用的工资劳动者人数减少了百分之十，因为 1919 年制造业的就业人数是九百万，在 1929 年底的不景气以前就业人数已经只有八百十万左右。……不仅制造业如此。采矿业的每人出产量增加了百分之四十至百分之四十五，……而且烟煤业中，在就业工人的范围内所浪费掉的时间更大大地超过这个数字。我们的铁路工人的效率，如果用每人吨英里计算，在这十年中提高很多，可是就业的人数大约减少了三十万，或者百分之十五。最后，由于采用了拖拉机、联合收割机和其他农业机器，以及改良了耕

种方法和牲畜饲养方法，农业方面每人出产量增加了百分之二十五以上；然而在这十年中，根据农业部的估计，离开田地到城市去的人大约有三百八十万，其中至少有一百五十万是有资格就业的男子和妇女。

“因此，在这四种基本产业中就业人数大约减少了二百八十万；假使它们继续雇用的工人达到它们1919年的雇工对人口的比例，就会增多二百万以上的工人在这些产业中就业。”①

如果由于生产的效率提高，有三百万工人失业，如果工人的平均工资每天四美元或者每年一千二百美元，显然劳工作为一种阶级的购买力减少了，他们购买就业工人所生产的东西的力量每天减少了一千二百万美元，或者作为每年三十六亿美元。这种购买力的不足将继续存在，直到工人在扩张的产业中找到工作为止。可是，既然新产业的兴起和新工作的产生都需要相当的时间，就会有一种就业迟延，在这期内，劳工作为一种阶级其购买力不足以购买就业工人的增加了的出产品。

道格拉斯给这种“就业迟延”举出四种原因。(1)工厂里货物的较低价格需要时间才可能以较低零售价格的形式影响到消费者。(2)新扩张的产业需要时间才可能造成足够的工作，雇用那些被紧缩的产业解雇的工人。(3)工人需要时间才可能从紧缩的产业中转移到扩张的产业。(4)工人不愿或不能改做扩张的产业中不同种类的工作，以及不愿或不能改变他们的居住地点。他又加上一个第五种原因，那不是失业的原因而是较低生活水平的原因。(5)即使劳工最后转移到一种扩张的产业，新的工作往往工资较低，并且不如所离开的那个旧工作满意。

最后，道格拉斯提出七种方法，减少“暂时的技术失业”所造成的损失：(1)较好的预测。(2)较好的计划。(3)较慢的解雇劳动。

① 道格拉斯：《技术的失业》，1930年8月份《美国劳联运动杂志》。

(4)公众就业介绍所。(5)职业训练。(6)解雇工资。(7)失业保险,这里还可以加上“公共工程”。近年来人们正确地很注意这些补救方法。这些方法的目的是缩短就业迟延,使工人们尽速在新的或扩张的产业中就业,在这些产业里不仅他们的生活水平可以恢复,而且他们的增加了的购买力将创造一种对商品和劳动的要求。

可是,就业迟延也是一种生产迟延。再拿我们的例证来说,如果有三百万工人的技术失业,因而劳动的购买力每年减少了三十六亿美元,如果我们假设劳动在新产业中所得的份额继续是百分之六十,财产所有人的份额继续是百分之四十,为了恢复充分就业,这些新的或扩张的产业中就必须创造销售价值六十亿美元的新产品。如果,像我们用作计算根据的1925年那样,一切产品的总销售价值是七百五十亿美元,这就意味着销售额增加到八百十亿美元。可是,各方所得的份额仍旧不变,百分之六十归于劳动,现在的数目是四百八十六亿美元,而不是四百五十亿;百分之四十归于财产所有人,现在的数目是三百二十四亿美元,而不是三百亿美元。所有的新产品,和以前一样,将由分别归于工资、租金、利息和利润的不同份额合并购买。可是,现在会发生的情况是,由于效率增加以及同样的人数充分就业,各种人的生活水平一定会提高。劳动的暂时失业没有了,因为资本的暂时闲置没有了,可是这一切是在较高生活水平的基础上出现的,因为全国的效率有了增加。

因此“就业迟延”和“利润迟延”完全不同。利润迟延是一种谬误的理论,认为利润不能用来买回刚生产出来的产品。可是,就业迟延是产品本身数量上的迟延,又是付出工资上的迟延。这里,事实是工人没有购买力,因为他们不在生产任何需要人购买的东西。可是,由于同样原因,没有利润可以用作购买力。并且银行的商业借款上没有增加，因而在商业利息支出上有一种相应的迟延，这种利息本来也会有购买力。换一句话说，由于技术改进而发生的就业迟延完全是产业本身的发展速度不够。有失业的时候，就也有利润上的减少。

当然，由于机械发明的巨浪不断地发生，这种暂时的失业可能接二连三地来得那么快，以致实际是暂时的事情看上去好像是永久的，因为劳动来不及获得调整。这种时候的困难十分严重，可是那不是因为归于劳动的份额太少——而是因为新的产业扩张得不够快。这是另一种问题。[①]

现在问题又转移到利润的边际。为什么整个产业不继续扩张下去，造成新的产品，不仅吸收那些紧缩的产业中解雇的失业工人，而且提供新的和日益扩大的机会，谋取利润、利息、租金以及工资呢？我们首先来考虑所谓供求“法则”的双重意义。

4. 供给和需求

在以上各节中我们把产业和银行作为一个整体来考虑，现在我们深入到特殊的产业，考虑对特殊商品的供给和需求，通常称为“供求的法则”，可是，用供求的机能关系的语言来说，更精确地称为“供求的伸缩性”。不管用哪一种名词来说，我们将辨别“商业的供求法则”或者“商业的供求伸缩性”和“消费者的供求法则”或者“消费者的需求的伸缩性”。为了弄清楚这种区别，我们将根据前引的道格拉斯的论文，扼要陈述我们所谓消费者的供求法则，然后再说如果改为由投机法则支配的商业领域，情况怎样完全相反。

（1）消费者的供求法则——道格拉斯用印刷业为例证。他假

① 参阅本书下册，第459页，《物价》。

设工人的工时效率增加一倍，在本来一千工人生产六十万册杂志的地方，现在能在同样工作时间内生产一百二十万册。

他然后说明在假设的三种不同的“需求的伸缩性”下会发生的情况，就是，这消费者的供求法则的三种不同表现。如果需求的伸缩性是“一”，意思是价格减低一半（从十美分减到五美分），需求的数量就增加一倍（从六十万册加到一百二十万册），每周的总收入仍然是六万美元。同样数目的工人（一千人）将仍然按每周平均工资六十美元继续被雇用（除去以前解决的暂时失业）。如果需求的伸缩性是“一”，就没有技术的失业，因为“一”意味着同样的销货总额，六万元。

可是，道格拉斯说，假设需求的伸缩性大于“一”。假设价格减低到每册五分时销数增加到三倍（一百八十万册）。销售总额就从每册售价一角销数六十万册时的六万美元增加到每册售价五分销数一百八十万册所收入的九万美元。工人的数目从一千增加到一千五百，每人工资六十美元。如果需求的伸缩性大于“一”，这种产业里当然没有技术的失业。而且对劳动的需求有所增加。

可是第三种，假设需求的伸缩性小于“一”。假设在价格减低到每册五美分时销数只增加到九十万册。销售总额现在就从六万美元（销数六十万册每册售价十美分）减少到四万五千美元（销数九十万册每册售价五美分），工人的数目从一千人每人工资六十美元减少到七百五十人每人工资六十美元。

可是杂志的读者，最终消费者，现在有一万五千美元余留在他们的荷包里，这笔钱以前是用于购买读物的。这一万五千美元将恰好雇用等数的二百五十名失业工人（不是同样的那些人），工资同样是每周六十美元，不管以前的读者“用掉”或是“节约”这笔钱。如果他们“用掉”一万五千美元，他们就是雇用和二百五十名失业工人每周工资六十美元相等的工人，从事于经营一些“扩张的”产业，例如汽车、飞机、橡皮糖、电影、舞厅以及许许多多其他扩张的企业。如果他们“节约”这笔钱，他们的储蓄银行就把它投资在价值一万五千美元的新债券上，这种债券所吸收的钱将雇用同样数目的工人(二百五十人每人每周工资六十美元)，在一些也是“扩张”的产业中工作，例如铺设铁路双轨，或者建造鼓风炉，或者建设一所工厂。因此，即使需求的伸缩性小于“一”，也不会有技术的失业，不管消费者“用掉”或是“节约”他们的钱。

当然，在这里不可忘记道格拉斯对永久的和暂时的失业的区别。他的上述的例证只适用于永久的技术失业。那些例证，我们已经说过，说明永久的技术失业是“不可能的”。可是，仍然有由于这种技术变革的暂时失业，完全因为从雇用较少劳动的“紧缩”的产业转移到雇用较多劳动的“扩张”的产业，需要时间。我们在说明原则时不管那暂时的失业，因为补救的方法不同。

(2) 商业的供求法则——让我们现在改变那些例证，从按照零售价格购买杂志的最终消费者，改变为经营印刷业谋取利润的企业家。现在似乎有两种需求的伸缩性的法则，一种消费者的法则和一种商业的法则。它们起着相反的作用。

如果杂志的价格上涨，消费者一般的就购买较少的杂志(需求的伸缩性小于“一”)，而购买较多的没有涨价的其他的东西。因此，在那例证中，如果价格从十美分涨到十五美分，消费者就会购买较少的杂志而购买较多的没有涨价的报纸。或者，如果价格从十美分跌到五美分，消费者就会购买较多的杂志，可是，如果他们的需求的伸缩性小于“一”，像道格拉斯说明的那样，他们就会有一万五千美元的余款，这笔钱他们可以用掉或节约下来，用在杂志以外的其他东西上面。

这是消费者的需求的伸缩性的法则。它的起源在于消费者的购买力有限，这种购买力产生于他们以前所收入的工资、租金、利息或利润。为了使他们的有限的购买力尽可能发生最大的作用，他们倾向于少买涨价的东西，而多买跌价的东西。

这种倾向我们称为"替代的原则"①，意思等于机会的选择。由于这一原则的作用，类似的商品的价格往往向同一方向变动。如果杂志的价格上涨，消费者就减少他们对杂志的需求，而增加对报纸的需求，结果杂志价格的上涨被需求减少所遏止，报纸价格的上涨被需求增加所促成。替代原则倾向于使这两种价格一起上涨或一起下降。

这替代原则可以普遍适用。如果苹果的价格上涨，人们一般的就购买较少的苹果，而购买较多的没有涨价的替代品。因此，这时候的倾向是减少需求从而遏止苹果价格的上涨，以及增加需求从而提高替代品的价格。或者，如果苹果的价格下降，这时候的倾向是多买苹果，因而遏止价格下降，并且少买替代品，以免加剧苹果的跌价。结果是互相替代的东西在价格上倾向于同涨同落，替代原则的普遍性使人们可能讲一般物价水平上升或下降，虽然这种一般水平只是几百种物价的平均数，每一种物价各有其特殊的供求和代替的伸缩性。

在这方面投机的供求法则和消费者的法则一样。类似的商品的价格倾向于同涨同落，由于替代原则的作用。可是，在动态的方向上，投机的法则和消费者的法则相反。如果预期价格上涨，商人就多买而不是少买，想要按较高价格卖出，从而获取利润。可是，如果预期价格下跌，他就少买而不是多买，并且尽可能赶快卖掉，

① 参阅本书上册，第383页，《代用的法则》。

想要避免预期的跌价的损失。

因此,在同一价格上涨的市场上,当消费者因为价格已涨而少买时,商人却多买而不是少买,因为预期价格要上涨。消费者不预期卖出。他只想使自己的有限的购买力在满足他的需要上起较大的作用。商人却预期卖出。他想在物价上涨的市场上谋取利润。

在物价下跌的市场上发生相反的情况。消费者因为价格已跌而多买,他的有限的购买力在满足他的需要上起着较大的作用。可是,商人却少买而多卖,因为预期价格要下跌。他买进越多,卖的时候损失就越大。现在他卖出越多,以后他的损失就越少。

当大家在涨价的市场上竞争先买,以便使别人不能买得预期会涨价的东西时;或者当大家竞争先卖,以便把预期会跌价的东西"抛出"给别人,使自己可以"脱身"时;于是利益的冲突加强利己主义的作用,把涨价促成"暴涨"或者把跌价压成"暴跌"。

这是在私有财产的基础上为利润而经营的资本主义制度的特性。这是一种不良的特性,它使得许多人相信,这种制度存在一天,繁荣和萧条的循环就一天不能避免。因此,社会主义者和共产主义者要求废除私有财产和利润的主张很有力量。社会主义者主张为消费而生产,不为利润而生产。确实,如果资本主义不能接受"业务规则"来防止这种内在的弊病,也许共产主义就比较可取。可是那另一条出路需要研究和实验。

第一,在资本主义制度中,消费者的供求"法则"和商业的或投机的供求"法则"是一般的稀少性原则的两个不同的方面。两者对个人都是强迫的——稀少性和同样行动的强制。最终消费者被迫不得不根据边际效用的原则来经济地利用他的有限的资力。他的家庭生活决定于他从收入中所付出的物价。商人被迫不得不在涨价的市场上抢先购买,否则别人将买去他自己必须取得的东西;在跌价的市场上他被迫不得不抢先卖出，免得自己损失或破产。因此，所谓供求的“法则”，不是仅仅比喻的说法。它确实是一种法则，因为个人必须遵守，不然就会失败。这种强迫性的法则，我们称为“习俗”。

当然，可以承认最终消费者在一定限度内也受预期的价格变动的影响。如果他们预期煤价上涨，只要自己有购买力或信用，就会购藏一批存煤供冬季使用。如果他们预期价格下跌，就不会购藏存煤。可是，即使这样，他们的“投机”只限于自己预期的消费需要，而不是决定于卖出他们所买进的东西是否可能获利。

那么，商人从什么地方取得所需的货币，可以用来超出消费者的供求法则的范围，建立投机的法则呢？他从银行取得所需的货币。一个商人卖给另一个商人一千吨钢，每吨三十美元。因而造成一笔三万美元的债务。那是由买卖的交易的两个可变因素造成的。一个是若干吨的钢，另一个是每吨的价格。两者的积数是“未来价值”。就是这种“价值”创造那等值的债务三万美元。

可是，那债务要三十天后才到期，在此期内可以转让。一个银行家买进这项债务。如果它是三十天到期，年息百分之六，三十天期满时的价值将为三万美元，可是现在只值二万九千八百五十美元。银行家在账册上所登记的是“贷款”三万美元，可是，存款项下是二万九千八百五十美元。那差额一百五十美元成为银行家的资产。那三万美元是卖钢者或买钢者或双方（商业承兑）对银行家的债务，并且可以卖给其他的银行家，在这种情况下，那其他银行家欠第一个银行家二万九千八百五十美元加上所生的利息。

可是，那银行家已经贷给卖钢者二万九千八百五十美元，这是他承认见票即付给卖钢者那么多的货币。这种银行债务是现代货币。卖钢者可以根据它开发支票，这种支票也可以转让，他可以用来偿付原料价款、劳动工资和利息。

假设钢的生意很好。商人预期价格上涨，需求的数量增多。他们买卖两千吨，每吨价格六十美元。现在的价值是十二万美元，不是三万美元。它增加到四倍，因为价格和数量都加倍了。相应的债务也增加到四倍。银行家买进这笔债务。他现在可以收取利息百分之八，因为商人生意兴隆，他自己的准备金在减少。在三十天后这笔债务值十二万美元——如果那商人能够偿付。银行家以年息百分之八扣算按它的现值收购，就是十一万九千二百美元，给那商人创造一笔等于此数的购买力。这两项交易创造出来的货币增加了四倍，其他各种产业都感受影响。投机的供求法则在发生作用。那是价格看涨的希望。

后来，由于某种原因，钢的价格跌到二十五美元，并且预期还要下跌。商人只买进五百吨。这笔交易的价值以及和它等值的债务现在只有一万二千五百美元。银行家按百分之四扣算予以收购。在三十天后它的价值是一万二千五百美元，可是，现值只有一万二千四百五十七美元六十六美分。这是银行债务的数目，可以由那商人用作购买力。投机的供求法则又在发生作用。那是恐怕价格下跌和无力偿付。

每项贷款或贴现交易创造了它自己的货币，其数量决定于被卖出的以及由同样方法创造出来的其他货币偿付的商品的预期价格和数量。因为到期必须偿付，否则就得宣告破产。偿付不是用货币，而是用另一个商人开出的由同一银行家或另一银行家付款的另一张支票。这另一张支票消灭对银行家的原始债务，只须通过贷入他自己的账户。可是，这另一张支票本身成为同一银行或另一银行账册上又一个商人账户中借方的一笔记录。因此债务由债务抵消，银行支票成为债务偿付的一种手段，不是因为国家权力使得它这样，而是因为商业习惯使得它这样。我们把这种支付手段叫做习惯的支付手段，不是法定的支付手段。

因此有两种“支付手段”债权人不得不接受，从而解除他们的债务人的义务，以后可以不再偿付。一种是法定的支付手段，单纯的国家权力规定的法币。另一种是法律以外的或习惯的支付手段，商人的习惯行动。凡是违反这种商业习惯的人就不能做商人。

因此，有两种市场由信用制度把它们结合在一起，没有一个商人甚至农民或工资劳动者能逃出这两种市场的罗网。它们是商品市场和债务市场。商品市场是零售和批发商店、物产交易所、房地产交易所，甚至劳动市场，在这些场所人们按双方同意的价格移转财物和服务的所有权。债务市场一部分是商业银行，在那里商品市场上所创造的短期债务被买进卖出。债务市场也是证券市场，例如证券交易所，所买卖的对象是对未来货币的长期权利；这些由债务的可转让性和商业银行相结合。把我们的例证中钢铁市场上的交易扩充为各种市场上亿万的交易，全部由信用制度把它们结合在一起，其中许多市场的动态，由于替代原则的作用，趋于同一方向；然后用统计矫正我们的例证，就可以看出股票价格、土地价值和商品价格的动态。

既然银行债务或存款的作用等于货币，而且有时候伸缩性非常之大，它可以作为容易扩张的购买力，商人用来在价格上涨时增加他对商品和劳动的需求，在价格下跌时减少他的需求。它的作用和消费者的法则恰恰相反。信用制度是最重要的因素，它使商人能在物价上涨时**多买**，而消费者能在物价下跌时**少买**；它又使商人在物价下跌时**不得不少买**，而消费者在物价已跌时**多买**，因为他不做生意，不准备在将来卖出。

因此，消费者的需求的伸缩性决定于他以工资、租金、利息或利润形式所取得的购买力的数量，商人的需求的伸缩性决定于银行可能为他立刻创造出来或者从别人的储蓄中转移给他的数量不定的购买力，由于预期他按未来价格卖出时可以获得的未来利润。

5. 边际

在以上“份额”的讨论中，国民总收入被分为四种份额：租金、利息、工资、利润。可是商业不是这样进行的。商人——凡是取得利润和股利的人我们将称为商人——首先成为对其他各种人的债务者。他因工资成为对工资劳动者的债务人，因利息成为对银行家和债券持有人的债务人，因租金成为对地主或房主的债务人，因捐税成为对政府的债务人，因加工的原料成为对其他商人的债务人。这些创造债务的交易被隐蔽在份额的计算中。那商人从其他商人手里购买原料。在购取这些原料所付出的价格中隐藏着所有以前参加者的工资、租金、利息和利润，追本穷源，可以一直回溯到森林、农夫、铁路、制造家、经纪人和银行家。那商人也付出捐税，这些捐税分析为各方所得的份额时，主要的是政府工作人员的工资和薪俸。

经济学家在计算这种份额时对全国的算法是，根据全国的总收入，把它分成四份。这样，一切原料和一切捐税都看不见了，被归结为租金、利息、工资和利润分别所得的份额。这是在统计编就以后所做的工作。

可是，让我们从统计未有以前个别商人（或公司）的观点来看这个问题：他因为工资、利息、租金以及原料和捐税而成为一个债务人。他的利润将是他因为这一切所负的债务和他的总收入之间的差额或边际。

这种对商人的债务和总收入之间的边际的分析，将显示关键性交易和一般性交易的区别多么重要，这种区别我们以后将加以研究。[1]商人的这些不同债务中任何一项和边际的关系会变动。在这种变动上我们将看到他的问题。那变动的因素有时是他所处理的各种债务中的这一项，有时是另一项。在任何时候其变动最关重要的一项，就成为当时的关键性因素，商人必须处理，因为它的利润边际很小。

为了弄清楚这种区别，我们从另一种完全不同的基础出发。我们必须用单独一个机构的收入表和资产负债表来开始：在1927年，司威夫蒂肉类罐头公司报告，全部产品销货业务总收益九亿二千五百万美元。为了取得这笔总收入，他们首先付出四亿七千万美元购买牲畜。从这笔购买原料所付出的巨款中，所有以前的利润、利息、租金和工资付给那些供给原料的人。司威夫蒂公司然后直接付出四百二十五万零七百五十五美元利息给他们的债权人、债券持有人和银行家。他们的报告书没有说明他们付了多少给工资劳动者。可是，这一点对我们现在的目的无关重要。他们的全部生产成本，也就是他们的全部负债——包括工资、利息、捐税、原料、折旧以及其他一切在内——是九亿一千三百万美元，只剩下一千二百万美元可以作为利润。

可是，这笔利润一千二百万美元现在从三方面出现，作为(1)利润率，(2)利润收益，和(3)利润的边际。

作为一种利润率，那是股利和股票的面值二亿美元的比率。因此利润率是百分之六。作为一种利润收益或者“股份收益”，那是根据股票的市场价值的比率，如果市场价值是三亿美元，股份收益就

[1] 参阅本书下册，第277页，《关键的和一般的交易》。

是百分之四，或者，如果市场价值是一亿二千万美元，股份收益就是百分之十。

可是，作为一种利润的边际，那同一亿二千万美元就和销货总额九亿二千五百万美元比较。因此，利润的边际只有百分之一点三。

对我们现在的研究目的来说，利润率和利润收益无关重要，可是利润的边际是重要的。用另一种方法来说明这种边际，就是：为了取得总收入中顾客所付出的每一美元，公司引起并偿付了它的债务八十七美分，剩下利润的边际每一美元收入只有一十三美分，或者销货总额的百分之一点三。①

这似乎是一种极端的例子，因为在原料上付出的数目很大，而且簿记方法、周转额、隐蔽的利润等等关系很大。有些年份中，边际比较大；另一些年份中，不但没有利润而且有损失。某些企业，边际很大；某些相互竞争的企业，有一种损失边际，而不是利润边际。

① 在司威夫蒂公司的1925年年鉴里，该公司估计每头牛的牛肉的利润，在支出利息以前，是1.95美元。买进牛的平均价格是60.08美元。全部费用，包括运费在内，是12.63美元；副产品的净收入是11.25美元。因此，利润和利息两者的边际在1924年是业务生产成本的2.7%和每头收入的2.6%。如果减去利息，利润一项的边际就会更小。该公司又提出一种比较表，从这种表里我们算出下列的财务边际，或者每头牛的利润和利息两者的边际。

会计年度	未付利息以前的损益
1915	$1.64
1916	1.65
1917	1.29
1918	1.02
1919	0.70 （损）
1920	0.06
1921	1.13
1922	2.52
1923	1.10
1924	1.95

表Ⅰ 制造公司，某些特定项目的数额[①]（单位：百万美元）

	1918	1919	1920	1921	1922	1923	1924	1925	1926	1927	1928	1929
(1)总收入	44167	52290	56649	38442	44763	56309	53995	60921	62584	63816	67368	72224
(2)销货总额	44167	52290	56082	37645	42576	53889	51436	57084	59863	60932	64361	69236
(3)营业成本[a]	38782	46557	52295	37488	40752	51293	49801	55661	57148	59023	61605	65,814
(4)折旧	1272	1017	1155	1151	1339	1425	1409	1507	1757	1819	1922	2018
(5)营业边际[b]	5385	5733	3787	157	1824	2596	1635	1423	2715	1909	2756	3422
(6)捐税	2424	1769	1384	793	860	986	937	1078	1139	1065	1118	1161
(7)利息	539	470	633	633	622	611	608	622	657	677	710	712
(8)总成本[c]	41745	48796	54312	38914	42234	52890	51346	57361	58944	60765	63433	67143
(9)损益边际[d]	2422	3494	1770	－1269	342	999	90	－277	919	167	928	2093
(10)应税边际[e]	4846	5263	3154	－476	1202	1985	1027	801	2058	1232	2046	2710
(11)财务边际[f]	2961	3964	2403	－636	964	1610	698	345	1576	844	1638	2251
提出报告的制造公司：	67274	67852	78171	79748	82485	85199	86803	88674	93244	93415	95777	96525

a. 包括折旧在内。1925 年的此项数字中已减去 531000000 美元，作为扣除本年的国内捐税。此数包括在 1925 年的捐税数字内。

b.（2）－（3）。c.（3）＋（6）＋（7）。d.（2）－（8）。 e.（5）－（7）。 f.（5）－（6）。

① 录自美国财政部公布的“收益统计”。各项数字可以作为本历年的代表数字。少数公司的报告系根据会计年度。这一点对于我们使用这些数字的目的并无重要影响。

表Ⅱ　制造公司、各种特定项目的比率①

	1918	1919	1920	1921	1922	1923	1924	1925	1926	1927	1928	1929
(1)销货总额对总收入	100.0	100.0	99.0	97.9	95.1	95.7	95.3	93.7	95.2	95.5	95.5	95.9
(2)销货总额以外的收益对总收入			1.0	2.1	4.9	4.3	4.7	6.3	4.8	4.5	4.5	4.1
(3)营业边际对销货总额	12.2	11.0	6.8	0.4	4.3	4.8	3.2	2.5	4.5	3.1	4.3	4.9
(4)折旧对营业成本	3.3	2.2	2.2	3.1	3.3	2.8	2.8	2.7	3.1	3.1	3.1	3.1
(5)损益对销货总额	5.5	6.7	3.2	3.4[a]	0.8	1.9	0.18	0.5[a]	1.5	0.27	1.4	3.0
(6)销货的损益对总收入	5.5	6.7	3.1	3.3[a]	0.76	1.77	0.166	0.45[a]	1.46	0.26	1.37	2.89
(7)最终损益对总收入	5.5	6.7	4.1	1.2[a]	5.6	6.1	4.9	5.8	5.8	4.8	5.8	7.0
(8)捐税对应税边际	50.0	33.6	43.9	∞[b]	71.5	49.7	91.2	134.6	55.3	86.4	54.6	42.8
(9)捐税对营业边际	45.0	30.9	36.5	505.1	47.1	38.0	57.3	75.8	42.0	55.8	40.6	33.9
(10)捐税对总成本	5.81	3.62	2.54	2.37	2.36	1.86	1.82	1.88	1.93	1.75	1.76	1.73
(11)利息对财务边际	18.2	11.8	26.3	∞[b]	64.6	37.9	87.1	180.3	41.6	80.2	43.3	31.5
(12)利息对营业边际	10.0	8.2	16.7	403.1	34.1	23.5	37.2	43.7	24.2	35.5	25.8	30.8
(13)利息对总成本	1.29	0.96	1.17	1.63	1.47	1.16	1.18	1.08	1.11	1.11	1.12	1.06

a. 损失。　b. 无限大，假设应税边际和财务边际都是零。

①　根据表Ⅰ算出Ⅱ。

没有充分的调查研究可以作为根据，从而估计一切产业的平均利润边际。现有的最好的关于制造公司的资料是财政部国内税收局为了对纯利润（这是我们所谓利润边际的意思）征收所得税而编制的“收益统计”。根据这种统计，我们可以估计制造公司的利润边际，这些公司大约生产和出售所有制造品的百分之九十，只剩下百分之十由个人和合伙经营。[①]我们将区别五种边际，分别称为营业边际、损益边际、应税边际、财务边际和价格边际。

表Ⅰ和表Ⅱ提供统计的资料，根据这些资料我们将作出下文对各种边际的分析。

（1）总收入和销货总额——公司的总收入或总收益主要地从出售它们的产品和服务而来。可是在过去十年中它们的收益的很大一部分来自其他公司的股票和债券，来自政府公债、定期存款、租金和特许权以及其他各种非营业收益。两种收益来源之间的关系在图 8 中可以看出。

下列图表，上面一部分表现绝对数量，下面一部分表现销货对总收入的比率，和其他收益对总收入的比率。1922 年以前，财政部的报告中只列出总收入的数字，对于销货和其他收益来源不加区别，可是自 1922 年以后从销货以外其他来源生产的收入达到总收入的百分之六点三（1925 年）。1922 年以前，我们所有关于销货总额和其他收益的数目系根据全国产业会议委员会的估计。这种“其他收益”可以部分地看作一种“垫层”，目的在于防备销货收益有意外的减少。它的影响在我们下文对“利润的垫层”的分析中可以看到。和我们有关系的主要是销货方面的收入。

（2）营业边际——图9和图10表示1918至1929年制造

① 全国产业会议委员会编，《联邦公司所得税的转嫁和影响》，1928 年版，第Ⅰ卷，第 172 页。

图 8　销货总额和总收入①

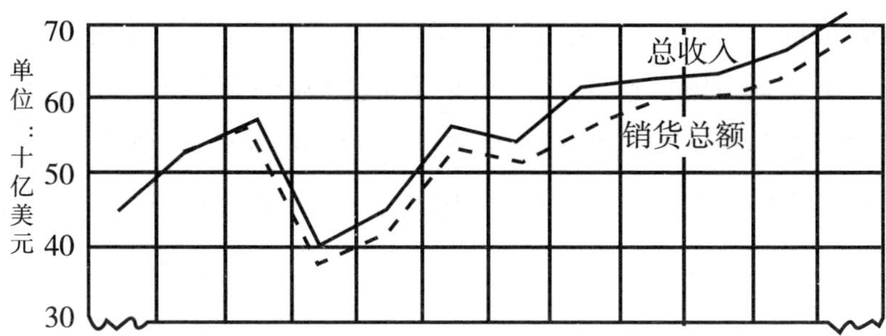

销货总额，对总收入的百分比

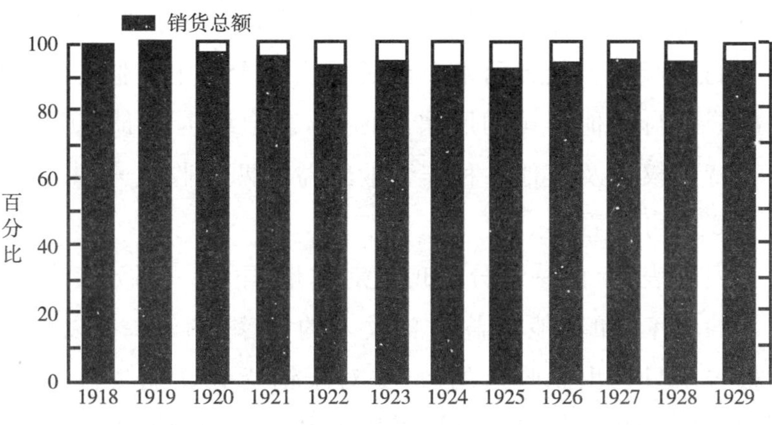

公司的平均营业边际，根据表Ⅰ和表Ⅱ的资料。我们所谓营业边际，意思是指一切营业费用（包括折旧和陈废在内）支付以后留给利息、捐税和利润的余地。从图 9 的上部可以看出制成品的销货总额在货币价值上变动很大，从 1918 年的四百四十亿美元增涨到 1920 年的五百六十亿美元，然后降低到 1921 年的三百七十亿美元，然后又剧增到1923年的五百四十亿美元，1924年一度下跌，

① 根据表Ⅰ和表Ⅱ。

图 9　营业边际[①]

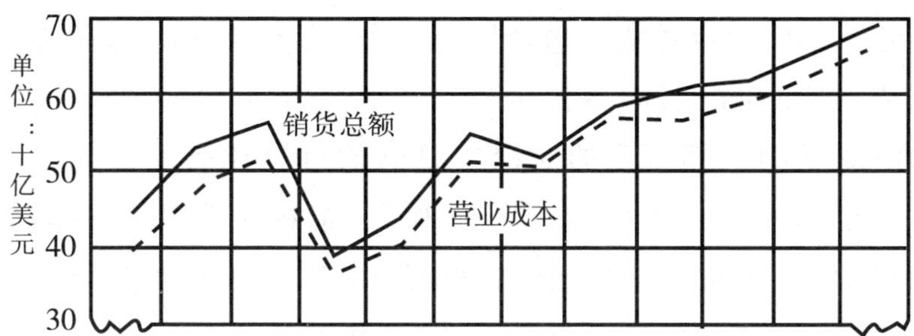

营业边际，对销货总额的百分比

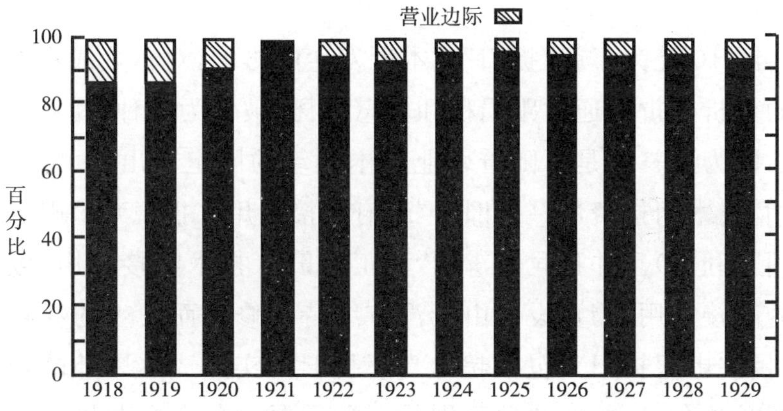

可是最后在 1929 年增长到六百九十亿美元。

这些销货总额，我们称为“价值”或者“产品的价值”，因为它们是由价格和售出数量两种可变因素构成。“价值”这个名词因此在一个以钱计算的数字里包括经济学的货币的和非货币的两项因

① 根据表Ⅰ和表Ⅱ。

素。用商业的语言来说，它是“销货总额”。用经济学的语言来说，它是“价值”。

另一方面营业总成本包括因为工资、薪俸、原料以及固定资本的维持、修理和折旧而用出的钱。销货总额和营业成本之间的边际由图 9 的下部所列的对销货总额的百分比表示。如果销货总额每年都用一百来代表，那么，利息、捐税和利润所占的营业边际在 1918 年是百分之十二，可是 1921 年降低到百分之零点四，1922 年增高到百分之四点三，1923 年又略增到百分之四点八；1925 年降到百分之二点五，1926 年又回升，1927 年再降到百分之三点一，然后 1928 年又升到百分之四点三，1929 年达到百分之四点九。

图 10 是为了就“折旧”成本所发生的影响，对营业成本作进一步的分析。折旧通常跟捐税和利息一样，被作为一种“间接费用成本”，因为这三项是不随着营业成本变动的固定支出。可是，我们区别“技术间接费用”（折旧）、“政府间接费用”（捐税）和“财务间接费用”（利息）。并且我们辨别“真正折旧”（技术间接费用，包括耗损的间接费用，物资设备由于没有维持和修理而发生的耗减和陈废），和“虚假折旧”（包括超出真正折旧的实际成本以外的隐蔽的利润或盈余）。既然这种区别是一种需要对各个企业机构作个别研究的问题，我们假设“联邦所得税”机关所承认的范围是“真实的”，那就是技术的折旧，虽然结果也许一部分是虚假的折旧。

真正折旧可以认为是营业成本中的一项间接费用。在图 9 和图 10 中是这样处理的。可是，它成为营业中所用的工资和原料，因此必须认为是营业成本的一部分。从图 10 中可以看出，折旧费只是营业成本中微小的一部分，比数的幅度从 1918 年的百分之三点三到 1919 年和 1920 年的百分之二点二。

图 10　折旧[①]

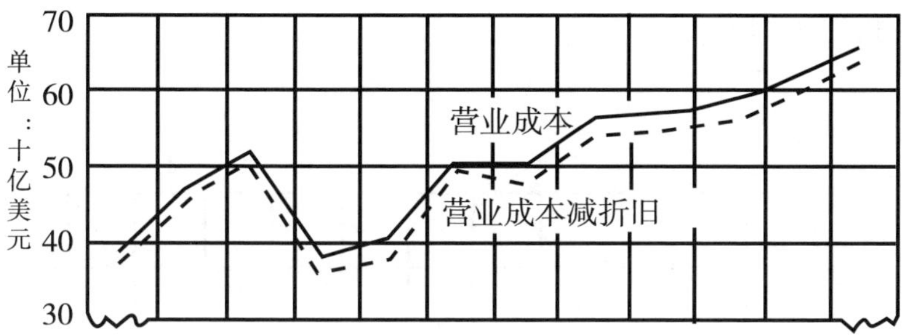

折旧，对营业成本的百分比

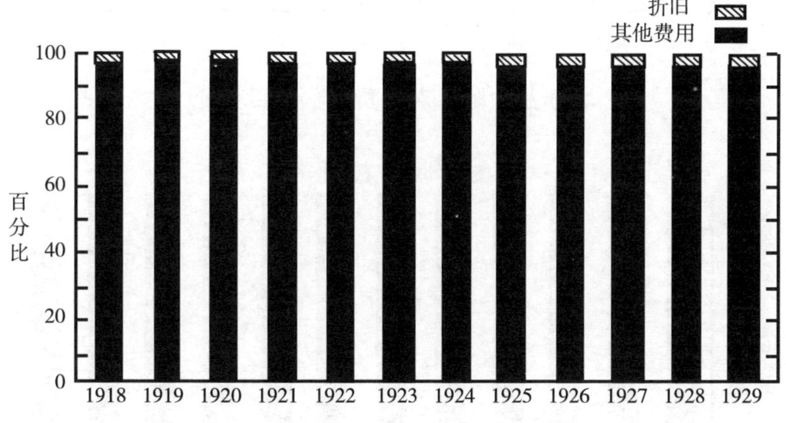

（3）损益边际——以上所述有关营业成本（包括折旧在内），可是和经营业务的总成本没有关系。我们所谓总成本的意思包括三项：营业成本、捐税和利息。既然我们已经认为折旧是营业成本中的间接费用，我们将认为捐税和利息是总成本中的间接费用。

① 根据表Ⅰ和表Ⅱ。

在图 9 中我们已经看到营业成本和销货总额的关系。图 11 是为了表示总成本和销货总额之间不断变动的关系，以及结果对平均利润和损失（损益）的影响。

图 11　损益边际①

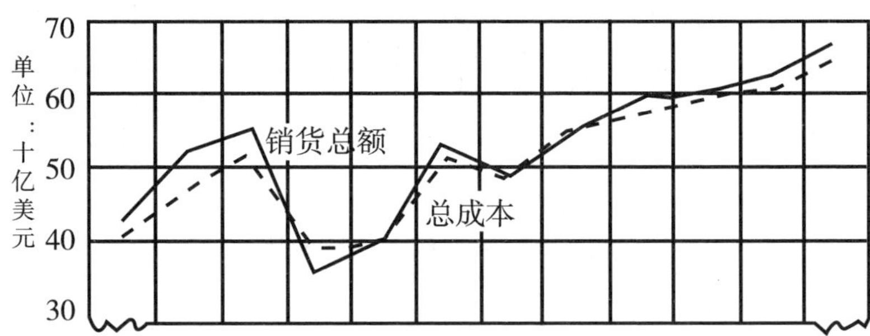

损益边际，对销货总额的百分比

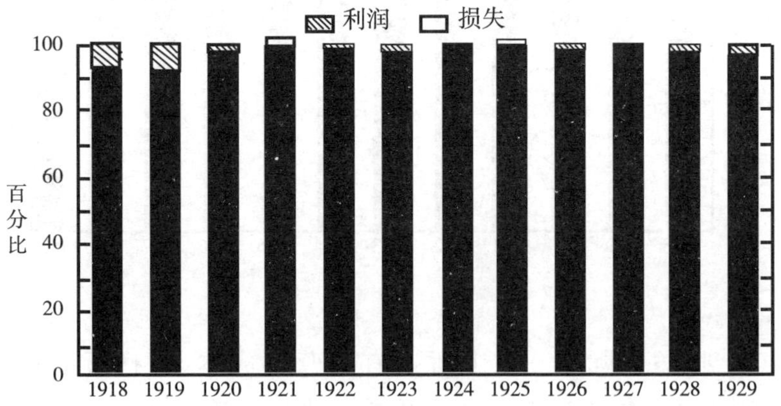

① 根据表Ⅰ和表Ⅱ。

图 11 中，代表销货总额的曲线和以前图 9 中所表现的一样。可是代表总成本的曲线是营业成本加上间接费用捐税和利息，像表Ⅰ中第(8)项所列出的数字。结果是损益边际，表现为销货总额的百分比数。这样，在 1918 年，销货收益的每一美元有平均利润百分之五点五。换一句话说，在该年度中制造公司平均须付出九十四美分五厘才取得一元收入，它们的平均利润边际是销货总收益的每一美元中的五美分五厘。

可是，在 1921 那最坏的一年，它们的净损平均是销货收益每一美元损失三美分四厘。在该年度中这些公司平均付出一美元零三美分四厘取得一美元销货收益。它们在其他年份的损益边际可以从各图表以及表Ⅰ和表Ⅱ中看出。

根据图 11，显然没有"标准利润"那种东西。然而我们可以讲一种"每年的销货平均利润"，意思等于"每年的平均利润边际"。并且我们可以讲每年销货平均利润边际的"中位数"。这样，最高的平均利润边际是 1919 年销货的百分之六点七，最高的平均损失边际是 1921 年销货的百分之三点四[表Ⅱ，第(6)项，图 11]。中位数是一种等于销货的百分之一点七的利润边际，这个数字很接近 1923 年和 1926 年的平均边际(分别为百分之一点八五和百分之一点五)。假使计算一种十二年的加权平均数，就会是一种等于销货的百分之一点六的利润边际。

我们发现这个数字很接近我们以前给司威夫蒂公司所计算的利润边际。因此，该公司十亿美元左右的销货所有的很小的利润边际，我们本来以为也许是例外的情况，结果却很有代表性，代表着六万七千到九万六千家制造公司的一般平均利润边际，它们的销货共计三百七十到六百四十亿美元[表Ⅱ，第(9)项，图 11]。

然而，为了种种理由并且因为不可能十分精确，我们将估计最高和最低平均利润边际之间的均数是销货的百分之三，而不是上面所讲的根据所得税统计表计算出来的百分之一点七。换一句话说，等于制造公司销货的百分之三的一种一般的平均利润边际，成为基线，从这里我们不仅可以比较繁荣时期的较高平均数和萧条时期的较低平均数，而且可以比较业务兴隆的企业的高的边际和"边际"企业的低的边际。

这种估计的意义如下：在中间时期，在繁荣的高峰和萧条的深渊之间的一般时期中，制造业中的平均利润边际大约是销货的百分之三。可是，在特别繁荣的时期，像1918年和1919年，利润边际可能大于此数一倍。[①] 再则，在萧条的年份，像1921年或1925年，平均利润边际变成一种损失边际。在其他年份，有理由可以讲什么"没有利润的繁荣"。

我们下一步将研究有关征税问题的应税边际，以及有关银行业和债券的财务边际。

(4) 应税边际——各种捐税，不管是所得税或财产税，不管是不是用较高的价格转嫁给顾客，每个私营企业都正确地认为它们是一种政府强派的固定的间接费用的生产成本。利息也是这样。利息是一种相对地固定的费用，应该付给债券持有人和银行家，我们称为财务开支。那么，为了分开捐税和利息这两种间接费用，估计每一种对上文所讲的最后利润边际的影响，我们需要把每一种

① 埃梅特、博里斯：《百货商店》1930年版，可以作为边际分析的一个范例。书中所用名词是商业会计的术语，可是埃梅特的分析类似我们在对制造公司的边际分析中所用的那一套。埃梅特的"纯利润"就是我们的利润边际。拿销货一百万美元以上的百货商店来说，这一数字，作为对销货的比率，最高达1923年的百分之三点六，最低到1928年的百分之一点五。这样，我们看到百货商店的利润边际低于我们所估计的制造公司的"一般的"边际。埃梅特说明百货商店的利润边际大部分决定于周转率，因为较快的周转减低费用对销货的比率。

分开来研究。因而我们就有利润的“应税边际”，在利息已付之后计算，以及利润的“财务边际”，在捐税已付之后计算。

再则，一切捐税，和利息一样，必须从现时的收入中支付，在我们的例证中这种收入是销货总额。因此我们有四种不同的比率要计算：(1)捐税对销货总额的比率，(2)捐税对生产总成本(营业、利息和捐税)的比率，(3)捐税对营业边际(包括利息、捐税和利润)，以及(4)捐税对捐税边际的比率(捐税和利润)。在表Ⅰ中我们已经列出连续各年的捐税总数。根据此表，我们在图12和表Ⅱ中算出捐税对总成本、对营业边际、对包括利润和捐税的应税边际(利息已付之后)的各种不同的关系。

我们省略了捐税对销货总额的比率，因为(例如图9中所表现的)销货总额和总成本那样接近，甚至彼此交叉，以致表示捐税对销货的比率的曲线在图表上和那表示捐税对总成本的比率的曲线，不可能有多大的区别。

表示捐税对总成本的比率的曲线说明一切捐税在生产总成本中所占的份额真是多么微小。1918年，由于对过分利得的战时高税，全部捐税(二十四亿美元)是生产总成本的百分之五点八。可是，由于战后捐税减低以及从利润转变到1921年的损失(图11)，全部捐税负担(七亿九千三百万美元)降低到生产总成本的百分之二。1926年，由于更低的所得税和更大的销货额，捐税虽然增加到十亿美元以上，可是只占总成本的百分之一点九；1928年只占总成本的百分之一点八。大体上，除了在战时，国内税[①]只占销货总额或者总成本的百分之二。

可是这百分之二不是测量产业和利润上捐税负担的尺度。产

① “国外的”或者对进口货的关税被吸收在物资的价格里，隐蔽在营业的生产成本里面。

业上的负担必须由捐税对营业边际的关系来测量，利润上的负担必须由捐税对捐税边际的关系来测量。

营业边际是营业纯收益，在表I里可以看到此项数字最高是1918年的五十三亿八千五百万美元，最低是1921年的一亿七千五百万美元。这种营业纯收益，或者营业边际，是利润、利息和捐税的来源。图12说明在战时的1918年，捐税负担（二十四亿美元）是

图12　应税边际①

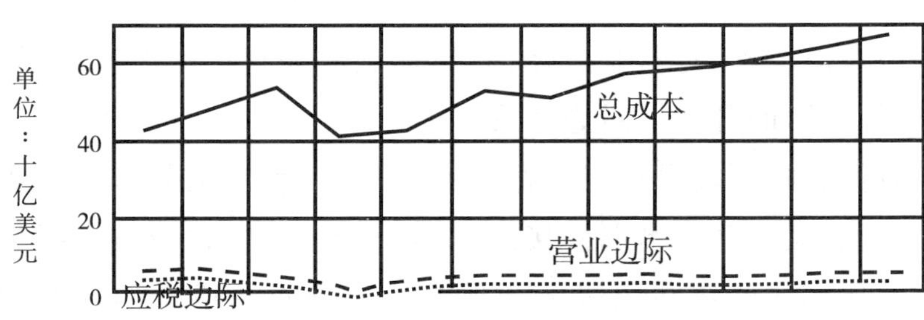

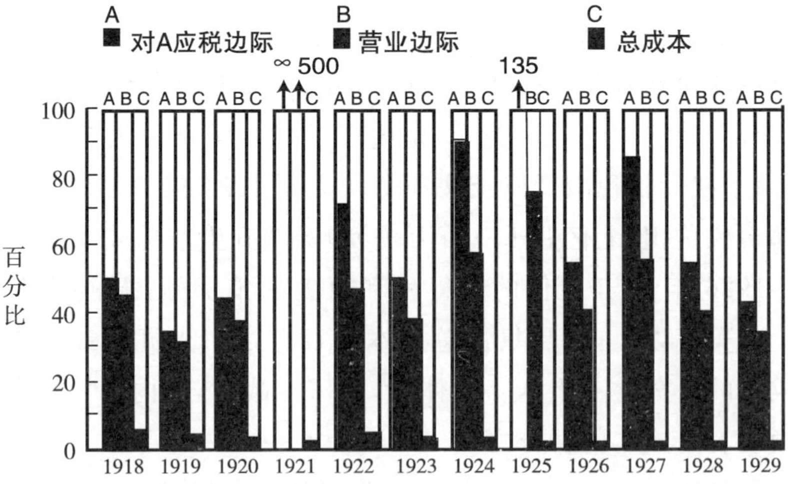

① 根据表Ⅰ和表Ⅱ。

营业边际的百分之四十五，可是在1921年它是营业边际的百分之五百。后一种情况下的示数是1921年的捐税负担五倍于作为捐税、利息和利润来源的平均营业纯收益。

如图12及表Ⅰ和表Ⅱ所显示，捐税负担是平均营业边际（包含利润、利息和捐税）的百分之七十六，而十年中捐税负担的最低点（1919年）大约是平均营业纯收益的百分之三十。那些中间的负担每年不同，从1923年的百分之三十八到1924年的百分之五十七；可是捐税负担的最低和最高限度是1919年平均营业边际的百分之三十和1921年的百分之五百。

可是，这种捐税对营业边际的关系不能充分表现捐税负担的重要性。当我们不仅从捐税负担对营业边际的关系，而且在减去了“营业成本加利息”以后，从它对利润和捐税两项的边际的关系来估计的时候，我们大大地扩大这种重要性。这不是因为利息是一种比捐税更重要的、有优先权的支出，它根本不是。这样做的理由是，如果一个企业是一种“运行中的机构”，它必须支付利息和捐税这两项支出。

这种已经支付利息以后的边际，我们称为应税边际，因为在这个边际里只有利润或损失和捐税面对面地站在一起，其时营业费用和利息两项支出已经付过。

图12说明，用包含利润和捐税的边际（或者纯收益）来说，捐税负担在最低点的时候（1921年），平均占这种付过利息以后的纯收益的百分之三十四。在1921年，捐税未付以前就是损失。既然包含利润和捐税的边际已经消灭，我们可以说加于可以用来付税的所得（利息已经付过）的捐税负担，在这一年平均是无穷大。从另一种观点来看，我们可以说在这萧条的年份，销货损失的百分之六十二是由于捐税。这一年是“不正常的”。拿其余年份的最重

的负担来说，我们看到最重的负担在 1925 年，该年的捐税是可供支付捐税和利润两项的边际的百分之一百三十四。在这一年(1925 年)销货遭受损失，部分地因为对财产的捐税完全没有调整，不适合于萧条的年份。

这样，在生产工业品的百分之九十的制造公司身上征收的捐税，通常少于全部生产成本的平均百分之二，而利润上的捐税负担平均占已付利息以后可供支付捐税和利润的纯所得的百分之三十四到百分之一百三十四。在最坏的年份(1921 年)，当时没有一种可供征税的捐税边际，而是在捐税的开支未付以前就有平均的损失，平均损失的百分之六十二是由于捐税——像以上图表 12 中所表示的那样。

(5) 财务边际——我们已经看到(本书第 169 页)利息的份额大约是美国人民全部所得的百分之六，1925 年的数目是三十九亿元左右。从表 I 中可以看出，根据为了联邦所得税而编制的报告，制造公司付给银行家和债券持有人的利息最少是 1918 年的五亿三千九百万美元，最多是 1928 年的七亿一千八百万美元，其间差别的幅度很小。正因为一切产业所负担的这种支出相当固定，不管繁荣和萧条，所以把利息支出叫做“财务间接费用”。当我们从注意利息在全部收益中的份额转移到注意捐税已付之后的利润边际(我们称为财务边际)时，我们必须像对捐税那样，计算利息的四种比率：(1)对销货总额，(2)对生产总成本，(3)对营业边际(包含利息、捐税和利润)，以及(4)对财务边际(包含利息和利润)。根据表 II 中第(11)项制成的图 13 表示这些比率。

和讨论捐税的时候一样，我们又省略了利息对销货总额的比率的计算，只注意那差不多相等的东西，利息对营业总成本的比率。

图 13 财务边际

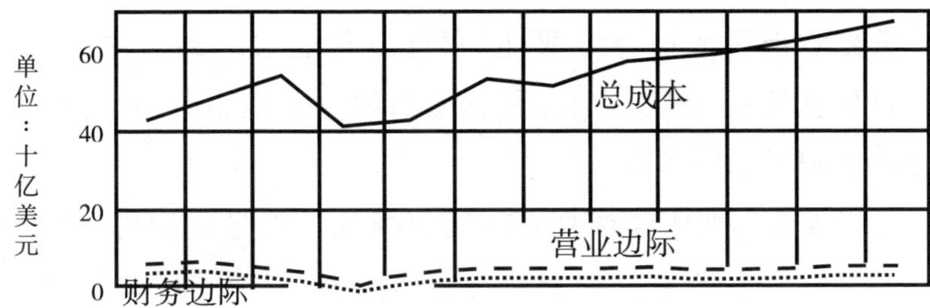

利息的百分比

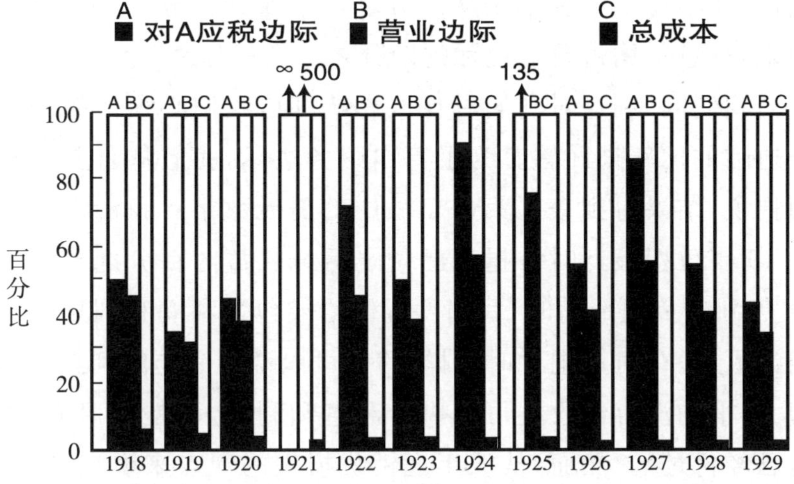

从图 13 中可以看出，利息支出只占生产总成本（营业费用、捐税和利息）的很小的一部分，以致代表利息的曲线在那需要用来代表利息的财务负担的比例尺上简直辨别不清。作为生产成本的利息的平均变动，只从 1919 年的低点占平均生产成本的百分之一到 1921 年的高点占平均生产成本的百分之一点六。最后四年，

根据所有的资料计算，利息对生产总成本的平均比率是百分之一点一。

像在对捐税的讨论中那样，利息对营业边际的关系被看作产业上的利息负担，另一方面，利润上的利息负担由利息对财务边际的关系来测量。

我们发现，利息对营业边际(包含利润、利息和捐税)的比率的变动，平均从 1919 年的低点百分之八到 1921 年的百分之四百零三。这意味着在 1921 年利息是可供支付利润、利息和捐税的销货纯收益的四倍以上。图 13 表示在 1921 至 1929 年那些比较正常的年份，此项比率的变动是从百分之二十四到百分之三十七。大体说来，利息平均占营业边际的四分之一到三分之一。

当我们问"利息对利润有什么影响"时，我们必须依赖利息对财务边际的比率来回答。为了算出财务边际，我们从营业边际里减掉捐税，结果得到表Ⅰ第(11)项中的美元数字。我们发现利息在 1919 年负担最低时占捐税已付之后纯收益的百分之十二。在 1921 年利息负担最高时，我们发现供给或包含利润和利息的边际已经消灭，像在讨论捐税时那样，我们可以说利润上的利息负担是无穷大，平均没有纯收益可以供给利息和利润，而是有损失(捐税作为已经付过)。然而，从该年度销货损失的观点来说，我们可以说损失的百分之五十左右是因利息而起。既然这一年(1921 年)是不正常的，让我们再看负担最大的一年，那是 1926 年，其时利息是财务边际的百分之一百八十。

这样，我们发现利息负担的幅度是可以供给利息和利润(捐税已付之后)的所得的百分之十二到百分之一百八十，就是我们的财务边际。在最坏的年份(1921 年)，只有损失，没有纯收益。

因此，我们看出商人的债务和预期收入之间很小的边际怎样增加这些债务任何一项中任何变动的重要性。甚至任何一项中似乎是次要的一种变动，在考虑到它对利润的潜在影响时，就成为头等重要。[①]在谈判贷款的时候，正是这种重要影响把利率提高到限制性因素的地位。

(6) 价格边际——“价格边际”比应税边际和财务边际重要得多。因为那可变的捐税和财务两种边际决定于价格边际。上册图1[②]说明一百四十年中不断变动的物价。该图显示在法国革命开始以后的二十五年中英美物价上涨，然后突然下降，间有些微的回升，这样继续到 1849 年。在 1810 到 1820 年这一段时期内，马尔萨斯和李嘉图在各种份额对边际的问题上发生了辩论。商品的价格正在下跌，如同自从另一次世界大战以后物价已经下跌那样。在物价下跌的同时发生失业。马尔萨斯认为失业的原因是各种东西生产得太多，以致工人不能消费他们所生产的东西。是这一点使得物价下跌。他主张征税举办公共工程以及地主多用钱经营自己的产业，以便使工人就业而所做的工作不会造成产品来参加竞争的市场，压低物价。

可是，李嘉图对于正在商人获利甚微或者不能获利的时候增加捐税这种主张，觉得十分不妥，他很有理由地辩说，纳税人会雇用的劳动并不少于付给工人的税款会雇用的劳动。他认为失业的原因是当时完全没有组织的劳动非常固执，不肯接受较低的工资。[③]如果工人肯接受较低的工资，即使销货价格较低，雇主就会有获利的余地，然后他们就会雇用那失业的人。他反对马尔萨斯，

① 当然商人不能精确地知道某一项要素的变动将在他的利润边际上引起什么变动。可是，他心中十分有数他的利润边际很小，因而知道任何变动对于减小或加大他的利润非常重要。

② 参阅本书上册，第 145 页。

③ 《李嘉图致马尔萨斯书信集》，邦纳编 1887 年版，第 187—192 页。

认为不可能有普遍生产过剩那种事，因为任何一种商品的增产会增加对一切其他商品的需求。可是，利润的边际可能普遍减小，假使价格减低而工资不比例地减低。

自从一百多年前李嘉图的时代以来，共产主义者、社会主义者和工会主义者遵奉马尔萨斯的学说。他们从份额的观点立论；李嘉图和商人从利润的边际立论。劳伯特斯于1837年第一个采用后来把工人所得的份额不足作为产业萧条的原因那种方式，陈述社会主义者的论点。[①] 同一时期内，卡尔·马克思创立了他的理论，从1848年革命的时候在《共产党宣言》中开始。

可是，由于1849年黄金的发现，世界物价又开始上涨。这一次的上涨，在美国纸币膨胀的影响下，继续到1863年，其间偶有些微的回跌。然后又开始了世界范围的物价下落，直到1897年为止，其间也偶有些微的回升。然后又转为上涨，直到1920年为止，接着再一次下跌，仍然间有回升，继续跌到1929年的萧条。

我们用平均批发价格上这些世界范围的波动，来研究价格边际问题。

让我们回头再讲我们以前举例的印刷业里的一家公司。每册售价一角时，销售额六十万册，产生价款六万美元，或者每周每一工人产生六十美元。可是，现在把这六十美元分成所有的生产成本——一切工资、利息、租金、包含在原料成本中的以前其他商人的利润、捐税等等。然后酌量以售价的百分之三十作为这家个别公司的平均利润边际。这利润边际的数目是一千八百美元，余下五万八千二百美元作为每周的生产总成本。这生产总成本是公司所负担的全部新债务，为了取得每周六万美元的总收入，剩下一千

① 劳伯特斯：《劳动阶级的要求》，1837年版。

八百美元作为利润的边际。

这相当于售价的百分之三的利润边际可能是股票票面价值的百分之十、百分之二十或百分之三十——利润率，决定于该公司发行的票面股份共有多少。那是一个簿记问题，在这里和我们没有关系。可是，假设货币的平均购买力发生了世界范围的上涨，一切商品的价格每月下降百分之一。这差不多是1920年夏季以后以及1929年以后物价下降的速率，像图14中表现的那样。为了配合我们的例证，让我们假设那五万八千二百美元的债务是月初造成而产品是月底卖出的。这符合通常给予顾客的三十天信用。在此期间世界范围的物价水平下降百分之一。

因此，在例证的那个月里，且不管任何技术的效率增高，销货所得从六万美元减少到五万九千四百美元。可是这六百美元是利润边际（一千八百美元）的三分之一，或者百分之三十三。这样，物价的普遍下降，基本上同样地影响着所有的商品，由于售价下降百分之一，减少利润边际百分之三十三。

如果某个其他公司的利润边际本来是百分之二，只等于一千二百美元，那么，由于售价下降百分之一，利润边际就会减少百分之五十，这是受世界性的原因的影响，不是个别企业所能控制。或者，如果一个比较兴旺的公司，利润边际是百分之十，那么，售价下降百分之一，就会减少利润边际百分之十。

人们也许可以说，如果价格下降百分之一，以致销货总额从六万美元减少到五万九千四百美元，那么，消费者手里就会多出那笔钱六百美元，可以用来购取其他商品，因此可以相应地增加劳动的就业。

这里出现了上面提到的那种错误思想的另一方面，这种想法只注意国民总收入的各项份额，不注意利润的边际。杂志购买者

图 14　1919—1933 年美国的批发价格

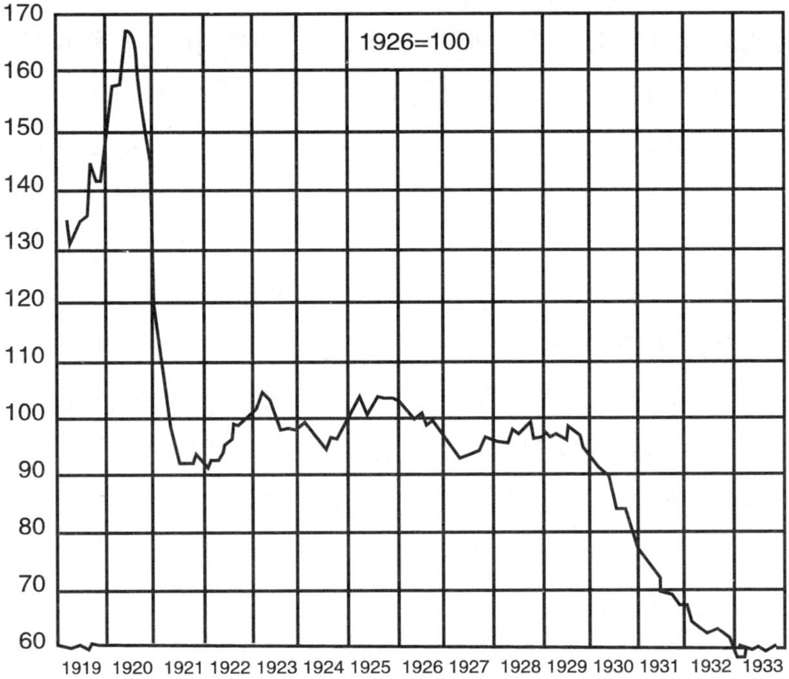

美国劳动统计局编制的指数，根据商品 550 种。新编 784 种商品的指数，用 1931 年个别的平均数的比率折合到 550 种商品的基数。（录自 1931 年联邦准备银行董事会报告；及 1932 年 1 月—1933 年 5 月联邦准备银行公报。）

可能用于购买其他商品的那六万美元或者五万九千四百美元从哪里来呢？他们从那些成为对他们负下这笔债务的商人们手里得来。他们取得这笔钱，一部分是**直接地**作为工资、租金和利息；或者一部分是**间接地**作为包含在卖出的原料中的工资、租金、利息和利润，或者所缴纳的捐税。因此，这些杂志购买者可能根本不能得到他们的购买力，假使由于一切商品的售价平均下降百分之一，一切商品上的利润边际减少掉百分之三十三。他们不能再作为杂志的消费者，因为他们失业了。他们失业，是因为利润边际发生了变化。

这种物价的普遍涨落对全世界所有的商人的所有的利润边际发生基本上同样的影响。他们大家基本上同时减少雇工。世界性的普遍的原因产生基本上同样的影响，不管需求的伸缩性是"一"，或是大于"一"或是小于"一"。

我们说"基本上同样"或者"基本上同时"，意思是说对于不同的机构和不同的商品在时间或地点上不免有些变化。关于这些变化和先后，我们在这里不需要细说。它们就是那样，在失业方面的影响总要到物价开始降落的几个月后才表现出来。①

这里，要点不是这些对平均数的差异，也不是时间上先后的不同。要点是我们的资本主义制度在非常狭小的利润边际上经营，如果一切物价的平均数发生变动，这就等于说——不管原因是货币的或者非货币的——在全世界对利润边际的影响实质上比对商品批发价格的影响要大三十三倍，假如平均边际是销货总额的百分之三。归于利润的份额已经不值得考虑。利润的边际成为最重要的问题。

这种边际正是我们的杂志购买者必须指望从那里取得他们的钱来购买杂志的地方。他们都是从商人手里取得他们的货币，商人又是从银行手里取得这笔货币，商人在现代的情况下获利甚微，他们在狭小的利润边际上经营业务。企业和就业是否继续下去，或者扩张，或者减低发展速度，或者停止，都决定于狭小的利润边际。在维持人们就业的问题上，重要的不是归于利润的份额，也不是归于工资的份额。这两种份额在其他问题上十分重要。可是为

① 参阅本书下册，第258页，《自动的和管理的复苏》。

了使资本和劳动得到使用，不受技术进步的影响，那就像道格拉斯说明的那样，无论是劳动取得一半或者三分之二或者五分之四，无论是资本家取得一半或者三分之一或者仅仅五分之一作为他们的份额，都没有关系。在关于份额上，道格拉斯的话是对的；可是有关系的不是份额，而是边际。

直截了当地来说明问题，如果在 1923 至 1929 年效率增加的这一段时期中工资有相应的增加，是不是就会防止 1930 至 1933 年世界范围的失业呢？如果世界上主要的中央银行在 1925 年以后曾彼此合作，把货币的购买力稳定在 1926 年的批发物价水平上，是不是就会防止 1930 至 1933 年的失业呢？（在这里我们不考虑实行的可能性问题，而假设这两种预防方法都可能实行。）

对第一个问题的答案，道格拉斯说得不错。减少归于利润、租金和利息的份额，用来增加归于工资的份额，防止不了 1929 年以后的失业。

可是必须注意，道格拉斯的答案关键在于会有一些扩张的产业来承受那些被紧缩的产业解雇的失业者。

是否可能有扩张的产业呢？由什么来决定呢？决定于投机性的或推测的利润边际。如果一切物价都在下跌，并且预期还要下跌，一切利润边际就被减少到物价下跌程度的十倍、二十倍、二十五倍、三十倍或更多的倍数。因此产业不扩张。表面上似乎是技术的失业，其实是产业不能扩张的结果。

另一方面，如果一切物价都在上涨，利润边际增加的程度就二十倍、二十五倍或更多倍于物价的上涨。由于物价上涨，产业就扩张，除了道格拉斯所谓暂时的失业以外，没有技术的失业。

可是到了所有的劳动充分就业的时候，物价再涨就是纯粹的膨胀，因为利润边际虽由于物价上涨而再增加，却不能使更多的工人获得工作，如果他们都已经就业。

因此，他建议的稳定货币购买力，可以使某些产业按照它们不同的投机性的供求伸缩性而扩张和紧缩。可是，它防止普遍的过度扩张，因为对一切利润边际都发生影响。李嘉图主张在物价下跌时减低工资来维持惯例的利润边际，而主张稳定一般购买力的人们却要在效率增高时用日益增涨的工资来维持利润边际。

这些是其他因素，是早期的学说中所不了解的——较高的生活水平和技术效率的增加。李嘉图主张，为了增加利润边际，工资必须减低，因此把较低的生活水平强加在工资劳动者身上。原来他硬要降低生活水平的唯一理由是1815年以后商品价格的普遍下落。假使他考虑到可能有一种稳定的物价水平，他也许能看到他的利润边际可能维持，而不必降低生活水平。

我们所假设的印刷公司那个例证，可以比照图14加以折合，变成一切产业的统计的平均数。这些批发价格的平均数，相当于制造家、农场主、矿山所有人以及其他那些对自己从而获得利润的产业有控制权的人们所收入的价格。如果我们假设，这些商品售出时平均是三十天的期限，如果我们在这里应用边际的原则和投机的原则，又假设平均利润边际是售价的百分之三：那么，卖方，在1919年2月，在售价一百三十美元时，他们的全部生产成本等于一百二十六美元十美分，他们的利润边际是三美元九十美分。可是，既然当时的物价以每月百分之二的速率在上涨，三十天后的预期价格是一百三十二美元六十美分，这个数字虽然在售价一百三十美元上只增加百分之二，在利润边际上却增加百分之六十六。

或者，如果货物是在最高峰平均价格一百六十八美元时售出，如果价格以每月百分之三点六的速率开始下跌(实际确曾下跌)，那么，三十天后价格跌到一百六十三美元，减少了六美元。如果生产成本已涨到一百五十八美元零一美分，仍然和从前一样留下售价的百分之三作为利润边际五美元，那么，价格上的下跌虽然只是售价的百分之三点六，在利润边际上却是百分之一百二十的减少。

这些计算，虽然只作为例证，并且是根据一个物价涨落的非常时期的情况，却能给我们一种概念，知道商人对于成本或价格上微小的增加或减少极其重视。这是因为商人做生意的关键在于“剩余”而不在商品的全部成本或价格。在付出的价格或者收进的价格上平均百分之二的变动，可能在利润边际上就是百分之三十的增加或减少。如果那变动是上涨，利润就增加那么多；可是如果那变动是下跌，就可能完全消灭利润，造成亏绌。[①]

（7）利润垫层——到这里为止，我们始终是考虑制造公司在销货上的利润边际。我们现在要讲到这些公司用来缓和利润边际上不利的波动会造成的打击。图 8 里说明了销货总额和总收益（总收入）的关系。可以看出销货总不会少于总收入的百分之九十三点七，销货通常在总收入的百分之九十五和百分之九十六之间。从其他来源取得的那数目比较小的一部分收入，我们称为“利润垫层”，像图 15 中所表示的那样。

1919 年以前制造公司的一般惯例是靠它们的营业收益或销货作为取得利润的方法，差不多完全不管其他来源。大约从 1920 年起开始了一种发展得很快的办法，用那没有作为股利分派出去的基金来投资，开发其他的收益来源。我们在关于总收入和销货总额的一节里（参阅本章，第 5(1) 节）曾提到这些新的收入来源，例

① 实际可能发生亏绌是由于间接费用的缘故。制造的费用中很大一部分可能继续存在，不管生产是不是进行，为了维持企业，作为一个运行中的机构。为了支付这些费用，一定数量的有限的生产将继续下去，即使利润边际已经完全没有，销货只能支付间接费用。

图 15　利润垫层①

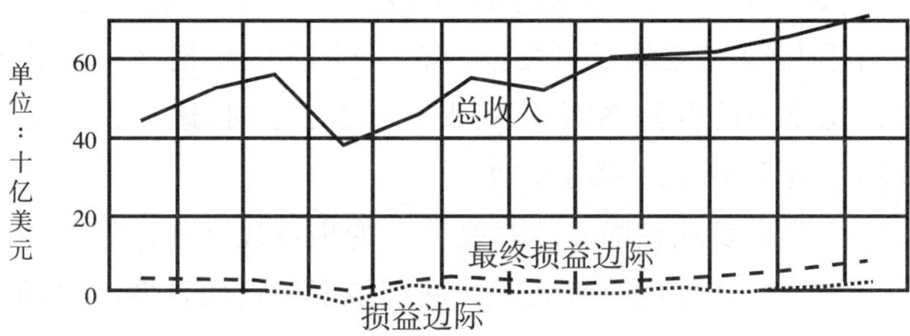

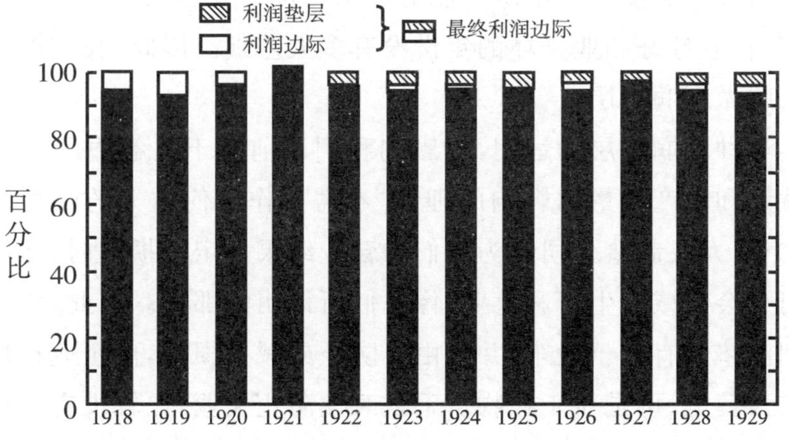

如其他公司的股票和公司债、政府债券、定期存款、租金和特权使用费等等。美国税务局报告中第一次列出关于这些收益来源的数字是 1922 年。该年度的总收入的百分之四点九来自销货以外的其他来源。图 11 中较低的那条线所表示的销货的利润边际在 1922 年低到百分之零点八；可是，在加上其他收入所供给的垫层

① 根据本书下册，第 201—202 页，表Ⅰ和表Ⅱ。

以后(图 15 暗影部分),最终利润竟达总收入的百分之五点七。我们计算那用于 1921 年的垫层,说明该年的损失从总收入的百分之三点二减少到百分之一,减少的程度将近销货损失的百分之三十。1925 年利用垫层免除了损失,从 1922 到 1928 年把平均最终利润维持在总收入的百分之四点八到百分之七之间,这样大大地缓和了我们销货上利润边际的波动。

这些关系表现在图 15 中,销货上的损益边际和最终损益都用每年总收入的百分比数来表示。利润垫层由这两种曲线之间的空隙地带来表示,作为销货的波动的一种缓冲。

这种办法使公司组织可能对股东所得的股利保持一定程度的稳定,在业务好和业务坏的年份没有多大差别。因此,我们把这种办法叫做利润垫层。

这种利润垫层的运用,不影响我们以前关于损益边际的变动对就业和生产数量的影响的理论,不需要作任何重大的改变。因为,当商人或制造公司认为他们的营业结果一定是损失时,他们的倾向自会是减少生产和就业,像我们所说明的那样。因此,我们觉得利润垫层有益于股东,并且由于防止或减少损失,使企业在财政上较为健全,可是对于在物价下跌时期防止失业,比较没有什么作用。

(8) 既得权利和利润边际——以上的议论使利润一般的显得颇为可怜。实际上利润是一种“自由—暴露”的关系。难怪精明的商人总要想法赶快把他的利润变成一种既得权利,以免得而复失。为了达到这种目的,他往往“抛出”给别人,而自己“脱身”,就是,在适当的时机把他预期会跌价而别人不知道的商品或证券卖给别人。

商业上许多重大的成功是由于这样的起源。公众一般地不辨别由于效率而致富和由于把死马抛售给别人而致富。两者是同样的体面，根据商业的习惯和法律上的“倘有损失购者自己负责”。

“抛出”的目的通常在于取得一种不暴露于微小的利润边际的东西。其中最靠得住的是有担保的债券以及日益发展的社会中正在增长的土地价值。范德比特地产是前者的实例，阿斯特[①]地产是后者的实例。

一个能把自己的脆弱的利润在它未损坏以前成功地变为既得权利的人，做到了两件事——他可以使自己和子孙为将来节约；他使将来的商人不得不更加努力，争取他们的利润边际，因为他们不得不支付那已经转到他们身上的固定开销。利润的边际不增加——可是，支付债券利息和土地租金的义务却增加，使得利润边际波动很大。

一个负担着“空头”债券的公司可能表现一种较低的利润边际，低于一个没有这种负担的公司。一个需要赚得因为过去的弊病而担负的固定开销的公司，它的利润边际可能小于一个新开业的没有负担的竞争者。这些都是有严重社会意义的问题，而且因为一般不了解边际和过去遗留下来的既得权利的区别，问题就更加严重。它是不能辨别股份和边际的又一个实例。不管股份是完全公道的或是完全不正当的，可是使得机构运行或者停顿的却是利润边际。

因此，利润边际对资本主义文明含有许多社会的意义。由于近年来公司财政的科学研究兴起，它的重要性和可测量性才日益

---

① 科尼利厄斯·范德比特(1794—1877年)：美国垄断资本家，经营商业和铁路投机；约翰·雅各布·阿斯特(1763—1843年)：美国垄断资本家，阿斯特家族的创始人，以经营皮货致富。——译者

显著。[1]那完全是“在剩余上做生意”或者“在边际上做生意”，这一点在各种股票投机中久已人人知道。可是，它更深入到整个私有财产制度中的一切生产程序。

我们在上面只用了制造公司一种行业来说明利润边际的算法。并且我们只用了平均数，可是利润边际的意义，必须到应用在差数上面的时候，才充分表现出来。在五百亿到六百亿美元销货总额上的平均利润边际可能只是百分之三，但是在这平均数里面包括有个别公司，它们的边际有时也许高到百分之五十，也有其他的公司显然在百分之三以下。这些差数使人想到累进税的复杂问题，以及对个人所得的累进税和对公司收益的累进税之间的严重区别。对个人所得和既得收益征收高度累进税，在现代分配不平等的情况下，是有理由的，并且这些所得来自不同的、不相竞争的来源。可是，对于从单独一个来源并且在和相同的企业竞争之下得来的公司纯收益征收累进税，就可能破坏资本主义文明的社会目的，这种文明运用利润动机来增加生产效率。来自股利的个人的纯收益，是一切公司费用已经支付以后分给个人的一种剩余；它不是无法避免竞争的利润边际。对于长期债券以及从过去积累下来的既得权利的国家政策，也同样重要，这种债券和权利使产业在未来好几代中负担着固定的支出，因而减少利润边际。有人曾主张发行债券的期限不应超过一代，结果这个期限还是长于现代资本设备由于折旧和陈废而减短了的寿命。又有人认为这种由“死手”强派的负担越来越多。不管这些话怎样，利润边际是维持资本主义文明不断运行的活手、头脑和情绪。

(9) 边际与生产成本——古典经济学家老一套的理论，受自动

---

① 莱昂斯：《公司财政》，1916 年版；格斯顿伯格：《企业的财务组织和管理》，1914 年版。

平衡观念的支配，认为平衡会使波动的价格回到标准的成本，他们注意“生产成本”。现代制度学派的理论注意利润边际，那完全没有什么“标准”，而是摇摆不定地上下波动。平均数的想象虽然减轻这些困难很多，可是它至少给人一种概念，使人了解生产成本论和利润边际论的分别多么大。这样，成本论者一定会说相当于工资账百分之一或百分之二的意外事故或失业保险费，对于雇主肯不肯防止事故或稳定就业，只会有很小的影响或者没有影响，因为保险费还不到生产成本的百分之一；可是雇主们自己非常了解的边际的分析，却说明保险费减少他们的利润边际，所减少的程度十倍到三十倍于生产成本上的增加。肯不肯预防事故或预防失业，其关键不是那庞大的生产成本，而是敏感的利润边际。[①]

同样地，成本论者认为中央银行贴现率上一厘或二厘的变动影响很小[②]，然而，如果货币市场和证券交易市场上竞争性最高的交易的微小的利润边际还不到售价的百分之一，那么，生产成本上百分之一的变动可能就是利润边际的百分之百。

而且，在资本主义的制度下，剧烈的竞争把利润边际减到空前微薄的程度，公用事业公司对竞争者在所取的价格上很轻微的歧视或优待，或者在政府所收的捐税上有所歧视或优待，就可能使一家公司破产，不是因为它的成本略高一些或者它的效率略低一些，而是因为它的利润边际被消灭了，没有获利的余地。在最近三十年利润边际日益微小的这一段时期内，美国最高法院才认识到这种新的歧视的手段，扩充了习惯法的意义来配合它。[③]

显然，对于垄断性的公司必须应用一种不同的原则。问题的

① 参阅本书下册，第 515 页，《意外事故和失业——保险和预防》。

② 劳伦斯：《稳定物价》，1928 年版，第 12 章。

③ 参阅本书下册，第 442 页，《稀少、丰裕、稳定——经济的阶段》。

关键主要地在于那公司是靠提高效率来取得利润，还是靠享受着垄断性的和造成差别的特殊利益，不受竞争的威胁。也就是那公司所得的利润是“效率利润”还是“稀少性利润”的问题。[①]这是由于容易变动的价格边际而在世界范围内发生的问题。

(10) 时间顺序和伸缩性——以上这种分析，关键在于狭小的利润边际，往往被指责为虚幻的，因为你只要稍微改变任何一项因素，显然就能消灭那利润边际。我们曾用利息和捐税两种固定费用以及售价消灭了它。工资或购进原料的成本价格上的变动也可以做到这样。如果成本价格中任何一种上涨百分之一或百分之二，利润边际减少的程度就可能达到它的十倍到三十倍。因此，整个的分析被认为是虚幻的，根本是兜圈子的说法。

这种批评忽略了时间上的顺序以及需求或供给的不同的伸缩性。所有的因素并不在同时发生同一方向的变动，而且，即使这样，其中有些因素变动的伸缩性较高，有些伸缩性较低。

对于商人或者政治家，所有这些问题并不在同一时候发生。它们在不同的时候发生，决定于哪一项因素在变动，或者变动最大或变动最小，或者当时最容易控制或最难控制。这些问题，不是所有的因素在同一时间的问题，而是限制性的和补充性的因素的问题，只有那限制性因素一项受人注意，如果人们断定在当时和当地实际是它对其他因素起着限制的作用；那补充性因素，将来随着情况的变化，其中这一项或那一项会随时变成限制性的因素。[②]

这原则不仅适用于私营企业，而且适用于公营企业。毫无疑问，那是实行家所必须具备的最伟大的一种天赋才能，我们称为

---

① 福尔曼：《效率利润和稀少性利润》，1930 年版。

② 参阅本书下册，第 277 页，《关键的和一般的交易》；又第 515 页，《意外事故和失业——保险和预防》。

“及时”，这掌握时机的才能是最伟大的战士、最伟大的政治家以及最伟大的企业家的突出的本领，他们能使一个纷扰不安的国家受他们的控制。对政治家来说，一个时候的限制性因素也许是捐税，另一个时候也许是物价，另一个时候也许是过分的乐观主义，另一个时候也许是过分的悲观主义，另一个时候也许是对外贸易，另一个时候也许是国内贸易，另一个时候也许是卫生或者信用，依此类推，可以有非常之多的各式各样的问题。我们现在要说明的要点是，在现代资本主义中，这些数以千计的因素，每一项，在它自己的适当时机，都具有强制的力量，能影响那真正是很脆弱、很重要、很微小的利润边际。

经济学说，在这过渡性的新的集体行动的阶段，运用着数学和统计，越来越集中注意于找寻那不断变动的限制因素，这些因素造成和解除那一再发生的经济危机。

米尔斯，在全国经济研究所的合作下，大大地推进了这种时间顺序的研究工作。[①]他就统计资料许可的范围，按照距离最终消费者的远近，对物价、生产、信用和证券进行了分类。这相当于庞·巴维克对那迂回的程序所分的阶段。可是，米尔斯不像庞·巴维克那样，只注意利息问题，而是把四十年一段时期中所有的因素都考虑在内，这样，按照它们在商业循环的起伏中在时间顺序上和变化程度上的变动，使它们有相互关系。

在我们的表和图中，我们竭力采取米尔斯规划的线索，对1919—1929年这些年份，把这种不断变化的因素大部分放在一起。他叫作物价和生产的“变化性”的那种东西，我们叫作供给的伸缩性，意思是指零售价格和消费量所表示的消费者的需求方面的变动，通过人们的预测，对那些比较远的生产阶段中的价格和产品发生

① 米尔斯：《物价的动态》，1927年；《美国的经济倾向》，1932年版。

影响的程度。

我们区别价格和价值，像以前所讲的那样。生产者的出产品的价值由两项因素构成，价格和按照这个价格售出的产品的数量。从这种组合中，生产者得到全部价值或者"销货总额"，从销货总额里他能支付各项成本要素的代价。如果价格上涨而售出的产品不增加，甚至产品还减少，或者如果产品增加而价格不涨，他的销货总额或产品的价值增长。反之，结果也相反。这种情况，我们在图表中已经看到，在那些图表里销货总额（产品的价值）跟全部收入和营业成本作了比较。这些价值的变动，我们就称为供给的伸缩性——在两方面有伸缩，价格和数量，两者的结合总是折成货币计算。

从消费者的价格开始，一切其他价格（甚至距离最远的价格）都以它为目标，显然零售商方面出产量的伸缩性，和消费者方面货币的需求的伸缩性，是完全相应的，实际上是同样一回事。米尔斯用批发价格，不用零售价格，作为消费者的需求的指标，也就是批发商对零售商所取的价格。我们用批发价格作为制造家对批发商所取的价格的指标。

(11) 结论——总结起来，我们就可以说，国民货币收入的份额论之所以不能说明交替的繁荣和萧条，主要是因为增加一个阶级的份额，减少其他阶级的份额，并不改变所有各阶级的总购买力。所有各阶级的购买力，无论用作储蓄或者用于消费，对劳动供给同样的就业，除了有一些暂时的调整的困难。为了增加劳动的购买力，必须使失业者获得工作，要从创造新货币着手，而不是把纳税人现有的购买力转移到工人手里，像马尔萨斯主张的那样，也不是由政府借钱去用，那是转移投资，并不增多投资。

这种新货币不能由银行家来创造和发行，商业银行、投资银行或者中央银行都不能，因为，在萧条时期，利润的边际或余地已经没有，没有商业借款人愿意在创造新货币方面和银行家合作。为了创造消费者的需求（商业靠它才能销货），政府本身必须创造新货币，完全跳过整个的银行系统，直接付给失业者，或者作为救济，或者用于建设公共事业，像它在战时所做的那样。除了归于工资劳动者以外，这种新货币又必须有一部分归于农场主、商业机构以及差不多所有的企业，因为是他们大家一起构成消费者需求的总额。

这种或者膨胀银行信用或者发行政府纸币，从而创造消费者需求的困难情况，使得我们必须研究“中央银行”政策的理论和实践，这些政策是1898年由威克塞尔首先有系统地陈述，在战后时期中世界各国的中央银行或多或少地据以采取行动。我们把这个叫做利润边际论的桑顿—威克塞尔体系。

Ⅷ　世界范围的偿付社会

桑顿—威克塞尔理论体系是一种利润边际论体系。它在1802年从亨利·桑顿开始，那是在英格兰银行停止硬币支付（1797年）以后，这一体系的前后连续关系可以像这样由远而近地加以追溯：图克，1844年；威克塞尔，1898年；战后经济学家霍特里，1919年；凯恩斯，1930年；费希尔，1932年；1921年联邦准备银行的政策；1931年9月停止硬币支付时英格兰银行和瑞典银行的政策。

桑顿的理论是一种中央银行贴现论。1797年英格兰银行停止硬币支付后，他说，纸币信用（钞票）数量增长的限度主要地系于英格兰银行所取的利率和当时商业利润率的比较[①]。如果银行利

① 亨利·桑顿：《大不列颠的纸币信用》，1802年版；康芒斯：《稳定物价》一文，见《社会科学百科全书》。

率低于这种利润边际，商人就会增加他们的借款，英格兰银行，既然已经不受法定黄金准备的限制，只根据借款人的偿付能力来决定是否创造它的银行信用，就会继续扩张纸币的发行，适应有偿付能力的企业在物价上涨时的“正当”需求。可是，如果因为银行利率提高，流通手段的数量停止增加，那“额外利润就终止”。这种理论在图克手里又出现，[①] 1898 年在瑞典经济学家威克塞尔手里更获得一种新的出发点。回想到西季维克把货币市场上的短期利率和证券市场及地产市场上的长期利率分开，[②] 这种理论的重要性就显得清楚。后两种市场上的低利率是美国“绿背钞票”理论的基础，此项理论于 1849 年由爱德华・克洛格首先提出。

1. 长期利率和物价

1919 年联邦准备银行根据以前叫作“绿背主义”的货币理论采取行动，绿背主义的创始人是克洛格(1849 年)，它的有名的拥护者是出色的制造商彼特・库柏，“绿背纸币党”1876 年的总统候选人。克洛格在美国，和当代欧洲的普鲁东及马克思极其相似，他们都主张减低利率，减到以经营银行业务的劳动成本为标准。

克洛格和库柏的理论被称为可以相互兑换的证券货币制度。[③] 目的是减低他们所谓银行家的黄金和钞票垄断所收取的高利率，以及恢复企业机构和地产的价值，这两方面的价值，在克洛格的时候，1837 年以后曾急剧下降；在库柏的时候，1865 年以后曾急剧下降。

他们那种理论忽略了货币的“价值”的双重意义，就是利率或

① 托马斯・图克：《1793—1856 年物价的历史》，共 6 卷。

② 本书下册，第 64 页。

③ 爱德华・克洛格：《一种新的货币制度》，1861 年版。

贴现率和货币的一般购买力。克洛格和他的信徒们采用了前一种意义，认为

> “货币的价值决定于它将积累的利息；一切财产的价值决定于它所能取得的租金。……如果任何财产的租金收入不能和借出去的钱一样，在同样长短的时期中，积累一笔钱等于财产本身的估值，那种财产就会跌价，跌到租金对财产价值的比例和利息对本金的比例相同为止。……财产的价值随着作为价值的尺度的美元的价值的增长而比例地减低。凡是货币的价值由于利息上涨而增加时，财产的价值总有相应的低减。……没有人会把自己的钱投资在财产上，除非他假设那财产可能产生的收益将不少于他购置财产所付出的钱可能产生的收益。”①

克洛格主张应该防止利率涨到百分之一以上，他估计这是经营银行业务的劳动成本。后来全国劳动协会和绿背钞票党中他的信徒们分别于1867年和1876年把这种估计提高到百分之三。政府可以印发法币钞票，凭抵押贷出，利息百分之三，贷款额可达土地价值的百分之五十。借款人然后可以用那法币钞票购买商品和支付工资，于是钞票进入一般流通。任何人收进法币，也可以不买商品而借给其他的人，或者可以投资于政府库券，那不是法币，可是有百分之三的利息。另一方面，一个持有库券的人，如果他有机会在工业或农业上获利百分之三以上，也可以随时向财政部申请，把库券换成法币，用来购取原料和劳动。

这样，利率不可能涨到百分之三以上，因为，如果私人贷款者向借款者索取百分之三以上的利息，那借款者就可以按百分之三向政府借款，或者向另一个可以按百分之三借到钱的人去转借。另一方面，利息也不会跌到百分之三以下，因为有钱贷出的人用法币去购买库券总能得到百分之三。这样，全国的利率就会稳定在百

① 爱德华·克洛格：《一种新的货币制度》，第153—154页。

分之三，不致像过去那样地波动，在市面萧条的时候利率只有百分之一或百分之二，在繁荣的时候或者金融紧张的时期，地产、商业或活期借款的利率高到百分之十、百分之十五、百分之一百或者更多。

克洛格的相互兑换的货币和证券方案屡次在国会里或者在纸币计划里重行出现，往往作为一种新发明，而不知道它在 1849 年最初的起源。最近，自从 1929 年后物价下跌以来，它又出现了，作为一种农业救济计划，发行无利息的美国法币钞票(绿背纸币)，把这些钞票换成利息百分之三的政府债券，用这种债券来承受田地的抵押。如果债券的市价超过票面，财政部长应即售出债券，收回等额的美国钞票；如果市价低于票面，财政部长应即用法币钞票买进债券。运用这种方法，和在克洛格的方案里一样，可以预期在债券价格高于票面时债券的供给将增多，从而把市价压低到票面，也就是发出债券换取纸币，暂时收回通货；在债券价格低于票面时债券的供给将减少，从而把市价提高到票面，也就是再发行纸币换取债券，暂时收回债券。

克洛格说他的这种纸币决不会贬值，像法国革命政府的纸币，或者美国在独立战争期中发行的钞票贬值那样，因为它们那种货币“不代表财产”，而他的相互兑换的货币确是代表财产——地产抵押形式的财产。他说，如果政府“贷出货币以价值两倍于贷款的生产土地为抵押，并且供给了产生利息的钞票作为资金，这种纸币就代表着财产，一定是优良的”。[①]

然而克洛格看到了，如果货币能够随便地和不断地按百分之三的利率借到，那些实际地租或利息收入在百分之三以上的土地

① 爱德华·克洛格:《一种新的货币制度》，第 280—281 页。

或者任何债券的价值一定会立刻上涨。可是他没有讲到它的通货膨胀的结果。

如果在市场利率是每年百分之六时一块价值一千美元的土地产生地租六十美元,或者一种票面价值的债券每年产生利息六十美元,那么,假使利息是百分之三,同一土地或债券的价值一定会涨到两千美元。土地或债券的购买者在一项两千美元纸币的投资上所得的收入,和他在投资于财政部钞票的两千美元纸币上所得的收入,同是每年六十美元,可是那不是百分之六,而是百分之三。

因此,如果那块土地涨到两千美元,它作为抵押品的价值就比以前大了一倍,它的所有人仍然按土地的新价值的一半,就能借到比以前多一倍的钱。土地的价值是一千美元的时候他借了五百美元,现在土地的价值是两千美元,他就能借一千美元。

同时,土地的产物——它的小麦、谷物、牲畜——的商品价格一定也上涨,像克洛格也承认的那样,因为法币通货增多了。如果实际上这些物价上涨百分之一百,像土地价值涨了百分之一百一样,那地租六十美元现在大概就是地租一百二十美元纸币。如果地租是一百二十美元,土地的价值就会涨到四千美元,仍然继续产生一种相当于市价百分之三的地租收益。它的抵押价值,按市价的一半计算,现在就是两千美元,借款人可以按百分之三的利息借得两千美元。只要对法币的数量或者利息百分之三的相互兑换的库券的数量没有限制,这种螺旋形的影响就会继续下去,首先提高土地的价值,然后土地产物的价格,然后又是土地的价值,然后又是产物的价格,互为因果,直到无限大。

克洛格的理论的谬误是两重的:混淆了货币的价值作为利率和作为购买力的双重意义;以及像古典派那样混淆了生产力和购买力。根据他的解释,生产力不仅是产品的数量,也是产品的价格。稳定货币的价值作为一种稳定的利率，恰恰在相反的方向发生影响，使得作为购买力的货币的价值不稳定。

联邦准备银行于1919年根据克洛格的理论采取行动。财政部发行“胜利公债”，利率相当于百分之四又四分之一，当时市场的平均利率是百分之五又四分之三到百分之六。债券通过会员银行卖出，准许购买者借钱支付债券的价款，把债券存在银行作为抵押品。为了给债券的面值创造有利的市场条件，准备银行规定了会员银行用政府债券抵押向准备银行借款，重贴现的利率应比用商业票据抵押的利率（百分之四又四分之三）低减百分之零点五。[①]结果是会员银行的借款用政府债券作担保的达百分之八十五，用商业票据作担保的只占百分之十五。公债担保借款的利率成为有效的利率。

在纽约，对商业票据担保借款的重贴现率1917年是百分之四，后来在1918年以及1919年中提高到百分之四又四分之三。在同一时期内，对政府债券担保借款的利率1917年是百分之三又二分之一，1918年以及1919年中提高到百分之四又四分之一，保持着百分之零点五的差数，优待用政府债券抵押的借款，直到1921年5月为止。[②]

结果是，如果一个银行家提供政府债券作为担保，他可以按百分之四又四分之一向联邦准备银行借款，然后在一般货币市场上按百分之六到百分之八转贷出去（公开市场商业利率，图表16）。

这样，用政府债券担保的借款从1917年的差不多没有一直增加到1919年5月的十七亿美元，其间正在发行胜利公债。结果，从1919年3月到1920年5月这一时期中准备银行贷给会员银行

① 参阅本书下册，第249页，图16。
② 图16中不表现。

的信用总额从二十五亿增加到三十二亿美元；联邦准备券从二十四亿增加到三十二亿美元，所有的会员银行的活期存款从一百二十七亿增加到一百五十三亿美元。[①]

对物价的影响值得注意。[②]到1919年底批发价格水平上涨了百分之十五，这股动力使它继续上涨，到1920年5月又增长了百分之十三。在战争史上，从未有过战后的物价暴涨。这是实行克洛格的理论，人为地使短期贷款利率低于市场利率的结果。

最后，胜利公债售完以后，1919年11月间纽约的准备银行开始一再提高贴现率，在1920年6月间达到商业票据抵押借款百分之七以及政府债券抵押借款百分之六的惊人高峰（图16）。

显然，假使准备银行早在十二个月前1919年4月间就开始提高贴现率到百分之五或百分之六，它们也许可能防止了战后的物价暴涨，甚至在1919年就已经压低了物价，而不是在1921年。可是它们是在实行克洛格的相互兑换的债券和货币的理论，目的要使胜利公债抵押借款的利率低于商业借款和一般资金的市场利率，以便照票面卖出公债。假如不是这样硬把利率减低，一种百分之四又二分之一的债券的市价，在银行和贷款者可能从其他放款上获得百分之六的时候，一定会跌到票面以下很多，像克洛格已经说明的那样。为了避免这种结果，所以采取了那种通货膨胀性的低利率。

2. 短期利率和物价

和克洛格的理论颇为相反的，是渊源于桑顿的威克塞尔的理

① 本书下册，第249页，图16中不表现。

② 参阅本书下册，第220页，图14。

论。[①]他选择了货币的价值的另一意义，不是利率，而是货币的一般购买力。他主张稳定货币的购买力，不是稳定对货币的利率。

麦克劳德在1856年发挥了银行利率变动对黄金输出和输入的影响的理论。威克塞尔在1898年构成了这种变动对一般物价水平的影响的理论。威克塞尔的理论直到1922年才受人注意，这时候全世界的货币黄金已经大部分消灭，联邦准备银行现在拥有黄金太多，已经发现可以运用中央银行利率来防止物价的暴涨，只要在公开市场上买卖证券作为后盾。

威克塞尔在个人主义的讲物质的理论和战后讲中央银行的一致行动的理论之间处于一种过渡的地位。旧学说的影响在他身上仍然存在，表现于他把“自然”利息看作和李嘉图、杜阁以及庞·巴维克的边际生产力是相同的。这是他比1802年桑顿的理论前进了一步。他不仅要把中央银行利率和桑顿的商人所付的商业利率联系起来，而且要把它和生产的整个技术程序以及资金供给也联系起来。现代的一些理论以三重的关系出现，这三重关系是他提示的，就是以生产力为基础的这种自然利息上的变动、物价均数上的变动以及各中央银行在控制贴现率的变动上一种世界范围的一致行动这三方面之间的关系。

如果，由于世界范围的行动，中央银行利率减到低于资本的边际生产力——“自然”利息，银行的顾客们就会因此增加他们对银行信用的需求，从而增加他们对商品和劳动的需求，结果提高一般的物价水平。

反过来说，如果，由于世界范围的一致行动，中央银行利率提高到超过物质资本的边际生产力，那么，商业顾客们，因为利润边

① 威克塞尔：《利息与价格》，1898年版。

际微小，就减少他们的借款，减少他们对商品和劳动的需求，结果物价和就业也减少。

可是，如果由于同样的世界范围的行动，中央银行利率被维持得差不多等于物质资本的边际生产力，那么，物价和就业量的平均数就趋向稳定。

这种理论和财政部及准备银行在1919年和1920年的官方行动是相反的，他们那种行动，我们已经看到，符合于克洛格的理论。1919年银行利率低于市场利率很多，照威克塞尔的说法，这一定会引起那后来确实发生的物价上涨。可是，在1920年以及1921年初期，银行利率开始高于市场利率，照威克塞尔的说法，这一定会引起那后来发生的物价下跌。[①]官方的理论，以及一般主张的理论，表示银行利率应该追随市场利率，因为它们没有关于利息对物价的关系的理论。威克塞尔主张银行利率应该领先，走在市场利率之前，以便防止物价的上涨或下跌。

威克塞尔认为，世界范围的一致行动的必要是根据麦克劳德和1857年以后英格兰银行的众所熟知的原则，所谓一个国家的贴现率高于其他国家，通常就会吸取其他国家的黄金，可是，如果所有的国家一起行动，大家同时提高和降低它们的贴现率，然后各国根据自己的国际收支差额以及可能发生的黄金输出或输入等情况，可以调整各国个别的利率，稍微高于或低于那世界范围的利率。

这种黄金的输出和输入表现在银行的黄金准备上，费希尔曾总结威克塞尔的贡献，说他的学说的关键在于使贴现率“和其他利率协调”。在这方面，他认为威克塞尔“比任何其他的人”作出了“更多”的贡献，提出了重要的论断，认为“除了黄金准备外，在存款通

---

① 参阅本书下册，第220、249页，图14、16。

货支配物价水平的地方，一种商品的价格水平将完全受银行的贴现政策的支配”。

因此，威克塞尔的贡献的意义在于他主张由各国采取集体行动，以便稳定世界范围的一般物价水平，因为世界文明已经到了一种硬币和纸币都服从商业银行的债务货币的阶段。威克塞尔在三十五年前怎样创立这种乌托邦式的理论，怎样必须等到资本主义文明陷入战后的悲惨境界才对它做实验的研究和尝试，以及必须怎样加以修正来适合这种实验，是经济理论的建设中突出的经济、政治和外交问题，这种经济理论的建设只有一百多年前另一次世界战争以后的理论建设可以和它相比。

3. 从边际生产力到资本收益

威克塞尔的预测和中央银行控制的理论中发现有三种缺点——边际生产力的可以测量的程度，公开市场利率和顾客的利率的分歧以及风险折扣。

在历史上，有三种关于利率的边际生产力的说法，威克塞尔加上一个第四种。杜阁的解说以储蓄的多寡为关键，储蓄越多，利率就越低，因而生产扩充到较低的边际。原因是在储蓄这方面。李嘉图的解说从相反的观点出发，他从人口的扩张说起，人口增多把劳动和资本推进到农业生产的较低水平，相应地减低利息率和利润率。他所讲的原因是在自然和人口方面。庞·巴维克的理论是讲现在物品的技术的优越性，假设一定数量的劳动现在用在迂回的方法上，一经使用之后，时期愈长，将生产愈来愈多的产量[①]。

这些理论都没有考虑到由于新发明和改进组织而产生的资本

① 参阅本书下册，第 58 页，《从心理经济学到制度经济学》。

的技术效率上的变动。他们主要地只讲资本的数量。杜阁用他的“温度表”，长期借款的利率，来测量资本的数量。李嘉图和庞·巴维克用生产所需要的工时数来测量资本的数量。威克塞尔放弃了用工时测量资本数量的方法，回到杜阁的货币的测量法。可是，他采用了资本工具的效率上的变动，和资本的数量有所区别。实际上，李嘉图曾用效率上的变动作为他的理论的基础，可是那是一种下降的效率，因此也是下降的利息率和利润率，由于人口的压力把生产推向农业上的较低边际。他没有一种有效的关于新发明的理论，这些发明实际已经在一切产业中提高了劳动的效率，克服了人口使生产推向农业上较低边际的压力。马克思用递增的劳动效率代替李嘉图的递减的效率，但是他的效率是一种剩余产品增加的倾向，这种剩余属于资本主，不属于工人。

可是，威克塞尔注意到，在一种革命性的新发明的时期中，资本的边际生产力——效率——增高，因而有较大的对储蓄的需求，自然利率也增高。可是，在技术进步迟缓而储蓄继续增加的时期中，边际生产力趋于下降，结果对储蓄的需求减少，自然利率也降低。因此，威克塞尔尽管和杜阁一样，也用货币测量资本的数量，但在他测量资本的“自然利息”时却是用资本货物或生产工具的技术效率上的变动。

可是，威克塞尔更进一步，把主观学派的心理的利息看作和边际生产力及储蓄的利息是相同的东西。我们在卡塞尔的可以测量的“等待”的数量以及对等待的价格里，曾注意到卡塞尔也作这样的等同看待。它结果是和杜阁的趋于低减的“利息的价格”相同，虽然由威克塞尔用效率上的变动加以修正。可是杜阁的“利息的价格”被他说成或者是一种低利率，在农业、工业和商业中引起劳动就业的时多时少，在那退落的大海的水平线以上；或者是利率

(利息的“价格”)上涨,使劳动在那上涨的大海的水平线以下趋于消没。

边际生产力的概念,现在由威克塞尔改成一种社会效率的概念,成为一种包含两项可变因素的概念,社会生产进行的速率的增高或减低,以及新的储蓄积累的速率的增高或减低。自然利率随着增高的社会生产量而增高,或者随着低减的社会生产量而减低;又随着储蓄的供给减少而增高,或者随着储蓄的供给增多而减低。

另有一种可变因素也考虑在内,就是一般物价水平的波动。这种波动会改变商品的价格和一切服务的价格,改变一切参加技术程序的商品和劳动的价格。因此,为了可以完成他的理论的说明,他和李嘉图、庞·巴维克以及所有的理论家一样,消除了这种可变因素,由于假设物价水平不变。有了这种假设以后,我们就剩下四项可变因素:社会出产量,资本或储蓄的数量,市场利率和中央银行利率。社会出产假设是按不变的价格售出,不管效率上的变动。资本储蓄和利率因此也用一种不变的货币购买力来测量。结果,在这些假设之下,物价的涨落决不妨碍使社会出产量和参加生产的各方面的货币所得完全相等(无论按上涨的或者下降的生产边际计算)。边际生产力成为平衡的标准,在这里,物质生产力的剩余部分,用稳定的物价水平来计量,等于储蓄上的利息,也不受一般物价水平上的变动的影响。

然后,威克塞尔采用消费资料价格水平(零售价格)上的变动,生产物品价格水平(批发价格和工资),资本和劳动的边际生产力上的变动,银行利率和市场利率上的变动,以及货币数额上的变动。这些变动以不同的变动率并且在不同的变动时间发生,他从自己对各种变动的这些迟早先后情况的观察和测量中,得到那种怎样由负责发行和重贴现的各国中央银行用一致的预测行动来稳

定一般物价水平的理论。

威克塞尔的边际生产力理论在 1931 年和 1932 年引起凯恩斯、哈耶克和霍特里之间一场值得注意的争辩[①]。哈耶克认为凯恩斯在他的货币学说中没有给利润留下地位，他的学说完全是一种货币的理论，不考虑技术资本的物质生产力方面的非货币的变动。

在后一种问题上，哈耶克依赖庞·巴维克的生产时期愈长技术优越性愈大的学说，就是，延长迂回过程。如果投资于更大数量的技术资本，因而延长了迂回过程，未来的资本的边际生产力就会增高。可是，如果投资于较少的技术资本，因而缩短了那种过程，未来的资本的边际生产力就会减低。这两种可能的情况在商业循环中确实发生，像威克塞尔已经说明的那样，在萧条时期中长期利率（债券收益）低的时候，发行较多的债券用在新工程方面，在繁荣时期中利息高或者债券收益高的时候，债券发行较少。

可是，并不因此就像庞·巴维克所说的那样，加长迂回过程就增加生产力，缩短迂回过程就减少生产力。现代发明的全部精神着重在如何缩短迂回过程。例如用老方法需要几年才能建成或者不可能建成的摩天大楼，要想法在十个月内完工。从预期的出产量相对地来看，在这种效率较高的资本设备上的投资比在旧式设备上的投资少得多。建造一具庞大的发电机和附带的改良的机器，它的出产量等于整个一套蒸汽机和旧式机器，所花费的成本低得多，时间也少得多。从一种观点来说，现代技术在缩短那迂回过程，从另一种观点来说，它使进行新工程时需要发行的债券比以前

① 哈耶克：《对凯恩斯的纯粹货币论的意见》，见《经济季刊》，第 11 期，第 270 页；第 12 期，第 23 页；凯恩斯：《答辩》，见《经济季刊》，第 11 期，第 378 页。又参阅哈耶克：《物价与生产》，1931 年版，及霍特里的书评，见《经济季刊》，1932 年，第 12 期，第 119 页；以及所著《中央银行的策略》，1932 年版；凯恩斯：《货币论》，1931 年版；《劝说集》，1932 年版。

减少，如果所谓迂回过程的意思是未来的一定比率的出产量。

可是，这些未来的出产率或未来的边际技术生产力，或者未来的利润，用现在所有的任何统计方法是完全不能测量的。为了这些以及其他的原因，霍特里取消那“生产期”，正确地代以一种对工作期间的解说，认为所需要的时期的长短，主要地决定于生产者承担的任务、未完成的订货单、现有存货以及运用额外资金和劳动的可能性等各方面的情况。

因此，我们必须向其他地方去找关于商业上实际预测的量的证明，在商业上人们考虑现在的一切情况以及威克塞尔和霍特里所重视的预期的变动。如果我们把自己放在现在的时间点上，这时候谈判正在进行，双方正在安排彼此的义务以及原料和劳动的买卖，像霍特里所想象的那样，期限或是在短期或是在长期的未来，那么，对各个机构来说，就有它本身的经验和经常营业、同行和公众对未来的预期的判断，作为它在预测中的指南。

这些预测包含两项可变因素，预期的物质产量和预期它可以售得的价格，以便得到一个未来的利润边际，在这利润边际的基础上，银行家可能愿意垫借现在的购买力。因为银行经营业务所根据的不是物质的产量，而是预期的物质产量乘预期的价格。换一句话说，那是预期的“销货总额”。这种对产量和价格的预测在不断地变动，可是，长期预测的现时趋向，可以根据证券市场上公司股票和债券的市价以及地产市场上土地的市价来推断，这几种市价分别和股利、利息及地租的净收入相对比。这些“股票收益”、“债券收益”和土地价值上“地租收益”的计算最接近预期的产量乘预期的价格。股票和债券价格有高度的投机性，容易变动，而且往往受操纵和宣传的影响，可是即使这样，它们也能表示那些投资和投机的人，暂时为了任何原因，愿意在什么范围内把未来生产扩充到较低边际的出产量乘价格,或者不愿满足于现有的收益率。如果一种票面价值一百美元的百分之五债券非常靠得住,以致市场价值是二百美元,于是买进债券的投资者愿意让那个企业的所有人增加设备,扩充生产到较高的销货总额水平。这只是一种百分之二又二分之一的债券收益,是一种较低的未来物质生产力边际乘一种较高的预期的价格水平。然而,如果市场价值只是五十美元,债券收益就是百分之十,投资者就不愿让那个企业增加设备,按预期的价格扩充生产到百分之十的限度以下。

同样的原则适用于是否愿意在股票或土地价值上投资。可是在这里风险的成分很有决定性的作用,它的变动比利息的变动大得多,实际上就是预期利润的因素。因为预期风险而打的折扣可能高到百分之一百,在这种时候每股票面一百美元的股票落到现在市场价值"零点",绝迹于市场,虽然人们为了它的投票权还可以"持有"它。或者,如果由于预期的产量和价格都增长,股票的价格就会涨到超过票面很多。

这些原则很简单,很容易了解,可是这里所注意的要点是它们把预期的产量和此项产量所能得到的价格这两种因素结合在一种价值里(销货总额)。因此这些原则使"自然"利息的概念退居次要,这种自然利息只根据技术的资本或者加长或缩短迂回过程。这一切可变的未来的物质出产量,连同未来的可变的价格、利润和利息,已经在资本市场上股票和债券的现在的买卖程序中被折算在价值之内。

我们采取西季威克的说法,把这一切长期投资所产生的收益叫做"资本收益",不采取威克塞尔的"边际生产力"。因为它们是利润和利息两项合并的收益率,从最稳当的投资到最不稳当的投资,各不相同;人们现在买进预期的长期利息和股利收入的所有权,在他们的估价中，对稳当的投资以利息为主要因素，对不稳当的投资以利润为主要因素。如果可能构成一种平均资本收益的加权指数，我们就不应该编造一种威克塞尔的“自然利息”的指数，因为自然利息在银行和投资业务上是没法测量的，而应该编造一种全部根据制度的组合的指数，这种组合根据所有当事人当时的精明的或愚蠢的、乐观的或悲观的判断，扩大或者限制生产。

我们用现有统计资料所可能做到的最接近这种平均资本收益指数的东西，是纽约证券交易所市场上挑选出来的若干种普通股和优先股以及债券的平均收益，按新发行额予以加权。这样的指数包括预期的供给和需求，或者价格，以及预期的按那种价格出售的技术的产量。我们的算法可以在图 16 中的“资本收益”上看到。

这种算法有许多缺点，因为不完全，可是，就照这样，它在统计研究的现状中也提供一种约略的线索。如果把图 16 中的这种指数和公开市场的商业利率以及纽约准备银行的重贴现率比较一下，我们对威克塞尔的分析的意义就可以获得一种暗示。“资本收益”不排除非货币的因素——它把技术的产量乘此项出产量的价格结合起来，和资本市场上的实际情况完全一样。

那么，用这种资本收益的公式来替代威克塞尔那种根据技术资本的边际生产力的“自然”利率，他的理论就会是这样：首先，他假设在世界范围内，各国负责发行和重贴现的中央银行采取一致的行动，目的在于维持货币平均购买力的稳定。由于这种一致的行动，输送黄金支付差额的干扰可以消除，可以在国与国之间转移信用或者指拨黄金来抵消差额，结果实际上黄金准备可以集中，可以使其退出国内和国际汇兑。

根据这种假设，那么，如果世界范围的平均资本收益（他的所

图 16 资本收益，公开市场利率，重贴现率

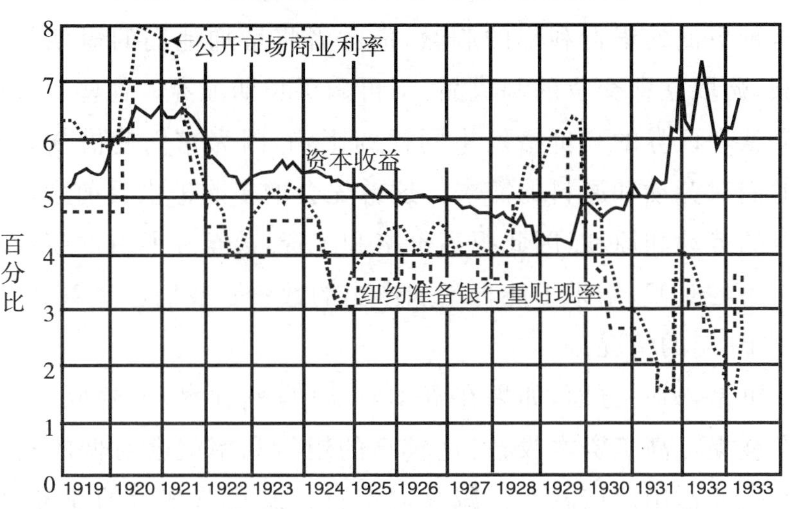

“资本收益”，15 种公用事业债券，15 种铁路债券，15 种工业债券，20 种工业优先股票和 90 种工业普通股票的平均收益；按 1919—1933 年《商业与金融记录》所载新发行的公司债券、优先股票和普通股票加权；各类证券的收益，系根据“标准统计公司”的算法，曾经《现代商业概观》杂志最近引用。

“公开市场利率”，对第一流的 4 至 6 个月期商业票据的平均月息，根据《联邦准备银行董事会年报》，1927—1928 年、1931 年；及《联邦准备银行公报》，1932 年 1 月—1933 年 5 月。

“纽约联邦准备银行重贴现率”，根据《联邦准备银行董事会年报》，1924 年及 1931 年；及《联邦准备银行公报》，1931 年 1 月—1933 年 5 月；1919—1921 年的重贴现率是对 60—90 天期的票据；1922—1933 年的重贴现率，对所有的各种票据都适用。

谓自然利率）是低，表示投资和投机活动多，证券的售价就会高；这种高价格将成为一种诱因，使人们增多新证券的发行，从而增多按现行工资和价格可以购买的劳动和原料，用在扩充和新建设方面。总的社会投资和企业活动，以人们购买的劳动和原料的数量为尺度，因而增多；最后结果是产量日益增长。

现在，如果在证券价格高因而资本收益低的同时，银行利率被

定得更低于资本收益，同样的趋势将转移到现时的业务经营。由于这种更低的银行利率的刺激，借款者将增加他们的短期借款的数额，购取立即交货的制成品，不再购买长期证券。这些较多的短期借款和证券的高价格发生同样的影响，因为它们使借款者能增加他们对劳动和原料的需求。这首先会增多购来供目前生产的营业上的劳动和原料，因此提高价格和工资，甚至在所有的劳动都充分使用的时候，结果不能再增加产出的数量。我们已经看到，这正是 1919 年的情况。

可是，另一方面，如果在资本收益（自然利率）低的同时，银行利率被提得高于资本收益，这较高的银行利率就会对低的资本收益发生反作用。借款者将减少向银行借款经营现时的业务，而增加对长期证券的投资，因此物价不会上涨或者产量不会扩大，像在银行利率低于资本收益时那样。

根据同样的理论，影响产量和价格的平均变动的，不是银行利率的绝对的上涨或下降，而是银行利率和资本收益对比时的相对的上涨或下降。如果资本收益是百分之六，那么，像 1919 年那样百分之四又二分之一的银行利率就是一种低利率，[①] 会引起平均物价上涨的趋势。如果资本收益降低到百分之四，像在 1929 年那样，那么，银行利率百分之五就是一种高利率，会引起物价下跌的趋势。

这里可以看出威克塞尔运用借钱和买物之间的机能的关系，很有意义；这种关系，一切商业机构非常熟悉，可是在古典派和快乐主义经济学家的学说里没有加以利用。他们排除了货币，作为仅仅是一种“形式”，一种“交换的媒介”，对于在生产程序中早已决

① 参阅本书下册，第 249 页，图 16。

定的或者由快乐与痛苦决定的交换价值，没有影响。可是，威克塞尔说，货币不是仅仅“形式”上的分别，只起被动的作用，而是“实质”的分别，货币起着主动的作用。

古典派和共产主义经济学家认为货币只有被动的消极的作用，不过作为移转货物中的一种方便的交换手段，和一条公路作为运输货物的手段没有区别，因此利率可以认为只有一种“自然”价格，用另一种普遍接受的商品（货币）支付；这种看法，也许还可能接近事实真相，假使他们的假设是确实的，所谓货币只是一种形式的商品，黄金或白银，它的价值是由决定和测量其他商品价值的那同样的劳动工时来决定和测量。可是银行债务的货币制度替代了硬币的货币制度以后，银行利率的变动，像西季威克以前说明的那样，就和他们假设的那种由资本边际生产力所决定的“自然”利率或者根据资本的市场价值计算的收益上的变动，情况不同。换一句话说，在这里威克塞尔在西季威克的两种静态的利率之间加入一种复杂的因果关系，银行利率并不总是和资本收益一致的，这种不一致反映在产品的数量和价格的变动上面。

威克塞尔的银行利率和资本边际生产力的相对关系的学说，使费特的所谓“威克塞尔的令人惊诧的贴现政策学说”那种批评，颇为费解。[1]费特否定威克塞尔的所谓边际生产力，因为它是一种“价值”生产力，它确实是这样，而边际生产力一般总认为是一种技术的或者产量的生产力。威克塞尔的“边际生产力”包括产量和此项产量所售得的价格。这是金钱上的价值—生产力，可以作为资本收益来计量。它确实是这样，因为物质的产品卖成货币，价值不是

① 费特：《利息学说和物价变动》，见《美国经济学会会报》，1927 年 3 月，第 62、98 页。

心理的——它是货币价值。

更使人不解的是费特竟然忽略了威克塞尔的主要学说——各种利率的相对关系。费特的注意力完全集中在威克塞尔的学说里说到假定银行利率低于"自然"利率的那一半，他同意威克塞尔的意见，认为这种情况会引起一般的物价上涨。然后，他就假设威克塞尔的意思是货币利率应该总是低于自然利率，这样就会产生，像费特所说的，"经常的银行信用膨胀和经常的物价上涨，它们又造成想要增多商业借款的动机，增多到无限，像俄国和德国纸币膨胀的时候那样"。费特忽略了威克塞尔学说的另一半。提高银行利率，使它高于"自然"利率，就能停止物价的上涨，甚至能使物价下跌。

费希尔在他给费特的答复中表现了他对威克塞尔比较了解，[①]他同意威克塞尔的理论，认为降低银行利率到自然利率以下，会引起信用膨胀和物价上涨，可是又指出，提高银行利率到自然利率以上，也会引起信用收缩和物价下跌；维持贴现率"和其他利率调和"，就会保持一种稳定的平均物价水平。[②]

4. 公开市场利率和顾客的利率

威克塞尔没有着重说明短期利率和长期利率的分别，因为他认为这两种利率在市场上趋向于一致。在这方面他的见解很对，如果所谓短期利率的意思是"顾客的利率"。实际上，拿我们的"资本收益"和芮夫勒在他的名著里所讲的"顾客的利率"[③]比较一下，就

---

① 费特：《利息学说和物价变动》，见《美国经济学会会报》，1927 年 3 月，第 106、107 页。

② 同上书，第 108 页。

③ 芮夫勒：《美国的货币利率和货币市场》，1930 年版，第 62 页及以下。

显出两者近于一致，以致它们的差别在图16里分辨不出，因此顾客的利率没有列入图中。它和我们的“资本收益”是差不多相同的。

可是，从图16中可以看出，公开市场利率的情况就不同。公开市场利率是一种全国范围的利率，这种利率由于人们通过经纪人将有名的制造商的短期票据卖给无数的银行而产生；银行用它们投资于其他用途之外的“剩余资金”购进这些票据，因此公开市场利率是竞争性最高的市场利率。因此，在图16里可以看出，它受中央银行利率的直接影响。

另一方面，顾客的利率实际上是单独一家银行和它的个别顾客间相互同意的一种优惠的或秘密的利率，顾客期望银行对他“优待”，而顾客自己仍然把余额存在那银行里。银行比较直接地受它另向证券方面投资的可能收益的指导。顾客的利率因此比中央银行利率更加接近“资本收益”。这种公开市场利率和顾客利率的差别，充分地说明威克塞尔为什么把一切短期和长期利率合并为一种平均市场利率，这种利率他认为和物质生产力的自然利率形成对照；其他的人，像霍特里，比较重视短期公开市场利率和长期投资利率的不同。最快和最直接受到中央银行贴现政策影响的，是公开市场利率；至于顾客的利率以及和它实际相等的资本收益率，受到影响比较慢。

因此，我们必须考虑两种生产力边际，营业边际和建设边际。营业边际大致相当于“货币”市场上的短期借款，而建设边际相当于“资本”市场上的长期债券和股票。这两种边际通常不一致，因为，短期利息和风险虽然跟着长期利息和风险的方向变动，可是它们的变动不同并且迟缓。如果对利息和风险的短期双重折扣低于长期的折扣，就会诱使制造商用短期借款扩充现时的商品生产到较低的营业利润边际,而不用长期借款来扩充厂址和设备,尽管后者的边际还比较高。当长期利率低于短期利率时,就发生相反的情况。我们常常看到,有时候一家工厂不充分开工,减少用在营业上的借款;在这种时候,它趁着证券价格较高和资本收益低的机会,发行债券和股票,扩大本厂的规模。

5. 风险折扣——负债过多和萧条

可是,有几种其他变动很大的因素;威克塞尔假设它们是不变的,从而将它们撇开。这些可以总括为"风险"。威克塞尔只考虑各种利率上的变动对物价的影响。他因此撇开了风险上的变动,这是"有信心"和"无信心"的变动。一种百分之一百的"风险折扣"将使企业完全停顿。这是因为风险不是影响全部生产成本,而是影响那十分微小但是波动很大的利润边际。①

这些风险折扣表现在商人愿意或不愿意负起债务,不管是长期的或者短期的债务。我们可以在费希尔最近的著作里找到对这种风险和债务的关系的生动说明。

费希尔出色地描写了债务市场所起的作用,对这种市场,他在繁荣和萧条的九项主要因素中说明它的背景。②我们的解释和费希尔的解释是一致的,读者可以参阅他的著作,不过我们从创造债务的交易开始,和霍特里一样。那些其他的因素,费希尔说,是通货数额、价格水平、企业资产和负债的净值、利润边际、生产指数、乐观主义和悲观主义的心理的因果、通货周转额(包括贮藏和利率)。

---

① 参阅本书下册,第258页,《自动的和管理的复苏》。

② 费希尔:《繁荣和萧条》,1932年版。到目前为止,这是关于此项问题的最重要的一本书。望读者参阅此书,我们在这里可不必多加讨论。他根据罗亚尔·米克尔的计算,将美国的全部负债列为二千三百四十亿美元,等于国民财富的一半。

在市价上涨风险较小的时候，债务产生得比较快。如果债务人借款太多——特别是如果到期的日子定得不恰当——他们就走投无路。最先的征兆是实力较弱的债务人“忍痛出卖”，不得不降低价格。这影响一切竞争的物价，最后整个社会也许全被卷入“忍痛出卖”的旋涡，结果是压低一般的物价水平。“忍痛出卖搅乱供求法则”，因为这种出卖不是为了取得利润，而是为了还债和保持偿付能力。

这种恐慌的还债措施实际上减少银行里存款通货的数额，现代商业十分之九是用这种通货进行的。当一笔对商业银行的债务由债务人用存款支票偿还时，就是数额相等的存款通货消灭。在正常的时候，会有新的借款恢复银行的存款。可是，在跌价时期风险很大的时候，这种存款的恢复就不会发生，于是“信用通货”收缩。因此我们有费希尔的“债务循环”，作为在改变信用货币额和一般物价水平上的主要因素。

预期的风险就是那些控制产业并且有责任对一切其他参加者作种种支付的人的忧虑或信心。风险折扣是现在的估值中最重要的因素。如果像费特所说的那样，时间折扣以等待的方式渗入一切价格，那么，时间折扣就以利润预测的方式更显著地渗入一切价格。利润预测在波动很大的普通股的价格上最为显明，在政府债券的价格上最不显明，可是它影响一切价格、证券和商品，这是尽人皆知的事实。物价看涨时乐观的预测降低风险折扣，因而增加对一切其他参加者的服务的需求。悲观的预测增高风险折扣，既减低需求又减低付给其他参加者的代价。

企业界在不同时间和地点赋予利息折扣和风险折扣的比重，是一个极其重要的问题，已经产生了“预测”这一种新的专门职业，特别在大战以来是这样。在经济科学史上，未来性第一次在经济理论中取得一种数量的具体表现。有了威克塞尔所主张的世界范围的独占性的中央银行的一致行动，以及贴现率变动的幅度可能从百分之一高到百分之六甚至百分之十，没有疑问，威克塞尔的建议可能在引起物价下跌方面发挥较大的威力，大于在引起物价上涨方面。现代的利润边际微小，很少的产业能在世界范围的百分之十的银行利率下继续经营，另一方面，低到百分之一的银行利率本身显然不能刺激物价上涨，如果风险不利。对威克塞尔的批评，不应该假设一种永远低的银行利率，作为问题的关键，而应该着重说"预测"这一门职业目前还很幼稚，以及把控制银行利率这样重大的权力付托于各国中央银行的一致行动，含有政治上的危险。

6. 实验的尝试

以上对桑顿—威克塞尔理论的分析，从英国和其他国家在1931年9月间停止黄金支付时所采取的政策中获得相当的实证。英格兰银行采用了1802年的桑顿学说，这是该行在桑顿批评它1797年以后的政策时所没有做到的。瑞典银行采取了同样的行动，比较更接近于瑞典经济学家威克塞尔的主张。可是它们在决心防止物价上涨方面的措施，超过了桑顿—威克塞尔理论所建议的程度。它们把银行利率分别提高到百分之六和百分之八，在这种利率的条件下，利润边际很小的企业不能借款扩充营业。确实，它们获得了成功，特别是瑞典，把物价稳定在1931年9月当时的水平上达两年之久，可是没有恢复充分就业和生产，而美国的黄金价格继续很快地下跌，就业和生产日益减少，直到1933年3月又一次停止黄金支付时跌势才被遏止，这一次是由总统的行政命令公布施行的。

7. 战争循环

然而,必须注意,1920 年以来使差不多所有的国家不得不放弃金本位的物价下跌,不是由于任何“自然”趋势,而是战时膨胀和后来收缩的结果。这是人们公认的事实。

实际上,威克塞尔在他的稳定物价的学说里明白地排除了战争以及为了应付战争的黄金集中,并且他不可能预见到战后中央银行的集中黄金。我们考虑他的学说和其他别人的学说,主要地是关于它们说明短期“信用循环”怎样上下变动,和物价上下的长期趋势构成什么关系。

可是,如果我们检查这些所谓物价的长期趋势,就会发现它们也是大约三十年中的信用循环。这些变动的趋势不是决定于发现金矿或银矿那种偶然事件,而是大部分决定于战时的财政措施,这些措施利用纸币和中央银行的商业信用,创造对商品和劳动的需求,为战争服务。从 1815 到 1849 年的下降趋势,是在英国用桑顿的“纸币信用”应付了一场二十五年的世界战争以后。[①] 从 1865 到 1897 年的下降趋势,是在一次美国的革命、南北战争以及美国输出现金到其他国家而在国内用政府信用替代以后。1920 年以后的下降趋势,在一次用信用应付战费的战争以后,可能同样地又会继续三十年(到 1950 年),除非由世界范围的一致行动加以扭转。在本书写述时,1933 年 11 月,各国在一切国内和国际利益冲突的问题上,无论是在经济、货币或者军事方面,都已经肯定不能合作,未来的事很难逆料。风险折扣是百分之一百。

只有一点自从威克塞尔的主张以来所有的理论差不多是意见

① 参阅本书上册,第 145 页,图 1。

一致的——用一致行动从长期萧条中取得复苏，比用一致行动来停止一种通货膨胀，以免引起后来通货收缩，较为困难。

8. 自动的和管理的复苏

我们于1933年11月结束本书的写作。最近这八个月来——历史上第一次——一个伟大国家已经命令它的领袖引导他们走上一种管理的复苏，不是以前屡次萧条以后那种自动的复苏。以前只有过两次，在两次重大的战争循环的末尾，1847年和1897年，萧条曾达到同样的深度。可是这一次，距离战时的繁荣高峰还不到十三年，而不是三十年或者更多的年数，各国已经着手要实现一种管理的复苏，不再听任自然法则的支配。从列宁的共产主义以及墨索里尼的法西斯主义开始，扩大到罗斯福的民主主义、希特勒的纳粹主义、日本的军国主义，不同的国家各以自己的方式寻求一种管理的复苏，要在资本主义文明的战争后恢复元气。

在美国，国会已授予总统暂时权力，运用从法国革命的世界战争留传下来的两大利润学说——利润份额论和利润边际论——来保全资本主义制度，运用其中的一种或两者同时并用。和任何伟大的领袖一样，他在紧要关头，选择当时似乎是关键的因素，作出决定，然后把这方面的决定交给下级执行，他本人又立即转入下一步的关键性因素。可是各种因素非常的多又非常复杂，以致到处发生敌对的意见。资本主义分子转向法西斯主义会保全他们的利润边际。其他的人向往共产主义或者自愿的集体议价和规则，那会重行分配份额，防止一种日益增长的利润边际，甚至会废除利润边际。

在每天千变万化的变动中，没有一本书或者若干本书能出来得那样快，赶得上文明的运转。那是一种需要由每天、每小时、每周出版的刊物处理的问题。一本书只能提出一般原则和研究的方法。作者以及所有其他的人,在他们自己选择的原则和方法的指导下,必须注意解决眼前的迫切问题,这种问题大家差不多一样都碰到很多。没有人能预言一个伟大的领袖将做些什么,或者一些国家将做些什么。我们在这里不管他们,我们留心观察和参加活动,各人在自己的小角落里,等待机会,一天一天,一周一周,都是这样。

Ⅸ 社会

1. 从成本到份额

用制度的资本收益的概念代替物质的边际生产力概念,还有一种比以上讨论的实用主义学说更深远的社会哲学的基础。它涉及社会本身的性质,作为经济科学的实际运用的概念。它使我们必须要问:“谁是社会?”这个问题。是资本家吗?是地主吗?是工人吗?威克塞尔的学说,继承李嘉图、哲逢斯和庞·巴维克,把社会人化为资本家追求着利息和利润。社会因此有一种生产成本,它的纯所得就是这种利息和利润。

实际上,所有的经济学家都采取社会的观点,不管他们是个人主义者、共产主义者、法西斯主义者、资本主义者或是相信其他的主义的人。这就要求他们必须了解有关制度的买、借、货币、习俗、法律、资本化等种种交易,才能了解物质的实体。一切社会生产目标所在的最重要的实体是消费物品。可是,这些消费物品又是必要的生活条件,在这种生活条件的基础上,人们能生产更多的消费物品。消费物品是社会程序的开端和结尾。这些东西构成真实工资 、真实利润、真实利息、真实地租,不同于名义的或者制度的工资、利润、利息和地租。

李嘉图创立了那种观念，认为社会资本不是工具或机器，而是资本家和地主供给劳动者的若干消费物品。这是社会的生产成本。可是利润、利息和地租是资本家和地主取得的消费物品“净收入”。因此，李嘉图把“社会”描写为由资本家和地主组成，不是由工人组成。资本家供给工人的消费物品的数量是真实资本，而机器和土地的肥力是人类的发明，用来增加劳动的生产力，以便在劳动的生活费用以外，可以取得一种利润、地租和利息的净收入。他区别了“劳动、资本和机器”。机器不是资本，它是生产力，如同地力是自然的生产力。社会资本是由资本家供给而由工人消费的物品。①

卡尔·马克思采取了同样的见解。他的资本家和地主是那些占有消费物品“总收入”的所有人，他们预付给工人维持生活所必需的最低限度的消费物品；资本家和地主，在生产结束时，把除掉他们原来供给的数量以外的剩余消费物品，留给他们自己，作为地租、利息和利润。马克思的“剩余”就是李嘉图的资本家和地主的“净收入”，可是马克思认为它完全是非劳动所得。

哲逢斯沿袭李嘉图和马克思的说法，可是不用工时而用货币作为计量的单位。同时，哲逢斯认为社会资本是供应给工人的消费物品的数量，等于资本家的“投资”；可是地租、利息和利润是社会净得的消费物品的货币价值，这是资本家和地主在除了他们付给工人购买消费物品的货币工资以外所得的净收入。

可是哲逢斯，由于用货币而不用工时，用“自由”资本和“投入”资本这些新的重要的概念，替代了古典的和共产主义的“固定”资

① 麦卡洛克编:《李嘉图集》，1888 年版，第 5 页，序言。

本和“流动”资本的概念。按照哲逢斯的概念(后来被威克塞尔采用),自由的或者未投入的资本的定义,不应该包括以前经济学家曾包括在内的各种各样的流动商品,例如原料、消费物品、存货、货币——以前经济学家由于以形体上能动的东西作比而致误解——而应该只包括工人用资本家付给他们的货币工资所买进的消费物品的数量。这些货币工资是资本家的全部投资①,可是,用它购买的消费物品的数量,不仅是**真实**工资,而且是社会生产成本,因此这是在“自由”资本意义上的社会资本。劳动的消费物品是自由资本。

然而,一经工人把他们的工作加在资本家所有的自然物资上,这加上去的价值变成了资本家的财产,由那么多劳动的消费物品所代表的那么多自由资本就不见了,它的等值物变成了资本家的投入资本。在哲逢斯和威克塞尔的学说里,和李嘉图及马克思的看法相同,利息、利润和地租现在成为工人在他们以前的消费量以外所生产的多余的消费物品。这些额外的消费物品是资本家的“剩余”。

庞·巴维克在李嘉图、马克思和哲逢斯的学说里作了两点改变。只靠劳动——包括那些收入利润作为“业务管理的工资”的人——不能生产财富。劳动和管理必须获得自然力所作的“物质的服务”的帮助。因此,从社会观点来说——这种观点显然撇开财产权不谈——不仅工人和经理必须在生产以前预先获得消费物品的供应,而且那些供给自然物力的使用的人必须获得消费物品为报酬,而后生产才可能开始。这些物质服务的“使用费”,庞·巴维克称为“租金”,不是像李嘉图所谓自然增值那种狭隘的经济意义,

① 威克塞尔:《利息与价格》,第117页及以次。

而是像历史上的租金的意义，作为对任何东西的使用的代价，例如房屋的租金、机器的租金、农场的租金、马的租金、雇工的工钱，可是不是为了使用资金而付出的利息。不过这些租金不是货币租金，因为他已经排除了货币。如果是这样，他的租金必须是消费物品，这些消费物品，在资本物品的使用可能开始以前，不能先消费掉。

庞·巴维克的这种概念被威克塞尔所采用。消费物品因此不仅是一种工资经费（包括管理经费），而且是一种租金经费。[①] 它的意义在于必须在生产以前预先供给，以便使工人以及劳动在生产中所需要的自然物力一起投入生产。庞·巴维克曾说过，资本主义经济在于不仅使用劳动（包括管理），而且使用土地及土地改良，为了创造未来的消费物品；反过来说，现在的消费大部分是从过去的劳动和土地使用中得来的。物质的固定资本和流动资本是劳动和自然力两者的产物，正如有劳动力的工人必须在生产以前给予他们生活所需的消费物品，自然生产力的所有人也必须在生产以前获得消费物品作为报酬。一种是消费物品的工资经费，另一种是消费物品的租金经费。[②]

庞·巴维克使它和这些工资经费及租金经费发生关系的观念——被威克塞尔采用的观念——是未来的消费物品在现在的低估，结果较少的现在的消费物品等于较多的未来的消费物品。既然工资劳动者和租金收入者对现在的消费物品的估价高于对同样的未来物品的估价，那按照他们的现在估价供给他们现在消费物品的资本家，在换取较多数量的未来消费物品中，获得贴水作为利息。

---

① 威克塞尔：《工资与地租》，第 114、115 页。

② 庞·巴维克：《资本实证论》，英译本 1891 年版，第 420 页以次。

两者的区别在于那消费物品是在生产时期以前收入还是在生产时期以后收入。如果预先收入，那是消费物品的社会资本。如果在生产时期结束以后收入，那是消费物品的自然利息，是在生产以前消费掉的数量以外的东西。“自然利息”——就是，资本家所得的消费物品——不是预先收入的。它是在生产程序已经产生了必要的剩余以后收入的。可是“自然”工资和租金——就是，工资和薪水收入者以及租费收入者的消费物品——是预先收入的。它们因此是哲逢斯的“自由”资本。而任何作为利息收入的消费物品总不是预先收入，因此不是社会资本。

这未来性的采用是庞·巴维克的特色，使他成为最伟大的经济学家之一，没有他的创见，不可能得到研究现代问题的线索。

然而，结果是一种唯物主义的社会概念，在这种概念以及李嘉图、马克思和哲逢斯的学说里，工人是动力机器，由资本家用消费物品作为燃料加进去，以便为资本家生产更多的消费物品。可是，在加入未来性的庞·巴维克看来，“租金”或“物力的使用”也必须先有相当的准备，然后生产才能进行。他因此区别了地主、工资收入者以及一切其他供给物资的人，和那些从未来生产中取得收入的资本家。

可是，这是一种极有趣的妙法，借此从经济科学里排除“权利和关系”，把它完全建立在物质和快乐上。[①] 在物质方面，庞·巴维克回到李嘉图以前的自然生产力和人一起工作那种说法，劳动本身是一种动力机器，必须用煤和其他消费物品供给它。在心理方面，他使那些等待一段时间取得消费物品的人成为未来的消费物品贴水的唯一受益人。因此，他使那些依次在各时间点上从交易

① 庞·巴维克:《权利与关系》，1881 年版。

中获利的人完全没有实际的地位。他完全从取得利润的时间点移转到积累利息的时间间隔。

由于说自然是生产的，和生产的劳动一样，他回到了魁奈和斯密的自然恩惠的观念。这完全符合他的一般哲学，认为现代生活已经从李嘉图、悉尼耳和马克思的“痛苦经济”改变到一种“快乐经济”，类似十八世纪理性时代的上帝恩惠、世界丰裕和人间幸福。可是他用迂回生产过程的更大的技术生产力代替了神的恩赐。

他竭力从经济科学里排除出去的私有财产的权利和关系，又由一个边门里带回来了。因为消费物品当然不是付给“自然”的；而是付给自然的所有人。这样，由于排除财产，他排除了经济科学中的稀少性。这又符合他的快乐和丰裕的哲学，因为只有稀少的东西才被人占有。

从这种同样的技术丰裕的哲学，庞·巴维克推论出他的“选择”学说，称为效用成本，或者较大和较小的两种快乐的选择——拿这个问题来说，是现在消费的快乐和未来消费的快乐的选择。在这种推论中，他不注意凯雷—巴斯夏的关于较大和较小的两种痛苦的选择的稀少性学说。

有人提出问题：为什么利息不由社会用消费物品的形式预先付给，以便使所有人等待？诚然，从个人的观点来说，收取利息的人必须放弃现在的消费，等待未来的消费。在那未来到达以前，他不能取得他的消费物品的真实利息。可是从社会观点来说，是不是这样呢？

还有利润也必须考虑在内。“利润”这个名词，在早期的学说中，和一方面利息以及另一方面业务管理的工资，都分别不清。作为业务管理的工资，它们后来被列在劳动的一面，作为管理的劳动的报酬；这样，就必须先付。这是马克思、哲逢斯和庞·巴维克的分类法。可是，即使如此，利润还不是和利息实际上分别得很清楚，如果仍然假设利润对利息有一种平均的关系，利息增长的时候利润也增长，利息降低的时候利润也降低。这种假设是不正确的。

但是，利润仍然是未来的利润。从个人的观点来说，利润和利息一样，不到未来不付给，甚至不知道。只有在未来它们才成为消费物品的真实利润。可是，从社会的观点来说，为什么利润不像工资和租金那样，也在生产以前预先付给，以便使那些有企业才能的人承担风险以及负起对别人的责任，必须在未来付给他们工资、租金和利息，以及借款的本金？

这些问题，不管它们似乎多么微琐，却涉及社会本身的性质。如果将社会人格化，那么，社会就有一种以消费物品为形式的生产成本，必须在生产以前预付，结果社会成为资本家，等待那构成利息和利润的消费物品。可是，如果社会只是一个名词，它的意义是一个运行中的机构里所有的参加者的共同行动，那么，它的成本就不是成本，而只是参加者个别地和集体地所能支配的总出产中的份额，为了使机构运行不停。工人不再像自然力那样，是动力机器。他们是公民，具有地主和资本家的一切法律上的权利与义务。当然，社会完全不知道什么痛苦、成本、等待、收入、价值或利润。它根本什么也不知道。一切所知道的东西都是由个人知道和据以采取行动的。他们所知道的是他们能取得社会出产量中若干的一份，只要他们被认为是那机构的一部分，只要他们参加工作，使它运行不停。

因此，社会成本不是一种成本——而是个人通过现行财产制度所取得的社会出产量的份额。它是一种份额，不预先支付，但是预先议定，以便诱使所有的阶级不致保留着他们占有而别人需要的东西。那份额是“劳动所得”或者“非劳动所得”，没有关系。它总是财产、自由和政府的制度要求人们在继续不断的未来必须支付的一种份额，以便机构可以继续运行。所有的参加者，不仅资本家，都在指望着未来而行动。因此，一切预期的消费物品，无论是最奢侈的生活或者最穷的工人最刻苦的消费，甚至儿童、乞丐和精神病者所消费的物品，都应该认为不是社会成本，而是生产的社会份额。从制度观点来说，最后提到的那一种可以作为捐税出现。从社会观点来说，它们是需要用捐税购买的消费物品。因此，一切消费物品都是社会资本，在现行财产和政府的制度下，需要不断地消费，以便生产可以按照实际情况继续下去。

这样就看出两种对立的社会观念——机械论的和制度论的。机械论的观念排除私有财产，可是从所有权这个边门里又把它带回来，为了提供一种诱因，刺激人们工作、储蓄以及冒险，从事于未来消费物品的生产。制度的观点是所有权本身，这种所有权提供了诱因，由有组织的社会用来维持机构的运行。机械论的观念具有物质东西的有形的实体，可以被处理、消费、享受、生产。它容易被常识所接受，是唯物主义和心理学派经济学家的确实的根据。制度的观念很难捉摸，因为它所考虑的一切物质的东西都在或近或远的未来，它们只在对集体行动的稳定性的现在的预期中存在。这些现在的预期，我们称为谈判的心理，它是集体的预测。

然而，所有的参加者都不能靠未来的消费物品生活。现代制度的组织，如果运行顺利，用利息折扣和风险折扣的方法，供给现在的消费物品。庞·巴维克的未来性是财产权。

2. 整体和它的部分

(1) 机械结构、有机体、机构——怀特海说过，十八世纪科学的方法，在关于部分对整体的不断变化的关系上，没有整体的有机统一性的观念。因此，他在陈述现代科学的方法时，构立一种公式，包含一种在瞬息时间发生的“事件”和一种“有机的机械结构”，作为不断变化的许多事件的时间连续。“事件”具有保留、持久反复的特性，它本身是动的机械结构在瞬息时间的一个横断面。可是那机械结构本身是“有机的”，因为它是一种延长的、不断变化的事件的交织，具有一种过去、一种现在的实在以及包含在现在事件中的一种未来的生命，用怀特海自己的话来说。

显然，当怀特海把“有机的机械结构”和“未来生命”这些观念注入自然科学（从质子到宇宙）时，他采用了从生物和人类心灵转移过来的比喻。因此，我们需要区别一种物质的机械结构和一种有生命的有机体，区别一种有机体和相应的社会制度，这种制度我们称为运行中的机构。怀特海的“有机的机械结构”，比较显明地说，是一种动的机械结构；可是有生命的躯体，从微生物到人，是一种运行中的和会死的有机体；社会制度是一种有目的的运行中的机构，它生活在未来可是行动在现在。如果我们要继续进行对比，那就可以说，机械结构是一种无生命的事件的连续；在有生命的有机体中，相当于物理学里的事象的东西是新陈代谢，它把无生命的物质变成有生命的物质，又变回无生命的物质；在社会组织里，相应的“事件”是交易，它们的预期的重复和运行法则是一种进行中的机构。

如果我们要找寻一些标志区别的特征，可以用来把各种不同的“部分—整体”关系在它们自己的范围内统一起来，我们就得找寻每种关系特有的原则。这种分析采取以前在有关理想类型的讨论中所用的方法。就这个目的来说，自然的机械结构的原则是盲目的压力；有机体的原则是生存竞争；运行中的机构的原则是共同行动，为了预见的未来目的。换一句话说，自然的机械结构的原则是“能力”，有机体的原则是“稀少性”，运行中的机构的原则是“愿意”。

所以要寻求这些起统一作用的原则，就是因为部分对整体的关系；这不过是陈述相对性学说的另一种方法。每一部分在维持整体的生存上执行一种任务，结果一个部分发生的变化会引起其他各部分的变化，因而引起整个机械结构、有机体或者机构的变化。这些机能的变化在各部分中间进行着，它们本身个别地是事件、新陈代谢或者交易；它们的反复发生，不管在什么特有的行动规则之下，是整个的机械结构、有机体或者机构。当然，我们用“能力”、“稀少性”和“愿意”这些名词，不是指实质和实体，而是一种相似性的原则，贯穿着所有的不断变化的部分，这种原则实际上是由研究者构想出来，把各个部分维系在一起，成为一种持久的统一形式。

可是，这些运行中的机构有两个部分，两者都不是机械结构或者有机体，因为每一个部分代表两种人类意志的控制。一个部分我们称为“运行中的工厂”，或者预期的对自然的技术控制。另一个部分是“运行中的营业”，或者预期的交易的连续，适用于利益的冲突、相互依存以及从冲突中造成秩序的业务规则。

因此，“运行中的”这个字眼，和上面我们提出来作为适用于自然科学的那个“动的机械结构”，意义不同。一个运行中的机构必须有预期才可能存在。它实际上生活在未来，而行动在现在，因为它是人类意志现在向着未来的结果在行动。可是，在一种应用于自然物力的动的机械结构中，却没有这种原则。它只是“动”，并不预期或指望向哪一个方向动，也不在现在使用什么会在未来产生任何结果的工具或手段。可是运行中的技术工厂和运行中的营业是由人类意志所创立，那意志预期它们进行到某种目的地，达到一定的目的。如果预期终止，它们也就停止运行了。

运行中的工厂和运行中的营业这两部分，每一部分本身可以作为一种整体看待，有它自己在时间点上的“事件”，只要不认为这两者各自与那“运行中的机构”无关，这机构是它们所组成的较大的整体。

这样说明了以后，“机械结构”这个名词，用在人类控制下的自然力上，是会引起误解的。恰当的说法是一种人为的机械结构，最高限度可以用到像“机器时代”这样的名词，那是从石器开始到无线电为止。和这个并行的是另一种人为的结构，运行中的营业。两者都是靠集体的意志。因为这些理由，我们创立两种类型的经济学，彼此互有关系，一种是工程经济学，它的原则是效率，另一种是所有权经济学，它的原则是稀少性。

“经济”这个名词本身的意思是指怎样配合各部分，取得最大成果或者花费最少努力的整个活动。因此“经济”这个名词向来意味着一种“部分—整体”的关系。可是，最近四十年中在经济学家的手里逐渐形成了关于这种部分—整体关系的比较精确的和可以测量的公式，作为两种互有关系的“营业额”以及“限制性因素和补充性因素”的公式。第一种标志着从旧时物质流通的观念转变到现代周转速度的观念。第二种标志着机械的平衡论转变到对自然力和别人的活动的意志的控制。营业额是周转重复的速度，可是对限制性因素的控制是怎样可以利用这些快的或慢的周转来指导未来的变动，达到所想望的目的。

（2）重复的速度——在以前讨论营业额或周转额时，[①] 我们注意到庞·巴维克所采用的一种平均生产周期的估计，从消费物

① 参阅本书上册，第343页，《从流通到重复》。

品供应给参加者起到他的“迂回的”生产方法生产出消费物品为止，作为五年。庞·巴维克解说这种生产周期系根据劳动力的数量，可是哲逢斯的解说系根据为了使用劳动力而付给工资劳动者的货币的投资。威克塞尔采取哲逢斯的概念，构成了一种平均投资周期的观念。这种周期是为了创立资本而发行的长期债券的平均期限。

那么，这就是威克塞尔的平均投资周期。因为，在工资、利润、地租和利息已经支付以后，以及从而生产出来的物质的东西立刻作为原料用掉或者逐渐地由于损耗而用掉以后，剩下来归于资本家的是一些什么东西呢？他已经付出的钱不会留下来，以前所买进并且被那些已经取得他们的服务报酬的人消费掉的消费物品，当然也不会留下。留剩下来的只是一种账目，记载着为了生产技术资本而支出的一切费用，按它们当时的价格计算。这账目是威克塞尔的所谓个人“投资”，可是所有的这种投资的平均持续期间，既是平均生产周期，又是平均投资周期。

由于他的社会周转的概念，威克塞尔不得不把作为自然资本出现的消费物品总数量和作为本周期中自然所得出现的较多的消费物品总数量加以比较。周期结束时那较大数量中的超额部分决定于资本的边际生产力。这是他的所谓自然利息。因此可以看出，他采用一种稳定的平均物价，以便达到一种稳定的消费物品数值作为自然资本的概念，是很有意义的。① 由于假设在生产周期中物价的平均数始终稳定，实际上就撇开了货币，只剩下从周期开始到周期结束时消费物品数量上的变动。数量增加的多少将决定于资本的边际生产力，这增加部分将归于投资者和企业家作为利息和

① 李嘉图所假设的物价稳定是某些特殊物品的价格稳定，不是物价的平均数。原因是他把“货币价格”作为和“工时”的意义相同来用了。

利润。这样，用威克塞尔的举例来说：假定投资者在周期开始时付出一百万美元作为工资和地租，工人和地主用它购买价值一百万美元的消费物品，可是一年结束时由资本卖给工人和地主的物品只卖得一百万美元，假设平均物价稳定不变——这就没有剩余可以作为利息和利润。可是，如果由于边际生产力的结果，年终卖给工人和地主的消费物品卖出了一百一十万美元，那么，假设物价稳定，就是边际生产力增加了消费物品数量百分之十，这百分之十的增加归于投资者作为“自然利息”。假如边际生产力在消费物品的数量上只造成百分之六的增加，而平均物价始终稳定，那么，自然利息就是百分之六，依此类推。

然而，必须注意，李嘉图、马克思和庞·巴维克运用他们的“平均劳动力”达到同样的目的，构成了威克塞尔用他的平均物价稳定所达到的那种资本数值不变的概念。他们达到这个目的，也是用同样的方法，假设货币购买力不变；可是他们用平均劳动力代替了平均购买力。

因此，我们应该注意，威克塞尔的自然利息学说并不像有人认为的那样，混淆物质生产力和价值生产力。[①]他充分考虑到价值的两个可变的方面，数量和价格。物质生产力是数量的生产，可是“价值”生产力是按当时价格卖出那些数量所获得的货币收入。在威克塞尔的学说里，不是撇开价格不谈——只是由于假设一种稳定的平均价格而假设价格为始终不变。人们忽略了威克塞尔的平均物价稳定的概念，就可能产生误解，认为威克塞尔混淆了价值生产力和物质生产力。他并没有混淆这两种生产力，而只是假设了一种不变的平均物价，因而他的价值生产力跟着他的边际生产力

① 参阅本书上册，第 441 页，《门格尔、维塞尔、费希尔、费特》。

比例地变动。

李嘉图的“自然”资本是指定给工人的消费物品的数量，用生产这些东西所需要的工时数为计量标准。他不认为机器或地力是资本——它们只是工具，可以增加制造业和农业里所使用的劳动的生产力，使生产力高于在生产过程中所消费的物品的数量，用平均工时为计量标准。李嘉图认为，资本是工人所需要的消费物品的数量，它的不断变化的数值由一种不变的单位为计量标准——需要用来生产它的平均劳动力。由机器或地力的生产力所造成的、超过此项不变的数值的任何剩余消费物品，供给了地租、利息和利润。[①]

可是“资本”的物质的意义，像正统派的财富的意义那样，具有物资和所有权两重意义。马克思承袭了李嘉图，可是采取所有权的意义，不采取物质的意义。他有一种类似的不变的计量单位，平均工时，那给了他类似的产出的劳动价值。可是，他的“资本”是所有权的价值，不是李嘉图的物资的价值。

我们在这本书里想要纠正这些静态的双重意义，代以表示活动的说法。相当于物资的表示活动的说法是劳动的投入和使用价值的产出。相当于所有权的表示活动的说法是货币的支出，这是投资，以及货币的收入，这是产出的销售。

因为，劳动的投入所创造的，毕竟不是物资，而是物资的使用价值。这些使用价值是销售出去的产出品。全部社会总产量是从土地起直到零售商为止所创造的全部新的使用价值，为了代替那些损耗、陈废和消费掉的东西。那么，如果技术上的周转每五年一次，意思是一切体力、脑力和管理的劳动所创造的全部使用价值，

① 参阅麦卡洛克编：《李嘉图集》，第 348 页。

平均每五年用光和再创造一次，或者折旧、陈废和消费合在一起的比率是每年等于总量的百分之二十。在平均生产周期中，每年必须创造各种使用价值总量的五分之一，来补充折旧、陈废和消费。

可是，所有权的移转，像我们已经说过的那样，以大概七十至一百倍的速度进行。就全国作为一个整体来说，可以假定所有权的周转比物质产品的周转要快一百倍。在投机的时期也许快二百倍，或者在极萧条的时期只快五十倍。

关于我们在这里称为所有权的周转或金融的周转的现象（有别于技术的周转），有三件事必须加以说明。一件是货币和所有权的价值的一致。另一件是账簿“借方”记录的周转。第三件是产生这些借方记录的贷款的周转。

所有权或法律上控制权的周转和所有权的货币价值的周转是一致的。证券市场上一张金额一百万美元的支票和商品及劳动市场上一千张每张金额一千美元的支票，对于周转的速度是同样重要。或者，支取现金十万美元分发工资给五千名职工，不比购买证券所付的一张金额十万美元的支票更重要。所谓“流通中的货币”，那主要地付给工人和零售商的货币，不过是那么多的数额记入存款人账户的借方。那附属的“从甲手到乙手”的流通受账户的借方记录的支配。

因此，每一笔借方记录是存款人资产上的“支出”，换取证券、商品或者劳动产出的所有权；在劳动程序正慢慢地对原料加上使用价值的同时，同一原料因为所有权的关系现在已经成为商品，在它本身还没有受到任何重要改变以前，可能在中间商手里变更所有权十次到十五次。

货币市场上的情况是若干数量的存款，比方说五百亿美元，它似乎是一种货币的数量，其实是债务交易的重复，估计平均每十五天到二十天重复发生一次。人们在交易中对所有权所作的估价造成若干债务,由存款人开出的银行支票代表,这些支票用来支付为了买进其他所有权而承担的其他债务。如果银行所负的存款债务的平均数额是五百亿美元,周转率是每年二十次,那么,人们在买卖的交易中所转移的所有权的实际价值是每年一万亿美元。

每一次所有权的卖出是银行里的一笔新信用,和一套新的对账户的借方记录。这些借方记录中只有一部分是购进商品的支出。可能其中三分之一或一半是为了换取无形的或无形体的财产而支付的代价。证券交易所,因为周转迅速,需要大量的“贷”和“借”的记录。到期利息的支付不代表商品价值的移转。捐税的支付也是这样。实际上,所有各种交易造成的一切债务的支付,都可以归结为一个说法:“价值等于借方记录的所有权的移转。”这些被转移的价值的记录,如果完全的话,就会是账户上所有借方记录的总数,这借方记录代表着债务的创造、转卖和消灭,这些债务等于人们在买卖的交易中对所有权所作的估价。

金融的或财产的周转的另一部分是创造存款的那些贷款本身的周转。我们可以估计贷款交易的周转率是每年十二次或者每月一次。因此,技术的周转也许是一千五百天一次,而贷款的周转是三十天一次,账户借方的周转是十五天一次。各种周转在时间、地点和种类上变化很大,可是这些数字是根据它们通常的相对速率而作的推测。

账户的借方记录可以作为按照所表示的价值成交的所有权的移转,可是它们不能说明被占有的不同对象的区别,因此需要进一步的分析。一种重要的区别是新商品的创造和现有商品的所有权的移转两者之间的区别。新商品的创造是劳动程序,仅仅对自然物资加上形式、时间和地点的使用价值。它的可以计量的相等物是工人的工时投入。

可是这些工人是他们的劳动力的所有者，必须给以报酬，不是为了他们的产出，而是为了他们的劳动力投入。他们的产出归商品市场处理。对他们的劳动力投入的所有权是劳动市场上的专门对象，可是在“自我就业”或者自己经营业务的时候，这种对劳动力投入的所有权就隐蔽在他们的产出的价格里。这些可以称为隐蔽的或转变的工资。

这是股票市场上熟悉的发行“新股”和偿还老股的区别：新发行股意味着新建立或者扩充设备。因此工资，无论是明确的或者隐蔽的，总是“新发行股”，为了创造新使用价值——可是这些新股是由在商品市场上转移新使用价值的所有权来偿还，附带相当的余头，以备支付利润、利息和租金。

这相当于哲逢斯和威克塞尔在他们的投资的概念中所作的区别。投资是为了换取劳动力或入量而支付的工资（明确的或隐蔽的），它创造新的使用价值；可是商品的销售是投资的移转，一种对“旧发行股”的偿还。

因此，由于周转（或重复的速率）的概念，我们对于所谓社会的全部消费物品既是社会资本又是社会收入那种似乎矛盾的说法，得到一个解决。如果我们采用庞·巴维克的平均生产周期作为一种有用的经济概念，可是加上制度观点的所有权概念，那就是一种周期，在这期间一切固定的和流动的资本——我们称为技术资本，相当于用钱购买时的投资——从归于全体参加者作为收入的消费物品被改变为或者被再生产为可以销售的出产品，使用着全体参加者为了预期的消费物品而愿意贡献的一切工具。

在这种平均生产周期中，比方说五年，社会的全部“储蓄”——我们现在可以称为物资的所有权——也消灭。可是，它们作为新产品的所有权再出现。由于采用那估计的五年，而不是一年，连技术形式的一切使用价值以及它们的所有权形式的投资，平均在大概五年中都消灭和更新；它们在所有权方面的变动却是平均十五天更新一次。因此，只是一种双重的程序，进展的速率不同——一种分不清头尾的周而复始的程序——消费、生产和消费；投资、偿还债务、再创造债务；取得所有权和变换现款。

我们所说的那种周转率的概念，和一切人类的解释一样，只是一种思想的方法，为了给那些不知从何时开始也永远不见结束的事物设立一个开端和一个结尾，从而使我们能更好地为它预作准备。如果，平均来说，人类的一切产品确系在创造出来以后的五年内消灭，人们就更了解损耗和折旧所需要的大量经费，更了解把债务延长到下代以及由于减低价格而增加债务负担的害处，最好是维持适当的物价，足以补偿你前进中的折旧和陈废。而且，如果由于贷款交易，每年货币被创造和再创造三十次，那就不是一种人类所不能控制的物质东西的循环，而是一种不断消灭的数量，可以根据集体的人类意志，使它再出现或者不再出现。

我们因此可以看出威克塞尔那种由银行在变更利率方面采取一致行动从而调节一般物价水平的学说的意义。用提高或降低银行利率的方法，大约只需要三十天就可以改变存款的总额。这种存款数量上的变动可以反映所有权移转额的变动，或者所有权移转时价格上的变动，或者短期贷款和贴现的数量上的变动。

因此，从制度观点来说，社会的组织是个人和企业机构的不断变动的资产和负债，这种资产和负债又是经济的诱因，使得人们工作、等待和冒险。由于集体行动而能生效的买卖、征税和预测的制度，扩充或者限制投入和产出，或者向不同的方面或远近不同的未来时间移动投入和产出。买卖的和限额的交易的组织，在法律的认可下，既决定社会产出的份额，又使社会机构继续运行或不继续运行。可是，社会的工程组织是物理、生物和心理等科学的发展，它们使人类能控制自然和人性，根据全世界的“偿付”和“履行”社会的集体行动，取得幸福或招致毁灭。

3. 关键的和一般的交易①

周转的原则给了我们对经济交易中部分—整体关系的统计的测量标准，而“限制性因素和补充性因素”的原则，如果改变为关键的和一般的交易，就表示出那产生这些结果的意志的程序本身。这限制性因素和补充性因素的原则，从李嘉图时代起就逐渐形成，到现在已经成为一种极其重要的研究工具，用这种工具可以使老派的平衡的说法让位，代以人类能通过交易来控制物质环境和社会环境的实际程序。因此，这种原则应用在两方面：通过管理的交易来控制物质的力量，产生相当的效率，用产出投入的比率为测量标准；以及通过买卖的交易来控制别人，用支出对收入的比率为测量标准。一种是运行中的工厂，另一种是运行中的营业。因此我们把一种叫做限制性因素和补充性因素的“效率”的意义，另一种叫做“稀少性”的意义。一种是对自然的“控制”，另一种是对别人的“控制”。在关键交易和一般交易的意志的意义上，两者的结合是运行中的机构的意义。

(1) 效率——当然，诚如一般常说，人类不是从“无”中创造出东西来。人只是控制自然的力量，使它们为人工作。这种工作的结果是使用价值。因此使用价值不是一种属于外在物体的消极的东西。它是自然的积极的能力，由人加以控制，为自己的目的服

① 参阅本书上册，第63页，《交易和业务机构》；又本书下册，第515页，《意外事故和失业——保险和预防》。

务。化学的、物理的和生物的能力是自然的元素，或者使用价值的“实质”，通常称为“自然力的”效用，或者不如说自然力的使用价值。可是这些元素仅仅是未被利用的自然的活动力。它们必须在被使用以后才真正成为使用价值，这意味着在人类未运用脑力、体力和管理能力加以控制以前，它们不是使用价值。如果有二十万种化合物是自然界所没有的，这些就是使用价值。自然的元素对人无用，除非运用人的体力、脑力和管理能力使这些元素按照人的意思或需要发生作用。人所做的工作是推动它们，改变它们的形式、时间或地点，并且在它们完成本身的改变所需要的时间内，占有它们，不受别人干涉。通过体力劳动，人用自己的体力推动它们。通过脑力劳动，人间接地推动它们，由于推动其他事物，使它们自己的活动力在较大空间和未来时间内得到预期的结果。通过管理的劳动，人推动其他的人来推动它们。

通过劳动力来控制一种关键性因素，使得它或者它自己的能力可以控制许多其他的自然能力——这种意志的程序是普遍存在的，从人类最初发明工具的时候起直到空中的波长服从人类指挥的时代都是这样。它的普遍性是“限制性因素和补充性因素”的原则。限制性因素是一种因素，在适当的时间和地点用适当的形式加以控制，就会使那些补充性因素发生作用，取得预期的结果。很少一点钾肥，如果它是限制性因素，也许就会使谷物产量从每英亩五蒲式耳增加到二十蒲式耳。聪明的工匠注意控制限制性因素，他知道那些补充性因素自会产生预期的结果。举棋不定的人只在补充性因素上浪费时间。

可是，限制性的和补充性的两种因素不断地在调换地位。一度是限制性因素的东西，已经被控制了以后，就变成补充性因素；而另一种因素变成了限制性因素。在一辆汽车的运用中，限制性因素有时可能是电花，有时是汽油、有时又是司机。这是效率的意义——控制那可能变动的限制性因素，掌握正确的时间、地点、数量和形式，以便从预期的补充性因素的作用中增加总的产出。

我们把这些不断变动的控制性因素归纳为一个意志的名词“及时”。理想效率的最高度的“及时”是恰到好处地在正确的时间、地点、形式和数量上控制那些容易变动的限制性因素，从而控制一切补充性因素。

既然所有的限制性因素和补充性因素对整个生产的运行都是必要的，它们之间的关系又是那样，因此最大的效率是把所有的因素在时间和地点上作最好的配合。一个农场或工厂的聪明的经理应该随时知道哪个是限制性因素；当他敏捷地加以控制，使所有的因素顺利合作的时候，他得意地指出他的所谓“高明的组织”。他的意思是没有一种限制性因素阻碍着任何一项或一切其他因素充分发挥作用。他已经取得在现有的科学和艺术条件下最大可能的效率，因为他控制了所有的限制性因素，它们又全部成为补充性因素。

因此，关于人类意志的运用效果，我们可以正确地说，整体大于它的各部分之和。整体不是一种总数，而是一种倍数。如果一堆煤在适当的时间、适当的数量、适当的匀度和质量等条件下加到炉火里去，自然的力量就会把火夫的微小的气力扩大为一个火车头，每小时速率六十英里。自然完全不懂什么限制性因素和补充性因素。人加以解说，作为“自然”中有这两种东西。它们完全是人为的。自然的力盲目地和不由自主地向前进。可是人把它们拦截住，为他自己的目的服务，如果他知道哪些是整体所依赖的部分，他就扩大它们的效果，成为它们本身从未想到的一种出产量。可是，如果他要知道他扩大了多少，他就用工时来测量，而不用货币。最大的效率是最大的每工时产量，或者按一定产量计算的最小的工时投入。

效率扩大劳动和自然的力，大大地超过假如仅仅把它们加在一起的得数。在人类活动的程序中，整体大于它的各部分之和。

（2）稀少性——可是限制性因素和补充性因素的稀少性的意义不扩大自然力量——仅仅转移它们的所有权。整体不大于现有效率所造成的结果。可是整体所必需的各个部分中，有的稀少性较大，有的稀少性较小，既然它们属于不同的人所有，它们的相对稀少性决定买进时的价格。既然任何运行中的机构都须运用许许多多的限制性因素和补充性因素，既然这些因素各有其所有人，就必须付出一种代价，取得法律上的权利，才可以占有、使用和控制它们，不许别人干涉。现在的限制性因素是一种比较稀少、必须比较大量购买或者用较高价格购买的因素，以便维持那些补充性因素不断地运行。这种因素的购买，我们称为关键的交易。

因此，必须根据各种因素的相对稀少性，付出各种不同的价格。机车工程师、总经理或者邻近市场的地基，比护路工人、使童或者农业土地，较为稀罕。因此，从限制性因素和补充性因素的稀少性意义推论出来的普遍原则是，增加得比较慢的和比较不能代替的生产因素的所有人，像派顿教授所说的那样[①]，在他们的买卖的交易中，比那种增加得比较快的和容易代替的因素，吸取产品的货币总值的较大一份。限制性因素是那些比较稀少和不能代替的因素，补充性因素是那些比较丰裕和可以代替的因素。它们相对的稀少和丰裕的程度不是用工时为测量标准，而是用货币。

因此，限制性因素和补充性因素这普遍原则——或者那和它意义相同的、从意志出发的说法，关键的和一般的交易——的两种意义之间没有任何不变的或者看得出的关系。实际上它们属于两

① 派顿：《动态经济学的理论》，1892年版，第18页。

种不同的经济学——管理的交易的工程经济学和买卖的交易的所有权经济学。少许钾肥大大地增加产出这一事实,并不意味着那钾肥的价格一定是一种垄断性的价格。工程经济学是人对自然的关系。在这里少许钾肥可以起很大的作用。所有权经济学是人对人的关系。在这里少许钾肥可能费很小的代价,或者很大的代价。在工程经济学里,限制性因素的价格和它的效率完全没有关系。价格只和它的稀少性有关。我们不能说工程师的劳动、总经理的劳动,或者一英亩城市土地比普通工人、使童或者一英亩农业土地产生较多的财富,仅仅因为那些所有人从它们的销售或使用中能得到较高的价格。我们只能说工程师、总经理和城市土地比较稀罕。我们用工时测量生产力,而用货币测量稀少性,就保存了这种区别。

因此,限制性因素和补充性因素原则的效率意义和稀少性意义之间的区别是:在前一种意义下,对限制性因素的控制扩大出产量,可是在后一种意义下,对限制性因素的控制仅仅把出产中较大的份额转移给此项因素的所有人,而使别人得到较小的份额。

这个问题接触到门格尔和维塞尔之间的争点。门格尔认为对限制性因素的控制扩大出产量。维塞尔认为不扩大。争论的原因是他们都没有辨别效率和稀少性,虽然门格尔显然讲的是效率,而维塞尔讲的是稀少性。他们都不用限制性因素和补充性因素这种名词。他们都在讲"补充性因素"。① 可是,如果我们把他们的说法转移到意志的程序,限制性因素就是那种因素,人们想要控制它以便间接地控制那些补充性因素,发挥它的两种意义上的作用:效率,它扩大出产量;稀少性,它转移所有权。

这里,在买卖的交易中,"及时"的原则又出现,不是作为管理

① 门格尔:《国民经济学原理》,1871 年版,第 11 页;维塞尔:《自然价值》,马洛克英译本 1930 年版,第 101 页。

的交易中财富的增多，而是作为对一个人增多资产，同时对其他的人减少等值的资产。在价格低的时候买进、价格高的时候卖出的商人，等到价格下跌才买，或者等到价格上涨才卖的商人，买进卖出都能掌握正确时间和数量的商人，比他的不能掌握时机的竞争者，更能增多自己的资产。他所需要的一切因素对整个业务都是相互补充的，可是它们的价格会变动。全靠他的判断力使他能及时地买进限制性因素和卖出补充性的或者可以代替的因素。可是在这样及时的行动中，他并不扩大共同的财富——而只是移转所有权。

效率和稀少性的这种分别，使我们能看出“销售”一词的双重意义——一种劳动程序和一种买卖程序。劳动—管理程序是把产品送交其他劳动者，从而创造地点效用，可是买卖程序是产品所有人和购买力所有人在价格和价值上的协议。这种区别在“合作销售”的讨论中相当重要。合作意味着比它们排除的中间商效率较高的销售，以工时为计量标准呢；还是意味着较大的力量，可以把持供应，提高稀少性价值，以货币为计量标准呢？如果它意味着前者，合作销售就是合作的财富的生产。如果它意味着后者，合作销售就是集体议价。如果它意味着前者，那是一种管理程序，由于加上地点效用（使用价值）而增多使用价值。如果它意味着后者，那是一种所有权程序，由于相对的议价能力，增多一方所得的稀少性价值，减少另一方所得的稀少性价值。①

因此，限制性因素和补充性因素原则的双重意义是它的效率的意义和稀少性的意义。生产程序中的限制性因素是那种因素，人们控制了它就能推动那些补充性因素，增多使用价值的出产量。买卖程序中的限制性因素是那种因素，它的所有权使所有人能在总

① 参阅本书下册，第417页，《政治》。

收入中取得较大的一份，作为自己的收入，同时使别人所得的份额减少。

在无论哪一种程序中，部分—整体关系都在它的周转额和限制性因素这两种原则里出现，一种代表统计的结果，另一种代表意志的控制，这种控制使用或者造成那结果。因为“原因和结果”这种说法不适用于自然力。在自然界里，事物只是“偶然发生”。可是，从复杂的所发生的事件中，人选择限制性因素为自己的目的服务。如果他能控制这些因素，其他的因素就会产生预期的结果。“原因”是对限制性或关键性因素的意志的控制，通过管理的或买卖的交易。“结果”是那些补充性因素的运转以及一般性交易的重复。

无论在哪一种程序中，意志的控制有赖于了解整体和部分的关系。整体是比较不变的，尽管各部分以或大或小的速度在变动；但是，只有对限制性因素控制得恰当和及时，整体才可能比较不变。平衡和周转的比喻中一些会引起误解的东西去掉以后，我们所有的是意志的程序——管理的和买卖的交易的重复：通过管理的交易，创造、补充、扩大或减少财富，通过买卖的交易，创造、补充、扩大或减少资产，全靠对个别的容易变动的限制性因素取得关键的控制。

(3) 机构——限制性因素和补充性因素原则的效率意义和稀少性意义完全不同，运行中的机构的意义是整体，管理的和买卖的交易都是它的构成部分。自从李嘉图讲农业上劳动的递减效率，或者杜阁讲一切产业中资本物品的递减效率以来，经济学家们已经逐渐地意识到限制性因素和补充性因素原则所包含的部分—整体关系的道理。卡尔·门格尔在1871年[①]明确地提倡这种学说，

① 门格尔：《国民经济学原理》，1871 年版；1923 年再版本第 23 页。

提出了他的关于相互补充的物品的正式理论，那里面指出在整个一套土地、劳动和资本的配合中，缺少一项因素就会使其他的因素不能运用。这是边际生产力的效率的意义。可是它很容易地被变成了关于满足欲望的边际效用论。边际效用论是限制性因素和补充性因素学说的稀少性方面。这两种学说都是讲配合所需要的一切相互补充的因素，产生一种想望的结果，要能够取得最大限度的使用价值或者最大限度的稀少性价值，并且这种配合的结果恰恰是各方面的边际单位相等。各项因素的主观效用随着它本身的供给增加而递减。如果供给太多，它所增加的主观效用小于加多其他因素（这些因素现在变成限制性因素）所可能取得的效用，它的主观效用就因而减少。

如果用价格代替价格的主观人格化那种效用的说法，这理论显然是对的。如果那些相互补充的因素之一价格下跌，这时候的趋势是买进较多的这种因素，可是，如果所生产出来的较多的数量因此变得和其他因素比例不恰当，从一切因素所得的全部净收入就可能减少。补救的办法是限制或者少买现有这种补充性因素，增加或者多买现有限制性因素。这样，就使得从每单位货币中所得到的边际增加量相等，因而使全部费用产生最大限度的净收入。这也是一种有名的和普遍的技术上的原则，叫做“最适宜的情况”或者“各项因素最好的配合”，或者一种“高明的组织”，用比较专门的字眼来说，这种方法是控制限制性因素，使所有的补充性因素可以产生最大限度的产出。

因此，具体表现在一个运行中的工厂的实际交易中的“效率—价值”的意义，是人们给予会变成限制性因素的东西的相对重要性，在现在的时间和地点控制这种因素，预期不仅要取得或保持对所想望的补充性因素的控制，而且要从整个机构中产生最大限度的产出。各项因素本身不断地在改变它们彼此的关系。现在是限制性因素的东西，被控制了以后，立刻就成为补充性因素。然后另一种因素变成限制性因素，以便保持或扩大以前那个限制性因素所产生的结果（现在它是补充性因素）。

从客观的意义上来看这种限制性因素和补充性因素原则，或者，从意志的意义上来看关键的交易和一般的交易原则，可以说是政治经济学理论的全部要旨，正如它是人类意志在有关取得对环境的控制的活动方面的全部要旨一样，因此这种学说是一种经济的意志论。在这方面，可以认为这种学说的特点是有三方面的应用，详细内容彼此大不相同，然而实际上分不开，就是，稀少性、效率和运行中的机构。稀少性和效率方面的应用，我们已经讨论过，认为会引起混淆，如果对稀少性方面和效率不加区别。那是运行中的工厂和运行中的营业的区别（我们发现法庭也混淆了这些区别），这两部分，在限制性因素和补充性因素的大范围内共同合作，构成单独一个企业甚至整个国家的运行中的机构。[①] 最好的运行中的工厂，是它的技术上的各项因素由管理的交易适当地加以配合的工厂；最好的运行中的营业，是它的购买和销售由买卖的交易适当地加以配合的营业；最好的运行中的机构是它的技术和营业两部分适当地配合的机构。最好的国家是那种国家，在他国内，权利、义务、自由和暴露在个人之间和阶级之间分配得最好。技术的经济是效率；营业的经济是稀少性；运行中的机构的经济是技术和营业；国家的经济是政治经济。它们都是“关键的和一般的交易”的一种特殊情况。

技术的经济是一种“机器”，有别于自然的机械结构。因为限

① 康芒斯：《资本主义的法律基础》。

制性因素和补充性因素的学说完全建立在愿意的原则上，甚至在控制环境的具体问题方面，是愿意的全部要旨。这种学说不适用于自然的机械结构，它们那里只有向心力和离心力，或者能量的不灭和浪费，没有任何对未来的目的或计划，因此没有任何限制性因素，控制了它们就可以决定未来事件。自然的机械结构，例如原子或宇宙，不懂什么稀少性、欲望、人口过剩、有限的资源、经济地使用、目的、未来性等等。因此，它没有限制性因素和补充性因素需要从中选择，需要决定履行、避免或者克制。它只是能力，只是像牛顿的运动定律，或者爱因斯坦的时间与空间相对论，或者热力学，或者能量不灭论所解释的能力，然而，从人事观点来说，这些都是非常浪费的。

可是，当人的智力构成和运用一种机械结构时，那就不是机械结构，而是机器。机器是人的意志，通过语文、数学、习俗、度量衡等制度，一代一代地留传下来的。这里所有的因素——不是怀特海的自然机械结构的因素，而是人造机器的因素——变成限制性和补充性的，因为未来性、目的、经济、效率已经由人类的意志加到它们里面去了。现在的限制性因素是像杠杆、汽阀、电线或者汽油那种东西，当时整体的运转完全靠在它身上——这整体实际上是由所有的补充性因素构成的。如果司机的人具体地控制着限制性因素，掌握了适当的时间、地点和数量，如果他控制着一部对其他机器是限制性因素的机器，那么，他所有的就不只是机械结构——而是机器，作为一个整体，或者运行中的工厂，作为一个整体。例如，在农场里，有时候也许钾肥是限制性因素，有时候也许是氮肥，有时候也许是人的劳动力，有时候也许是管理的能力，等等。这些都是“投入”，它们的最好的配合产生“最适宜的情况”，就是从一定的总投入中所获得的最大限度的产出，可以作为“效率”加以测量。

而且，不像十八世纪的老派学说认为因与果相等，我们的限制性因素这种“因”，由人类采用以后，扩大所想望的“果”，远远超过自然所能做到的程度。加入土壤的少许钾肥扩大所有的因素的共同出产量，从每英亩一二蒲式耳增加到二十或三十蒲式耳。可是，这是人的意志，不是自然的“经济”。

在生物的机械结构中(从阿米巴到人)，相当于机械结构中的事象和业务机构中的交易的事物，是新陈代谢，新陈代谢的重复和交互作用是有机体。这里是完全新的“生命与死亡”的科学，应该说是达尔文的伟大功绩，他创立了有机体的科学，没有从牛顿的机械结构的科学里借用任何比喻。至今还没有发现任何科学的原理，能够说明有机体起源于机械结构。达尔文的问题因此是“物种的起源”，不是生命的起源。他的概念是一种新的概念，和机械结构的概念没有承续的关系，是“有生命的有机体”的概念。如果我们考察达尔文的有机体概念的详细成分，就发现那不是我们完全不了解的“生命”，而是“生命”如何行动的种种状态。“生命”如何行动的这些不同状态，是变化无常的种种举动，决定于一个本身能力有限的有机体和我们称为“有限的自然资源”的那个由各种机械结构和有机体组成的有限的环境之间的相互作用。有机体和环境之间的这些作用和反作用，我们不称为“生命”，而称为“稀少性原则”。它们是遗传、人口过剩、变异性、斗争、死亡以及最后那些当时适合于取得和使用有限自然资源的有机体的生存。这种有机体的概念和机械结构的概念完全不同，后者的基本原则“能量”可以表现为对压力、体积和时间三种成分的一种概括。牛顿和他的后继者解说“能量”的原则，作为机械结构如何行动的方式；达尔文解说稀少性的原则，作为有机体如何行动的方式。

可是，尽管这样，达尔文辨别了“天然的淘汰”和“人为的淘

汰”。人为淘汰对天然淘汰的关系类似机器对机械结构的关系。其所以是“人为的”，完全因为那是目的、未来性、计划，注入了并且大大地控制着生存竞争。达尔文承认他所谓“天然淘汰”是一种错误的字眼，后悔自己用了暗比的方法。比较恰当的说法是盲目的淘汰，另一方面，人为的是有目的的淘汰。天然淘汰，是“适者”自然生存，那产生狼、蛇、毒物、有害的微生物；可是，人为淘汰把狼变为狗，天然的毒物变为药品，消除恶毒的微生物，繁殖有益的微生物。荷斯坦因的牛[①]，假使任听天然淘汰，不可能留存至今——它是人为淘汰所造成的一种特殊动物，为了它将来对人类有益。它实在不是怀特海的所谓有机的机械结构，而是人的有机的机器，从自然的稀少性原则中解脱出来，转入人类的私有财产制度。

但是，达尔文的天然淘汰论影响非常之大，当经济学家和社会学家接触到社会和文明问题时，达尔文的自然有机体的概念又通过类比成为他们对社会的概念，这种说法在斯潘塞手里达到最荒谬的程度。他说社会是一种“社会的有机体”，维持它继续活动的能量是食物、感觉、本能、感情、生理以及最后各种腺，这一切都根据天然淘汰的原则在发生作用；他忽略了那事实胜于雄辩的道理，实际上更恰当的比喻不是什么包括狼和蛇在内的自然的有机体，而是由人类有目的地改造过来的人为成分很高的狗或牛。

这里，当谈到目的的时候，像贾德[②]在批评和总结前人在各种社会科学上的工作时所指出的那样，就有另一种概念，制度主义，它和达尔文的有机体也没有承续的关系，另有自己的原则，和牛顿的能量或者达尔文的稀少性都不同——它的这种原则，我们称为

① 产于荷兰北部，肉与乳均有名。——译者

② 贾德：《社会制度和个人》一章，载《社会制度心理学》，1926年版，第56—77页。

“愿意”。因为,我们检查一下那些构成制度主义概念的成分,就发现它们主要的特征是未来的预期,为了经济的目的,可以区别为未来性、习俗、主权、稀少性和效率。这些和那构成牛顿的根据能量原则的机械结构的压力、体积和时间完全不同,可是又以它们为基础。这些和那构成达尔文的稀少性原则的遗传性、变异性、人口过剩、斗争、死亡和生存完全不同,可是又以它们为基础。

因此,引导经济理论经过机械结构阶段和有机体阶段而达到运行中的机构阶段的,不完全是想象的比喻。这些运用比喻的理论,在相似的机能关系产生相似性这一点科学的意义上,甚至是类比方法的正确使用。可是那些类比范围太狭。它们不包括人类目的所带来的人为事物。因为它们变成了暗比。现代经济学用实事求是的方法使能量和稀少性这些原则服从那范围更大的愿意的原则,它的主要问题是把它们再合在一起作为一个运行的整体的组成部分。

因此,运行中的工厂,不是一种“机械结构”,而是一种机器,从克服自然的阻力而生产使用价值的观点来看,计算人力入量对使用价值出量的比率,和计算水力入量对电力出量,所用的方法相同。这是运行中的机构的效率方面,也就是工程经济学家认为是整体的那一面。它是机器作用,不是机械作用。

同样地,运行中的营业类似一种有机体,因为稀少性原则在它的全部交易中普遍存在。这种原则采取冲突、变化、竞争、生存的形式,可是也采取伦理、财产和公道的形式,像休谟指出的那样。因此它是人为淘汰,不是天然淘汰。

这是因为运行中的机构接触到效率和稀少性这两种原则的特殊方式,是通过未来性原则的许多方面,这许多方面合在一起来说,就是“愿意”的原则。实际上把这些个别的领域分开是不可能的。然而，在思想上却必须用它们自己的术语把它们分开，像达尔文对有机体以及牛顿对机械结构那样；并且实际上斯密的分工先把它分开，然后才可能在思想上和事实上把它们在运行中的机构的机能的程序中结合起来。一切有机体都是机械结构，可是加上了稀少性。一切机构是有机体和机械结构，可是加上了目的。正是这种加上去的目的成为一般的原则，需要在它自己的范围内用它自己的术语加以说明并使其实现，结果所加上的目的是主要的，机械结构和有机体的原则本身成为附属的并且有了很大的改变，然而在它们的改变了的形式中还是必要的。

这种在思想上和事实上分开然后在整体的概念中重行结合的方式，适用于各种交易，这些交易的预期的有规则的重复就是那运行中的机构。管理的交易有关机构的机械结构和效率；买卖的交易在整个机构中到处有关稀少性原则；行政的、立法的和司法的处置，由于规定利益和负担的限额，使各成员服从整体，有关机构的统一和继续存在。这些交易，因为稀少性原则在它们当中普遍存在，和达尔文在有机体中发现的一些因素有许多奇妙的类似的情况。习俗——交易的重复——类似遗传；交易的重复和增多起因于人口的压力；它们的变异性显而易见，由于变异性而发生习俗和适者生存方面的变化。可是在这里适者生存是“人为淘汰”，人们选择有益的习俗而惩罚有害的习俗，这种人为的事物完全是表现于行动的人类意志，它把机械结构变为机器，把有生命的有机体变为制度化的头脑或智力，把无组织的习俗或习惯变为有规则的交易和运行中的机构。

因为人的头脑不只是一种有生命的有机体。作为有机体，它不过是一个高度发达的脑。这种脑，在未“制度化”以前，仅仅是动物有机体的一个部分。它在制度化以后，活动的范围就扩大，我们称为思想和意志。它的最初的制度是符号、单字、数字、语言、书法，我们称为字与数的语言。这是个人的一种习惯，也是从世世代代的个人手里留传下来的一种强制性的习俗——简单地说，是一种制度。人类的其他一些制度是火、工具、机器、家庭、政府等，这些制度的永久不断的重复（根据人为的、限制性因素和补充性因素适当配合的原则），我们称为运行中的机构。

因此，人不只是有机体——他是制度作用，只有制度化的头脑才可能造成经济活动的那个值得注意的时间尺度，我们称为“未来性”。未来性是有关制度的——与世隔绝的婴儿和成人，像禽兽一样，对未来事物一定懂得很少或者完全不懂。有机体的头脑像这样通过制度作用而扩展到遥远的未来时间，和它的扩展到遥远的空间是分不开的。头脑或智力活动的这两种制度化的扩展，使产业上和政治组织上高度发达的现代运行中的机构可能实现，这些机构对世界范围及未出世的后代发出命令。

至于“时间”，机械结构的能量在运行中完全和时间的经过没有关系，产出的测量标准中所采用的时间因素完全是人类头脑的外在作用，不是机械结构本身内在的东西。时间概念完全是制度化的头脑构想出来的。

可是，稀少性根本是对有机体本身的一个时间经过的问题，因为，即使在最低等的有机体方面，从努力取得有限的食物供给中的一份到这一份食物产生了欲望的满足，其间总有一段间隔。这是未来性的根源。在动物中这种间隔的时间那样短，以致对欲望刺激的反应很适当地被认为是本能的。本能的努力起源于遗传和稀少性，可是努力和满足之间的时间间隔那样短，以致用机械作比，那种反应被说成是自动的或直接的。可是严格地自动或直接的反应，不经过时间间隔，只有机械结构是这样，因为机械结构不经过什么欲望或努力，也不经过努力和满足之间的时间间隔。它们的能量只管继续流出，不管是否有必要辨别那些满足欲望的和不满足欲望的或者必须避免的外在事物。

因此，在有机体中也有对不同对象进行选择的根源，而机械结构不选择。再说，这时间的间隔当然是现在和未来的间隔——作为反应的现在行动和产生刺激的未来满足之间的间隔。可是那种间隔极短，能够由遗传性和本能作为桥梁把两面连接起来，不需要理性和社会制度的帮助。那是本能的时间，不是制度的时间。

因此，在那伴随着有生命的有机体一同在世界上出现的稀少性原则中，就有我们后来称为"愿意"原则的那一切事物的萌芽。也许在这一点上可以说制度的科学和有机体的科学有承续关系，后者人们还没有充分了解，例如对于把无生命的物质变成有生命的肉的新陈代谢。然而，在制度的预期所产生的现在活动的未来性方面，人类有机体把未来事件变成现在的行动。从生理学来说，我们不知道这是怎样实现的。我们所说的关于"时间"的一切，对"空间"也适用。只有制度化的头脑能以全世界为活动范围，他们用运行中的机构和机器为工具。

扩展到未来的时间和遥远的空间，差不多永远不断和无处不在：在这两方面，运行中的机构不只是机械结构，也不只是有机体。就是平常人日常所说的和法庭所采纳的东西——一种很珍贵的运行中的机构，它使人们对有利益的交易的预期可以实现，并且要求人们忠诚、爱国和以身作则。

我们以前提到过所谓"行为主义心理学"在经济学说中应该占有的切合实际的地位，如果把行为分析为实行、避免和克制。这三者是"行动中的意志"的三方面，它们把法律和经济学结合起来。原来用"行为主义"这个名词的那些人，以纯粹个人主义的方式，把个人看成一种生理学上和解剖学上的机械结构①。可是，在经济学里，个人是交易中的参加者，是运行中的机构的成员。在这里跟我们有关系的，不是他的生理、他的“腺”和“脑型”——而是他作为一个整个的人，是否实行、克制或避免。近来的“行为主义”在儿童心理学和广告术上做了不少工作，可是在运行中的机构的行为主义上贡献不多。在这里，意志意味着个人的和集体的行动，表现在三个物质的和经济的方面——实行、避免、克制——这种行为，任何自然科学里都没有，在生物学里仅仅有一些最初的根源，但是可以用它本身特有的说法加以分析和测量，像电力或重力那样。

自然科学摆脱了隐喻的实体，像“力”或“能”之类，不是由于否定那种观念，而是由于把它从未经分析的灵魂、精神和实体改变为可以变化的运动量。意志也是这样。我们避免空谈意志，不是由于加以否定，而是由于分析和测量它的运动。“行为主义者”因为意志是“形而上的”而避免只讲意志的时候，他们从意志的外在行为跳到新陈代谢的内在行为，自以为在意志作为一种行为和生理作为另一种假定类似的行为之间，没有留下形而上的缺陷。可是实际上，有一种没法解决的缺陷。它们两者不相连接。只有利用形而上学——或者不如说是用隐喻——那缺陷才可能弥补。根据其他各种科学的教训，这种利用隐喻的跳法是不应该用的。我们应该说，对于个人意志，应该就它的行为的各方面，作为一个整体来处理，让生理学家和解剖学家去处理那有机体的内脏，作为另一个整体。

可是，为了我们现在的目的，我们且不管生理学和解剖学——或者说得更恰当一点，且不管心理这一种主观性怎样进入或走出生理学上的身体那另一种主观性——让我们来分析那结果合成的

① 例如，沃森：《行为主义》，1924年版。

整体实际所做的事，这整体就是意志。它实行、避免、克制，作为一个整个的有机体，而且是和其他的意志联合起来这样做，通过交易和运行中的机构，预期取得共同造成的结果。因此，作为整个的机构在行动（通过实行、克制和避免），个人意志是各个人之间行为上的联系，它结合所有的个别意志的运用，这种运用的方式我们称为交易和运行中的机构的运行法则——表现为机会、竞争、权力或能力、权利、义务、自由、暴露、使用、效率、稀少性、预期——由一个总的原则把它们全部联合在一起，这个原则我们称为愿意的原则。

在这种人类行为的分析中，时间和运动的概念完全不同于一切其他科学中时间和运动的概念。我们曾说过，麦克劳德所有的谬误理论都由于一个根本缺点——他的"时间"概念。我们以后还要指出凡勃伦的谬误理论是由于他不能分析"时间"。很不合理，麦克劳德有"未来时间"的概念，而没有"运动"或"运行"的概念。我们利用物质的类比，把运行描写为"时间之流"。从数学的观点来说，时间之流是一种时间的零点——现在，向前移动着，没有实体，因此是不实在的，介于即将到来的"未来"和正在退出的"过去"之间。这种概念麦克劳德没有，虽然在一个问题上他曾用"零"代表现在。可是，从心理学的观点来说，现在是时间的一瞬间，像皮亚斯描写的一样，对过去和对未来两方面的界限都不是那样的清楚。"过去"是记忆，"现在"是感觉，"未来"是预期。它们在现在的时间点上都一起存在于心里，像调子里的音，这种现在的时间点不是"零"，而是现在的事件，就是现在的交易。这样皮亚斯把休谟的怀疑主义变成了实用主义，数学变成了愿意。

这种实用主义的时间概念，使我们可能对未来时间的各种可以测量的长度作出分别，符合于习惯用法。"现在"是"立刻的未来"，在制度上可以用秒、分或许一二小时来计量，可是时间的间隔

那样短，实际上没有什么等待或冒险的感觉。短期的未来，从证券市场上的“一夜贷款”利率到通常商业贷款的三十天、四十天或九十天的期限，在这里等待的时期相当长，因此加以计量。长期的未来是任何超过短期未来的持续期间。这些分别不是随意决定的，而是习惯的分法，因此在一种实事求是的对行为的研究中更加有用。麦克劳德假设时间总是客观的，具体表现为他的可销售的商品的一个方面——债务，因此它以一段一段的时间出现，随着债务的期限而变化，像使用价值或稀少性价值一样。可是，时间完全是制度性的。机械结构和有机体完全不知道时间。时间在预期中出现，预期支配现在的行为，随着各种人的不同习俗以及同一种人在不同交易中的情况而发生不同的影响。最精确的对未来时间的测量是债务市场对短期和长期未来性的测量。可是，在消费过程中，在游戏、体育运动、工作和其他日常事件的过程中，支配活动的是对“立刻的未来”的预期，时间的间隔那样短促，以致不值得测量。

因此，“时间之流”，从客观来说，是“瞬间”的“移动”；从主观来说，它是“瞬间”的记忆、感觉和预期的连续，以及有生命的躯体的生理上的新陈代谢。既然我们只有靠动物本身的行动才可能知道这些主观的运动，时间之流就是个人的行为，表现在它的实行、避免、克制各方面。因此，我们有一种运动——个人的实行、避免、克制——介于其他两种运动之间并且加以接合——外在的宇宙的运动，包括其他的人在内，以及伴随着记忆、感觉和预期的那种内在的生理的运动。这种人类行为之流，作为一个整体，介于外在的、宇宙和其他人等的运动之流以及内在的、难以理解地总有记忆、感觉和预期伴随着的生理的运动之间，我们在经济学里称为“交易”和“运行中的机构”，由“愿意”的原则予以推动。它是“人类的时间之流”，趋向于未来，以它为基础的一种经济学说，既不是唯物主义的商品论，也不是主观的感觉论或生理论，而是一种关于以未来效果为目的的经济活动的意志论。

至于古典派和快乐主义经济学家，我们需要作同样的解说。我们从“未来”来看，把行动中的意志分析为实行、避免和克制，实在浅显得很，可是最靠近的东西总是最后才研究到。这种分析摆脱过分简单化的方法，那种方法只选择意志的一项特质——由痛苦、快乐或者递减的效用暗比地使它和商品发生关系的一种特质，并且根据那比喻建立一种数理的经济理论体系。可是，个人意志是一个整体，有它自己的人格，通过交易并且在种种机构的范围以内活动，这些机构又是协作行动的其他整体。

因此，交易论的意志的分析使我们可能有一种经济学说，避免那种一面是伦理学和法律另一面是经济学的二重性（这种二重性从斯密和边沁就开始），因为它在“愿意”这一个概念里结合了有关实行、避免和克制的权利、义务、自由和暴露的伦理上和法律上的关系，运用经济的分析，把“价值”和“估值”分析为“未来的”经过折扣的冒险价值和稀少性价值。

这些预先的解说，使我们可能把限制性因素和补充性因素的原则，应用在交易和运行中的机构上，作为法律的和经济的因素。所以能这样应用，是由于稀少性和未来性这两种原则。对于那个要为自己取得利益的个人，限制性因素是当时和当地他自己或者别人的特殊行为，这种行为会影响别人的补充性的行为。在一件法律诉讼中，限制性因素可能有时是法官，有时是陪审员，有时是郡长。在一个制造机构里，限制性因素可能是技工、监工、厂长甚至打杂的工人，通过命令和服从的管理的交易，取得对他的控制，可以决定全部交易的总成绩。这种控制的结果是“运行中的工厂”作为一个整体，具有可以测量的结果——效率。通过这些控制个人行为的社会关系，由集体控制的制裁为后盾，一种命令别人服从的权利可能成为限制性因素，作为一种可以立即进行控诉的“行动权”。

以上所讲的这些“效率”关系和“稀少性”关系是分不开的，因为这里的问题有关在需要的时候限制性因素和补充性因素是丰裕还是稀少，因而也有关为了取得这些因素所必须付出的价格或捐税。效率和稀少性在分析研究中可以分开，在实际上却是分不开的，因为它们在机能上相互影响，共同构成那运行中的机构。开动一辆汽车所需要的汽油数量，经营一所工厂所需要的技工或监工人数，或者办理一个法庭所需要的法官人数，在思想上可以和价格、工资或薪俸分开，但是在实际上分不开。

因此，就人类意志为了一种目的而努力处理问题来说，限制性因素和补充性因素原则在一切科学中普遍出现。某些因素和其他因素比较起来在供给的数量上是有限的，这些因素就被认为重要。所有的因素在预期中必须存在，可是在行动中只有那些被认为限制性的因素存在。就行动上来说，补充性因素是在未来。如果靠得住在需要的时候随时能有，人们就不加注意。它们在机构里处于一般的交易的地位。这样，一个人的“权利”现在存在，并且他“有权利”，可是在亿万次交易中它们只是一般性的，不是关键性的。如果它们是靠得住的，那就在亿万次交易中难得有一次成为限制性因素。如果是靠不住的，那就把其他一切都丢开，出动主力来控制那限制性因素。

限制的或关键的和补充的或一般的因素和交易，用效率、稀少性和未来性可以加以测量，这种学说似乎包含了形而上学的“本质”和“存在”问题中所有的一切。本质是补充性因素的靠得住的预期，而存在是限制性因素的不稳定的状态，对这种限制性因素的控制，可以决定其他因素的稳定。然而，柏拉图的所谓"本质"距离这些预期还很远，因为那是永恒的存在，人们从来不预期它具体化，它对现实的关系是作为一种永恒的整体，和它的不断变动的各部分完全分开。可是，在现代的意义上，"本质"是一种外界存在的东西，甚至是一种"绝对"，它在等待，到时候将要来到下界，被体现在真实的行为里。如果是这样的意思，"本质"就不过是补充性因素的预期。这种用"本质"替代单纯的预期，似乎在康德的"纯理性"、山达亚那的"纯本质"以及新康德派对"本质"和"存在"的区别中，都是这样。麦克劳德和法律家的"自然权利"似乎也是一种类似的先在的本质，等待着在实际交易中被发现为一种存在物。

可是，如果我们研究这些不存在物在实际的交易程序中的意义，就会发现本质或者抽象只是一种预期的在需要的时候会重复的相似性。它不是一种先前存在的永恒的绝对或者外界的不存在物降落下来，具体表现出来。它是未来性具体表现在现在的价值和估价中，构成一种现在的预期。实际上，它是一种很真实的预期，然而没有人注意它，因为它是靠得住的，如同空气是一种真实的预期，没有人注意它，除非它变得太热、太冷或者太稀少。

因此，凯尔森正确地认为法律上的关系的"本质"在于"行动的事实"和官吏的"执行"这两项，他否认权利、义务、能力、责任等名词从纯粹法的意义来说，是"法律"名词。它们表示社会的或伦理的关系，不是法律的关系。凯尔森在这种分析里提供了很正确的和很有启发性的见解，可是我们通过实用主义的未来性学说以及经济的限制性因素和补充性因素学说，得到相同的结果。麦克劳德的现在存在的抽象权利成为一种对凯尔森的所谓法律强制的预期，这种法律的强制表现于"诉讼权"，必要时可以提起诉讼，取得有权利向另一个人索取的商品、服务或者钱。假设我们预期一种已经确立的法律制度可以继续实行，法律关系的“本质”不过是预期官吏在强迫公民服从法律的强制的交易中将重复同样的行动。如果预期是这样，在无数的交易中，那不是人们现在认为是价值所依赖的限制性因素。限制性因素是双方私人的直接行为——他们约定的事物，经济物品的种类、质量、数量等等，根据个别交易的情况而定。预期的官方行为的相同，在任何现在价值的估计中，具有很大的决定性，可是在交易行动的时候，它不是限制性因素，只要对它的预期是靠得住的。法庭的判决引起价值上的重大变化，并引起价值的重大移转，从某些个人和阶级转移到另一些个人和阶级。这样造成的各种预期，就叫做权利、义务、自由、暴露。实际上，这些是社会的和经济的预期，它们的基础是公民（个别地或集体地）在控制立法、司法和行政当局的行为方面的政治权力。这不是柏拉图主义，或者新康德主义，或者绝对论——这是分析的实用主义。

本质和存在的调和一致，在实用主义的未来性学说里实现。权利和价值现在存在，就在这行动的时刻，可是它们作为未来事物而存在。它们构成一种预期的状态。法律上的能力，如果不行使，不是现在在行动中存在，可是它的确以有保障的预期的状态存在着，这完全是一样，甚至更好。它是未来的行为，它的现在的预期叫做权利。法律上的能力是未来本身，“权利”是它的未来事物。价值是用权利可以取得的未来的有限数量的物品的现在的预期。

这些不是抽象——它们是预期——集体行动的预期。这些权利、价值和能力全是在现在的时间存在，可是它们只作为现在的预期状态而存在，准备在需要的时候被“体现”在交易里。这些心理的预期是洛克的“观念”以及柏拉图和康德的“本质”，不受时间的限制，因此它们是怀特海的“永恒的”、“超时间的”原则和概念。可是具体地、从实用观点和时间观点来说，它们作为限制性的或者补充性的因素在行动的时刻存在。甚至在这时候补充性因素还是只作为未来事物而存在——然而未来事物是人类据以行动的唯一"对象"。它们是皮亚斯的"真实",它们的"本质"是未来时间,它们的现在的"存在"是"预期"或者所处的"状态",它们的现在的外在现实是交易之流和运行中的机构。

这些未来性学说以及限制性因素和补充性因素学说,正是经济学家对休谟时代以来哲学家的形而上的问题的答案。休谟在柏克莱的基础上加以发挥,认为我们所知道的只是当时对物体的感觉,我们从身体的感官上不知道我们的许多感觉之间的关系,也不知道我们的感觉从而发生的外界事物之间的关系。在休谟以后的一百五十年中,所有的哲学的不变的主题始终只是给这些关系确定一种适当的状态,最显著的解决是康德的《先验感性论》。可是他的答案把一个只由事物之间的关系组成的绝对的世界和只由经验组成的经验主义的世界分开。后来在詹姆士的《极端经验论》里——皮亚斯的实用主义的引申——所有以前从斯图亚特、霍季森和皮亚斯以来的经验论的学说,被发展为一种心理学,在这种心理学里面,内在的"已知"和外在的"已知"是同一机能作用的两面,因此不仅感觉和被感觉的对象是同一的,而且对象与对象之间的反应和那关系的感觉也是同一的。在最近的形态心理学里更有了进一步的发展,这是美国实用主义的德国复制品。这些经验论、理性主义、实在论、实用主义、形态论等等不同的哲学和心理学,在关于意志的根本性质方面,不管结果怎样,经济学上关于意志的学说显然总是一种环境的或者制度的意志,在这里人们通过经验教训直接地知道或者预期限制性因素和补充性因素之间不断变化的关系。在这里杜威的心理学差不多最适合情况。人类意志体验各项因素之间的关系,以及各种因素本身,否则它不可能知道怎样控制

关键的因素，从而取得遥远的结果，这种关键因素又能影响其他因素；机器和制度确实产生了巨大的成果，比个人所能取得的成果大得多。

实际上，人类智慧从限制性因素和补充性因素的关系中推论出因果关系的观念。由于在适当的时间、适当的数量、适当的地点上控制限制性因素，人类意志控制了其他的因素，结果就是一种运转的机器、运行中的营业、运行中的机构。这种控制有一个含义广泛的综合的名称，“及时”。实际上，“及时”是从经验中学来，并且是那适宜的感觉的一部分，这种感觉不能由单纯的理智产生。它提供了艺术和科学的区别，抽象的“愿意”的概念和在一定的时间、地点和环境中采取行动的“具体意志”的概念的区别。科学家或哲学家可以埋头研究抽象的概念，不管“时间”，可是事务家必须注意及时。“因”与“果”已经被人们恰当地从自然科学里排除出去，代以各种方程式。数理经济学家也想把因果从经济学里排除出去。可是，因果是经济学和它的愿意原则的重要成分，这种原则及时地控制现在的限制性因素，从而实现未来的目的。

因此我们有一种经济的“意志”概念——行动中的意志，受目的和预期的指导。约翰·穆勒所陈述的因果论和布莱德雷所陈述的绝对论①都体现在经济学的意志论里，意志控制着限制性因素，为了给大家扩大未来的产出，或者为了给自己取得较大的收入，而同时减少别人的收入，或者由于控制公司组织或其他机构，把意志伸展到遥远的空间或遥远的未来，这些公司和机构，各在自己的范围内，通过各种交易，按照自己的目的，最好地配合一切限制性和补充性因素。

① 穆勒：《逻辑》，1848年初版；引证根据1925年第8版，第211—241页；布莱德雷：《逻辑学原理》，1922年第2版，第583页以次。

第十章　合理的价值

Ⅰ　凡勃伦[1]

1. 从有形体的到无形的财产

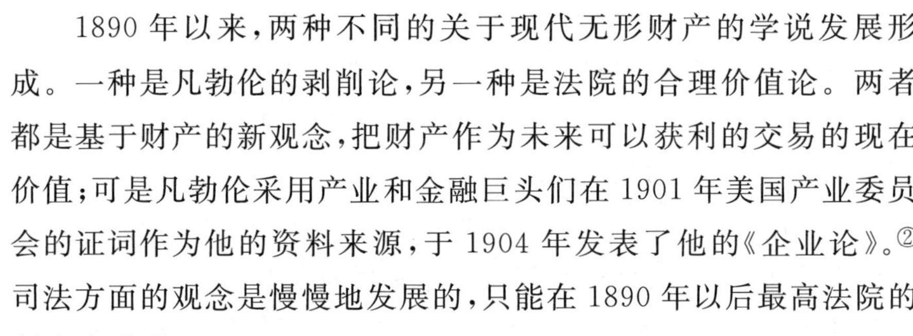

1890年以来，两种不同的关于现代无形财产的学说发展形成。一种是凡勃伦的剥削论，另一种是法院的合理价值论。两者都是基于财产的新观念，把财产作为未来可以获利的交易的现在价值；可是凡勃伦采用产业和金融巨头们在1901年美国产业委员会的证词作为他的资料来源，于1904年发表了他的《企业论》。[2]司法方面的观念是慢慢地发展的，只能在1890年以后最高法院的判决中看到。

从美国产业委员会的审讯和裁决中，可以找到像下面这种实例：卡内基在钢铁工业中占有关键的地位，因为他的生产成本最低，而且他自己拥有铁矿和煤矿以及运输原料所需要的船只和铁路，可以把原料运送到他设在匹兹堡的熔炉和工厂。他的产品中还没有马口铁，还没有扩充到钢铁工业的马口铁这个终点；可是他宣布了他打算在伊利湖畔建立一所使用最新式的设备的马口铁厂。

---

① 参阅提加尔特：《凡勃伦》一章，载《美国经济思想》，1932年版。

② 凡勃伦：《企业论》，1904、1927年版。

凡是懂得卡内基的毁灭性竞争方法的人，都明白这个新厂一定会使他们在市场上不能立足。他们于是委托摩根公司和他们的律师组织一个庞大的控股公司，要能够吸收一切必要的厂，构成一个包括钢铁业各部门中所有的公司组织的统一的完备的整体。这个组合必须收购卡内基的全部事业，它的价值，作为有形体的财产，根据重建的成本估计，约为七千五百万美元。可是，由于卡内基在市场上可以控制一切的地位，他能够取得三亿万美元的金公债。这二亿二千五百万美元的差额，不能根据传统的经济学理论，作为是由于有形体的财产的价值。也不是无形体的财产，因为它不是欠卡内基的债务。我们可能给它的唯一的其他名称是“无形的财产”，也正是金融巨头们自己所用的名称。凡勃伦很正确地把这种无形的财产解释为完全是一种剥削或“劫持”的价值，因为它完全起源于所有的竞争者不得不消除卡内基的削价竞争，他们知道否则他一定会采取这种手段。

至于那控股公司所吸收的其他公司，它们都愿意拿它们自己的股票交换控股公司的股票。对它们的估值，按控股公司的股票计算，同样地也超过它们的财产的实值很多。结果美国钢铁公司最后组成时，资本总额共达二十亿美元，其中包括欠卡内基的债务三亿美元以及普通股和优先股十七亿美元，实际上有形体的财产的价值，按再生产的成本估计，大概还不到十亿美元。这种无形的估值最后从利润中建立起来，建成了有形体的设备，其实值等于最初的无形的价值。那最初高于有形体的财产价值的超额估值十亿美元被称为“无形的财产”或“无形的价值”，因为人们认为控股公司的提高了的未来获利能力使他们有理由作那样的估值，这种说法终于证实了。

凡勃伦在1904年就能恰当地说这种以预期的获利能力为

基础的无形的价值完全是一种“金钱的”估值，不是传统经济学的那种“产业的”估值，传统的经济学总认为价值倾向于设备和商品的再生产成本。那钢铁公司显然不是独占事业。因此它应该属于经济学家所谓竞争的生产成本的标准，因为那控股公司只收购了构成一个完整的产业所必需的若干公司。它纯粹是私有财产权的行使，没有独占化，美国最高法院 1920 年的决定也是这样。

因此凡勃伦区别“资本”为有形体的财产的价值；可是他区别无形的价值或无形的资本为企业家所作的纯粹金钱的估值，根据他们的战略的能力，“劫持”社会，从而“无中生有”，不劳而获。他这种说法是对的。

因此凡勃伦是第一个人在现代无形财产的概念的基础上建立了他的学说，这种概念，他是从使用这个名词的企业家的习惯中直接推论出来的。凡勃伦实际上不管原始社会以及古典派、马克思派和快乐主义经济学家的有形体的财产，也不管麦克劳德的债务那种无形体的财产。他完全根据无形财产的新概念，作为资本家未来的买卖能力的现在价值。

可是，他不研究最高法院的判例。美国最高法院在处理案件时，也用无形财产这个新事物作为判决的根据，然而不是根据凡勃伦的剥削观点，而是根据该院自己的历史上的合理价值的概念。有时候这种原则支持了资本家的争点，例如，诉请解散美国钢铁公司一案(1920 年)。有时候它大大地减低了资本家所争取的价值。还有些时候它给予某种财产的估值远远超过资本家所反对的数目。法院对无形财产的估值，不管原告和被告两方争得多么厉害，总含有一种公共目的，另一方面凡勃伦却竭力主张经济学的科学，和其他科学一样，不应该容许人们引进“目的”这个因素。

法院开始承认无形财产的新概念是在 1890 年，[1]当时法院宣告明尼苏达州铁路委员会减低铁路运费是一种“财产的剥夺”，虽然所剥夺的不是有形体的财产，而是无形的财产——规定价格的权力。法院又声明，财产的剥夺是一个司法问题，不是立法问题，因为根据联邦宪法第十四次修正条款的规定，州政府不经过合法程序不得剥夺财产。在以前类似的案件中(孟因对伊里诺斯，1876年)，当时法院对财产的解释是有形体的财产，曾认为州立法机关减低运费不是剥夺财产，而只是管理财产的使用。[2] 可是，1890 年铁路公司的律师请求法院变更前议，认为减低运费从而剥夺财产的“价值”，根据宪法也是一种“剥夺”财产。他们是对的，因为现在被剥夺的不是公司的有形体的财产，而是无形的财产——公司可以尽可能自由规定价格的权利。换一句话说，那些律师代表着凡勃伦的无形财产的意义。法院接受了他们的论点，同意这种新解释的无形财产的剥夺是一个司法问题，应该由最高法院决定，不应该由明尼苏达州决定，因此该州所定的运费标准无效。

这样，在 1890 年人们采取了第一个步骤，趋向于改变财产的意思，从有形体的财产改变到无形的财产。经过这种意义的改变，最高法院夺取了限制公用事业价格的权利，人们以前认为这是各州的权利，像孟因案件中所承认的那样。

关于承认无形财产是一种和经济学家的有形体的财产的意义完全不同的价值，下一个具有重大意义的步骤是在“阿丹姆斯捷运公司对俄亥俄”一案里。[3] 这是一件课税的案件，最高法院，不顾公司的抗议，提高了有关财产的价值，从二万三千美元提高到四十

① 康芒斯:《资本主义的法律基础》，第 15 页。

② 康芒斯:《资本主义的法律基础》，第 15 页。

③ 同上书，第 172 页。

四万九千三百七十七美元，为了在俄亥俄州按这个价值征税。经济学家和习惯法的有形体的财产是马、马车、保险箱、钱袋这一类的有形财产。无形的财产是以公司作为一个运行中的机构的预期的获利能力为基础的股票和债券的全部市场价值，这种价值俄亥俄在各州中应该分摊的一份是四十四万九千三百七十七美元。在这一案中，无形的财产十八倍于有形体的财产。法院在复审时说，"它是财产，虽然无形，但确实存在，它具有价值、产生收入、并且在世界的市场上发生影响，这就够了。"

在这个例子里可以看出法院完全承认了凡勃伦所作的区别，就是"资本"作为有形体的财产的价值（二万三千美元）——实际上符合于当时流行的经济学家的理论——和无形财产的价值（四十四万九千三百七十七美元）那种新事物的区别。可是，不像凡勃伦那样只把问题作为经济学上一种纯粹科学的假设，不须采取任何行动，法院却根据公共目的要求在课税问题上平等待遇的原则，实行提高那用于课税的合理价值，从原来的有形体的财产的价值提高到加大十八倍的无形财产的价值。

还有一件案件可以显示凡勃伦对无形财产的"科学的"研究和法院从公共目的出发的处理的区别："山乔钦与金氏运河灌溉公司"建筑了一处灌溉系统，根据凡勃伦的无形财产的原则，该公司将它估值为一千八百万美元。加利福尼亚州又核准该公司收取水费以按照此项估值产生百分之十八的收益为标准。美国最高法院，在本案由下级法院作出有利于公司的判决而当事人提起上诉时，把价值从一千八百万美元减低到六百万美元，并且把此项无形资本的收益标准从合同规定的百分之十八减低到合理的百分之六。换一句话说，最高法院减低了可以容许的公司的获利能力大约百分之九十，并且命令相应地降低水费。这样，最高法院，一方面承认凡勃伦关于资本家实际怎样建立无形资本的科学研究结果，一方面在本案中又认为它太高，把获利能力减低到该院认为合理的程度。该院在申述判决的理由时，说：

> “本院规定水费的标准以按照供水设备所用财产的当时价值计算能产生百分之六收益为度，决不是不经过合法程序而没收或者剥夺财产，虽然该公司以前曾奉核准可以规定水费从而每月取得等于实际投资百分之一又二分之一的收益。……原来的成本也许太大；工程上可能发生过错误，那必然增高了成本；所购置的财产也许超过了必需要用的范围。”

我们因此可以看出凡勃伦和最高法院根据新的无形财产的概念所得到的大不相同的结论，这一概念于 1890 年获得法院承认以后他们同时都在进行研究。凡勃伦的结论达到一种剥削论，最高法院达到一种合理价值论。凡勃伦在一本书里突然达到结论；法院实验地从调查研究中达到结论，其间随着法官人选的更动，经过错误和纠正。

如果我们对于根据新资本主义的同一现象所得到的结论上这种显著的区别，寻求它的根源，我们将发现那是由于对科学本身的概念不同。凡勃伦对科学的概念是传统的自然科学的概念，它在事实的研究中不谈任何目的。法院对科学的概念是一种制度的概念，根据这种概念，其研究必须从一种公共目的出发，作为科学本身的一项根本原则。这是自然科学和社会科学的区别。

凡勃伦把目的排除在科学的范围以外，是根据他对当时詹姆士和杜威所讲的实用主义的了解。① 他似乎不知道皮亚斯的实用

① 凡勃伦：《为什么经济学不是一种进化的科学》，1898 年版；《现代文明中科学的地位》，1906 年版；《观点》，1908 年版，见凡勃伦：《现代文明中科学的地位等论文集》，1919 年版。

主义，那完全讨论自然科学，也不知道法院的实用主义，那比较接近于奉行杜威的学说。当詹姆士和杜威承受实用主义这个名称的时候，詹姆士把它应用于个人心理学，杜威把它应用于社会心理学。在这个领域里，他们承认目的是人文科学的主要问题。因此他们受到甚至皮亚斯本人的否认，同样地也受到凡勃伦的否认。凡勃伦认为科学是“实际”的科学，起因于现代机器的发明，在那里面科学家排除炼金术或者占卜的概念中所包含的目的或“万物有灵论”的旧观念，只采取“连续的变化”或“程序”的观念，没有因果关系，也没有“最后终点”或“目的”。他说，“现代工艺学和现代科学使用同一范围的概念，根据同一观点来思想，并且应用同样的方法来测验正确性。”①

如果是这样，那就没有关于人性的科学。科学成为只是自然科学。因此，凡勃伦认为，实用主义应用于人性时

> “只创造一些有利益的行为的准则，此外一无结果，”另一方面，“科学只创造一些理论。它完全不懂政策或效用，也不管有益或有害。……实用主义的那种聪明和本领不能有助于促进对事实的知识。……世俗聪明的心理态度和不关心私利的科学精神是矛盾的，追求世俗的聪明，会引起一种理智上的偏见，和科学的眼光不能相容。”②

然而，在制度经济学里，我们正是研究这种偏见，作为整个经济程序的一部分。甚至当凡勃伦在实用主义的名称下详细说明这些世俗聪明的态度时，结果知道这些态度就是他的所谓制度的行为那种一般观念的特殊情况，因为，他说，世俗聪明的理智的产物

> “是一套精明的行为的规则，大部分是特意为了利用人类的弱点。它所惯用的标准化和正确性那种说法是一些有关人类天性的说法，有

---

① 凡勃伦：《现代文明中科学的地位等论文集》，第17页。

② 同上书，第19页。

关人类的爱好、偏见、希望、努力和无能的说法，并且和它一致的思想习惯都是符合于这些说法的东西。”①

我们检查这些“世俗聪明”的说法，发现它们不是包含在我们对空洞的人性的概念里，而是具体地概括在我们对交易和运行中的机构的运行法则的概念里，在这些机构中集体行动控制个别的交易。在法律学的领域里，结果成为合理价值和合法程序的理论，其动机总是集体的目的，由有关当局制定规则，使利益冲突的裁判必须顾到公共利益。可是，凡勃伦的学说不是从司法判决中推论出来，而是从资本主义的交易在法律不加限制的情况下显明的剥削中推论出来的，所以在凡勃伦看来，制度的一切都成为资本家尽可能发明和利用的剥削手段。

换一句话说，我们用“实用主义”这个名词，总是在皮亚斯的科学的意义上作为一种研究的方法，可是我们认为皮亚斯只在自然科学上用它，那里没有未来也没有目的，另一方面詹姆士和杜威总是把它用在人文科学上，那里的研究对象本身就是一种实用主义的人物，总是指望着未来，因而总是受着目的的推动。因此，我们不让一切特殊的剥削情况没法解释，而把它们一起归结在一个总的概念里，就是各种集体行动依据各种习俗和机构的不断发展的运行法则，控制个人行动。这些法则和机构也能用科学的实用主义的方法来研究，正如自然科学的技术规律可以研究一样；这样，人们可以把它们作为“事实”来研究，作为不断发展的法院和仲裁法庭的判决中、不断变化的合理价值的意义中，以及凡勃伦的所谓不受限制的剥削中的事实。

正是在这些法则的变化（包括习俗和运行中的机构），以及各

① 凡勃伦：《现代文明中科学的地位等论文集》，第19—20页。

种社会哲学里，我们和凡勃伦一样，发现了经济学的进化的学说。凡勃伦对奥国学派经济学家关于人性的错误概念的陈述，最能说明为什么正统派经济学家不能构成一种进化的学说。这一点我们在上面已有引证，①作为和边沁的概念相同。可是，我们避免那种错误的概念，是由于把个人的交易和集体行动的运行中的机构作为经济学的研究对象。

2. 从财富的增殖到观念的增殖

我们曾注意到②十九世纪三十年代和四十年代中社会观念的产生，以及随同而来的那些天真的和不可思议的公式，那些关于现在的物质商品和固定资本中所包含的过去的社会服务的无限增殖的公式。可是，如果那些对象化的过去的服务久已磨损、折旧和陈废，如果它们必须不断地由新的劳动来补充替换以及由新发明来加以改进，那么，产生周转概念的，是一种物质的增殖吗？是不是不如说是**物化的观念**的累积，从文明的开始到现在的蒸汽、汽油和无线电为止的各种观念的累积呢？今天的科学家、工程师或者技工不过是重复阿基米得的杠杆观念、伽利略和牛顿的引力观念、富兰克林的电气观念，以及自有文明以来科学家、工程师和技工的无数观念。

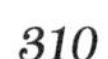

凡勃伦，在"技巧的本能"这个名称下，用这种观念的进化的制度的演变程序替代了物质资本的增殖那种物质的概念，因而为近年的周转的概念③造成一种适当的背景。然而，他的所谓技巧的"本能"，我们应该称为管理的交易的习俗和法律。它导致商品和服务的有秩序的生产，不管数量、价格和所有权。可是这种习俗和

① 参阅本书上册，第 256 页，《边沁对布莱克斯顿》。
② 参阅本书上册，第 379 页，《从劳动的分工到劳动的组合和公共的目的》。
③ 参阅本书上册，第 343 页，《从流通到重复》。

法律，像我们已经了解的那样，受法律上最初的契约和等值交换学说的现代解释的支配，并且受所有人的权利的支配，承认所有人有权指挥他的工作人员的行为。

凡勃伦看到了马克思试图把古典派的财富或资本的双重意义（作为物资和物资的所有权）分成两种对立的实体——社会劳动力以及对物资的集体的资本主义式的所有权，这些物资由那种劳动变成使用价值。可是凡勃伦看出了马克思这样构成的两种实体只是两种形而上的本质，一种起源于黑格尔的辩证法，另一种起源于经济学家的自然权利和自然自由。[①] 黑格尔的计划指向一个预定的目标，在黑格尔本人的精神的一面，那是精神的发展，最后要达到一个统一的和自由的日耳曼世界帝国，可是在非正统的一面（以费尔巴哈为首），成为马克思的唯物主义的生产方式的发展，最后要达到一个无产阶级的世界帝国。马克思的主要判断是资本主义所有制注定的腐朽，以及由无产的和失业的阶级以革命手段夺取那个所有权，他们对自己的劳动的全部成果始终有一种自然权利，像凡勃伦所解释的马克思的学说那样。

因此，凡勃伦认为，马克思的学说是在达尔文以前的学说，因为达尔文式的进化没有预定的目标，而是一种因与果的连续，没有任何趋向、任何最终的极限或者完成点。它是“盲目的累积的因果关系”。它是各种文明的起伏，而不是任何一种文明的发展，一直发展到马克思预定的劳动所有制。它可能结果是最后由资本家控制，也同样可能由劳动控制，在这里凡勃伦预言了法西斯主义的可能性，以及共产主义的可能性。这些变化性是达尔文式的进化，不是预先注定的，凡勃伦致力于研究它们，只作为一种单纯的过程，

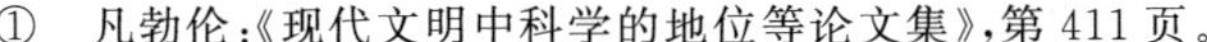

① 凡勃伦：《现代文明中科学的地位等论文集》，第 411 页。

没有任何目标。

可是，达尔文在那些变化性之中有两种“淘汰”：自然的淘汰和人为的淘汰。我们的理论是人为的淘汰。凡勃伦的理论是自然的淘汰。

根据凡勃伦的说法，马克思派理论家，由于达尔文的“自然”淘汰论当时在进入经济学的领域，正达到一种怀疑的时期，怀疑那抑制不住的阶级斗争是否无可避免，以及是否必须使用暴力，这是他们所不赞成的。主要的马克思主义者当时正在对爱国主义让步，对那变动的国际形势让步。在这里凡勃伦预言了他们在世界大战开始时的改变态度，在大战中爱国主义克服了他们的阶级斗争的观念以及无产阶级最后统治世界的观念。

为了适合这种连续变化而没有一个预定目标的达尔文式的新观念，凡勃伦简单地代以“过程”的观念，而没有明确的目标。可是这一来他比马克思自己造成了增加国家物质财富的劳动程序和把持、居奇、使工人失业的资本主义程序之间更大的对立。

凡勃伦正确地认为马克思的预先注定的进化的概念是达尔文以前的概念，马克思的这种概念是从黑格尔的形而上学推论出来，但是很难想象马克思可能在任何其他的基础上建立他的学说，因为他只奉守古典派的有形体的财产的观念。如果财产只是单纯的物资所有权，如果那财产的价值仅仅是物化在那里面的若干社会必要劳动，那么，马克思可能采用的唯一的变化的概念，就是劳动所生产的物资的增加，连带着当然是所有权的增加。

可是，这不是达尔文式的微小变化的程序，其结果成为不同的种类。因此，凡勃伦可能从那有预定目标的形而上的实体转变到达尔文的程序的观念，只需从马克思派和正统派的有形财产的概念改变到新的实际上是马克思以后的无形财产的概念。后者是一种买、卖、借、贷，以及增加财产权的金钱价值的程序本身；另一方面，有形体的财产本身没有买卖的能力，这种财产的增加只是通过包含工作和发明的劳动程序而取得的使用价值的增加。

因此，马克思认为，如果这种单纯的物质东西的所有权被集中在少数人的手里，所有权本身就变成一种独立的实体，和另一种实体——社会劳动力——完全分开。凡勃伦从实体改变到程序的时候，必须从那不包含有关金钱的买卖程序的有形财产，改变到完全是金钱程序本身的无形财产。相应地，他脱离马克思的社会劳动力的时候，必须代以一种有规则的创造物质财富的程序，不受金钱程序的控制。这个我们称为“管理的交易”的预期的有规则的重复。凡勃伦称为“技巧的本能”。

凡勃伦所知道的泰勒的科学管理学说只是它在初期的情况，其时它还没有发展到那种人道主义的内容，像我们引证的丹尼逊对管理的交易的分析中所包含的那样。[①] 科学管理也还没有发展到一般的社会福利，像近年来管理经济学家的目标那样。[②] 泰勒的科学管理的观念完全是工程师的计量的观念应用在劳动上，如同应用在机器上一般。经理凭他高高在上的地位，决定工人应该生产多少，以及怎样生产。凡勃伦在1914年反对这种观念，建立了相反的理想化的工人的观念，不管是体力的、科学的或者管理的工人，推进着良工的传统。

由于这些原因，凡勃伦成为思想上的创始人，产生了那些现代的计划，把工程师而不是把资本家放在社会程序的首要地位。[③]

在这里凡勃伦的理论又是放弃正统派讲经济事实的平衡和协调的静态学说，代以一种讲财富生产者的知识、科学、艺术、习惯和

① 参阅本书上册，第76页，《管理的交易》。

② 泰勒编：《美国产业中的科学管理》，1929年版。

③ 泰勒：《工程师与价格制度》，1921年版。

习俗的进化的学说，不管资本主义所有制的妨碍。因此，正统派和马克思派经济学家的物质的东西本身，例如机器、商品、自然资源，不再作为经济学的研究对象，而作为以工程师为首的“技巧的本能”的实用的知识和习惯，重新出现。

在这一点上，凡勃伦实在是很对的，因为老派经济学家的物质的东西只是一些使用价值，它们出现和消灭，通过我们所谓管理的交易的不断反复或周转，被补充和发明。可是长期存在和建设新物质的，是知识、习惯和发明的才能，因为这些是人类的能力经历不知多少时代，通过教学、传统、经验、实验、研究，不断发展的结果。这种知识完全是技术的，根据凡勃伦的说法，那是：

> “对物资的物质行为的实际知识，这些物资，人们在谋求生活中不得不和它们打交道。……说矿物、植物和动物有用——换一句话说，它们是经济物品——意味着它们已经被置于社会所知道的使用方法的范围以内。”①

这一点甚至使那形成正统派经济学的基础的物质的东西本身也具有一种制度的特性。因此所以我们要用“管理的交易”来代替“物资”和“劳动”的物质的概念。物质的东西，由于折旧、陈废和消费，变化无定，周转很快；可是使它们获得补充和增高效率的，是在管理的交易的不断发展的特性中世代相传的传统、习俗和新发明，可是，凡勃伦用一种“抽象概念具体化”的方法，把它们叫做“产业的非物质的设备，社会的无形资产”。② 这种“非物质的设备”是继承下来的，可以遗传的，因为它是“有意识的追求一种客观的目的，这种目的，那有关的本能使其值得追求”。

---

① 凡勃伦：《现代文明中科学的地位等论文集》，第325、329页。

② 同上书，第330页。

因为这个理由，凡勃伦对那种不反省的或者不思考的动物或人类行为称为“向性”或者“向性的活动”，而留下“本能”这个名词专用于人类的意志。因为这个原因，我们体会他的意思，称它为习俗，而不称为 本能。他说，这种本能是“过去的传统问题，一种思想习惯的遗产，通过以往一代一代的经验积累起来的”。它“走上惯例的方向，跟习俗和规定取得一致，因而具有一种制度的特性和力量”。[①]

这些习惯了的行动和思想的方法受到“社会惯例的认可，于是成为正确的和适当的方法，从而产生行为的原则。由于习惯，它们被当时的常识所吸收，混为一体”。因此本能不是遗传的而大部分是养成的，但是它们受变化、淘汰和生存竞争的支配，主要地作为对环境的适应，符合生活的物质要求以及文明的精神上的变化。[②]

凡勃伦认为，技巧的本能，或者我们应该说技巧的习惯，普遍存在于其他一切习性中，因为它是辨别是否合宜的意识，能辨别合宜于完成任何最终目的的方法。在艺术中，“美的辨别力是原动力”，而技巧的本能供给技术；在宗教里它是仪式；在法庭里它是诉讼程序和法律专门事项；在产业里它是生产程序和职工力量的组织。企业家又在为了获利而操纵市场和支配人类需要方面，显出技巧的本能。“因此，这种本能，在某种意义上，可以说是对其他一切都有辅助作用，有关生活的方法与手段，不是仅仅有关任何一种特定的目的。”“它包含认定一个目的。”“它有关实际策略、方法和手段，借以取得效率和经济、熟练、创造的成就以及在技术上对事实的掌握。它是一种不辞劳苦的倾向。”[③]

这样，凡勃伦不得不把目的加入他的技巧的本能，因而从达尔

① 凡勃伦：《技巧的本能和产业艺术的状况》，1914 年版。

② 同上书，第 16 页。

③ 同上书，第 29—33 页。

文的"自然的淘汰"改变到达尔文的"人为的淘汰"。

凡勃伦的第二种和补充的概念是他的运行中的机构的概念，这个概念把物质的资本变成一种进化的程序。然而，他的概念是我们叫做技术上的运行中的工厂的那种东西，留下运行中的机构这个名词来包括运行中的工厂和运行中的营业两方面。凡勃伦的运行中的机构，或者不如说运行中的工厂，是原料、机器、厂房的周转，这些原料和设备由厂长、专家、工头和工人构成的组织加以经营和保养，生产出使用价值。马克思注意具体物资和"物化劳动"的设备；凡勃伦注意工厂范围内技术工作的组织，这个我们称为管理的交易的组织。因此马克思表达这种概念是用"资本的有机构成"那种被动的和比喻的说法，而凡勃伦的说法是用一种管理的程序，在"工头式的监督下，在关于种类、速度和量额方面，配合工作的相互关系"，一切"决定于工头对一般技术情况的掌握，以及能够安排产业的一种程序，使其配合另一种程序的要求和影响"。①

这是"效率"，凡勃伦虽然不用"目的"这个名词，却和"现代科学家"不同，他们会否定像效率这种字眼，因为据说它含有形而上的"因果关系"的概念。我们同意凡勃伦的看法，效率确实是一种原因与结果的概念，因为它是"工头、工程师、厂长所实行的"有目的的控制，它"决定某种特定的物质设备可以有效地作为'生产资料'的程度"。②

这个我们当然应该称为目的，凡勃伦的所谓物质资本成为不是若干数量的物，而是一种有用性的不断变化的程序，受着"当时的思想习惯"的支配。"物资的物质特性是不变的"，"变化的是人的因素。"资本不是含有储藏的劳动的过去产品的累积——这些是暂时的和无目的的——资本是一种具有产业知识和经验的运行中的

① 凡勃伦：《现代文明中科学的地位等论文集》，第 345 页。

② 同上。

工厂，在工头的指导下为人类服务。资本是亨利·福特和他的十万工人，福特的《我的生活和工作》那本书是行动中的凡勃伦。

可是，凡勃伦和福特看到了另一种本能，并且有资本的另一种意义。这种本能很可能从亚当·斯密的“互通有无、物物交换和互相交易的性向”中推论出来，假如不是因为斯密在那里面看到神惠的无形之手，而凡勃伦却看到那只恶毒的手，它妨碍技术的程序，以便“不劳而获，从中取利”。[①]这种“金钱的本能”是财产。财产是资本，正如凡勃伦的资本家不凭“使用的权利”，而凭着“滥用的权利”取得金钱的利益；法院判决的结果，福特奉行凡勃伦的理论，收买股东，消除他们在法律上可以要求利润和利息的权利，以便真正成为凡勃伦的受着技巧的本能推动的所谓“工头”。

凡勃伦认为，亚当·斯密的财产概念属于手工业和小商业时代，其时机器生产方法尚未成熟，工人还是雇主、工匠，生产和出卖他自己的产品，商人还是靠适应商品的供求谋利，对这种供求他不能控制。可是，现代的企业财产是一种投资，不是投在流动于生产者和消费者之间的商品上，而是投在产业本身的机械程序上。[②]斯密的财产的概念，我们曾说过，溯源于洛克，洛克用财产和自由的自然权利（基于工人对自己的身体和劳动成果的所有权），代替一个在上者的权力（基于勇力、服务和忠诚），包括人世间的权威和神权。在斯密的时代，经济生活已经“根据技巧和价格”标准化。然而，现代企业，保留着自然权利和自由这些观念，却放弃了洛克所谓财产起源于工人的创造的效率那种说法，认为财产的基础在于预期的获利能力的资本化。财产不仅仅是对个人自己的生产成果的所有权以及可以自由处置的权利；它是预期取得别人所生产的

① 凡勃伦：《既得利益和产业艺术的状况》，1919年版，第100页。

② 凡勃伦：《企业论》，第22、80页。

东西的现在价值。因此，财产是以货币计算的获利能力的资本化，这种资本化是现代的“资本”。

这是因为机器生产方法已经接替了手工生产方法。“机器程序”比机器更大。它是整个的国家。它是根据对于所使用的各种力量的有系统的知识来进行的；农产业和动物产业也是机器程序。它的范围大于单一的工厂，因为没有一个程序是自给自足的，而是“整个产业运转的合奏曲必须作为一种机器程序”。因此，扼要地用凡勃伦的理论来说，必须有一厂以内的调节，厂与厂之间和产业与产业之间的调节，物资和用具的计量单位，标准化的大小、形状、等级、尺度，这些标准不仅应用于商品和服务，而且应用于时间、地点和环境。它是一种世界范围的“广泛的、平衡的、机械的程序”——是工程师而不是资本家。

这种程序平衡得非常精确而敏感，任何一点上发生变动，很快就传到其他各点，可能引起闲置、浪费和困难，搞垮整个程序。凡勃伦说，这里是企业家发生作用的地方。“通过商业的交易，个别的产业单位之间运转关系的平衡得以维持或恢复，调整和再调整，并且在同样的基础上用同样的方法，各个产业单位的业务获得调节。”这一切关系“总可以归结到金钱的”单位，因为企业家作为企业家来说，他的兴趣不在于那“工厂”作为一个产业的设备，而在于那工厂作为金钱上的“资产”。它对他是一种“投资”，投资是一种金钱的交易，其目的是金钱的利益，根据价值和所有权来计算。他取得利润，不是通过对社会有用的工作技巧，而是通过没有用的业务买卖。

这区别在两种资产中出现，就是，“有形的”和“无形的”资产，前者是“有特殊用途的生产资料”，后者是“非物质的财富，非物质的事实，根据由于占有它们而能获得的利益，加以估价和资本化”。

这些无形的资产起因于，对社会的物质设备的所有权使资本家成为“社会所积累的关于方法的知识的实际所有人”，就是，社会的“非物质设备”的所有人，这种非物质设备存在于工程师和工人的技术能力中。可是，那所有权使资本家不仅有了对工人的这种技术能力的使用权，而且有了“乱用、少用和不用的权利”。[①]

因此，法律上禁止的“买卖的限制”不是乱用权利的唯一形式——独特的和最普遍的乱用是为了获得金钱的利益而采取种种手段，例如“故意使工厂设备闲置”，“尽可能抬高价格”，“用破坏性的策略，妨害业务竞争者的充分效率”，“耗尽或拖死”竞争的对手，以及提高价格，结果，“在资本的制度下，社会不能利用它的关于生产方法的知识为生活服务，除了在物价的趋势可以给物资设备的所有人提供一种特殊有利条件的时候，而且只以此为限”。

因为“损害的能力也很容易加以资本化，和有用的能力一样”。且不说那些为了保护贸易的海陆军组织，或者赛马场、舞厅等等的投资，或者“使技术用于不正当用途的”浪费的和伪造的物品，此外还有那特殊的所谓“商誉”这种无形财产的资本化。这是凡勃伦为差别的商业有利条件的资本化所题的名称，不仅包括原意所指的“顾客方面的信任和好感”，而且包括比较现代的意义，包括那些适用于独占事业或者企业组合的特别有利条件。这种由于有把持供给的能力而造成的、可以控制社会和竞争者的特殊有利条件，构成绝大部分的无形资产，这一特性使我们可以分出有形资产和无形资产的区别。虽然有形的和无形的资产都可以估价，因为它们对所有人能产生收益，但是我们假定前者代表“物质的生产工作”，供给使用价值，基本上对社会是有用的，而无形的资产，总的或平均

① 凡勃伦：《现代文明中科学的地位等论文集》，第 352 页。

地来说，“大概对社会是无用的”，因为它们只给所有人产生货币价值。

本质的区别在于有形资产是社会的技术能力——就是，生产方法——的资本化；另一方面，无形资产是产业和市场之间适当的配合或者不适当的配合——不同程度的对供给的控制——的资本化，就是，被资本化的“取得价值的手段和方法，不生产财富，只影响财富的分配”。因此无形资产是商业的金钱上的特殊利益，完全起因于对供给的控制，能在价格不满意时拒不供给，因此和工人的生产效率恰恰相反，这种效率是增加供给的。

因此产生了“产业的”就业和“金钱的”就业的分别。[①] 古典派把生产要素分为土地、劳动和资本三项，这种分法已经不适当，经济学家们加上了一个第四项要素，企业家，作一种特殊的劳动者，取得一种特殊的工资。同时，凡勃伦说，原来那种天定的自然秩序的前提仍然存在，它的定理是一种自然的或标准的平衡，造成“生产服务和报酬的相等”。因此，对经济学家来说，利润成为恰好是企业才能和冒险的等值物——如同地租、工资和利息是土地、劳动和资本的等值物一般。

后来，又出现了一种特殊的商人，叫做投机家，他们“不和产业方面任何特定的企业或工厂有什么利害关系”。五十年前企业经理也许被解释为“一个负责监管机械程序的代理人”。那时候，投机的职能也许被认为和产业的职能是分不开的，因此可能区别“正当的”和“不正当的”投机，前者有关“某个具体的产业工厂的顺利运转”，后者对社会完全没有贡献。可是，凡勃伦认为，近来那种关系已经分开，结果整个一套商业的金钱的就业已经从产业的或机械

① 凡勃伦：《现代文明中科学的地位等论文集》，第 279 页起。

的就业中分离出来。因此“区别的界线不在正当的和不正当的金钱的交易之间，而在商业和产业之间”，就是，一个是抑制供给的能力，另一个是增加供给的能力。

凡勃伦接下去说，商业活动是“可以获利的，但不一定对社会有用”。它们包括证券投机家、地产代理人、律师、经纪人、银行家和金融家的活动，他们逐渐变化，“不知不觉地从那种没有产业效率作为目的的真正投机家的活动，转变到经济书籍一般所讲的产业界巨头或者企业家的活动”。这种活动的特征是“它们主要地有关价值的现象——有关交换或市场价值，有关购买和销售——对于机械的程序，即使有任何关系，也只是间接的和次要的”。它们不涉及生产或消费，只涉及分配和交换，就是有关财产的制度，这种活动“在经济学说里根本不能作为生产的或产业的活动”，因为私有财产的作用只是抑制供给的能力的作用。

既然财产的所有权意味着“自由地控制财富”，实际上产业“受商业的严格限制”。企业家决定生产什么和生产多少，可是他的目的不是生产或者有用，而是“能卖”。他往往从解散产业中和促进产业一样得到好处或者至少避免损失。总之，从凡勃伦的金钱的业务中得来的利益，起因于财产制度所赋予的阻碍和抑制生产的能力，另一方面，从产业的业务中得来的利益，起因于技巧的本能所保证的增加生产。

这种金钱的利益，凡勃伦解释为既得权利。“既得权利是一种可以转卖的、不劳而获利的权利。”既得权利是“非物质的财富”，“无形的资产”。它们是商业的三种主要方针的结果，限制供给、阻碍流通以及作骗人的宣传，其目的都是多卖获利。它们是“推销的手段，不是生产的方法”。然而，它们不是不诚实的——“一切完全在商业诚实的范围以内进行”。它们不过是法律所允许的非劳动收入。由于这个缘故,它们被称为“无代价的收入”,因为收入者从社会的总的机械生产中取得这种利益,完全凭借把持供给和机会的能力,而不增加商品的供给和就业的机会,从而作出等值的服务。

那么,金钱的业务所为的目的是什么呢?早期的物质经济学家,魁奈、李嘉图和马克思,完全撇开货币不谈或者把货币说成一种商品,并且认为地租、利润和工资如同物物交换经济中若干数量的商品,货币仅仅作为计算的单位,和其他的度量衡没有什么不同。可是,凡勃伦的现代企业家完全从事于取得货币本身,或者不如说从事于取得各种合法的工具,例如股票、债券和银行的支票账户,能够在交换中支配商品和劳动。这些合法的工具是所有权的证据,不是技术的产品。它们和商品没有必要的关系,实际上根本不是商品,而是用来控制商品供给的合法工具。古时工匠或商人把以前生产的实物商品携带到市场上来。可是,这些现代的无形财产,总的来说,凡勃伦认为是一些可以取得还没有生产出来的东西的权利,就是,一种预期的获利能力,也就是,除掉预期的工资支出以外的差额利益,这种利益的多少,决定于怎样限制供给从而抬高价格,以及怎样限制劳动的需求和增加劳动的供给,从而压低工资。因此,凡勃伦的无形财产是可以要求差额利益的权利,这种利益,在分配于各要求者之间时,采取利润、利息和地租的形式。它们不必要在产业的机械程序方面具有什么基础,完全依赖所有权的权利以及结果对供给的控制。

可以看出,在这方面凡勃伦走的是历史的路线,所作出的区别和美国最高法院于 1896 年在阿丹姆斯捷运公司案件中最后作出的区别一样。[①] 他和法院一样,扩大了财产和资本两者的定义,从

① 参阅本书上册,第 63 页,《从公司法人到运行中的机构》。

有形体的财产扩大到预期的获利能力。这种获利能力的买进和卖出，构成“可卖资本的交易内容”。[①]这种可卖的资本，像我们在阿丹姆斯捷运公司案件中看到的那样，对物质资本没有一定的关系。按凡勃伦的说法，它是一种“货币价值的基金”，“对旧式产业资本的概念的产业设备，只有一种很淡的和不断变动的关系”。旧时资本化的根据是“一个特定的机构所有的物资设备的成本。……这种根据现在已经不是物资设备的成本，而是公司作为一个运行中的机构的获利能力”。换一句话说，“资本化的核心不是工厂设备的成本，而是那机构的所谓商誉”。

凡勃伦说，“商誉”的意义扩大了，为了适应现代商业方法的要求：“性质大不相同的各种项目应该包括在商誉的范围之内；可是所有的项目具有一个共同点，它们都是‘非物质的财富’，‘无形的资产’；这一点，可以附带地指出，特别意味着这种资产对社会没有用，只对所有人有好处”。他于是进一步列举在他认为现代的意义上商誉的成分如下：

> “商誉……包含这些内容，例如已经建立的惯例的业务关系、诚实不欺的名声、特权、商标、牌记、专利权、版权、法律保障的或者保密的特别方法的专用权、特殊原料来源的独家控制。这一切给它们的所有人一种造成级差利益的有利条件，可是对社会全体没有好处。对有关的个人，它们是财富——级差财富；可是，它们不构成国家财富的一部分。”[②]

如果能卖的或者非物质的资本和商誉是相同的，而商誉只是所有权的权利，那么，被占有的具体的东西是什么呢？必须有一种实在的、所有权的基础。古时的工匠自己占有房屋、原料、工具和

① 凡勃伦：《现代文明中科学的地位等论文集》，第380页。

② 凡勃伦：《企业论》，第139—140页。

产品，现代的企业家自己占有工厂的物质设备，可是和它的技术上的财产没有关系。他有“能卖的资本”，然而这必须也涉及一种有形的东西，能够被保持和占有，像一所房屋、一匹马或一台机器那样。因此，凡勃伦的有形体的财产概念，使得他硬说企业家“有”他的工人，[①]这同一概念曾使得费希尔硬说企业家“有”他的顾客——工人和顾客都被人“所有”。[②]无形的资本，或者商誉，和物质的资本或商品一样，唯一的区别是无形资本的所有人“有”他的工人，而物质资本的所有人“有”房屋和工具。由于“有”他的工人，他就“有”那和运行中的工厂分不开的生产组织，生产组织是隶属于工厂的。这使得我们可能有一种量的差别，因为这种货物是能卖的——就是，无形的资本——而且交易的规模比物质产品的交易大得多，产生更大的利润。[③]

我们已经看到，法院在希基曼案件中[④]的意见含有同样的假设，确认了后来人们称为“黄狗”合同的那种东西，在该案中“商誉”这个名词的解释使雇主对职工的服务获得一种所有权的“权利”，不仅不容许威胁和强迫，而且连工会的说服也不容许。凡勃伦的概念和法院在该案中的概念距离不远。

然而必须记住，根据我们的相等权利的公式，[⑤]所谓对消费者和工人的所有权根本不是所有权，而是买方和卖方的“自由—暴露”关系。

这种单纯的所有权的权利或者“能卖的资本”，具有获利的能力，因而具有一种价值，不管技术的机械程序赋予物品的价值，这

① 凡勃伦：《现代文明中科学的地位等论文集》，第346页。
② 费希尔：《资本和收入的性质》，1906年版，第29页。
③ 凡勃伦：《企业论》，第166页；《现代文明中科学的地位等论文集》，第380页起。
④ 康芒斯：《资本主义的法律基础》，第296页。
⑤ 参阅本书上册，第93页，经济关系和社会关系图解。

是怎么一回事呢？凡勃伦认为，所有权，在现代的“大企业”形式下，它的价值只有一个来源，就是，有权力对生产者和消费者抑制物质货品的供给。技巧增加物品的供给，而所有权抑制供给。它是一种可以任意停止产业的权力，这种权力使生产者和消费者不得不对所有人屈服，付给他们一种代价，仅仅换得所有人的允许，可以使用土地、机器和原料，信用还不在其内。这“准许使用”具有巨大的价值，因为所有人可以任意不予准许，不获得这种准许就一切没法进行。如果不给予“准许使用”相当的代价，产业随时能被停止，工人随时能被解雇。可是这又是“自由—暴露”的关系，不是“权利—义务”的关系。

因此，仅仅这些使用的许可证，就和任何物质的东西一样能买进和卖出，借入和贷出。它们按当时的目的或用途而取得不同的名称。从信用制度的观点来说，它们是股票、债券、银行存款，这些构成一种对这些“使用许可”的预期的获利能力的要求权的基金，凡勃伦称为“贷款基金”。可是，从产业本身的运转来说，它们是超过工资支出以外的级差利益，其中包括最广的是人们称为“商誉”的那种无形财产。

这里可以看出，凡勃伦对级差利益的说明，和马克思在解释李嘉图的地租法则时所采取的说法完全一样。可是凡勃伦把它扩充到一切级差利益和一切净收入。李嘉图认为地租是由于劳动在较好土地上的较大的生产力，而马克思认为地租是由于土地私有制。不管按哪一种说法，土地所有人都不生产任何东西，相当于所收入的地租。李嘉图说地租是财富的“转移”，不是“财富的创造”。在这方面，李嘉图、马克思和凡勃伦三人是一致的。可是，李嘉图说土地的自然增值是由于用在较好土地上的劳动的较大生产力，而马克思和凡勃伦说它是由于私人所有者具有的较大的能停止生产的权力，因为劳动的较大生产力的工具属他所有。马克思得到他的结论，是用黑格尔的方法，把公有财产和私有财产来对比。假使一切土地都属公有，级差生产力就不会对任何个人产生一种地租。人们就会对全部产品加以平均，如同一个农夫对于自己的农场范围内好田和坏田的总产品平均计算一样。马克思同样地把他的求平均数的方法扩大到全国的全部资本；因此他把利润、地租和利息化成一种平均利润率，又同样地把它扩大到全国的全部社会劳动力，把熟练劳动化成普通劳动的倍数。资本成为不是个别资本家，而是全国总的所有权权力的一部分；劳动成为不是个别劳动者，而是全国总的生产能力的一部分。①

另一方面，凡勃伦当然没有犯平均数的错误。他把级差利益的原则从李嘉图的地租扩大到也包括全部利润、利息和地租这一类的收入，不管这些收入是从商誉、专利权、特权、土地或者从任何所有权权利中得来的。马克思使资本成为平均的取得收入的能力，凡勃伦使资本成为许多级差的取得收入的能力。然而，无论如何，都是和李嘉图的地租完全一样，就是，不同程度的“不劳而获利”的能力，或者，用李嘉图的话来说，是不同程度的“转移”财富的能力，而不是“创造”财富。

这样，凡勃伦揭露了古典派和快乐主义的财富的定义所包含的物资和所有权的双重性，这种双重含义以前曾受到普鲁东和马克思的攻击。一方面它趋向管理的交易，另一方面趋向买卖的交易。我们先考虑管理的交易。

在凡勃伦发展形成他的效率学说的同时，泰勒从事于他的时间和运转的研究。②泰勒，和亚当·斯密一样，有一个“假定”：大大

---

① 参阅本书上册，第 312 页，《平均》。

② 泰勒：《科学管理的原理》，1911 年版。

地增加劳动的生产力，从而取得“利益的协调”。他反对工人的限制产出的理论，不是反对它的有组织的工会主义，而是反对它那种本能的恐怕减低计件工资和恐怕失业。[1]他看到工人和雇主的矛盾的习俗，不用说服而用暴力，不讲效率而只管讨价还价，以及工人实际生产的东西和他们可能舒舒服服地生产出来的东西之间的距离。他看到疲劳的最高限度以及笨拙的、浪费的工作方法。他的主要兴趣在于生理上的疲劳问题以及工程上的最高限度的产出问题。以前的著作家没有超出一种概括的生产力的概念。泰勒不得不想法把问题的范围定得很窄，以便可能测量，并且可以普遍地适用。

他发现这些限度在于增进人类能力的工程问题以及诱发较大程度的愿意的经济问题。前者，对泰勒来说，和任何机械工程的问题完全没有区别——人不是一种商品，而是一种机器。可是经济的问题，用克莱格的字眼来说，是向工人“推销”科学管理的问题。

> “问题应该是完全明白了，”泰勒说，“只有当本机构的工作花费最少的人力、自然资源、机器和房屋等资本使用的成本时，才能实现工人的最大幸福，同时实现雇主的最大幸福。……科学管理的普遍采用将来一定会使从事于产业工作的人的生产力平均增加一倍。想一想吧，这意味着全国可以得到更多的生活必需品和奢侈品，到适当的时候可能缩短劳动的时间，并且教育、文化和娱乐的机会都会增多。科学管理差不多将……消除产业纠纷的一切原因。一天应该做多少工作，将由科学研究来决定，不再是一个需要讨价还价、斤斤较量的问题。……我们不争执太阳是否从东方升起，我们只加以测定。”[2]

这样，经济学成了人对自然的关系的工程问题。泰勒，像马克思和凡勃伦那样，小心地排除那些混淆了物质经济学家的生产力

① 马修逊等合著：《无组织的工人中产量的限制》，1931年版。

② 泰勒：《科学管理的原理》，第11、142页。

观念的所谓生产要素，例如土地、资本、机器。这些只是工具。生产力是劳动和产出的关系，包括管理和设备的装置在内。它是每工时的出产率。这是效率。

不断增加的效率创造一种剩余，而不增加疲劳。资本家应该和工人分享，可是后者没有分享那剩余的权利，如果他取得现行标准的工资。这不是一个权利问题，而是管理问题。

关于从马克思的形而上的社会劳动力、凡勃伦的生物的技巧的本能和泰勒的把劳动当作机械，转变到社会的管理的交易问题，我们要研究亨利·丹尼逊那位雇主—所有人—经理。丹尼逊的分析，我们已经引证。[①]丹尼逊和福特一样，收购了股票持有人的权利，并且更进一步使董事和经理的选举决定于上层的"工人—所有人"集团，而不决定于"投资者—经理"。这里，管理不仅是泰勒的工程科学，也不仅是凡勃伦和福特的技巧和权威。它是一种意志的程序，一种工头和工人之间的交易，在那里不是工人选择，也不是工头选择，而一切选择是"共同愿望"。

3. 从管理的交易到买卖的交易

管理的交易起因于一个法律上的上级和一个法律上的下级之间的关系。那心理的关系在法律上是命令和服从。可是，买卖的交易起因于那些在法律上平等的人们的关系。心理的关系是劝说或压迫。正如凡勃伦的技巧的本能后来变成丹尼逊的一个运行中的工厂的"合理的"管理的交易，凡勃伦的金钱的利得心后来变成美国最高法院的所谓合理的价值，这种合理价值是一个运行中的营业的买卖的交易中"愿意的"买方和卖方会同意的。我们需要这

① 参阅本书上册，第 76 页，《管理的交易》。

两种交易来构成运行中的机构的概念，它们相互发生影响——一个生产的组织，一个买卖的组织。这两种交易可以使其成为合理的，不是压迫的、没收的或者剥削的。

我们必须指出，在这里凡勃伦的技巧的本能也是一种利得心和金钱评价的本能。凡勃伦的技术工人所创造的那一套相当体面的捣乱的方法，抵制雇主、跳换工作、怠工、高级熟练工人要求提高工资，使人想到这种贪得的本性工人和企业家同样都有。他所谓效率和讨价还价的对照是确实的——效率是供给的增加，讨价还价是供给的抑制。可是，技巧的本能并不只管继续生产，不顾工资。除非条件满意，人们可以拒绝供给，这种权力实际上是凡勃伦的所谓金钱的动机和财产的权利。它也是制度的、历史的事实。它也有它的发展演化的习俗。工头或工人所用的原料和劳动并不是信手可以拈来，由自然随便供给的。它们被原料的所有人和劳动力的所有人占有。他必须先取得所有人的许可，方能使用。也许是为了这个原因，凡勃伦正像反对资本的组合一样地反对工会。两者都是集体的对贸易的限制。两者都是一种贪得金钱的本性，都是讨价还价能力的无形财产。资本家和工人的区别不是前者有贪得的本性而后者没有，而是由财产的法律和习俗所赋予的把持供给的能力，在资本家的组织里大于在劳动的组织里。可是，这是一个程度问题，程度的问题是合理性的问题。如果它们是管理的或者买卖的交易中能力的程度问题，就可以在这个基础上来研究，没有理由要把它们分为两个实体，理想化的技巧的本能，和邪恶的贪得的本能。

凡勃伦把商业和产业那样对立起来，从历史上来解释，是由于他没有能探索商业习惯在法庭判例下的演化，像他探索了技术的习惯那样。这样的研究显出他的“无形财产”的发展演化，这种发

展在于商誉和特权的区别，这是凡勃伦不容许的；商誉是控制供给的权力的合理行使，特权是这种权力的不合理的行使。这种发展的经济基础只有在对买卖的交易的分析中可以看到。在心理学上，它是劝说和压迫的分别；在法律上，它是权利、义务、自由和暴露的分别；在经济上，它是自由竞争和公平竞争、机会平等和歧视、合理的和不合理的价格三种区别，这一切都包括在合法程序的意义的演化中。这些心理的、法律的和经济的各方面是分不开的，从我们以前根据经济学家的市场概念和法学家的法律关系概念中推论出来的买卖的交易的公式里可以看出。[①]这些对工人和资本家同样的适用，他们都是贪得的和金钱上的，也都是有技巧的。正因为凡勃伦没有注意法庭判决的演化，所以他不能获得合理价值的概念。

4. 时间之流和时间的经过

管理的交易和买卖的交易的分别是效率和稀少性的分别。两者共同的进化的事实是财产制度的建立，从征服和习俗中发展为法律。管理从奴隶制、农奴制、劳动偿债制、主人和仆人，到工头和工人；买卖从物物交换和货币到信用，从个别买卖到集体买卖和币值的稳定。可是，两者还有另一种分别，"时间"的概念。

从魁奈、李嘉图、马克思和麦克劳德到凡勃伦的物质学说的显著缺点是，他们不能处理时间之流和时间的经过的分别。"流"是即将到来的未来和正在退出的过去之间的一个移动着的时间点，没有可以测量的长度。可是，时间的经过是两个时间点之间的一段间隔。这分别是制造过程和估值的区别、管理和买卖的区别、效

① 参阅本书上册，第 70 页，《买卖的交易》。

率和稀少性的区别、利润和利息的区别、冒险和等待的区别、无形的财产和无形体的财产的区别的基础。

没有一种自然科学需要这样地区别时间之流和时间的经过，因为它们都不和未来时间打交道，另一方面，对经济学作为一种意志的科学来说，"时间"完全是未来时间。可是，在经济理论里，时间之流不仅是一种预期的时间的流动，也是一种预期的现在时间点和未来时间点之间的间隔。

凡勃伦，在他的从平衡论到一种程序论的真正科学的进展中，就因为这个缘故，不能进一步辨别人事的程序和物质的程序。他的物质的假设不可能区别预期的时间的经过和时间的流动。这是无形体的财产和无形的财产的区别。这种对"时间"的误解，在他身上，以及在麦克劳德和所有的物质经济学家身上，是一种根本的错误。

他的"无形财产"确实指望未来的获利能力，并且很适当地叫做无形财产，可是，这获利能力完全是一种预期的沿着危险的时间之流的业务交易的重复，不是一种预期的在一段时间的经过中收入的延迟。他所用的"经过"这个名词的意思实在是"流"的意思。我们已经看到，这恰恰是无形财产和无形体财产的区别。无形体财产是一笔债务未偿付以前的等待；无形财产是将从未来交易中取得利润的预期。实际上两者都是"能卖的资本"，像在股票和债券的分别中可以看出的那样，并且利润和利息是交织在一起，分不开的。可是，它们是一种预期的有利的交易的重复和一种预期的对收入的等待的区别，前者那种交易受自由和暴露的法则的支配，后者那种收入必须从等值的权利与义务的执行中取得。

没有疑问，这种区别是微妙的，对于那些根据自然科学或者根据法律上的流通性来思想的人，很难解说。凡勃伦所以不承认这种区别，是由于前面讲的“时间的经过”的双重意义，也由于他把“能卖的产品”和“能卖的资本”作为彼此大不相同的东西。产品，或者有形的东西，以及无形的商誉和无形体的债务，都买进卖出，从买卖中所得的结果是利润或损失。他说，这两种买卖的利润或损失可以“以一种按时间单位的百分率的形式出现；就是，作为时间经过的作用”。“但是……业务交易本身不是一个时间经过的问题。在这里时间不是主要成分。一项金钱的交易的数值不是决定于做成这项交易所耗费的时间，交易中产生的利益也不决定于时间。”①

确实不错。一笔买卖的交易的条件是在一个时间点上由双方同意的，这时候双方意见一致，所有权转移；可是，如果双方议定在谈判结束和未来的履行或偿付之间经过一段时间的**间隔**，那么，“时间的经过”就是重要成分。在每一件交易中，利润或损失的增加在一个时间点上发生，这种增加的连续发生就是时间之**流**。因此，时间的**间隔**不是利润的主要成分。可是，如果那产品**现在**买进而三十天后卖出，时间的间隔就是利息的主要成分。

实际上，时间的间隔作为冒险和等待两者出现，对现在的价值都有影响。可是凡勃伦丢开等待不谈，只谈冒险。他说，

> “庞·巴维克认为‘现在的物品比未来的物品较为可取’，这一论断中的一点真理……如果用‘预期的安全比预期的危险较为可取’这样的说法，似乎表达得更好；……其实，所谓‘现在的物品比未来的物品较为可取’这种定理，细想一下，就一定会显出在本质上是不确实的。……即使为了个人自己的利益，‘现在的物品比未来的物品较为可取’，只有在财产权有保障的时候，而且只是为了未来的使用。人们想望的目的是……现在的‘财富’，不是‘现在的物品’；人们想望现在的财富，主要

① 凡勃伦：《科学在现代文明中的地位》，第379页。

是为了它的预期的利益。”①

凡勃伦所谓“现在的财富”，意味着现在的财产权的现在价值。可是这现在价值有两方面，预期的危险和预期的延迟。显然凡勃伦的“时间的经过”的双重意义需要一种分别，相当于预期的重复（包括变化或危险）和预期的交货或付款的延迟的区别。凡勃伦用“变动”代替“平衡”，确实对经济理论作了一种值得注意的贡献。他因此使“时间”成为经济学的一项主要事实。可是，他不能看出变动和等待的区别——这是永远现在中的一个不断移动的时间点和一个现在时间点与一个未来时间点之间的一段间隔的区别，前者是变动发生的时候，后者是等待发生的期间。前者可以叫做“流”，后者可以叫做时间的经过。两者是分不开的，可是凡勃伦看不到它们的区别，因而就丢开了债务那种无形体的财产，把它和预期的有利的交易那种无形的财产混为一谈。直到费希尔的《繁荣和萧条》在1932年发表时，无形体的财产在经济理论中才获得它应有的地位。

因此，凡勃伦这位在麦克劳德以后的制度经济学的先锋，没有后来十五年中司法和立法方面在实验中所作出的结论那种有利条件，没有得到这些结论的帮助。他的批评的和建设的工作完成于1898至1914年这一段时期；他以后的著述主要是解释他以前用出色的独到之见所创立的学说。在他首先倡议的期内，财富作为物资和物资所有权的双重意义，正因法院从有形体的财产转变到无形财产，而在实用方面开始被打破；可是从事于确定合理价值的行政上的研究机构还没有行动起来。直到1908年“州际商业委员会”的权利扩大时这才开始，接着各州成立了许许多多的委员会，研究

① 凡勃伦：《技巧的本能和产业艺术的状况》，第46、47页附注。

公平的竞争、合理的差别待遇和合理的价值，以及 1911 年以后的许多产业委员会，后者是为了在劳资冲突中确定合理的关系。

还有，走向科学管理的运动才刚刚开始，专门从事于在管理的交易的各方面确定和建立合理的条件的一种专家阶级，还没有出现。

无形财产的原则在其他方面的应用，特别是在稳定物价方面，连想也没有想到，更说不上计划执行的机构。凡勃伦在他的理论体系中排斥债务那种无形体的财产（包括差别利率在内），使得他不可能像他同时代的瑞典经济学家威克塞尔那样，奠定理论基础，建议一种管理这种无形财产的办法，集中控制贴现率和公开市场买卖，稳定物价，从而加以管理。

凡勃伦所提出的经济学里关于物资和无形财产的一种二元论的问题，近来才有经济学家加以研究，[①]他们所做的工作，我们用交易、运行中的机构、稳定物价和合理的价值这些名词来扼要地叙说。每一项交易是一种估值，不是物资的价值，而是凡勃伦的物资所有权的价值；每一个业务机构既是凡勃伦的运行中的工厂，又是企业家的运行中的营业；一般物价的每一波动是凡勃伦的所谓剥削；每一步提高对合理价值的了解，减少这种剥削。这些是科学的，不是在凡勃伦的自然科学的意义上，而是在行动中的人类意志的意义上。

Ⅱ 从个人到制度

凡勃伦的学说终于成为一种无可奈何的物资和所有权的二元

① 参阅霍勒斯·泰勒：《制造物品和赚钱》，1928 年版，序言，第 vii 页，“……随着时代的发展，在制造业中越来越成为必须制造物品，以便赚钱。”

论。美国、奥国和意大利的其他著名的经济学家，其在世时期经历十九世纪末占优势的快乐主义到二十世纪战后对快乐主义的集体抑制的那一些经济学家，也都不能调和那种二元论。他们暗暗地或公开地放弃了他们早期的个人主义理论，完全转变到利益冲突中集体对个人的控制，制度经济学就是建立在这种集体控制的基础上。

著名奥国经济学家维塞尔于1889年写成他的《自然价值》，将近四十年后（1926年）又写成《强权的法律》。在第一本书里，他修正和说明了门格尔的伟大著作。大战后在第二本书里，他回复到他自己战前的历史研究。这两本书完全大不相同，维塞尔在后来的著作里并没有想法把两者调和一下，或者建立一种整体的政治经济学，分别予以各自应得的地位。结果那第一本书是个人主义的，第二本是集体主义的。第一本是人对自然的关系，第二本是人对人的关系。第一本的单位是一种满足欲望的商品，第二本的单位是一种道德的、垄断的或者暴力的力量，这种集体的力量制服个人。一种是“价值”的法则，一种是“强权”的法则。在价值的法则中，一切个人都是一样的、平等的和自由的，因为他们是各自独立的，对自然的关系相同；在强权的法则中，个人是被狡黠的领袖组织起来的热情的和愚蠢的群众。在价值的法则中，维塞尔寻求在一切历史的和制度的变化下永久存在的东西。在强权的法则中，他寻求自古以来会变化的和强制性的东西。在价值的法则中，他发现自己符合于个人主义各派。在强权的法则中，他说他不能信奉古典派或快乐主义派的个人主义，或者用人体来比拟的那种有机的类比。对于事物的看法，他只能按照他在历史上实际看到的那样，把历史看成集体抑制个人的历史。

意大利著名经济学家帕累托，墨索里尼所谓法西斯主义的经

济创始人，和维塞尔十分相似，他也创立了两种相反的社会哲学。在他的《政治经济学概要》(1909 年)里，社会是一种“分子”的世界，这些分子相互发生作用；“效用”是这些分子的个人主义的欲望，诱导着分子行动，它的强度是递减的；从这些相互作用中产生了帕累托对数理经济学家的“平衡”学说的世界闻名的贡献。

可是，十年后在他的《论社会学》里，帕累托明确地否定了他自己的“分子的”社会概念。他不讲个人的“效用”和个人的欲望，而代以“社会效用”和“集体欲望”。“社会效用”是“非逻辑的”，“非数理的”，“不能测量的”，恰恰和他的“个人效用”相反。因此，他认为它被用作一种外衣，掩护政治的和财政的腐败，这种腐败已经把现代民主政治变成了“枭雄的财阀政治”，特别在意大利、法国和美国。它变质为国内和国外的暴力政策。

帕累托的转变实际上是又一次马尔萨斯式的转变，从理性的时代转变到愚蠢的时代。正因为社会效用是非逻辑的、非数理的、不能测量的、愚蠢的、感情冲动的但是集体支配个人的，所以他需要一种会控制他所谓“枭雄的财阀政治”的法西斯独裁。我们在美国，在倾向于法西斯主义的同时，另有关于那种社会效用的形成和分配的问题，这需要一种社会的合理价值的理论和实践。[①]

法西斯哲学所根据的基本研究单位，在人们公认的、日耳曼法西斯主义的主要经济学家斯班的著作里可以找到。他的经济学的“结构”建立在服务和价值这两种基础上。[②] 当我们分析斯班所陈述的这些基础时，我们发现它们归结于或者管理的或者限额的交易，这是“上级”和“下级”的社会关系。如果它是私有经济中的个人价值，那关系就是一种“管理的交易”的关系。如果它是国家经

① 参阅本书下册，第 479 页，关于塞利格曼：《财政学的社会理论》部分。

② 斯班：《国民经济学基础》，1923、1929 年版，第 75 页起。

济中的社会价值，那关系就是一种“限额的交易”的关系。

在这方面，法西斯主义的基本社会单位和马克思的共产主义的基本社会单位是一样的；它们所不同的只在于谁来做管理的人和限额的人，是无产阶级还是资本家。在帕累托、斯班、维塞尔的著作里，和在凡勃伦的著作里一样，都没有一种对买卖的交易的分析，像英美习惯法的判决中所发展形成的那样，这种法律起源于人民的习惯。以法律上的“上级”和“下级”为基础的管理的和限额的交易，结果产生一种独裁的社会哲学以及它的“命令”和“服从”的社会心理。可是，买卖的交易，以双方愿买愿卖的概念为基础，因此以法律上认为平等的人们之间的劝说或压迫的观念为基础；结果产生一种自由意志的社会哲学，具体表现在无差别的机会选择、公平的竞争和合理的讨价还价的能力各方面，受合法程序的保障。

英美方面这种从个人主义的心理的观点转变到集体的观点，在美国经济学家费特的四十年的工作中可以显著地看出。他非常出色地发展了个人主义经济学的心理的基础。可是，当他转向实用经济学时，他热烈地写出他的制度经济学，论述《垄断的伪装》（1931 年），他的这个名词的意思等于帕累托的枭雄的财阀政治和凡勃伦的资本家的怠业或妨碍生产。

没有疑问，许多经济学家还没有受到这种制度变化的影响，我们刚才提到那些人肯定是少数。然而他们是典型，代表着二十世纪的强大的集体运动在经济学领域里必然会产生的结果。

可是，是不是必须以灰心和厌恶的态度放弃那些老的个人主义的、讲分子和平衡的学说呢，如果可以很容易地使它们适应新的集体的学说，例如维塞尔的强权、帕累托的社会效用或者费特的伪装？水的波浪总要寻求平衡，在水面被堤坝提高十英尺或者被排水渠降低十英尺时，和湖水保持“自然”水平时，其寻求平衡是同样的自然。老派学说的困难在于怎样确定“边际效用”或高或低的所在点。边际效用点所在的地方，“平衡”和“边际效用”就在那个水平线上出现。如果劳工组织提高工资水平百分之一百，资本家、雇主和工人就按照那较高的水平调整他们的个人的竞争。或者，如果雇主的组织压低工资百分之五十，资本家、雇主和工人就调整他们的竞争来适合那较低的水平。尽管集体行动或者帕累托的枭雄的财阀政治，企业家的煽动主义的民主，根据他们控制局势的能力来压低或提高社会效用的水平，个别分子之间总有一种趋于平衡的倾向。

我们发现旧的分子的和边际效用的学说把一种伦理上的平等机会的原理扩大为一种经济上的平等个人的原理。对所有的个人可以有平等的机会，虽然某些人比另一些人具有大得多的能力来利用或者享受机会。人性是那样的善于适应，无论那些平等的机会属于多么高或多么低的水平，个人之间总可以作出相当的竞争的调节，应付很长的时期。对于旧的个人经济学的理论，如果只需加以调整，使其适应新的集体经济学的理论，那就不需要完全否定。

Ⅲ 从自然权利到合理价值

“合理价值”的原则正在代替“自然权利”的原则。本书作者在自己的五十年经验中看到这种变化。以上各章也许是这种结果的预告。自然权利的原则从十八世纪和法国革命起一直流行到十九世纪的美国南北战争——真正的美国革命。自然权利原则的各种矛盾的解释，直到二十世纪初年它本身已经衰老时，始终存在。主张单一税的人以人们对自然恩赐的自然权利为根据；魁奈认为地主对所有权的权利系基于自然秩序;土地所有人对于他们已经取得的土地有一种自然权利;商人有自然权利可以按他们自己的意见经营业务;个人对生命、自由和幸福有一切自然权利,这一点后来被解释为财产;遗嘱人有一种自然权利,可以处分他的财产,到他死后的好几代。通过修正和解释,自然权利变为成文的宪法。

许多事件曾有助于否定自然权利的要求。哲学家提出了疑问,这种文献很多。可是哲学家们意见冲突,没有可以行得通的代用品。直到下层阶级组织起来以后,直到世界战争的多次革命以后,广大群众才认识到我们所有的这些权利来自国家的和其他的集体行动,并不是"自然的"。

本书以上各部分把我们引到公共政策和社会效用问题。这些和合理价值及合法程序问题是一样的。问题起源于构成一切交易的基础的三项原则:冲突、依存和秩序。每一件经济的交易是一种当事人共同估值的过程,在过程中各人的行为受不同的利益、对别人的依存关系以及运行法则的推动,这种法则暂时要求一切交易符合集体的行动。因此,合理的价值是合理的交易、合理的惯例和相当于公共目的的社会效用。

"合理的价值"这个名词通常使人想起的第一种观念,是个人主义的、主观的和理性主义的观念,这种观念由洛克有系统地陈述以后经过十八世纪的理性时代而留传到现代的生活,就是:人是理性的动物,只需知道真理就能服从。理性只存在于个人的心里,合理的价值是各人认为合理的东西。因此,有多少人就有多少种合理价值的意义。这种理论在逻辑上结果成为法国革命和葛德文的无政府主义。

可是"理性"和"合理"不同。人不是像十八世纪认为的那样一种理性的动物;而是像马尔萨斯认为的那样一种愚蠢、感情冲动和无知的动物。因此，“合理的价值”含有大量的愚蠢、感情和错误。根据马尔萨斯的历史的分析，理性和道德品格是在人口过剩、利益冲突以及结果必须有一种法律和秩序的统治来管理和调节冲突等等情况下慢慢地发展演化的。

然而，在理性时代的这许多岁月里，习惯法法庭，在判断利益冲突以及从初步的无政府状态中造成秩序的过程中，一直在发展形成一种制度的、合理性和合理价值的观念。这种制度的合理性和合理价值的观念是集体的和历史的，理性主义的观念是个人主义的、主观的、理智的和静态的。没有疑问，制度的观念取得最清楚的进化的发展，是在习惯法制造新法律的方法中，习惯法采取当时最有力的一部分人的不断变化的习俗，经过据理解释，认为正当，把这些习俗制定为“运行法则”，作为集体行动控制个人行动的根据。既然这种程序在美国最高法院的权力中达到了顶点，合理价值的观念的演变，需要一种对于从行政权力到立法权力然后到司法权力的历史演变的了解，作为它的制度的背景。①

这种制度的发展的背景，再说得远一些，是从手工工作到机器工作，然后机器集合为大规模生产的技术的发展，从挖土的印第安人到亨利·福特的技术的发展。和这种发展同时并进的，是从封建主义的农业阶段转变到资本主义的市场买卖阶段，后者顺序地从商业资本主义发展到工业资本主义和世界范围的金融资本主义。同样重要的是，由于征服和人口过剩，以致自由土地不再开放，这一来使独立不羁的进取精神没有出路，并且由于全国范围甚至世界范围的竞争，缩小了利润的边际。这又由于另一种技术的程序，市场和市场消息的范围被蒸汽、电力、汽油和无线电扩大了。

① 参阅本书下册，第342页，《统治权》。

在每一个这种历史阶段中新的权利和合理惯例的概念很快地向老的概念冲击，最后我们有了现在的各种互相争论的合理价值的概念，我们所处的世界继承了老的，可是由于经济的失调，不得不从不合时宜的老概念中发展出一种未来的新概念。

现有的历史大多缺乏历史的意义。它在以前的事件中寻求人类活动的因果关系。可是，如果我们把自己放在当事人的地位，仿佛像现代的传记历史采用的方法，并且采取他们的谈判心理的立场，想象他们在行动的时候所预期的是什么，那就体会到因果关系是在未来。当事人面对着他们有理由预期的东西，不管那是买卖的交易的劝说和压迫、管理的交易的命令和服从或者限额的交易的辩护和争论。他们考虑到对方那些人的特性，不管是对方的动机、对方的理论或者对方的社会哲学，这些特性已经使他们积累了经验，可以推测到他们希望的或者害怕的预期的后果。他们考虑到自己和对方可能有的其他出路，是否有自由选择的机会，以及许多其他的情况，这些情况在当时构成种种条件，他们在条件许可的范围以内的一切交易中选择和行动。决定行动的，不是社会的一种合理的状态，而是当事人在一切交易中碰到的一套非常不合理的和复杂的预期。那是一种日日有变化和一个世纪一个世纪有变化的情况。在这种不断变化的复杂情况和不能确定的未来事物的范围内，他们现在必须行动。从这些复杂情况和变化无常中产生合理惯例和合理价值的概念，使制度本身一天一天和一个时代一个时代地发生变化。

美国最高法院，在斯迈思对艾姆斯一案中，[①]作出那令人费解的对“合理价值”的定义，然而这是常识的定义，在这种定义下，一

① 参阅康芒斯：《资本主义的法律基础》，第196页。

切理性的和半理性的动物尽可能做最适宜的活动。这种解释和法院对合法程序的观念是一致的，就是，在不同情况下有不同的变化。讲到一件铁路估价案件中各方提出的许多冲突的价值理论时，最高法院说，在这种情形下，对各种理论必须予以“应得的重视”。最高法院用这种适当评价的方法对一件争执一经作出最后判决，这个决定，在美国的制度组织下，暂时就是对“合理价值”的定论。在同样的情形下一切当事人必须遵守这个决定。“合理的价值”是对所谓合理的事物的一种进化的集体的决定，这种决定是由于一切不断变化的政治、道德和经济的环境以及从这些环境中产生的法官人选而来。自然权利失去了它们的不变性，甚至在合理价值的决定中已经完全没有影响。历史上不断变化的合理价值的概念都有一定的背景，我们对构成这种背景的制度的和其他方面的变化，只能作概略的陈述。

Ⅳ　统治权

统治权是从私人交易中抽出的暴力部分，由一个我们称为国家的机构加以独占。可是统治权曾被看作一种存在的实体，同时也作为一种程序。作为一种实体，它被人化为“国家”，似乎独自存在，和人民没有关联。作为一种程序，它是从人们所谓私人事件里抽出的暴力的制裁，专门集中在一种官员组织的手里，受“运行法则”和习惯的假设的指导。因此，统治权是一种不断变化的程序，它认可、禁止和管理人类事务中暴力的使用。

这一过程中有三种值得注意的变动的时代表现英美统治权的发展的特征，可以区别为行政权、立法权和司法权的时期。第一时期从1066年诺曼底公爵征服英国开始，以国王为最高权力，在统治阶级的一切官员之上；第二时期，从1689年英国革命开始，以立法为最高权力；第三时期，从1787年美国宪法以及第五次和第十四次修正案（1791年和1868年）开始，这宪法经过司法的解释，使美国最高法院成为最高权力，在联邦和各州官员之上。

1. 行政权

在第一时期的早年，没有暴力制裁和经济制裁的分别。统治权（或主权）和财产是同一的。国王是唯一的君主和唯一的所有人。他把土地授给一个佃户，或者把特许状授给一个公司组织，就是授予主权，可以统治那份土地上的佃户，或者授予主权，可以统治本行业里的人。后来，人们开始区别统治权（或主权）和财产，取消了这些被授予者的统治权——现在可以作为是对下属的身体的暴力管辖权，只留给他们所有权的或经济的管辖权，可以管理他们的交易。这种实例可以引证，例如土地的授予附带设置法庭的权力，具有暴力的管辖权，或者行会特许状的授予，使行会对于在它管辖范围以内的人有权实行暴力的和经济的控制。①

这种统治权的授予，在美国还有残余的现代的实例，公司组织向郡长领取一种副郡长特许证，公司负责人员就可以在该公司管辖范围内使用暴力。

2. 立法权

在1689年开始的第二时期中，由于和前引朋罕医生案件相同的一系列的判例，财产已经和统治权辨别清楚。革命现在把一个由财产所有人组成的议会的地位提高了，高于国王和他的司法和

① 康芒斯：《资本主义的法律基础》，第228页（朋罕医生案）。

行政官员。这是由1700年的践祚令予以保证的，践祚令使司法独立，不受国王的支配，并且创造了条件，使一个在议会中拥有多数的内阁可以任用所需要的一切官员。①

3. 司法权

在第三时期中，由于美国宪法的特殊规定，财产和自由的解释归最高法院管辖。第五次修正案，根据最高法院的解释，赋予最高法院对国会的管辖权；第十四次修正案，根据司法的解释，赋予最高法院对各州的管辖权如下："各州不得制定或实行任何法律，剥夺美国公民的权利或特权；各州非经合法程序不得剥夺任何人的生命、自由或财产；各州对其管辖下的任何人不得拒绝予以平等的法律保障。"

所谓"州"的意思是州的某些官员。从此以后，任何私人公民的地位，在法律面前，和那对他行使统治权的物质管辖的官员完全平等。他可以对一个官员依法起诉或者依法给自己辩护，如同他可以依法控诉任何私人公民一样。然而，问题现在成为在官员命令公民服从中暴力的行使。因此，在司法权的阶段，我们有公民马恩在伊利诺伊州对他的案件中可以进行辩护并提起上诉；或者公民霍尔顿控告郡长哈迪。所谓司法权，第一次得到维护，是在1803年一个平民马伯里控告美国国务卿麦迪逊一案中。

我们解释宪法第五次和第十四次修正中所用的"特权"和"特免权"这两个名词的意义，就是根据这种在法律上官民的平等（关于对公民使用暴力的问题）。根据以上的释义，显然特权的意义和特免权的意义不同。特权和特免权都不可剥夺。我们认为这是公

① 康芒斯：《资本主义的法律基础》，第50页。

民和官员间在关于由后者对前者使用暴力的问题上两种不同的关系。

只有两项这种关系是可能的,就是权利和自由。各有它的相等的有相互关系的对方。公民的权利就是官员的义务。就这个问题来说,公民有权利要求官员代表他使用暴力。公民有权利要求警察逮捕一个窃贼追回赃物,和这种权利有相互关系的是警察的相等的义务——他有这样做的义务。或者,债权人有权利要求法院审理他的案件,作出判决,并且,如果那判决是对他有利的,命令执行官对债务人的货物予以扣押执行;因此,公民又有权利可以要求执行官执行法院判决。债权人这种可以要求于必要时使用暴力来收取债务的权利,恰恰等于法院和执行官应该审判案件并代表他使用那种暴力的义务。权利和义务互有关系并且相等——它们实在是同一件事。假使义务不能强迫执行,权利就不存在。那么,宪法里用的"特权"那个字眼是指公民的这种可以要求官员实行他们对公民的义务的权利,例如在必要时对其他的人使用暴力。

可是,权利和义务这些名词通常是指一个公民的权利和另一个公民的义务,他们都不许使用暴力,除了因为自卫。只有国家官员有权使用。因此,既然所争论的问题是暴力的使用,而不是经济权力的使用,我们推断特权那个名词是用来替代权利的,虽然权利这个名词可以使用而且常常用来指公民对官员的一种权利。然而,确切的用法是权利这个名词不应该用来指一种可以对代表国家使用暴力的官员提出反抗的权利,而应该用在私人资格的经济的或其他的对其他私人公民的私人交易上。[1]

这种解释在相反的特免权的意义中获得证实。这里特免权的

① 参阅本书上册,第 93 页,关于经济关系和社会关系图解部分。

意思是免由官员使用暴力或者可以不受官员的使用暴力。在马恩对伊利诺伊州一案中，该州主张于必要时对马恩使用暴力，强迫他服从，可是马恩提起上诉，请求法院禁止该州官员使用那种暴力。他要求他认为向来是公民的各种特免权之一的一种权利。同样的，雇主霍尔顿控诉郡长哈迪，主张他自己的权利，认为郡长不应该建议使用暴力，阻止他照自己的意思经营业务。

可是法律术语里常用的“特权”这个名词具有另一种意义，相当于特免权。这样，它的意义和“无义务”一样，在经济的意义上这就是行动的自由，用自由贸易、自由市场买卖这一类的名词表示。因此，自由是一种因为没有义务而享受的“特权”。

“特权”的这种三重意义使我们必须选择，或者代以其他的字眼。特权的意思或者是一种使用暴力的权利，等于官员的一种义务；或者是一种不受官员所行使的暴力的权利；或者是一种可以和其他公民进行交易的自由。第一种意义我们用“权力”这个字眼表示，第二种用“特免权”表示，第三种用“自由”表示。

第一种的意思是政治的权力，授予公民的权力，使公民有权要求司法、行政和立法机构使用统治权的暴力，对别人执行他的意志。“剥夺”公民的特权，是剥夺他们享有的一份政治权力，凭着这种权力他们本来可以要求国家官员使用暴力来对别人执行他们的意志。

第二种的意思是免受统治权的暴力的制裁。剥夺公民们的特免权，是剥夺别人享有的一份政治权力，凭着这种权力他们本来可以要求国家官员来对他执行他们的意志。

第三种的意思是“经济的自由”，就是一个公民有自由权可以对其他的公民买或者不买，卖或者不卖，雇用或者辞职，一切决定于当时个人自己的意向、环境和可供选择的机会。

因此“权力”这个名词的意义，从不同的方向来看，被称为能力、资格、自由权、公民权或者成员的权利。在能力或资格或权力的意义上，它是一个公民的权力，凭着这种权力，他可以发动法院和统治权的其他官员来执行他有理由认为是自己的权利或自由。这和古时“市民权”、行会会员权、公司权那种意义上的所谓“自由权”相同——它的意思不是自由（没有义务），而主要地包括一种权能，能发动机构的力量来保障个人自己的利益。这是公民权和成员权利的意义。一个公民，或者任何机构的成员，是那样的一个人，他具有权力或者公认的“资格”，可以要求机构的集体力量，按照该机构承认和实行的规则，来保障和替他主张他应得的一切权利。权力是个人的一份集体权力。

因此，“完全没有这种权力”可以用不同的说法来表示，作为非成员的身份、非公民的身份、无资格或者无能力。最后这个术语“无能力”包含其他各项。无能力是没有权力发动统治权的集体的暴力来保障个人的利益。

可是这一份集体的权力是没有意义的，假如官员不承认一种相等的义务。这种官员的义务的最广泛的意义是“责任”。可是，这个名词太广泛。这就听任那官员本人来决定，根据他的责任感或道义感、漠不关心、偏爱、徇私甚至喜怒无常，这些偶然性的因素。势必有一个高级权威，具有高级的政治权力，来强迫官员行动。这个高级权力是最高法院。人们预期这高级权威在官员不行动时将对官员采取的措施，经济上和法律上的习惯用语中用“应负责任”这个名词来表示，就是裁决那官员有责任采取行动。

因此，“权力”的相互关系的和相等的对方是“应负责任”。公民可以要求官员行动的权力，不大于也不小于官员将由最高法院迫使行动的应负责任。

因此，“无能力”的相互关系的和相等的对方是“特免”——不是本人的特免，而是作为使用统治权暴力的对象的其他的人。在法律上完全无能力的人，因此就没有权力要求法院为了他的利益而命令对其他的人使用统治权的暴力。对方他们的特免是他的无能力。他是一个非公民、奴隶或者不能享受权利者。

美国宪法的第十三次和十四次修正案确定这些用语的意义。第十三次修正案(1865 年)解放了奴隶，可是没有使他们成为公民。三年后的第十四次修正案使他们成为“美国以及他们居住的那一州的公民”。它改变了他们的政治地位，从政治上的无能力变成政治上的权力。它把其他的人的特免变成应负责任，由于把责任加在各州官员身上，使他们在联邦政府的命令下有责任在必要时使用暴力，保障现在有了公民权的公民的利益。

可是，因为第十四次修正案又规定了“平等的法律保障”，所以一切公民，在这种对官员的关系上，在同样的情形下，具有同样的权力、应负责任、无能力和特免的关系。从这种相等性中产生了相互性，可以用下列公式来表示。

最　高　法　院

公民	有关问题	官员
权力		应负责任
无能力	暴力	特免
特免		无能力
应负责任		权力

以上所述有关麦克劳德的所谓“追诉权”，我们现在认为这和经济的权利有别。追诉权只是“在法庭上坚持实现一个人的要求的权利”。它是一种“权力”，而不是一种“权利”。可是经济的“权利”是在经济的交易中把一个人的意志强加于别人身上的权利。实际上，

经济权利相当于追诉权，因为只有在公民有权力在法庭上追诉的条件下，他才有一种其经济价值可靠的权利。

这样，偿付债务的义务是债权人的追诉的权利。因为这个缘故，它有经济价值，可以买进卖出。同样的，当霍尔顿控诉郡长哈迪时，经济的争点是郡长是否有宪法上的权力，可以对犹他州的矿主实施一种八小时工作的法律。最高法院的判决不利于霍尔顿，而有利于郡长。用上面那种公式的字眼来说，法院决定了雇主霍尔顿在行使他在本案中的意志上是处于无能力的地位，因此就获得特免权，可以于必要时干预霍尔顿的财产，执行法律，而不受到赔偿损失或监禁的处分。可是，反过来说，法院决定了郡长具有宪法上的权力，因此霍尔顿处于相应的相应责任的地位，如果他违犯八小时工作的法律，郡长就可以侵入他的矿址。经济的后果是霍尔顿的无能力就等于“无权利”要求八小时以上的劳动。在经济上，这种情况我们称为“暴露”。那判决又意味着霍尔顿的工人可以免于郡长强使他们退出矿址的行动，这种特免相当于“无义务”要工作八小时以上；这种无义务，从经济上来说，是他们的自由。因此霍尔顿的无能力是郡长的特免，从经济上来说，这是霍尔顿的暴露于他的工人的自由。

假如法院的判决是相反的，那么，霍尔顿有权力要求最高法院，就是郡长有责任对霍尔顿赔偿损失，或者会因违犯法院的判决而受处分，如果他侵入霍尔顿的财产。这时候的经济后果就会是霍尔顿有权利凭他自己的自由意志要求他的工人工作八小时以上，同时他们连带地就有法律上的义务要服从霍尔顿的意志，如果他们在他的矿上工作。

以上的分析还可以应用在其他方面，在任何根据宪法规定的法院判决中都能应用。法律上的权利和自由在经济交易中的作用，只限于公民能取得法庭的审理和判决，命令行政官员执行法庭的意见；我们注意到这一点，就看出上述分析的意义。审理和判决不过是听取辩护和争论，以及解释字眼；由于改变字眼的意义，权利、自由、义务和暴露在不断变化的经济情况中就改变了。因为，法院在这些公民对官员的争执中，和在公民对公民的争执中一样，用司法的程序，根据不断变化的情况和各种不同的习惯假设，衡量考究惯例、习俗、前例、法规和宪法。这种程序已经需要改变第五次和十四次修正案中一切字眼的解释来配合以往六十年的经济的和伦理的变化。变化的程序仍然在继续发展。以后的变化不能预测，可是对经济科学来说，以往比较重要的是这些名词的意义上的变化：例如，人、自由、财产、合法程序和同等保障。

因为这些名词的意义都起源于人民和法官的惯例、习俗和习惯的假设；这些惯例、习俗和假设方面发生的变化，会带来词义上的变化。然后，当公民与官员发生冲突时，法院本身必须改变这些名词在前例、法规和宪法中原有的意义，才能把它们应用在从新的情况和新的假设中产生的新的争执上。法院这样做，不是由于想要作出永远适用的学理的或科学的定义，而是经过“排除和吸收”的实验的程序，这是人类智力发展的一般程序，语言本身也是这样变化的。通过“排除”，这些名词的一种以前的意义被认为不能应用于现在的争执。通过“吸收”，扩大一种以前的意义，把以前认为不在它范围以内的现在争执中的问题也包括进去。这样，宪法、法规甚至前例逐渐变化，通过人类语言发展那种渐进的可是普遍的程序，它排除旧意义和吸收新意义，使语言配合那不断变化的惯例和习俗，以便通过语言来取得一致。

这种过程在律师和法官的辩护、答辩、争论和意见中不知不觉地继续进行，直到几年以后那变化才能在一种“成为判例的案件”

中正式提出。[1]因为美国最高法院能行使统治权的两种权力,它们创造、修正或者扩大个人和个人的组合的权利、义务、自由、特权和特免。用通俗的语言来说,这些是命令的和禁止的权力,或者命令书和禁止令。命令的权力是命令个人、个人的组合以及政府官员必须做什么的权力。禁止的权力是命令他们必须不做什么。他们必须偿付他们的债务。法院和郡长必须执行债务的偿付。他们必须不干涉其他的人。这些命令构成个人和组合的权利、自由、特权和特免。它们通过宪法达到立法和行政机关以及个人。如果立法必须不干涉一家控股公司,那公司就享有特免,可以在法院规定的立法不得干涉的范围以内按它自己的意思行事。这种程序可以从名词的改变了的意义中看出,这些意义上的改变是为了适合六十年来的经济情况和习惯假设上的变化。

然而,很明显的,上面这种关于权力、应负责任、无能力和特免的分析,适用于任何运行中的机构的运行法则,这种机构设置一个司法系统来决定该机构的行政人员是否要强迫那些隶属于本机构的成员们服从。这种分析适用于自愿的商事调解、自愿的劳动调解、教会的组织、证券交易所的司法委员会或者任何一种集体的"自愿的"行动,它使用经济的或道德的制裁,借助或不借助于统治权的暴力制裁。各种机构中成员之间在相互交往上的伦理的关系,用权利、义务、无权利和无义务这些名词表示,而成员的相应的地位用安全、服从、暴露和自由这些名词表示,上级对下级的关系用权力、应负责任、无能力和特免这些名词表示。最后这些名词意味着使用集体行动的暴力的、经济的或道德的制裁,执行个人与个人之间在私人交易中所认可的安全、服从、自由和暴露的关系。

① 参阅康芒斯:《资本主义的法律基础》,第 266 页。

4. 分析的和机能的法律和经济学

我们在以前那个表示法律、经济和意志的相互关系的公式里，①曾用权利、无权利、无义务和义务这些名词来区别法律上的关系。这些可以称为法律和相应的经济关系——安全、暴露、自由与服从——之间的机能的关系。因此，这些法律的名词是半经济的和半政治的。可是，如果把法律和经济学完全分开，各就其本身来分析，那么，在半法律的关系背后，就是单纯的统治权本身在它对个人的控制上的关系。特别在美国的制度里有这种情况，因为政府的官员在法律面前和一切没有官方权力的公民是平等的。这一点使我们必须有一套不同的名词，表示公法或宪法中建立的各种关系。

这种公法建立了公民和官员的关系，这些关系提供暴力的制裁，否则个人不会有以前讲过的那种私人的权利和义务。这些关系由公民的"特权和特免"这种名词来表示，这些特权非经"合法程序"——就是，司法判决——不得加以剥夺。它们的相互关系可以表现出来，可以用那实际使用暴力的基层官员和可以或者不可以作为使用暴力的对象的公民之间的关系为例。这是管理的交易的一种类型——郡长和公民的关系。可是，可以把它作为以前公式中权利、义务等等的公式的延续。同样的公式可以适用于最高法院管辖下的一切其他官员。

这里所区别的两种关系可以称为"力"和"稀少性"。"交易"这个名词，像我们已经说明的那样，表示个人之间相对稀少性关系的结果。权利和义务这两个名词，各有其相反的和相互的方面，表示

① 参阅本书上册，第93页，关于经济关系和社会关系图解部分。

合　法　程　序

公民			郡长	
公　法	私　法	交　易	私　法	公　法
权　力	权　利	机　会	义　务	应负责任
无能力	无权利	竞　争	无义务	特　免
特　免	无义务	讨价还价的能力	无权利	无能力
应负责任	义　务		权　利	权　力

介于暴力和稀少性之间的中间关系。可是，特权和特免这两个名词，像以前说过的那样，是宪法里所用的名词，如果引申它们的意义，把官员和公民包括在内，那就等于权力（特权）、无权力、特免和应负责任。后者这一套名词，虽然法学家的用法不同，我们认为在逻辑上是有相互关系的名词，可以适用于最高法院对一切官员和公民的统治权。

根据这些名词，用分析的方法，详细地制定了合法程序的整个系统；从机能的关系来说，它们是权利、义务、无权利和无义务，冲击或者反映在个人之间在交易中的经济关系上。我们可以说，这些宪法的用语，完全和经济学有分别，适用于纯粹分析性的"力"的科学，并且（虽然分析的法律家谈到郡长的权利与义务，好像他们是私人公民而且和私人公民同样地必须服从法院）郡长作为个人来说，有两套关系：一般的一个私人公民对其他公民的关系，以及特殊的、国家统治者对一个公民的关系，这里没有什么讨价还价，只有上级对下级的管理的关系。正是这种纯粹管理的关系，我们用权力、责任、特免和无能力这些名词来表示。就这种统治权来说，它们是管理的交易，也就是社会的有组织的"力"的制裁。

（1）力——我们已经指出权利、义务等等作为对物资和其他有助于财富的生产、交付和消费的自然力的未来控制的现在的预期。

可是，权利的意义又相当于助动词“能”，意思是说个人能要求国家执行他的权利。“能”这个字意味着他有权力可以通过“法律程序”要求郡长对那负有义务的对方当事人执行他的意志。

因此，“权力”和“应负责任”这些字眼又是在于未来，公民所应有的权利将来会不生效力，除非他有“权力”能使郡长行使他的统治权的力。

对方当事人也不会真正地必须完成一种义务，除非原告能使郡长履行他的义务，这种义务我们却称为他的“应负责任”，如果他不强迫那被告公民履行自己的义务。另一种相反的和相互的关系可以分析地用图表推论出来。那自以为有一种权利的人可能发现他实际上是“无权利”，法律上的原因是他没有权力动用统治权的力——换一句话说，他对郡长的关系是“无能力”，那对方当事人——他由于相互的关系在这特殊问题上没有义务——就享有“特免”，不受郡长的暴力的强制。依此类推，郡长和公民的相互关系也是这样。如果那公民没有义务，郡长在拒绝对他使用暴力时就享有特免。

郡长的这些权力、应负责任、特免和无能力从而产生的政府组织，从最高法院到下面各级法院，被概括在“合法程序”这一个名词里。研究这个组织和它的应用于个别官员的权力、无能力等等的科学，是分析的法学。它是社会集体的力的社会关系，特殊化在一种官员特权阶级的手里。分析的法学正确地包括军事科学和政治科学。它有它的历史的演化，从部落的组织到征服和秩序；从外交、常备军、警官队、警察、郡长，一切用于维持秩序和执行法律。

这种分析法学上的所谓“权力”，完全是一种授权，使被授权者可以发动统治权的暴力，它不仅是一件诉讼，要求处分或赔偿，一般称为“救济权”或“偿复权”。它又包括授权那公民发出特殊的命令或指示，改变他自己或别人的法律上的关系，这种命令，将来如有必要，可以予以执行，好像是统治者本人的一般命令一样。这些可以叫做公民的"主要权力"①：一个公民接受对方的要价，因而造成一项契约的时候，或者他立下一项遗嘱或任用一位律师或代理人的时候，他就是对法院和官员发出指示，要他们将来在必要时使用国家的暴力来执行此项契约、承认此项任命、转移所有权或者在他死后执行遗嘱。他命令郡长在最后必要时怎样行动，这种主要权力和郡长应该这样做的责任是相互关系的；这是那造成公民的权利与义务的本体。同样的分析适用于无能力和特免。无能力造成经济上的暴露，特免造成经济上的自由，两者合在一起我们称为自由的或公平的竞争。

这种法律对经济学的关系，我们称为机能的法学。人们会看出怎样不可能把法学的机能的一面和完全分析的法学分开。统治权不是在分析的赤裸裸的状态中孤立存在。它是一种有组织的暴力的工具，这种工具，个人想要用来对别人实行他自己的意志，或者防止别人任意行使他们的意志。

有时候有人不同意，认为这种"机能的"法学观念似乎把统治权说成在它的活动中普遍存在，好像是一种时刻使用着的"威吓"，而实际上在绝大多数的交易中并不使用。他们说，在决定人类行为上，更广泛的影响是经济的、伦理的或者其他社会的动机。

我们认为，这种反对的意见没有看到一切人类动机的基础——对未来的预期。力的普遍存在并不意味着统治权的暴力在一切交易中都实际使用——那样就会是无政府状态或者奴隶状态。它确实意味着力被置于一定的程序规则的范围以内，对这些

① 指公民可以行使关于生命、自由、财产及名誉等权利的权力。——译者

规则的信心使个人和集团能进行活动，不怕郡长，只要他们在经济的交易中按照规则行事。

这种普遍存在性的测验简单得很——假定国家以及它的法院和郡长等类似的官员都没有了。那么，一切经济的、社会的和伦理的动机当然就不同。统治权的普遍存在只是人类的未来性的作用，根据预期的未来的“力”的形式，指导现在的交易。未来性使法律和经济学发生相互关系，两者都作为整个经济社会的部分。

(2) 稀少性——分析的经济学只有关稀少性的作用，正如分析的法学只有关力的作用。它的最高度的孤立状态是所谓“经济人”的那种状态，经济人是稀少性的抽象，正如法学上的人是力的抽象。两者各自分开，不仅彼此是分开的，而且彼此没有任何机能的关系。

古典派的分析经济学家(斯密，李嘉图)认为稀少性是当然的，快乐主义派(特别是奥国学派)和“新古典派”，特别是马歇尔，分析和完成了它的公式。他们用“等量”的说法，抽出、特殊化、孤立、并且组织了需要和所需要的数量的稀少性关系，结果讲到市场的平衡，正如分析的法学家那样地处理上级和下级的力的关系，结果讲到现代的法庭。分析的经济学家排除了一切“阻力”，以便形成一种经济学的“纯科学”——假设所有的个人是完全自由、无限聪明和绝对平等的——法学家的分析假设有高于下级的统治者上级。

因此，显然必须推究出一种法律和经济学的机能的关系，在这种关系中，两者都不是仅仅在各自的力和稀少性的领域里独立分开，而是两者机能地相互结合。要做到这样，只有把时间因素特别是未来性和预期加入那种关系。这一因素总含有预期的会从现在的交易中产生的后果，另一方面，分析的方法没有时间也没有未来性——它是纯粹静态的关系，没有活动和预期。未来性总是预期的权力、应负责任、特免和无能力，个人可以认为这些是当然的，如果社会在有秩序的运行法则下运用它的力。稀少性成为现在的机会、竞争和讨价还价的力量，在这里面个人的能力得到发挥。权利、无权利、义务和无义务这些名词是公民现在的意志的行使和预期的统治权的权力之间的机能的关系，现在的意志的行使以预期的经济生产或消费为目的，预期的统治权的权力会使他的预期实现或不能实现。

Ⅴ　习惯的假设

由于这些原因，了解最高法院的法官是一些什么人比了解法律是什么，更加重要。宪法不是它本身所说的它是怎样——而是最高法院说它是怎样就是怎样。一切经济研究是对人们经济活动的研究。要了解为什么他们这样行动，必须找出他们认为当然的那些假设，这种假设非常普通，以致不必用文字详细陈述。就是这些假设，我们认为相当于伦理思想史和经济思想史中许多名词的意义，例如信仰、神权、自然权利、自然秩序。这些意义不是在自然里预先规定的，而是在交易参加者的习俗和习惯里预先规定的。

个人在一个机构里或者暂时地或者连续不断地处于一种上级的或下级的地位。如果他已经对许多机构或者只对一个机构有了经验，他就得到了考虑问题的方法，可以在作出决定、选择对象以及在交易中应付别人时加以运用。这些考虑问题的方法，我们称为他的习惯的假设；他的这样武装起来的“头脑”，我们根据约旦的说法，称为“制度化的头脑”。

当一个新工人走进工厂或者农场，或者一个新手开始从事于一种职业或商业时，一切都可能是新奇的和意料不到的，因为在他的经验中以前没有碰到过。逐渐地他学会了人们预期他处理问题的方法。这些方法熟悉了。他忘记开始的时候它们是新奇的。他甚至不能对外行人解释这些方法。它们已经变成了惯例，认为当然。他的头脑已经不需要去想它们。拿现代机器那种极端的例子来说，他所管的不过是一种或者很少几种动作或操作，我们访问这种工人，据说他们通常不觉得他们的工作单调。他们的身心状态已经成为自动的或机械的，他们的精神轻松愉快地逍遥在一个回忆、想象、幻想的世界里。

我们说这种头脑是制度化的。可是所有的头脑都是被他们已养成的和视为当然的习惯假设所制度化了，结果他们不去注意这些习惯的假设，除非在某种限制性因素出现，和他们在习惯上预期的情况相反的时候。

因此，不仅身体的物质状态，而且心理的精神状态，都变成在制度上习惯于那工人取得生活的那个机构里处理问题的占优势的方法。假如不是这样，人们在心理上不可能应付裕如地处理预料不到的事物。大体说来，习惯的假设适合于他的环境里的补充性因素或者一般性交易，而理智的活动只管限制性因素或者关键性交易。如果各项因素不断地变动，理智就必须灵活地注意，控制关键性因素；可是，如果各项因素的动态正常，习惯的假设就足以解决补充性的和一般性的因素。

可是，如果习惯不符合于习俗，这一点就靠不住。因为习俗不仅仅是集体行动控制个人行动——它是集体意见控制个人意见。个人意见是习惯的假设，可是集体意见是个人习惯必须服从的假设，如果这些个人要在一起工作。太多的不合习俗的个性是要不得的。

然而，在科学的研究里，意见和行动是分不开的，因为行动是

“行动中的意见”，科学测量行动而推论意见。人们对习惯的和惯例的行为，用习惯的和惯例的假设来解释。这里，研究的程序类似精神分析，可是，社会科学不是一种个人主义的科学，研究神经或者梦，作为对个人行为的解释，而是研究习惯的和惯例的假设，作为对交易的解释。

习惯的和惯例的假设可以分别为技术的、所有权的和伦理的假设。技术的假设有关使用价值的生产，它们随着文明方面的变化而变化，跟种类和质量以及惯用的方法和工具都有关系。在有关什么是“有用”的意义上，无论是关于产量或者关于生产那产量所用的方法或原料，凡是个人自己的意见和当时一般的意见不适合的人，就不能成功，甚至不能生存。以利润、利息、地租或工资的取得为中心的所有权的假设，也是如此。凡是个人自己的假设不符合别人的惯例的假设的人，不能参加买卖，遇到交易的惯例改变的时候，他的假设必须改变。伦理的假设起源于决断利益冲突中现行的惯例的程序。凡是个人自己的意见使得他的行为不符合这些前例的人，将受到惩罚。

从这些伦理的假设中产生是、非、义务、自由等观念。和其他的假设一样，它们包含一种目的和完成目的所需的工具。在这里我们又注意到“权利”这个字眼的双重意义，可以区别为伦理的假设和交易的实体。伦理的假设通常被说成形容词“是”的意义，它的对立面是“非”。[①]可是交易上的意义，通常称为“本质的”意义，是义务的相关名词。交易上的意义也许是“是”也许是“非”，决定于伦理的假设，然而它是一切商业据以进行以及一切争执据此判决的意义。

---

① “权利”一词的英文字“Right”，用作形容词时可以解作“正确的”，也就是汉语中“是非”之“是”。——译者

对这些技术的、买卖的和伦理的假设，在它们是习惯的和惯例的范围内，马克思称为“阶级意识”，凡勃伦称为“本能”。的确，它们代表不同阶级具有不同习惯和习俗的特性。马克思有特别的宣传的理由，所以把他的名词局限于两个阶级，可是，根据个人所意识到的利益相同性，还可以细分为利润意识、工作意识、工资意识、地租意识、职业意识。然而，我们决定称为习惯的假设其基础是习惯和习俗，起源于利益的相同以及所从事的交易的相同。

最高法院，和个人一样，受这些起源于当时和当地的一般习俗的习惯假设的支配。法院意见的改变，往往由于法官的人选更动，或者由于新的案件使人对老的假设有了一种新的看法，或者由于经济或政治情况改变，甚至由于发生了革命。1771 年，英国最高法院假设英国宪法中含有**自由**的意义，把一个据称属于牙买加岛一个合法主人所有、而暂时扣押在英国等待移送的黑人释放了。法院说：

> “鉴于奴隶制度的性质，不能根据任何道德的或政治的理由予以采用，除了由于成文法的规定，这种法律，在它从而产生的理由、原因和时代久已过去以后，仍然有效。……因此，不管本院的决定可能引起什么不方便的事情，我不能说英国的法律对本案可以容许或认可；因此这黑人必须释放。”

1856 年，美国最高法院以票数很接近的多数，认为宪法含有**奴隶制**的假设，命令把一个暂时处于自由状态的黑人恢复到奴隶状态，交给他的根据一个保留奴隶制的州的法律提出所有权要求的主人。最高法院说：

> “在今天很难理解在独立宣言时代以及美国宪法制定时世界上文明的和开化的国家中所流行的那种有关这个不幸的种族的舆论情况……这种舆论在英国最为固定，英国政府和英国人民最是始终如一地据以行动。在英国这样被采纳和据以行动的意见，很自然地影响了

他们在大西洋这一面所建立的殖民地。”

后来由行政权解放奴隶，等于没收了大约四十亿美元的财产价值。1856年的“自然”权利的观念，由于1863年的奴隶解放宣言以及1865和1868年的第十三次和第十四次宪法修正，变成了“不自然”。

这样，习俗改变，司法当局的习惯假设也跟着改变。我们曾把导致个人行动的诱因，区别为个人的和集体的。个人对个人的诱因，我们简单地称为诱因。由于集体行动的诱因，我们称为“制裁”。诱因是个人的劝说、压迫、命令，它们使交易进行到最后的结果。制裁是集体的诱因，它要求个人使自己的行为符合别人的行为。两者以同样的习惯假设为基础。可是，后者是“制度”的意义。制度是集体的行动，它诱发个人的行动。制度和制裁是多种多样的，并且在文明的历史上不断地变化，但是它们共同的一般原则是习俗和从而产生的习惯假设。

习俗建立两种标准，计量的标准和合理性的标准。各项标准起初是冲突的和不确定的。终于立法机关把计量标准弄得精细明确，作为法定的标准，使法院有所遵循——例如美元或蒲式耳。可是，合理性的标准大部分是由法院在判决中逐渐建立起来的。它们可以区别为“交易的标准”和“生活的标准”。前者关系财富的生产、买卖和分配中的管理的、买卖的和限额的交易。后者是消费的标准。制裁是集体的诱因，它诱使个人符合于这些标准。

因此，习俗的原则是强迫的相同性，它诱使个人遵从标准。自然科学中的运动定律，或者动物方面的本能，或者个人方面的习惯，在一种以个人在交易和生活方式中指望着未来的不易确定的意志为研究对象的科学里，就是习俗和习惯假设。它们需要计量的标准和合理性的标准。不肯使用过去发展形成的银行制度的商人，不肯和别人同时上班的工人，尽管工作勤勉，可是他不能在产业的社会里生存。这是很平常的道理，因此人们不加研究。可是当习俗改变，或者法官和仲裁人在决断争执中实行一项习俗，或者工人或农夫用罢工手段来改变企业的惯例，或者革命没收了资本家的奴隶或其他财产，或者法令禁止一种习惯的生活方式，或者一个控股公司把一种旧的惯例推广到新的事业方面——在这种时候，人们就体会到习俗的强制始终存在，可是没有人对它发生疑问，也不受到干扰。

原因是"习惯"。个人不是凭空从"新人"开始的——他们作为婴儿开始，然后继续作为儿童，后来参加工作，学习使自己适合于习俗。如果他们的习惯不能适合，他们就不能靠自己的力量谋得生活，而是施舍或惩罚的领受者，或者遗产法的受益人。如果他们能适合，那么，他们所适应的习俗就使他们能有种种靠得住的预期。

我们已经看到，在亚当·斯密发表他的《国民财富的性质和原因的研究》的那一年，边沁在他对布莱克斯顿的批判中把习俗的原则从经济学里排除出去。从此以后，经济理论的研究以个人、商品和国家这三种单位为基础。一方面，这产生了个人主义，甚至无政府主义；另一方面，它产生了共产主义和独裁政治。可是习俗的势力超过个人，甚至国家。

"习俗"这个名词对不同的心理具有不同的意义，因此需要我们作出两种区别，一种有关对个人的不同程度的强制，另一种辨别原则本身和对它的辩护。作为一种从各种事实里推论出来的原则，习俗是强制的相同点。它只是一种运行法则。作为辩护或谴责，它是希望由集体的强制力使其实现或者加以防止的事物。边沁批评布莱克斯顿的时候，他的"习俗"的观念是"传统"或者"先人的智慧”，这种传统他认为法院使其永久化，足以妨碍他希望用来指导立法和司法行动的“普遍幸福的原则”。从此以后，法律和经济学就分开。经济学家采用个人追求快乐和避免痛苦的利己主义为立论的基础，可是法院继续奉行布莱克斯顿的学说，根据习俗来判断争执。

区别的关键在于对人性本身的不同的看法。边沁和早期经济学家认为人类是理性的动物，能够用快乐和痛苦的单位计算最大限度的幸福，像商人用美元和美分来计算一样。可是，马尔萨斯，在他的《人口原理》里，攻击这种对人性的看法，其时它已经被第一个伟大的无产主义者威廉·葛德文采用，由他创立为一种哲学，主张废除对个人的一切强制。马尔萨斯说，人不是理性的动物。他们是感情冲动的和愚蠢的动物，其所作所为完全和理性的劝导相反，否则就不会有人口过剩、困苦、战争或罪恶。因此，没有强制，人们就不能生存在一起。实际上，这是为习俗和统治权辩护，反对无政府主义。人类意志是靠不住的，必须由习俗或政府加以强制。

在和无政府主义相反的另一极端，是从费尔默到今天的那些人，他们神化习俗为“上帝的声音”。[①] 我们仔细考查一下，通常可以发现他的意思只是好的习俗和坏的习俗的分别。好的习俗是上帝的声音——坏的习俗是恶魔的声音。这些是习俗的人格化。

“自然”或“自然的”这种字眼的使用有些相同，如果实际的意思是习惯的。人类的“自然权利”据说是生命、自由、幸福、财产、名誉等权利。可是这些是习俗。习俗改变，可是，如果它们慢慢地改变，个人的幼年时代就足够他取得或养成适合于习俗的种种习惯和希望。然后它们变成似乎是自然的、不变的、不能移改的，虽然

① 卡斯特：《法律及其起源、成长与作用》，1907 年版。

是人为的、集体的、暂时的,可以放弃的。

比这些人格化和隐喻较有历史性的学说,是那种认为现代产业社会已经从“习俗”和“地位”的时代过渡到“契约”和“竞争”的时代的理论。① 据说,在古代社会中,人们永远留在他们出生的那种地位或社会阶级里,可是在现代西方文明中他们可以随意地通过竞争的买进和卖出、雇用和解雇、出租、借贷等契约,决定和改变他们在社会里的地位。

可是,如果习俗的征候是它对个人的强制,要求遵守,那么,契约在过去三百年中也是一种新的习俗。一个不肯和其他的人同样遵守契约的人,不能参加也不能继续从事于商业或职业。契约已经成为惯例的,因此也是强制的。

在经济上,所发生的情况是一种习俗的改变,从不能解除的债务改变到可以解除的债务。因为,如果习俗是集体的强制,它就是把义务加在个人身上,从而发生作用。经济的义务是债务,是可以用服务,或者商品或者购买力偿付的债务。如果个人从取得对以前属于别人所有的服务、商品或购买力的控制中取得自己的生计,他就不能自由地拒绝成为一个债务者。在现代的产业社会里,没有人能以任何其他方法谋生。最有力的制裁——稀少性——使他不得不遵守当时和当地的习俗,这种习俗认为他对那些他从而取得在他自己是稀少的东西的人们,是一个债务者。

一个法官或仲裁人寻找一种习俗来指导他的决定时,他采取的行动是对习俗的实行再加上一重认可。他甚至也许不去注意他的习惯假设是否符合习俗。在商事和劳动仲裁中,那增加的认可是那些设置了仲裁人的职位以及预期用机构的集体的经济力量来

① 梅恩:《古代法律和初期社会以及对现代观念的关系》,1870 年版。

执行仲裁人的裁决的人们的有组织的集体行动。

同样的道理适用于法庭。如果法庭在判决一件争执时向周围的习俗或有关阶级的习俗中寻求标准，或者不须正式的证据就采用“法庭的认定”，或者习惯性地接受那标准，法庭就是对那种习俗加上暴力的认可，要求交易必须符合于习俗。

可是，仲裁人或者法官在寻求一种指导以便作出判决时，更进一步。他回顾他自己以前的判决或者其他仲裁人或法官在同样案件中的判决，然后竭力使他现在的判决符合以前的判决。这是“判例”。如果没有判例，或者判例不一致，或者所有的判例被认为已经不合时宜，仲裁人或法官就再找寻一种习俗，或者从习俗中推论出来的原则，然后通过排除和吸收的程序，他可以使他的判决符合这种习俗。

如果他不依赖判例或习俗，他的另一种办法是依赖法规、附则或宪法，这些成文法，由于那些掌握高级权力的人们的经过考虑的行动，已经改变了习俗或前例。可是，即使如此，这些成文法是抽象的和一般的，在一件特殊的争执中，还必须加以解释，认为可以适用，然后才能实行。这种解释本身因此回溯到习俗或前例，或者习惯的假设，作为把法规应用于特殊案件时的参考。因此，即使法规、宪法或附则在判决争执的司法程序中还须经过对习俗和前例的审查，以及排除和吸收。甚至习俗或前例或者习惯的假设，在这种程序中，可能取消或改变成文法和宪法。这一点完全发生时，法律就是一种“死法”；发生得不完全时，法律是被“解释”。

那么，习俗、前例、法规和习惯的假设是一般可以称为“运行法则”的那种东西被提出的过程。法规有各式各样，从告示到行政命令、立法条例、成文宪法、附则以及集体谈判的雇用合同，各个不同。前例有各式各样，从行政的、管理的、立法的和宪法的前例，各个不同。习俗有各式各样，从封建的、农业的、商业的和工业的到家庭的和宗教的习俗，各个不同。前例和法规是运行中的机构的标志，可是，习俗和习惯假设是构成一切人类关系的基础的原则。每一种甚至都可以称为“法则”，不是在“自然法则”的意义上，而是在人性法则的意义上。因为这个缘故，我们把它们称为“运行法则”，从而也表示它们适应经济、政治和伦理的情况暂时的和不断变化的特征。

它们是一种人性的法则，因为它们属于一项根本的原则，即预期的安定原则，没有这个原则，人们不能在社会里生活。重要的不是公道，甚至也不是幸福——而是安定，甚至不公道和贫困的安定。因为不安定主要不是由于无意识的自然力的偶然事故，而是由于那些具有优势权力或讨价还价能力的人们的意向、疏忽和没有定见。前一种不安定能够并且已经充分地由控制自然力的技术进步予以消除，可是后一种不安定只有使那些具有权力的人的意志固定下来，才可能避免。任意的意志的极端的实例是奴隶制。新的习俗、前例和法规束缚奴隶所有者的意志和假设到什么程度，自由侵犯奴隶制就到什么程度。

前例的理论还有进一步的道理。它是一种逻辑一贯和待遇平等的原则。如果仲裁人或法官决断一件现在的争执，和在以前类似的争执中的判决不同，他在逻辑上是前后矛盾，并且是对一个人的待遇和对同样情形下其他的人的待遇不同。这是差别待遇，或者不平等的机会。因此，前例的原则是安定、自由和平等这三重的原则——安定，因为它使人可以预期未来的争执将和过去的争执得到同样的判决；自由，因为下级的个人不会受上级的捉摸不定的意志的支配；平等，因为所有同样的个人在同样情形下将受到同样的待遇。

因此，前例的原则，作为对当权者任意的意志的一种束缚，接触到人类的三种最根本的愿望：安定、自由和平等。它对一切人类在一切社会关系中普遍适用。甚至儿童也求助于前例，他往往抱怨父母待其他儿女和待他自己不同，或者对他自己的待遇今天和昨天不同。工人认为自己受了欺骗，如果工头的朋友得到他自己所得不到的优待。文官法的意图是使所有的公民有同等的机会担任公职，而不使他们非找政客的朋友不可。企业家控告铁路公司优待他的竞争者，所收的运费低于他自己必须交付的运费时，也援引前例。法庭应该遵守前例的法律原则只是一般道德原则的一个特殊实例，所谓人人应该对待别人像在同样情形下对待他自己和彼此相互对待一样。否则他就是无定见、任意和前后不一致。假使人人在各方面都完全相等，假如有无限的选择的机会，这也不算坏事。前例的原则是对不相等的人予以相等的待遇。它在一切经济的交易中是重要的，因为它是安定、自由和平等的基础。

可是这原则不一定必须是由一个机构的当局使用命令来实施。它可以通过竞争来实施。用支票购买商品和偿付债务的现代习俗，对个人是强迫的，因为，不管是谁，如果他坚决不肯接受或开发支票(虽然支票不是法币)，就不能继续经营商业，甚至不能参加商业的活动。用支票的账户是一种习俗，习俗和竞争不是矛盾的。竞争是实行习俗的一种手段。实行习俗的人是所有的行动相同的个人，可是实行前例的人是机构的当局和代理人，被选出来担任这个职务的。因此，现代经济社会没有从习俗变化到契约——它已经从原始的习俗变化到商业的习俗。

以上所述可以说明，任何运行中的机构的历史发展上的惯例、习俗、前例、法规和习惯假设，不可能把它们分开，不管那机构是国家、还是经济的或道德的机构。它们作为个人随意的习惯开始；然后，到了顾客和竞争者使个人不得不遵从这些习惯的时候，就成为习俗；然后在判决争执时成为判例；然后在由行政或立法当局正式公布时成为法规；后来当法规在特殊案件中被解释时，又成为习俗；在全部过程中，是那不断变化的但是习惯的假设，随时应用于特殊的交易和争执。它们结合在一起进展。新的惯例起源于现有的习俗、判例和法规，同时法规本身只有通过惯例、习俗、判例和假设才可能生效。一般说来，所谓"不成文法"者是判例，而法规、附则、公司特许是"成文"法。可是成文法只是文字。"不成文"法是写在对争执的判决里，这些判决在特殊案件中解释那成文法。惯例、习俗和判例——总之，这种不成文法——是活的法律。这是习惯法的创造法律的方法。

英美法学中对于习惯法、商业习惯法、海事法和平衡法作出某些技术的、历史的区别。可是，从"社会—经济"观点来说，这些是习俗、判例和假设的特殊情况。技术的"习惯法"起源于封建时代中的农业的习俗；"商业习惯法"是从商人的习俗中吸收过来，由法庭实施的。其他各种法律也是这样。它们有一点相同，都是一点一滴地在习惯假设的指导下，通过参考习俗和前例的程序，从争执的判决中发展起来的。一切经济机构的运行法则都是如此。它们也是惯例、习俗、判决、法规（附则）和假设的混合和连续发展。

因此，当我们讲习惯法的时候，我们的意思不是指法律专家的专门的习惯法，而是指那种用判决争执来创造法律的习惯法的方法。那方法并不限于法庭。它是商事仲裁和劳动仲裁的方法，这里的制裁不是统治权的制裁。它是在家庭、教会、工会、商业机构中创造法律的方法。它是前例、习惯的选择、不成文法和假设的方法。通过习惯法的判决争执的方法，习俗成为习惯法，从而承认了习惯上认为是良好的习俗，由于在行动中谴责或者不实行人们认为是恶劣的或不合时宜的习俗。因此，习惯法是不成文的习俗的法律——不成文的，因为它存在于判例和习惯的假设中。

结果，那所谓从习俗到契约的变化是一种趋向于发挥习俗的强制力方面的变化。变化也许是重大的，可是那不是因为习俗消失。习俗在不同的形式、名称、方向和不同程度的强制性下作为习惯的假设重新出现。

对个人强制的程度，除了在极端的情形中，区别得不很清楚，并且难以区别，但是可以根据三种分类原则来辨别：制裁的种类，标准的明确性和公开性，以及用来实行制裁的组织的程度。

(1) 制裁的种类是三重的：道德的、经济的、暴力的。它们通常是分不开的，可是在极端的情况下可以区别，在习俗的历史中它们实际上分化和特殊化了。道德的制裁是意见一致的强制力。它的特殊化是某些国家的教会，在那些国家里教会已经和国家以及用于商业目的的私有财产分开。从前教会是一种大地主或金融资本家，具有经济权力，或者本身是拥有暴力的国家。被剥夺了这些经济的和暴力的制裁以后，教会的基础只靠意见的强制，有权力进行异端的审讯。葛德文的无政府主义会把一切商业和政府变成教会的状态，只靠道德的制裁控制一切。习俗的强制就会只是好意见和坏意见的强制，政府本身就会只是公众的意见。

和无政府主义相反而且实际上并不矛盾的，是暴力的制裁，这种制裁的专门化我们称为“国家”，它的制裁我们称为“统治权”。因为，集体的暴力和集体的意见一样，是一种习俗。从封建制度进化到现代国家的程序是从私人交易中抽出暴力的诱因，把暴力的专用权放在统治阶级的官员的手里，从警察和治安审判员到总统和最高法院，赋予他们和别人不同的权力，为了使用和管理暴力。

在意见和暴力的制裁以外还有经济的制裁，对经济制裁的控制专门化在公司、行业协会、工会的手里，这些组织在改变运用稀少性的制裁的习俗，这种制裁为了调节经济的交易表现为许多损益的形式。

道德的、经济的和暴力的三种制裁是分不开的；除了在极端的事例中，很难知道在迫使个人行动或不行动方面哪一种的力量较大。

(2) 各种交易的标准的明确性和公开性程度大有差别：最不明确和不是众所周知的因而强迫性最小的，我们称为“习惯”；较为明确和众所周知的，可以称为“惯例”；最明确的和人人知道的因而最有强制力的，可以称为“前例”。任何个人或者商号或协会的习惯可能不同并且对别人没有关系，因为没有足够的人仿效它们，足以引起普遍的效法，例如一个人惯于实行经济，而另一个人惯于铺张浪费。可是，一种惯例已经有足够的人仿效实行，结果，像语文或者银行支票，它的使用实际上对一切参加交易的人都是强迫的。一种前例或判例具有特殊的拘束力，因为它是一个掌握控制权力的高级当局在判决争执和管理行为中所用的标准。它也许是从习惯和惯例中推究出来的，可是它在权威上超过它们，因为它使它们变得明确、公开并且由有组织的行动来实行。

就是这些习惯、惯例、前例以及根据它们推论出来的习惯假设，我们解释为“习俗”。习俗在集体行动对个人行动发挥的强制力的程度上是变化不定的，从强制力最低的习惯到强制力较高的惯例和强制力最高的前例。习惯、惯例、前例和假设合在一起，构成习惯法的那种用判决利益冲突以创造法律的方法。

(3) 可是还有另一种习俗，“团体的习俗”。这种习俗在它用运行法则控制个人行动上也是按照组织的程度(从散漫的到集中的组织)而变化不定。这种组织团体和制定规则的习俗，我们称为在行使其道德的、经济的或暴力的制裁方面的“运行的机构”。从前公司被看作统治权的创造物，只在法律的基础上存在。可是，现在法人组织的特许被认为只是更明确地和正式地把统治权的暴力制裁加到一般的组织团体的习俗上。被谴责为同谋结党的事情成为公司组织或其他各式各样的合法组织，只要组织团体的习俗由那指导暴力的使用的官员予以认可。

在这三种变化方面，习俗对个人发挥或大或小的控制。不管是道德的、经济的还是暴力的制裁，它随着制裁的种类而变化；作为习惯、惯例和前例随着明确和公开的程度而变化；从散漫的到集中的组织，控制力大小不同，随着在判决争执和强使遵守的权力方面组织的程度而变化。

这一切变化当中的情况是由那些具有选择和执行的权力的人对习俗进行选择；习俗的进化像那种人为的淘汰或选择，它在千百年之中把狼变成狗，或者养驯了牛。一种新的习俗从新的冲突和争执中产生，不断变化的习俗的总和就是文明。

习惯或惯例必须到经过争执的判决变成前例以后，才能十分明确，可以在有关对个人的控制方面加以逻辑的分析。我们在论“方法”的一章中曾提出一个用于买卖的交易的分析的公式。类似的公式可以适用于管理的交易和限额的交易。

在三种类型的交易中，有对立、交互作用、相互依存三种关系。一件争执发生，集体的强制将加以决断。它只有解释义务，才可能作出判决。解释了义务以后，权利和义务是相同的，可是有利于一个对立的人。一方的义务，在经济上，是必须的遵守；这，在有关的问题上，对于对方来说，是他的预期的安全，它的法律上的同义语是“权利”。这种关系的同一性，可是，利益的对立，在法学里用“交互作用”这个术语表示。权利和义务是交互的和相等的，可是双方当事人是对立的。一项债权是一项债务，一项销售是一项购买，一项资产是一项负债，一笔收入是一笔支出，一笔付出是一笔收进，一项权利是一项义务，一项义务是一项权利。可是，它们属于对立的人，这种关系是它们的交互作用。

解释义务是解释义务的范围。如果义务是无限的，权利就是无限的，习俗就迫使奴隶服从主人的无限的意志。可是，如果义务是有限的，在那限度以外就完全是“无义务”，当然也就没有交互的权利。在经济上，这是一方的自由和另一方的暴露，暴露于那种自由所造成的利益或损失。在义务和权利的范围内，自由和暴露被扩大，最后，在无政府主义的哲学里，个人之间唯一的假定的关系是自由和暴露。

可是，这一点由相互依存的原则加以修正。暴露可能有益也可能成为难受的负担，像暴露于日光那样。“交易”这个名词本身含有相互关系。每一方的当事人有助于对方。双方都不可能充分满足。通常双方都不满足。然而交易是“意志的会合”，相互关系和平等或公道不是一样的。的确，它是互惠作用，因为有一定程度的相互依存。可是，交易可能是很不平等或者不公道的，如果双方当事人是不平等的，无论他们是借者和贷者、买者和卖者、地主和佃户、雇主和雇工。谁来决定呢？由习俗决定，通过它的习惯、惯例、前例和假设。习俗的制裁决定相互性、平等性、互惠作用、公道和不公道的程度。

因此习俗是竞争的安定剂。两百年来的经济思想所推论的完全竞争学说，以假设个人方面的完全自由、平等和有知识为基础。根据这些假设，各个人知道什么是他自己的最大利益。他在能力、财产和不受强迫的自由这些方面和别人是平等的。他只对自己的行为负责，必须承担他的行为的后果。这些假设很恰当，是一切科学的方法，这种方法假设某些因素是不变的，从而消除不稳定的因素，然后只在所研究的单独一种因素上讨论变化。

可是，这些假设不仅是一种纯理论的问题——而是一个实际惯例和实验的问题。证券交易所、物产交易所、农产品交易所或者一种类似的有组织的市场，所要做的工作完全是经济学家在排除不稳定的因素和“阻力”时所假设的那种情况。这些交易所都想建立一种市场，那里面尽可能有差不多完全的竞争。它们所定的规则，目的在于通过公开性和明确性建立自由、平等和相互关系。它们的方法是消除人们认为妨碍竞争，或者认为有不平等或不明确的倾向的那种习惯和惯例。

这些市场之中每一种本身就是一项值得研究的问题，可是它们大家所根据的一般原则可以从芝加哥农产品交易所申诉到美国最高法院的一件案件中看出。该案的事实和法院的一致意见可以根据布兰迪斯法官陈述的意思扼要叙说如下：

联邦司法部控诉芝加哥农产品交易所，想要取消该所的一项规定，禁止它的会员经纪人在该所休业的时间内作实际上秘密的买卖。问题是，这项规定是否属于限制贸易的范围，限制贸易是反托拉斯法所明确禁止的？法院判决那限制是合理的，因而推翻了一种法规的严格的文字。根据布兰迪斯所陈述的意见，我们可以概括地作出下列的推论：

(1) 由最高法院立法的习惯法方法，从判决利益冲突的争执中建立一种“不成文法”，可是参考同一和类似的团体中的前例和习俗。法院认识到它是为未来的同样的冲突制造法律。

(2) 国会制定的法规(反托拉斯法)，必须等到由法院在一件特殊争执中加以解释，以及这种解释成为对同样争执的前例时，才成为法律。法规是“死法”。它的生命是习惯、惯例、前例和习惯的假设。法规条文的意义服从那应该完成的经济目的。

(3) 结社权是最高法院给予私人团体的权力,让它可以订立规则,对它的成员的交易具有法律的效力,然而是通过利得、损失和拒绝人会等经济制裁来实施。

(4) 那些订立规则的人的私人目的,由法院承认以后,就成为一种公共的目的。标准不是良好的意图而是良好的后果。有关的规则剥夺了个人的一种有价值的财产权。可是,个人和团体都不能决定后果的是否良好。一个高级的权威决定。

(5) 最高法院在现有的习惯和习俗中选择,从而决定什么是和什么不是公共的目的。一个在目前的争执中有利害关系的法官,不参加这种决定。一项局部的或地方的惯例成为适用于全国的习惯法,因为它排除在当时情形下被认为是坏习惯的东西。

(6) 因此最高法院成为美国的政治经济学的权威。它是权威的——如果不是可靠的——因为,它的多数法官说是合理的东西暂时就是合理的东西。所需要的不是真理,而是有规则的行动。机构必须继续运行。法院深入到法律条文的基础,研究利益冲突从而产生的经济情形。每一件争执是单独的案件,具有它自己的事实,虽然这些事实可以归结到一般原则的范围以内,可以使它们服从同样案件中所发现的特殊前例。根据这些原则和前例对所研究的一切事实作心理的衡量,是决定什么是在一切情形下合理的东西的程序。各方面的经济利益,眼前的或者遥远的,必须作为整个公共目的的一部分来估价。

(7) 竞争不是自然的"生存竞争",而是一种人为的安排,由集体行动的道德、经济和暴力的制裁予以支持。经济学家创立的自由竞争的学说不是一种趋于各项势力的平衡的自然倾向,而是法院所采取的一种公共目的的理想,必须从抑制自然的生存竞争中求其实现。经济学的术语是“用合理的对贸易的限制来提高竞争的水平”。

(8) 每一件争执的判决树立竞争的交易的种种标准,要使否则不确定的习惯变得比较明确。在芝加哥农产品交易所一案中,各项标准关系到准许交易的时间和地点;适用此项标准的交易和商品的种类;交易当事人的资格;必须给予的公开性。

(9) 最高法院所决定的应予实现的目的是有益的,因为它们倾向于(a)公开性,或者在情形许可的范围内,使各方面尽可能完全了解一切事实;(b)平等的机会,或者同样的可以参加市场的机会,由于防止垄断、歧视和市场外的秘密交易;(c)在买卖产品上有较大的效率;(d)对商品的生产者和消费者有较大的利益;(e)限制不正当的自由,从而增加正当的自由。

这种习俗、前例和假设的美国制度,欧洲的经济学家和法学家难于了解,他们自己的一套法规制度最初是由独裁者仿效完备的罗马法创立起来的,只能由立法予以变更。甚至英国人也难了解,他们的立法机关高于司法机关。

同样地,美国经济学家和法学家很难了解欧洲的经济学家和法学家。在美国,我们按习惯法的方法具体地考虑个别的案件和前例,符合于我们的司法权;欧洲人却根据从杰斯提尼安一世、拿破仑、亚当·斯密或者李嘉图流传下来的演绎方法抽象地考虑问题。如果我们一般的推理,像在这本书里所做的那样,我们只讨论一般原则,至于如何应用这些原则,当留待特殊问题的研究去解决。这样产生了美国的习惯法的方法。

美国有四十八州和一个联邦国会在制定法律,联邦和各州法律的矛盾的范围只由联邦宪法泛泛地加以说明,美国最高法院成为最终权力,它决定全国范围内法律的一致性。最高法院因此必须依赖高于一切立法的事物作为一致的标准，这种事物可以概括地称为习俗、前例和习惯的假设。甚至最高法律宪法本身也是根据不断变化的商业和工业的习俗来解释，这些习俗所凭借的是集体意见的道德制裁，以及利得或损失的经济制裁。对随时发生的争执作出判决，从而把习俗变成一种新的习惯法——各州共同适用的习惯法。每次的判决是一个前例，在相同的或者不同的案件中可以援用或者加以辨别，一种少数意见可以渐渐地变成一种多数意见。

大陆派法学家奉行杰尼所谓法国法庭的“传统的方法”，研究这些法学家的著作，可以使一个美国人看出他们那方面有一种莫名其妙的困难，不能摆脱立法的法典和法案的支配。那些著作家似乎觉得非常抱歉，如果他们采用习俗，或者惯例，或者杰尼的“自由决定”或者“自由科学研究”，作为法律的根源。判例似乎没有拘束力，后来的案件必须回到法典上去，根据法典处理。

可是，这些跟法规和法典不同的变化，对美国最高法院没有什么困难。法规作为和美国宪法有冲突，假如它们剥夺财产或自由而不经过最高法院宣告的所谓合法程序，随时被宣告无效。即使不被宣告无效，也要加以解释，使其适合法院的可以变化的在某一案件中财产、自由、人身和合法程序的意义，以后的和下级的法院就援用这些前例。有些时候，意见不同的法官相当正确地把这些根据多数的决定叫做法规的“废除”，或者“司法的篡夺”或者“否决权”。在法国的法典里，以后的判决显然不追溯到前例——而追溯到法典本身。因此，法国的判决不是法典的废除。

在美国，这些意义本身经过逐渐的“排除和吸收”的程序，随时明确地予以改变，只需变更财产、自由、人身和合法程序这些经济的和法学的名词的意义，结果宪法本身逐渐地被修正。既然没有对最高法院的上诉，除了通过宪法修正的极端程序，而这种程序需要各州四分之三的票数，或者经过内战，像 1861 年不顾斯科特决议而解放奴隶的南北战争那样。所以法院在不断地用判决争执的司法程序制造和改造法律。对英美来说，这是习惯法的制造法律的方法。可是，在美国它达到一种别处所没有的权威地位，因为最高法院是最终的权力，高于立法机关、各州和行政人员，遇到该院对字义的解释和别处所作的解释不同时，以该院本身的主张为最后决定。

根据以上所述，可以看出在美国比在其他国家更是多么急需发展关于经济学、法学和伦理学的相互关系的根本理论。各州和联邦最高法院是最终权力，由它们就宪法的“合法程序”条款，对一切有关财产、自由和人身的规章的立法条例，作最后的解释。问题的发生通常是由于一个公民或机构向最高法院控诉各州或联邦的官员或立法机关，请求该院禁止实施某项法律，因为当事人认为此项法律和联邦宪法以及它的民权条例不相容。然后，最高法院根据事实的发现以及下级法院的结论——不管是州的最高法院或者下级联邦法院——宣告立法条例或者行政命令是否和宪法的最高法律不相容。一切决定于法院假设的应该赋予财产、自由、人身和合法程序的意义。

由于习惯法的制造法律的方法，最高级的法院事实上不一定要完全遵守它们以前赋予这些名词的意义，而是它们明确地说它们的方法是“排除和吸收”。这意味着以前判决中所赋予的意义也许太宽或太狭，不适合于现在案件中的争点。若是太宽，以前案件中的判例就不能适用，对法院没有拘束力。这是“排除”的程序。若是以前的意义太狭，那个判例就能加以扩充，为现在的案件提供标准，这种扩充对法院有拘束力。这是“吸收”的程序。当然，这是杰尼所说明的根本的类比的程序；像习惯法的公布案件的方法中所实行的那样，法院在它们的冗长的意见中，用很多精力来说明这种“排除和吸收”的心理过程。通过这种类比的程序，财产、自由、人身和“合法程序”的意义逐渐地有了改变。

这些意见总是作为少数意见和多数意见一起发表；因此可能看出个别法官的习惯假设怎样使他们在同一事实的基础上得到不同的结论。在任何对这些多数和少数意见的比较研究中，“法官的个性”显得非常突出。实际上，详细说明“合法程序”就是说明一种完全的社会哲学。①

只有下级法院一定要遵守确定的法律——由多数意见确定的法律，虽然它们往往提出新意见，这些新意见，只要最高法院承认或准许，就成为新的前例。②可是美国最高法院本身实际上不受这种拘束。它能够并且确实创造新法律，因而真正贯彻杰尼的“自由决定的方法”。最后可能实现并且往往的确实现，少数意见变成多数意见，像1872年的屠宰场案件，以及1897年的同类案件中那样。这种变化的实现，完全经过排除和吸收，从而改变字义的程序。

用这种文件的资料作为研究的根据，美国经济学家非常注意最高法院的分歧的和不断变化的价值学说，这种学说产生于不断变化的财产和自由的意义，并且根本上以他们的社会哲学和习惯假设为基础。美国的联邦和各州最高法院真正地实行了杰尼似乎提出来作为法国法院应该照此行事的理想的主张。它可以叫做“推理和评价的程序”：

（1）对于在促进公道和一般效用方面比较重要的事物的“直

① 参阅康芒斯：《资本主义的法律基础》，第333页。

② 同上书，第191页。

觉”。这些我们称为习惯的假设。

(2) 通过排除和吸收的程序选择事实,这是类比的程序,受这些假设的指导。

(3) 按照这些关于它们的比较重要性的假设,在心里衡量事实。

(4) 根据这种选择和衡量;对事实进行分类。

(5) 根据习惯的假设作逻辑的推论,这些假设指导着选择、衡量和分类。

(6) 整个程序受杰尼的所谓“实用的常识”的指导,这实用的常识就是我们从而出发的习惯的假设。

如果这不仅是司法的推理和评价的循环程序,而是一切非法官的人们的一切推理和评价的循环程序,那么,关于杰尼的所谓寻求法院的习惯假设和逻辑推理以外的东西,就发生实际的问题。他所说的需要“科学的研究”系由于经济情况上的变化,从个人主义变到集体主义,从个人变到公司组织,从旧的变到新的人性的观念,这些变化使得旧的假设也许不适用于现代的运行中的机构。可是,法院不是这样组织的,或者没有适当的机构可以进行所需要的广泛的调查研究。因此有些美国立法机关和联邦国会曾设立委员会,从事于这种科学的研究工作。

一个说明问题的例证是威斯康星州产业委员会。该委员会管辖雇主和雇员的大部分交易。它不仅设有专家研究员的工作干部,而且也有由雇主、雇员、医生、工程师、建筑师、经济学家组成的各种咨询小组,全部约有二百人。所有关于卫生、安全、意外事故赔偿、童工、工作时间,以及近年来关于失业保险的调查、研究和结论,均受法院所解释的“合法程序”条款的支配。因此,规定须由法院进行复审,可是在这种复审中不许提出以前未曾向委员会提出的新证据。如果有新证据提出,法院必须将案件交回委员会,如果决定要修改的话让委员会可以重新考虑和修改它的意见。这样,审判法庭,在严格的合法证据的规则下,不作任何调查,不接受任何证据。它只听取辩护的理由,只根据委员会的处理手续的法定程序予以通过。

这些委员会所依据的理论是法律上的合法程序的理论被扩充到事实的调查研究里,大意是说如果受法律影响的一切利害关系方面都可以自由地通过它们的代言人来商量,结果他们据以达成协议的对事实的结论就会是合理的,依照这些结论而发出的命令就会是国家对公民的合理的命令,支配着他们相互间的交易。

同样地,依据上述的斯迈思对艾姆斯案的意见,公用事业委员会、州际商业委员会以及各种买卖和贸易委员会,对所有的当事人进行调查和审讯,从而确定当事人在他们各种交易中的合理的价值和合理的惯例。然后,这些结论,通过法律的运用,应由法院在属于委员会所公布的一般的或特殊的规则范围以内的争执中予以采用。

这些美国的委员会正在发展,以便包括差不多所有的马克思也许叫做"阶级矛盾"的各方面。可是那些矛盾被分为劳动和资本的矛盾、买方和卖方的矛盾、农民和批发商的矛盾、借款人和贷款人的矛盾以及不同阶层的纳税人的矛盾。这些委员会是一种手段,想要借此在一个机构中结合成一种在法律上既不是立法、行政也不是司法的程序,从而取消宪法所规定的传统的立法、行政、司法三权的分立。委员会有时候被说成准司法的或者准立法的机构,可是它们的职能是调查研究。法律仅仅是实行委员会根据它调查和衡量事实的结果所作出的结论,只要法院认为这些结论符合所谓合法程序的要求,使各有关方面都获得了陈诉的机会。总之，这些委员会是美国在过去三十年中发现的一种实际上的方法，用杰尼的"对一切问题作科学的研究"的方法，使法律、经济学和伦理学发生相互关系。

这些调查和结果虽然在自然科学的意义上不是"科学的"，在政治和经济科学的意义上却是"合理的"，因为它们基于自然科学里所没有的三种情况，利益冲突、相互依存以及秩序的法则，这种法则适当地照顾公共的和私人的利益，对于维持产业继续运行是必要的。当新的事实从技术的、政治的、经济的和伦理的变化中出现时，这种法则可以随时加以改变。这一切需要不断变化的"合理价值"的意义。

Ⅵ 理想的典型

以上的讨论谈到了在"未来性"起着重要作用的一种科学里，科学的调查研究所起的作用。其研究对象和自然科学的研究对象完全不同，自然科学里的物质不作任何预测。因此，它的研究方法必然不同于精密科学的研究方法，因为它的结果是一种决定着适用于不断变化的经济、政治和伦理关系的事物的历史演化中，人类意志的既协作而又矛盾的行动。然而，它是一切科学中"部分—整体"关系的一种特殊情况，可是，表现在一种社会的未来的理想中，现行机构的参加者所有的交易和规章或多或少地都以这种未来理想为目标。我们可以研究德国法学家—经济学家韦伯的学说，从而获得对这种方法论的线索，韦伯的著作对后来制度学派经济学家曾有很大的影响。

韦伯面临的问题是德国演绎派和历史学派之间的争论，其主要代表是门格尔和希慕勒。门格尔陈述了极端个人主义的假定；

他根据较旧的自然科学的类比，想要从一切其他现象中抽象出最简单的“典型的”特性和“典型的”关系，作为创立一种“精密的”经济学科学的基础。他的典型的特性是利己心和效用，他的典型的关系是个人或社会所需要的有用物品的数量和当时当地可以使用的这种物品的数量之间的关系。这种典型的关系给了他有别于“非经济”物品的“经济”物品的意义。门格尔要在这一原则的基础上建立“精密的”经济学科学。实际上，它是达尔文为一切有机体所建立的稀少性的科学，这种科学，在达尔文手里，我们称为“生物的稀少性”，可是，门格尔在把它转移到人类有机体时，把它变成了我们称为“心理的稀少性”的东西。门格尔却未曾以稀少性的其他方面——我们称为“所有权的稀少性”——为基础，这种所有权的稀少性是从休谟的学说里推论出来的。

可是，希慕勒认为这种利己心的概念只给我们从复杂的历史、社会、法律和经济的特性和关系中概括出来的“一种模糊的幻影”，一个“假想的鲁滨孙”，这些特性和关系是需要用来说明政治经济学的全部真理的。事实上，希慕勒在他对门格尔的方法的批评中可能更进一步。为了获得他的“精密的”个人心理学的科学，门格尔不仅排除了所有的是、非、公道、义务这种伦理的感觉，不仅排除了一切对习俗的遵守、一切对强制力的服从或者强制力的行使，而且排除了愚昧无知，假设正确性和无限的知识，然而承认在实践中可能发生一些“错误”。

但是，门格尔和希慕勒一致认为不仅抽象是必要的，而且很多抽象是必要的，以便弄清楚全部真理。法学家作财产权的抽象，生物学家或经济学家作稀少性关系的抽象，心理学家作情感、智力或意志的抽象，化学家作原子的抽象等等。我看见我房间里的桌子。老派的物理学家从这张桌子的各项特质中抽象重量；化学家抽象化学的成分；生物学家抽象有机的组织；现代物理学家抽象电子、质子和真空；法学家抽象我的财产权；道德主义者抽象是、非以及关于这张桌子所应该遵守的义务；经济学家抽象使用价值、稀少性价值以及那些和这张桌子有关系的人们的预期；心理学家抽象那些对这张桌子感觉兴趣的人们的知觉、概念、情感、习惯、意志。就这些概念的每一项来说，理论家所抽象的特性应该是**实体**。他能采取这样抽象出来的这些实体，然后个别地把其中每一项详细发展成一种精密的或者近于精密的科学。问题是，所有这些抽象的本体，在每一种被发展成它本身的科学以后，怎样能把它们在单独一种关于我房里这张桌子的科学中结合起来？

当然，门格尔和希慕勒所抽象的事物和生物学家、化学家或者物理学家所抽象的事物不同，在这一点上他们是一致的。他们意见一致，关于抽象心理、伦理、习惯、稀少性、有用性等等，除了财产权，这财产权希慕勒把它包括在内，而门格尔不包括它；这一切迟早都各成为经济学家的一个可以分开的抽象的问题。可是，即使这样，他们脱离了生物学家和物理学家以后，怎样把法律、经济学、心理学、社会学、伦理学等种种不同的科学综合为一个整体，包含着经济科学的真正实体呢？

经过研究，我们发现他们各人从自己认为重要的一种心理的因而是主观的抽象出发。门格尔从追求外界物质东西的自私的欲望以及从那些东西产生的自私的满足出发。希慕勒从人们鉴于别人的欲望和满足，自己的欲望和满足**应该**是什么那种伦理的情感出发。然后，门格尔把他的心理学发展为一种递减效用和边际效用的精密的科学，可是，希慕勒只能把他的心理学发展为对习俗、法律和制度的演化的说明。因此，似乎没有希望把两者结合在一种既是理论的（在门格尔的演绎的意义上），又是经验的（在希慕勒的历史的意义上)包括单独一个实体的综合的单位里,因此二元论在演绎学派和历史学派之间、经济学和伦理学之间、理论和实践之间、科学和艺术之间继续存在。

在这里,韦伯仿效哲学家里克特,用他的"理想的典型"来加以调解。他完全改变了问题的说法。问题不是,怎样在不同的科学已经由抽象作用个别地详细推论以后把它们结合起来;而是,怎样陈述在它们没有个别地详细推论以前把它们结合起来的问题。这种预先的陈述是理想的典型。它和门格尔的"理想的"特性与关系怎样不同呢?

第一,理想的典型不是一种实体,或者说得更恰当一点,不是实体的摹本。根据门格尔的说法,实体是某种可能在观念上理解为真正存在的事物或行动——例如,商品、用那商品来满足自己的欲望的个人、可以利用的商品的数量、所需要的数量——总之,门格尔的典型的特性和关系是一种实体,和一个人骑马是一种实体完全一样。门格尔根据这些典型的特性和关系构成边际效用学说的那些"法则",也和引力同样是一种实体。

韦伯回答说,不是这样。牛顿可以那样做,因为他能使单独一种地心吸力的原则孤立起来,这种原则实际上在孤立状态中发生作用。可是利己心的问题较为复杂。门格尔所做的工作是拟定一种"理想的典型",不是一种实体的观念。他的理想的典型不是实际发生的情况,而是假如可能使门格尔的个人主义的人离开一切其他事物、处于孤立状态时一定会发生的情况。那是不可能的,因此门格尔的观念实际上是一种抽象,不是对复杂的实体的了解。

我们认为这是韦伯的贡献的要点。它把建立经济理论的整个程序改变了,从一种"理论"(在实体的逻辑的一贯的旧意义上)改变为单纯的方法论,关于创立在研究中使用的理智的工具。不再有理论和实践的对立的问题，因为理论只是用来研究实践的一种工具，好像一把铲子，用来挖掘事实，把它们变为一种可以理解的农业制度。实际上，科学不是一团知识——它只是一种研究的方法，它的理论就是它的方法。

第二，各种科学都像这样地讲述一种理想的典型，人们不应该因此就批评门格尔。韦伯的批评是说，在社会科学里，不能使各部分孤立，因此理想的典型应该包括后来必须结合起来的一切特性和关系，既然这一切只能从历史上来查考，理想的典型必须是一种历史的概念。

第三，并不是一切历史都有关建立经济理论。因此，经济学家必须从历史的经验资料中择取所需要的一部分，不多不少，加以抽象，用来创立一种关于他作为经济学家所研究的特殊历史状况的全面的理想典型。

第四，即使这样，从历史上抽象出来的这种理想的典型还是不会符合实际情况——它仍然是一种“乌托邦”，一种心理的推想，想象那历史的制度会是怎样的情况，如果只对那些和经济学有关的因素，就其一切理想化的关系各方面，作为一个整体，加以抽象。因此，他构成了一种纯粹理想化的关于中古的城镇或行会，或者资本主义的公司组织或者工会等等的概念，不是作为关于实际存在的状况的“理论”，而是作为企图了解这种状况的一种思想的工具。

第五，韦伯的这种理想不是一种关于情况应该怎样的伦理的理想，而只是一种研究性的或者工具性的理想，科学家可以用来从事研究、选择事实以及和实际情况作比较。

第六，因此，理想的典型不是一种“平均”，像一根数学上的线，穿过所有的经验的事实——它完全是一种假如没有关系的事实都被排除，事实就会是怎样的“理想”。它也不是一种假设。它是综合，有助于作成一种假设，因为它提出这个问题：在相互关系上，各种活动的意义是什么？因此，它提示了选择事实和衡量它们的比较重要性所需要的那种假设。它是一切因素的综合，我们从而作出假设。它和门格尔的学说不同，犹如综合和分析不同一样。

第七，这种对人类活动的意义的寻求，作为一种理想的典型来陈述，绝对不能指望它产生一种"精密的"科学，甚至连接近其他科学的量的要求也做不到。然而这反正不是所需要的东西。经济学家所需要的是了解，他需要计量只是为了帮助了解。经济学家的研究对象不是一种机械体或有机体，它的运动是研究者不能了解的——他的对象是人类，他们的活动他能相当地了解，只需把他自己放在"他们的地位"，从而推想在各种不同的时间和地点条件下他们的活动的"理由"（在动机或目的或价值的意义上的理由）。

这是里克特和韦伯陈述的基本理由，它区别社会科学或经济科学和自然科学。在自然科学里我们只问"怎样"、"什么"、"多少"这些问题，因为我们不能知道理由。可是，在经济科学里我们包括"为什么"这一问题，因为我们所需要的是了解那发生作用的动机。

第八，社会科学上理想的典型中必须考虑的因素的多少不是预定的——经济学家在研究时认为有关的一切因素都包括在内。因此，经济学家不经过长期的事先研究不能创立他的理想的典型。整个文明的范围可以供他研究，可是在研究的时候，各种不同的文明可能表现的那样，使人们比较不同的典型就可以比较各种文明本身，同时，附属的典型同样地也可以加以整理和比较。这样，经济学家能够得到资本主义的理想典型、封建主义的理想典型、重商主义的理想典型，这些都是理想典型的特殊情况；又能构成关于从一种典型到另一种典型的历史发展的假设，以及关于任何需要研究的特殊组织内各项因素的相互关系的假设。

韦伯在这样创立他的理想典型中作出了一种重要的贡献。但是，他和他的信徒们运用这种理想典型的方法，使我们相信作为一种工具，必须加以仔细分析，然后它所含有的真实性的根源才能用于经济事件的科学研究。它的用处在于澄清我们对社会科学的思想，使它们和自然科学有所区别。他使得我们要探问是否可以有另一种方法，或者韦伯方法的一种特殊的应用，它一方面是真正科学的，像用在自然科学和有机科学上的意义那样，同时却用韦伯所说明的那种主观价值的特性来区别一种人类行为的科学和那些非人文的科学，可是这种特性不能使其成为科学，因为价值在本质上是主观的、感情的、个人主义的和不能测量的。因此他讲“资本主义的精神”、中古城市的“精神”、工会的“精神”。就是环绕着这些精神，他创立了他的理想的典型。

我们研究这个问题，从区别理想典型的四种不同意义着手，这四种意义从人们对它的运用中发生，特别是韦伯、桑巴特和托尼对它的运用。这些，我们可以区别为满足教育、宣传、科学和伦理四种目的的理想的典型。我们将分别称为教育的、宣传家的、科学的和伦理的理想典型。

1. 教育的理想典型

作为教育的工具，理想的典型是一种理智的解释，用来合理地说明一种历史上的情况或制度、或者个人的内心或精神，使人们可以根据人类的动机来了解。经济学和其他社会科学里所以需要这样一种工具，系由于“估价”。估价完全是一种情感的作用，各个人不同，同一个人在不同的时间也不同。它不仅仅是经济的估价，它受宗教、性别、爱国心的影响——实际上它是德国人所谓“文化”的整个文明所引起的各种情感的整体——德文的“文化”这个名词在英文里没有完全相当的同义语，因为我们把文明作为一种结构，并不作为应该被人爱的东西。既然估价是这样一种内心的情感的作用，就不能把它弄成科学要求的那样，对一切个人都是一致的重复。可是，如果我们要真正了解为什么人们那样行动的理由，所必须研究的正是这种情感的作用。要进行这种研究，只有造成一种心象，不仅显示人们怎样行动，而且显示他们在所选择的特殊情况下为什么这样行动。这，我们称为“历史的意识”。

我们并不是说这种情感的作用不能被归纳为科学的一致性；可是它属于心理学的科学，具有它的教育的艺术，而不属于经济学，无论是历史学派的或者演绎学派的经济学。经济学建立在情感作用的基础上，正如它建立在法学、物理学、化学的基础上一样。当韦伯在情感作用上建立他的理想的典型时，他确实是建立在真实的基础上，可是他是建立一种教育和艺术的科学，不是经济学的科学。

但是他的贡献格外重要，因为它使我们能把某些所谓经济理论不叫做经济学，而叫做教育学。因此是韦伯用这种理想典型的意义，正确地解释了门格尔的利己的情感，这种情感在供给增加的情况下发生作用。门格尔的“递减的效用”，连带着它的“精密的”边际效用的科学，从来不是精密的也不是一种实体，而且永远不能成为真实的或精密的科学。可是，它的确使我们了解为什么人们求取商品的行动，在商品多的时候不如在商品少的时候那样急切，因为它符合于我们自己在同样情况下情感变化的经验。因此，门格尔的公式不是经济科学，像门格尔自己认为的那样——我们应该说，它是教育学，因为它是一种专门为了说明人类行为的某一方面的理想的典型。作为教育学上的例证，它是有用的；可是，既然它本身决不能起作用，就不能用在一种必须考虑一切因素的科学里。因此韦伯并不像历史学派那样，像希慕勒把它叫做漫画的时候那样，整个地否定门格尔的分析。虽然它是一种空想，一种乌托邦，但是韦伯要保留它，完全因为它帮助我们了解人类行为的一方面，然而这一方面必须和其他方面结合起来，而后整个人类行为的科学的真实才能被人了解。它确实是一种有用的乌托邦，但是为了教育的目的。

可是，经济学的历史学派也有它的乌托邦——它的理想的典型。在这里，我们应该说，韦伯也指责他们是教育学，不是经济学。历史学派构想一种文艺复兴的景象，以达·芬奇为典型，代表君士坦丁陷落以后进入欧洲的那种新精神；或者以使徒保罗为典型的一种早期基督教的景象。在这里，没有自私心的纯粹的上帝和人类之爱，渗入信徒的行为，是理想的典型。对当时罗马帝国的整个文明来说，这些和门格尔的"经济人"完全一样都是不真实的。可是，除非我们创立这些心象，从中世纪或者罗马帝国的一切其他现象中构成抽象的概念，我们不能了解文艺复兴或者早期基督教的精神。

这些教育的理想典型全是纯粹的乌托邦，纯粹的空想，可是如果我们想要了解或者使别人了解我们正在研究的那种行为，它们恰恰是我们运用的工具；如果我们实际上想要把自己放在别人的地位，取得"历史的意识"，这种历史的意识，经济理论家必须具备，方能解释别人的经济行为，不仅是过去的行为，而且是在和他自己不同的情况下的行为。我们不可能把自己放在一个机械体或者有机体的地位，来了解它为什么那样地行动，因为它没有像我们自己的情感。我们不知道电有什么理由要打伤约翰·史密斯而不打伤莉莉·路。实际上，关于这个问题，我们确实知道它没有理由，因为它没有情感。我们不知道一只母鸡能自己了解它为什么在鸭蛋上孵四个星期。实际上我们知道它没有我们所能了解的那种价值的意识。可是，我们能了解富兰克林的目的，以及农人为什么把母鸡放在那里孵鸭蛋。那是他的“价值”的意识、他的心情、情感、目的、好奇心，受时间和地点的一切环境的影响。这是社会科学（包括经济学在内）所特有的，自然科学里没有。这应该包括在社会科学里，否则社会科学就变成只是机械作用了。

然而我们认为它是教育学，不是经济学。因为，理想的典型，在这种意义下，是一种心理的工具，我们创造出来，以便了解为什么具有和自己一样的情感的人会采取那样的行动。在机械体和有机体的科学里，我们创造心理的工具，只是回答它们做了什么和做了多少以及我们可以预期它们做些什么。在人类行为的科学里，我们也这样做，可是我们更进一步——我们寻求价值、动机、情感、目的——总之，寻求“原因”和“精神”。换一句话说，我们想要了解，不是仅仅要分类、测量和机械化。这是里克特对社会哲学的贡献，以及韦伯对制度经济学的贡献。

可是问题仍然存在。当我们在韦伯所谓了解的意义上想要了解的时候，我们是不是在科学的范围以内呢？韦伯正确地说，“不是”，并且创立理想的典型作为一种乌托邦，目的肯定地在于明确他所以说“不是”的理由。如果是这样的话，理想的典型就不是一种科学的工具——而是一种教育学的工具。

现在必须说明，理想的典型因此不过是“人格化”的方法，这是败坏政治经济学的毒物。实际上，如果我们要在内心的情感的意义上来了解，我们就人格化。在其他科学里，这种人格化是占星学、炼金术、活力论。就是说，占星家、炼金术士或者活力论者用他的感觉、意志、智慧、理性——总之，用他的理想的典型——描写他自己，而不用观察到的运动，并且向为什么它们这样地动，而不是像天文学家、化学家和生物学家后来所问的那样仅仅问他们怎样地动以及动了多少。

我们已经指出人们有系统地陈述科学的稀少性原则以前的两种人格化。李嘉图人格化了稀少性作为自然对人类劳动的抗拒。因此“劳动”成为稀少性的人格化，结果产生了一系列古怪的劳动学说，而不是稀少性学说，这些劳动学说的倡议者有马克思、普鲁东、庞·巴维克、克拉克、民粹党和绿背纸币党。他们想要消除货币这种科学的稀少性的尺度，它只告诉我们“怎样”和“多少”；他们的理论根据是韦伯的乌托邦“为什么”——一种真正理想的典型，一种经济的占星学。

稀少性的另一种人格化是在戈森、门格尔、瓦尔拉和哲逢斯的效用递减论里，这种理论，韦伯正确地认为是乌托邦，用了理想的典型这个好听的名称。边沁运用跟商品的成本和收益有连带关系的痛苦和快乐的并行论那种理想的典型，人格化了经济学和伦理学，而这些其他的快乐主义炼金术士却借助于人们熟知的快乐递减和痛苦递增的感觉。可是，它终归是一种人格化，表现为一种乌托邦的、稀少性关系的理想典型的形式，这种稀少性关系，我们实际上是用货币的稀少性尺度来测量。

2. 宣传家的理想典型

以上这些人格化发源于古典派、社会主义派、无政府主义派和快乐主义派等各学派的演绎的或者分子的经济学，它们排除了货币。从历史方面出发的一种类似的人格化，是韦伯自己的“资本主义的精神”，后来由桑巴特和托尼继承。现在它是一种人格化——不是不讲货币而是讲货币的——这样做法，才可能有货币价值无限积累的观念，但是也讲李嘉图和门格尔的同样的理想典型，就是，为自己取得收入而完全不顾对别人的责任或义务。与此相反的是韦伯和桑巴特的所谓中世纪城市经济的“手工业的精神”，在这里体力工人和小商人采用了他们的行会规章，目的在于防止一个行会会员牺牲其他会员的利益而自己致富。

在这些例子中，实际情况是资本主义的人格化以及行会和工会的人格化，使其各有自己的特殊的理想典型，不是因为真有任何这种“精神”脱离它的一切交易而实际存在，而是为了使我们这些具有同样情感的人，能够把我们自己放在典型的资本家或者典型的行会会员的地位，从而“了解”他。

这样很好，但愿能够这样。可是必须注意，当我们在这种“同感”的意义上“了解”别人的行为时，我们就必然是在爱、恨、反对、赞成他们的意义上了解他们。因此，我们的理想典型就会建立在我们自己的情感的基础上，像韦伯和桑巴特只选择行会和工会对会员的公道那些特点，因而忽视了它们对会外人的强暴和排斥；或者他们忽视那种出于良心的诚实的债务偿付或者对顾客的热心服务或者资本家的其他道德的态度，而只集中注意资本家无限地追求金钱的私利。

因此，理想的典型，既然又是教育学又是人格化，正是恰到好处的心理的工具，可以用于宣传，不管是引人注意的广告宣传或者是毁谤性的政治宣传。经济学家可以像韦伯或者桑巴特那样，不承认他是一个“劳动”经济学家或者一个“资本家”经济学家。然而，他为了构成他的手工业精神的理想典型，只选择整个精神中指向行会会员之间的公道的那一部分精神，而丢掉指向追求私利和排斥会外人的那一部分；他为了构成他的资本家精神的理想典型，只选择指向利用货币无限地追求私利的那一部分精神，而丢开指向公道、平等和善意的部分;这些事实必然表示那经济学家是以宣传为基础,尽管他自己不承认。

韦伯不承认这种宣传家的偏见,是根据他对应该是什么的最终目标和用以达到目标的工具或手段的区别。他的理想的典型不是描绘情况应该是怎样,例如共产主义、无政府主义或者个人主义的理想,也不是描绘人类的最终状态应该是什么,不管是直觉论者的"善"或者功利主义者的普遍幸福。它完全是一种作为工具的理想典型,以人们认为有关特殊程序的运行的因素为根据,不管研究者认为最终目标应该是什么。他客观地从他所研究的事实中发现这种作为工具的目的。那资本家"精神"或者手工业"精神"或者早期基督教的"精神",不是研究者认为是或非的东西——而是假如没有任何其他精神或其他情况的作用予以妨碍或帮助他在研究中发现的那种精神会怎样地发生作用。它完全是一种为了帮助了解的工具性的理想典型,不是一种为了改造或者挑拨什么人的宣传家的理想典型。

可是,我们应该注意,研究者的偏见不仅表现在关于最终目标的不同意见上,而且也表现在对于重要性的权衡不同上,就是,归于构成整个程序的各种不同因素的相对价值。一个研究者也许认为劳动、工资、工作时间较为重要;另一个研究者也许认为投资、利润、利息较为重要;另一个研究者也许认为文明的长期倾向较为重要;另一个研究者也许认为短期的目前必需品较为重要;另一个研究者也许认为人道较为重要;另一个研究者也许认为企业较为重要。这些估价的不同实际上是受对于最终目标的理想不同的影响,并且和这种理想分不开。因此韦伯的"工具性的"理想典型,以及他的理想的最终目标,也是主观的和情感的。"重要性"的不同是意义的不同,并且可以扼要地认为正是韦伯想要避免的那些主观估价上的不同。根据一个人的主观估价，研究者将不仅选择形成他的理想典型的因素，排斥其他因素，而且将对其他研究者也许大家一致选择的那些因素，赋予和他们不同的重要性或价值，或者较大或者较小。

因此，从一切科学的这一目标——有能力的研究者的意见一致——的观点来说，在他们的理想典型的说法上，通常不能指望意见相同。他们在所选择的因素以及赋予各种因素的相对重要性方面，都会有不同的意见，像在韦伯的资本家精神和手工业精神或者工会精神的对比里看到的那样。这是偏见和宣传。

显然，因为这个缘故，理想典型在因素的选择和各项因素的相对重要性方面必须伸缩性很大，以便取得研究者的意见一致。韦伯的理想典型中缺乏这种自发的一致，这是它的弱点。这就使得各个研究者可以任意选择和估价，构成他自己的乌托邦，它不一定适合历史上或者当时的事实，也许不能变成集体的力量，维持机构继续运行。在经济学里，伸缩性很大的理想典型也许不是没有希望。可是，大概还不能指望做到这样，因为经济学家不是像陪审委员那样必须同意一种判决，而且在一个自由的国家里也不是必须意见一致，因此他们可以自由选择他们所要的任何事实，任意赋予他们自己认为适当的重要性。

可是，经济科学家不是经济科学的研究对象。对象是在经济活动中的人类。这些人又是主观的又是受环境支配的——在他们的情感、动机、愿望、痛苦、快乐、理想上是主观的；在他们和别人的交易中是受环境支配的。所有的人都有他们的主观偏见。为了要“了解”他们的活动，除了测量那活动本身或者它的结果以外，研究者必须“设身处地”，在想象中做他们在他们的时间和地点的条件下所做的事。然而，这是韦伯的理想典型所作的真正贡献。可是，研究者在陈述他的理想典型时，又必须运用他能大概了解的资本家或者工人的动机或情感的形式来陈述，于是动机被认为是资本家或工人的行为的原因，或者可以说韦伯的所谓“价值”。如果他选择他们的各种动机之一，像私利，他就处于门格尔的立场，采用他的典型的特性和关系。他不能包括他们所有的全部动机，因为那样会使他成为超人的。他必须选择经济学所需要的一切，不太少也不太多。这使他处于韦伯的立场。

可是，即使在这里，在经济学中，研究者也没有一种可以运用的理想典型，因为它范围太广。他必须区别各种动机——区别利润的动机和利息、地租、工资、生产或消费的动机。因此，在创立资本主义的理想典型中，韦伯，以及后来的桑巴特和托尼，构造资本主义的动机，他称为“资本家精神”。资本家精神“造成”资本主义。这是和马克思相反的说法，马克思的资本主义造成了资本家精神。韦伯认为，资本家精神，像上面说明的那样，在于以货币或货币价值的积累的形式，追求无限的利润，完全不顾在此项程序中对别人的义务或责任。与此对立的是中世纪行会的手工业精神，这种精神在于只求取足够的物品来满足需要，而不剥夺别人应得的合理的份额。当资本家精神受到规则和章程的束缚，像手工业精神受到行会规则的束缚那样，资本主义，作为理想的典型，就开始“衰退”。当然，韦伯看出这已经到来，像他的信徒们也看到的一样。资本家精神是追求无限的利润，没有一种公道的意识，手工业精神——也适用于工会精神——是追求公道，牺牲利润。

显然，如果这是理想典型的方法的结果，它毕竟表示研究者在选择那些构成他的理想典型的因素时的偏见。这种结果似乎是由于想要找到一种特殊化的动机，专门配合各种特殊类型的行为，因而对待各种动机好像它可以——像乌托邦似的——被描写为实现

在行为中，作为一种可以分开的理想典型本身。

这个缺陷似乎可以纠正，可以由创造一种包括一切行为中所表现的一切动机的理想典型，加以纠正。可是，这样就会是科学的理想典型——不是教育学的、宣传家的或者人格化的典型。在科学里有用的，正是这种方式的理想典型。它存在于一切叫做“主义”的名词里。资本家“精神”，作为追求无限金钱利益而不顾对别人的影响的动机，就会完全消失，只有“资本主义”，作为一个特殊的历史阶段，受各种动机、情感和环境的激发，将成为理想的典型。实际上，所有的研究者在关于情感、资本家的主观估价以及关于资本主义的好的或坏的影响各方面，将仍然有重大的意见分歧。“为什么”这个问题因此不会得到答案，可是会比较接近一切科学的目标，就是，所有的研究者对于“怎样”和“多少”意见一致。

这种理想典型的意义是它的科学的意义。然而，有两个疑问发生，引起这两个疑问的，正是韦伯着手创立他的理想典型时所要解决的问题。(1)这种科学的方法，完全消除主观的东西，是不是把经济学又弄成古典派、共产主义和快乐主义经济学家的那种纯粹机械的科学呢？什么是科学的理想典型？在这里我们将找到一种研究的方法。(2)这样确定了的这种理想的典型，是不是像那些机械的典型那样，会排除韦伯想要和经济问题密切结合起来的经济学的伦理的问题呢？什么是伦理的理想典型？在这里我们将发现“合理的价值”的意义。我们首先来考虑科学的理想典型。

3. 科学的理想典型

韦伯的理想典型的主要贡献是，它产生一种用于整个一套已经一般使用的观念，含糊地表示“部分—整体”的关系的分类原则。这种分类包括这些名词，例如资本主义、工会主义、共产主义、社会主义、商业、“经济人”，“供求法则”等等。这些概念的地位是一般的理想典型概念的特殊情况，那种理想典型不是作为科学的研究工具，而是作为在想象中描绘某种部分对整体的关系种种不同心理的虚构事物，这些关系以后是详细研究的对象。那么，为了使这些含糊的、不明确的概念可以变成用于科学研究的工具，我们有必要考究为什么它们作为理想典型不是配合科学的需要的，以及怎样就也许可以把它们改变为经济科学能够利用的思想工具。我们把这种理想的典型简单地叫作“公式”，像我们以前在“方法”一章中解释的那样。

理想的典型，像韦伯所陈述的那样，在关于研究者的偏见一点上可以加以纠正，只要使它具有对一切研究者适用的充分的伸缩性，而不是由个人为了自己的需要使它固定不变。我们可以根据研究对象的需要加以纠正，使它成为主要的是交易的，次要地在动机和情感方面是主观的，而不是相反的情况。假定这两项修正做到，结果那理想的典型成为有伸缩性的和交易的，它仍然还有一个第三种缺点。像韦伯所讲的以及他和桑巴特所使用的那种理想典型，虽然被变成有伸缩性的和客观的，也还不是交易的。因此，它本身不包含“时间”的概念，具有时间的运行、重复、变化等主要特性，特别是它本身不包含一种客观的未来时间的公式。我们认为经济学家们回到心理学上去的时候，就是这种意思。理想的典型，作为一种“部分—整体”的关系，是由研究者构成，准备用作研究中的指针，可是它是在研究以前预先规定的。因此，如果发现了不合典型的事实，那典型本身，像韦伯所陈述的那样，并不有所改变来配合事实；人们把事实作为他所谓对典型的演化的“障碍”和“助力”。但是，这些障碍和助力是属于那典型的本质的东西，如果那典型被看作一种公式，用来研究一种不断运动、不断变化的程序，

特别是如果被看作一种表示对将来的不确定的预期的公式，这些预期支配着人类在不断移动的现在中的活动。

那么，我们必须弄清楚韦伯的理想典型中何以有这种时间缺点的原因。第一，由于他的经济理论不是根据一种把个人结合在一起的经济维系，例如交易、债务、财产权——历史学派和社会主义经济学家用伦理、统治权、人格化或者对有机体的类比等非经济关系的形式所提供的一种维系。第二，由于不能区别三种可以分开的经济学的理想典型——工程经济学和消费经济学，这是人与自然的关系；以及所有权经济学，这是人与人的经济关系。第三，没有时间和空间的相对论，这种学说近年来物理学中才提出。第四，一种错误的对习俗的概念，认为习俗是来自过去的东西，而不是指向未来的东西。这些缺点获得纠正以后，未来性的概念变成客观的，甚至可以加以测量，因而完全不需要再向内心去找求那不可知的个人的情感。未来性成为韦伯的内在精神的科学的代替品。

那么，如果我们不构成一种不一定切合事实的理想典型，而能创立一种纯粹的公式，作为用于研究的工具，这种公式将包含一切研究者可能列入的一切可变的因素，可是这种公式可以根据整体起作用的时间和地点，对各别的部分给予不同的重要性——那就可能使韦伯的理想典型中所包含的有效的研究方法，在一种不断进展的见识中结合起来。我们认为这是可能的，如果我们从一个适当的和因此是复杂的交易的公式出发，它的预期的重复、同时发生和变化性是一种运行中的机构。

韦伯的理想典型的另一种有效果的贡献，是在它对于理论与实践的关系上。理想的典型不是一种理论——它是陈述各项因素之间的关系问题，这种问题理论要加以解决。但是，它需要先有一种理论，才能着手陈述。因此，它不过是理论的陈述中的一个阶段，在这个阶段，我们称为假设。假设是根据我们现有的对因素的知识和对它们相互关系的了解，说明我们现在预期的东西。这种预期所采取的形式可以叫做科学的理想典型。可是，当我们在研究和实验中“试验”那个假设——我们的公式——发现它不完全切合的时候，如我们不是教育的、教条的或者宣传的，我们就改变那公式，使它获得较好的配合。然后这种配合是一种经过修改的理想典型的另一阶段。然后，再进一步，如果我们考虑因素本身的变化性，想要创立一种程序的公式（不是一种结构），我们就有另一种理想的典型，这一次是一种不断运动、不断变化的整体的典型，并且我们必须再反复地加以修正，来适合研究中所发现的变化。

因此，我们不采取韦伯称为乌托邦的那种固定的理想典型，这种固定的典型实际上在我们进行研究时越来越成为更是空想；我们采取一种不断变动的假设，加入新的因素或者去掉旧的因素，总是想要使我们思想上创立的乌托邦比较切合实际一些。因此理论成为不仅是一种研究事实的心理过程，而且是一种事实的解释、相互关系和预期。总之，理论成为韦伯的“了解”的一种不同的意义——不是教育学的同感的意义，而是实用主义的见识的意义，根据这种见识我们预测和行动。

然而，由于想要了解部分—整体关系是一种新颖的和复杂的工作，并且因为韦伯的理想典型是作为研究那种关系的工具，我们必须不仅把我们的心理过程的意义弄得更明确，而且要把这种过程有关的环境关系的意义也弄得更明确。这应该给我们思想的工具，这种工具，像洛克打算的那样，应该使我们能把我们的心理过程和被研究的对象分开——就是一种不让我们的偏见进入理论的工具。因此，我们说出我们所了解的名词的意义，为了阐明一种关于怎样可以了解经济学中“部分—整体”关系的科学程序的理论。

第一，就是关于我们的理论的出发点，“事实”本身的意义。我们假托以事实为我们的理论的根据。可是，事实是什么呢？一件事实，在开始时，只是来自外界的最初的印象，我们称为对象或者关系。下一步，它开始有意义，可是只因为我们从自己以前的知识和经验中构成那个意义，这些知识和经验我们称为习惯的假设。我们用自己一生的经历来解释事实——我们可能一开始就错误。在这个阶段，事实是一种“感知”。它完全不符合现实的整体——它只符合那整体的一种特殊的属性；因此它只是一种准备，使我们进达次一阶段，概念的阶段。

“概念”是属性的相似点，例如：使用价值、交易、人、运行中的机构那些概念。那么，概念是不是一种“部分—整体”关系呢？它是不是一个“整体”，它的部分——就是感知——是构成这个整体的一些东西？这里是“部分”这个名词的第一种双重意义——或者不如说“部分”的一种虚假的意义。感知——就是对象或关系——不是一种部分，它的整体是概念。感知只是一种特殊的属性——像黄色，或者一种特殊的属性的合成物，像一朵黄花——属于某种作为一个整体还是未知的东西；概念不过是另一种为了实际方便的工具，我们通过它可以用一个名词来概括感知的相似点。

下一步，我们区别“原则”。概念是属性的相似点，原则是运动或行动的相似点。在这里我们区别原则的主观的意义和实际的意义。主观的意义是一种原因、理由、法则的意义，使运动或行动不得不相同，例如我说，“这是一种自然的法则”，或者“这些是我的原则，我决不放弃”。这种主观的意义是韦伯的理想典型的来源。可是原则的实际的意义只是预期的行动的相同。由于这后一种意义，每一运动本身，不管是简单的或者复合的，都是一种事实，一种感知。它不是一种部分—运动，以原则为它的整体—运动。原则是整体—运动或者部分—运动的重复的相似点。它是一种方便的说法,为了可以用一个字眼来概括相似点——可是语言的另一种方便的说法给了它一个名词的名称(而不是一个动词),因而使得它令人误解。使用价值是一种概念——一种特性的相似点;而使用或估价是一种原则——一种行动的相似点。交易是一种概念,而处理交易的相似点是一种原则。运行中的机构是一种概念,可是情愿是它的原则,就是,它的预期的交易的相似点。亚当·斯密是一种复杂的关于一个人的概念,而"斯密化"是一种推理的相似性的原则。

我们对于"限制性和补充性因素"这句话里所用的"因素"的概念,也是这样的情况。作为概念,一种因素是一个单位、一个人、一个物体——例如,钾肥或者斯密;可是,作为原则,一种因素是类似的活动力的散布者。农业中的限制性因素不是钾肥——而是钾肥的化学的、电气作用的或者其他的活动力,特别均匀地影响着其他物质的活动。一个"人"不是一个名词——他是一个动词,代表着他在对自然或者对其他的人的行为中会发射的一切活动力。这些活动力是限制性的和补充性的因素,是关键的和一般的交易;它们的相似点是它们的原则。

因此,我们还没有达到部分—整体的关系。复杂不是一种部分对整体的关系。它只是复杂而已,没有对于"怎样"或者"为什么"、或者"为了什么目的"的了解。可以有类似的复杂,像许多的花,或者类似的简单,像黄色。实际上,我们所谓概念或原则的体系或类别,就是这个意思。"类"是一种广泛的相似点,包含比较简单的特性或运动;"种"是一种特殊的情况,包含范围较小的特性或运动的相似点。动物是类,人是种。后者不是一个部分,前者不是它的整体。像凡勃伦说的那样,它们的关系是分类学的,不是机能的。

那么,为了向部分—整体的关系前进,我们需要给心理程序另取一个名称。我们叫它“公式”。公式有点像韦伯的理想典型——它纯粹是一种思想的工具,为了用于研究和行动而创立的,它有系统地说明各部分的相互关系以及对整体的关系。各个部分本身也是一些整体,各需要它自己的公式,一直到我们认为是我们的特殊科学的终极或根本部分,都是如此。

可是问题是,它是一种概念的公式呢,还是一种原则的公式呢?

例如运行中的机构这个概念。它是一个有关各个人的各种相似点,有关互相关系的工具、机器、产品的公式呢,还是一个有关行动和交易的各种相似点的公式呢?

或者,以作为机构的一部分的个人本身的概念为例。他是斯密的概念呢,还是“斯密化”的原则呢?或者以交易的概念为例。它是个人意志的相互关系呢,还是各种相似的意志活动力的相互关系呢?

这里,我们可以说,是韦伯的理想典型的实际应用——它是把概念和原则陈述为一种公式,这种公式,经过修正,将作为工具,用于事实的研究。它是普通的定义问题。可是,如果没有一种关于各部分在最终结果中应起的作用的理论,就不可能陈述定义。有人说一种定义和另一种是一样的,只要我们总是以同样的意义来运用它,这种说法不能解决问题。每一种定义必须配合我们心里所有的研究和行动的问题;只有这样,才应该或者才可能运用它,而不改变意义。

然而,我们首先需要区别我们还是用它作为一种概念或者作为一种原则,还是用它作为关于相互依存的概念或者相互依存的原则的一种公式。例如，我们认为是经济理论的基础的那五种部分一概念，以及它们的相互关系和对整体的关系——这种关系我们称为"愿意"。它们每一种既是概念又是原则。

以前所讲的"稀少性"的概念是门格尔陈述的概念。它是一种纯粹数字的概念，只在思想上存在——所需要的东西的数量和当时当地所有的数量之间的比率。作为这样一种典型的关系或者理想的典型，它是一种由两个相互依存的部分组成的整体，其中各个部分本身又是另一个整体，由它自己的相互依存的部分组成。那纯粹的数字——比率——既是依存关系本身的概念，又是它的计量标准。可是稀少性也是一种原则，如果我们认为它是以所需要的东西的数量和价格为标准的人类的买卖的交易的相似点(具有变化性)。这种原则——不是那概念——成为"愿意"的整体的公式中一个起作用的部分。

"效率"也是这样。效率的概念又是一种纯粹数字的概念，只在思想上存在。它由两个部分的比率组成，这两个部分是一个时间单位内的出量和入量。可是，效率的原则是人类的管理的交易的相似点(具有变化性)，以所使用的工具的化学的、电力的、重力的或其他作用和所出产的成品为标准。

"习俗"的概念是个人的集体对个别成员的拘束力；可是业务规则的原则，受习惯假设的指导，是在这种集体的拘束力继续生效的范围内个人的行为和交易的重复(具有变化性)。统治权的概念和习俗的概念一样，所不同的是以规定的暴力作为拘束力；可是统治权的原则是上级对下级的限额的交易的重复(具有变化性)，下级必须服从上级的暴力使用。

"未来性"的概念是预期的事件的概念，可是"未来性"的原则是交易和它们的估价的重复的相似点(具有变化性)，这些交易和估价是人们在不断移动的“现在”所实行，关系到未来事件，作为预期的阻碍、助力或者后果。

这五项“部分—原则”，在它们的相互依存关系中，构成“愿意”原则的整体。作为概念，这，是人类的复杂的属性。作为原则，它是在稀少性、效率、业务规则、统治权和未来性各项原则的限制的和补充的相互关系的范围内，一切人类行为和交易的预期的重复(具有变化性)。机能的关系是这样，因为一方面的变动将改变所有的其他方面，于是改变那整个交易或机构。如果效率增加，稀少性就减少；业务规则发生变化，未来的预期也变化，也许统治权的使用也变化。在买卖的交易的公式里，我们曾注意到，机会、能力和竞争这三方面任何一方面发生变化，就会使其他两方面也发生变化。它的任何一个机能的部分发生变化，就会使“愿意”的整体也发生变化。

因此，我们结果说到运行中的机构的概念，作为预期的相互依存的交易的重复；它的原则是“愿意”，对它适用的公式是以前提出的那种心理的公式，关于它的一切限制的和补充的原则的不断变化的相互依存关系。

我们认为，这种公式适合韦伯的理想典型的概念，可是我们称它“科学的”，而不称为教育的、宣传家的或者人格化的，因为它是一种公式，包括了所有的因素而不是仅仅包括挑选出来的几项，因此在陈述中不依赖任何经过选择的主观情感；因为它提供一种有伸缩性的关于一切因素的相互关系的纲领，这些因素我们以后必须研究，既要个别地作为部分—整体关系予以应得的研究，又要作为限制的和补充的因素，研究它们的相互关系。作为一种用于研究的思想工具，它的科学的可以采用的价值基于像韦伯对哲学或形而上学和方法学的那种区别。它完全是一种方法的工具，它的方法在于明确地把人类活动的科学和机械体与有机体的科学分开。由于这样把不同的科学分别清楚，韦伯避免了哲学和形而上学。因为方法学是概念和原则的逻辑的结构，其中各项科学在各自的范围内陈述它自己的知识或者它的知识的手段。方法学的界限是某种特殊科学跨入其他科学的地方；想要越过这些界限的企图，就是哲学的或者形而上学的搅乱。只要了解在我们现在的知识状态下这些界限不能越过，方法的问题就不会和哲学或形而上学的问题发生混淆。这样分别清楚，使我们能像那样切合实际地解释“愿意”、“习俗”、“未来性”和“价值”，没有形而上学的或者哲学的含义。

例如，意志是“自由的”还是“被决定的”，从我们的实用主义的观点来看，是一个“形而上学的”问题，因此是在政治经济学的方法论的范围以外。可是，从心理学或者神经学的观点来看，这个问题却不是形而上学的，这两种科学用它们自己特有的公式研究心灵和身体的关系。我们按照我们所看到的实际情况了解意志，就是，人类在他们的行动和交易中的全部活动。然后我们构成概念、原则和公式，这些概念、原则和公式，根据我们现在的知识来判断，将有助于研究政治经济学的一切问题，不需要牵涉到所谓形而上学的但实在是心理学的自由论或决定论问题。

然而，在这里我们认识到，如果意志是自由的，是完全任性的和不确定的，就不能有政治经济学的科学。这就使我们必须寻求意志作用中的一致性，如果要有一种“愿意”的经济科学。我们寻求这种一致性，不是仅仅在“怎样”和“多少”那种科学的意义上，像适用于自然科学的那样，而是在意志的“为什么”的意义上，这种“为什么”，我们能照韦伯的意思来“了解”。但是我们和韦伯的“为什么”不同。他认为“价值”是一种纯粹主观的、变化无常的情感，不受任何逻辑的规则的支配。对个人来说，毫无疑问这是确实的。在这方面它是主观的意志。那么，如果把我们的科学建立在主观情感的基础上，我们就不能有社会科学，就必须或者求助于形而上学或者求助于一种完全以个人为对象的科学，就是教育学。这是韦伯的困难。他在他的方法论里引进了对社会科学的目的来说是一种个人主义的东西，主观价值，或者个人意志。这个东西，就我们知道的来说，不管是“自由的”或是“被决定的”，都是十分变化无常的、没法说明的、特别是个人主义的。可是，如果我们寻求一致性，以许多运行中的机构的交易为基础，而不以个人主义的情感为基础，那么，我们就确实有许多相似点，我们能在我们自己的意识上了解为什么它们是一致的——因为它们是我们从经验中知道的相似的事物。

这些一致性的一项是习俗。虽然个人的情感，或者主观的估价，或者主观的意志，可以变化无常地彼此不同，以致科学的一致性不能以它们为根据，但是如果我们依赖交易而不依赖情感，我们确实发现行动的一致性。然而，在这里，形而上学的问题，或者不如说心理学的问题（不是经济学的问题），限制了经济科学的方法论的范围。心理学，或者神经学，发现某种个人主义的一致性叫做“习惯”，这些一致性，从休谟的时代起，就没有和“习俗”分别清楚。可是，习俗不过是许多个人习惯的相似点。从前，经济科学承认这一点作为一种假定，不必要加以研究。可是，近年来经济科学的方法论使我们需要看远一些——实际上要创立一种社会势力或压力的理想典型或者公式，这种势力或压力使个人不得不遵守（不同程度的遵守），并且它本身能受到应有的研究，在习惯的假定以外加以研究。

这种研究是历史的，它的有效果的资料来源是在法律的和仲裁的判决中，在这里面习俗被变成了习惯法。在这里，陈述一种习俗的定义，成为方法论的职能，不是根据心理学的和个人主义的“习惯”，而是根据那强迫管辖区内所有的个人必须行动一致的社会压力。从这种来源得出的这样一种定义，指出那些因为变化无常的情感、估价或意志不符合我们所谓习俗的“业务规则”的个人所受的处罚或制裁。有了这样一种习俗的概念，经济科学能够并且确实作为一种研究的工具发生作用，有助于说明和了解。

可是，它所以能这样，是因为它引进了社会科学特有的另一种原则，这是旧的“习惯”或“习俗”的概念中所没有的。这是“预期”的原则，我们称为“未来性”。习惯是行为的重复，决定于过去发生的生理作用，如果这些行为是“被决定的”。可是，习俗的拘束力或“决定”力是想象的未来利益或损失的预期的相似点。这种“未来性”，从主观的观点来说，属于个人主义的心理学，但是，从交易的观点来说，它正是以社会制裁为基础的现行的安全、服从、自由和暴露。

这未来性的原则也具有价值或目的概念所有的一切客观的意义。因此，韦伯的变化无常的和没有规律的、不可能有科学所要求的一致性的主观价值或意志，现在被估价和愿意的相似点所替代，这种估价和愿意的相似点是法学和经济学的研究对象。可是，没有一种科学必须具有绝对的一致性，才算是科学。连天文学也给变化性留有余地，经济学更是这样。我们有许许多多的势力——或者不如说，原则——合在一起发生作用，这就使其中任何一种势力不可能实现丝毫不差的重复。经济学的困难问题是怎样使各种原则有相互关系，使人们可以解释和了解种种变化性，不是作为个人的价值和意志的莫名其妙的变化无常，而是作为各种原则的不断变化的相互关系，这些原则构成“愿意”的整体。那变化性可以说是各种因素的机能的相互关系的还没有解决的问题。

4. 伦理的理想典型

韦伯认为不能承认伦理的理想是他的理想典型的意义。可是，伦理的理想有双重的意义。它可以意味着“不能达到的”，或者它可以意味着“可能达到的”。我们认为后者是“合理的价值”的意思。合理的价值和合理的惯例是在某一个历史发展阶段，在当时各种情况下，在运行中的机构里存在着的为别人利益着想的最高理想。它可以叫做“实用主义的理想主义”。

韦伯对于可能达到的和不能达到的伦理的目标都加以否认。可是，在习惯法的合理性的意义中，只有不能达到的理想被否认。可以达到的最高的伦理目标——就是可以达到的最高度的重视个人自己的社会责任——有事实为证，因为它实际存在于从当时生存竞争中能存留下来的最好的机构的惯例中，并且可以作为事实来研究和证明。

不必考虑的伦理的理想典型只是那种不能达到的理想，例如，我们可以说，天国、共产主义、无政府主义、普遍的兄弟般的友爱、普遍的美德、普遍的幸福。可是，如果它是可能达到的，像存留下来的最好的实例所证明的那样，那么，一种关于可能达到的理想的理论，和一种关于已经达到的理想的理论，同样是科学的理论。因为它在研究工作所发现的最好的个人或集体的事例中，已经实现并继续存在。一个“太好的”或者“太坏的”个人或机构在商业中都可能失败，因为它超出了集体行动当时的业务规则的范围。可是一种合理的理想是最高的可以实行的理想，不是由边沁的那种个人的希望来说明，而是从研究那些实行这种理想而仍然存在的制度来证实。向来总有高于平均水平的个人和机构，通过集体行动实现社会理想的问题，在于把“平均”的和那些低于“平均”的人们提高到那些高于平均的人们的水平。

在这种从尊重别人利益的社会道德方面对那些高于平均的人进行研究中，必须研究的限制性因素，和在对那些平均的或者低于平均的人的研究中一样。这种限制性因素是效率、稀少性、矛盾、现行的习俗和统治权的业务规则、习惯的假设等等，这些因素使伦理的要求的最高限度确定在当时和当地可能做到的水平上。

因此，一种同时顾到个人利益和社会利益的经济的愿意论，是一种关于已经达到的最高限度的理论，因而是一种关于未完成的但是可能达到的“未来”的理论。当“未来”成为“过去”，因而已经完成的时候，那同样的愿意论就变成一种历史的关于已经做到的情况的理论。经济活动的伦理学是“愿意”原则的未来，而历史是它的过去。

这种“合理的价值”的理论——也就是“合理的惯例”的理论，因为合理的惯例最后就成为合理的价值——对那些心里想象着韦伯的乌托邦的人来说，也许似乎很使人失望。韦伯明确地把他的理想典型叫做“乌托邦”，因为他认为它“不存在”。可是我们发现它在那些实际继续存在的机构的最好的惯例中实际存在，在这个范围内，我们认为它不是乌托邦式的空想。真正空想的是那不能达到的理想，我们看到过很多的空想家后来理想幻灭，变成悲观主义者和反动分子，因而我们不敢向社会理想主义走得太远，只敢以能够证明是切实可行的最好的情况为度。在这个有限的范围内大有热心和宣传活动的余地，因为马尔萨斯所说的欲望和愚蠢构成一道顽固的阵线，反抗一种即使能够证明为可以实行的社会理想。

然而，这种伦理的意义，在可以实行的最好情况的范围内，是一种理想的典型，为了用于客观地研究和了解交易和运行中的机构的性质。可是,必须把它和主观伦理学的理想典型分别清楚,后者是变化无常的和个人主义的。我们的伦理的理想典型的概念,是根据从研究中得来的、关于一切参加交易的人可能达到的最好的利益关系的一种可以实行的一致意见。它意味着应该有的情况,和现在有的或过去有的实际情况相对比,可是它不是变化无常的个人的主观的"应该"。大多数的人,碰到"合理的价值"这个名词的时候,都把它作为主观情感上的个人主义的理想,因此各个人的所谓合理价值就彼此不同。可是,我们的合理价值的观念是那些共同合作的人们意见一致的理想,这些人相互依存,以便继续他们的合作。它不是"我认为"应该怎样,而是,作为一个运行中的机构,"我们认为"应该怎样,并且是能够达到的。

韦伯不承认所谓目标时,他心目中所有的是"我认为"的东西,不是大家一起行动时"我们认为"的东西。然而,达到这种伦理的意见一致,所用的公式,在可能达到的范围以内,还是和韦伯的设计相类似的那种理想典型。它在一切司法的推理中普遍存在。它表现为原理、标准、假定、人格化、类比等等,人们用智力把这些东西构想出来为了主持公道。以往三百年中人们所创立的并且在随时发生的新案件中仍然不断修改的最基本的理想典型,也许是那"愿买愿卖"的理想,这种理想由习惯法提出,作为经济关系的理想典型,从这里面产生合理的价值。

同样地,十六世纪中人们创造的那个习惯法的理想典型,现代信用制度大部分以它为基础:"契约论"假设"个人应该做了在法律上是公道的和正确的事情"。这种假设,在没有明确契约的场合,也许不过是一种默契,或者它也许是一种纯粹的拟制。法律学以它为基础。事实上,差不多所有的"拟制",由于它们是法律上的假定,以某种可能的事为事实,也就是伦理的理想典型,用来调整旧的法律规定,使其合于新的情况。它们的根据显然是对于意志的运用中相似点的经验,而不是变化无常的不可知的主观意志。因此它们是完全科学的。

例如,用在法律推理上的契约论的假定,不管是一种“默契”的假定或者是法律技术意义上的一种单纯的完全的拟制,都是一种完全由于和以前的变化无常的任性的意志的观念对比而产生的假定。这种以前的观念适用于以前的封建的或者专制的时代,那种暴力、掠夺、反复无常的和专制的政府的时代。可是,当和平的产业开始到来,带来它的商人在买、卖和履行诺言方面的习俗,于是人们所观察到的这些资本主义交易的相似点,提供了理由,使人们可以推论,一个作为交易当事人的个别的原告或被告确曾想要做那可能从合理行为的相似点原则中推论出来的事,不管他自己心里实际上是不是想要这样做的。

除了社会科学,特别是经济学和法律,没有一种科学能够算是科学,如果它硬把虚拟的事作为真正的事实。物理学和生物学,除了运用诗的作法,不能强作解释,说电气或者蚁群中有什么要做或不要做某种事的目的、意图、默契或者契约。这是里克特和韦伯的见解的坚固基础,他们提出他们的理想典型作为社会科学特有的东西,从而把它们和自然科学区别清楚。这种科学在它的方法论方面所需要的只是某些运动的相似点。对经济学和法律来说,英美习惯法提供了这一条件,它的基础在于习俗,也就是在于预期的实行的交易的相似点。

经济学或者法律学不能解释个人的变化无常的主观的估价或意志,说它有任何可靠的目的来订立契约或者履行契约。可是,如果已经形成了一种商人的习俗——也就是某种预期的交易的相似点——那么,根据这种相似点,就有许许多多的含义、假设和拟制能够用来解释个别原告或被告的心理，不管这些推论的意思在他们主观心理的深处是不是真正存在。

在经济学里也是如此，和在法律里一样。"经济人"的虚构完全是假设某种意志的一致性。这种虚构的缺陷在于人们假设它是经济理论所需要的唯一的相似点，而实际上它由于限制的和补充的因素的变动而不断地有所改变，所有的这些因素，在它们相似的范围内，我们称为"原则"。事实上，经济的和法律的假定以及隐含的诺言、目的、意图、动机等等——基于相似点的原则，可是在自然科学和有机科学里是不能想象的——只是心理的研究工具，运用这种工具能够使经济学或者法律成为一种科学。这一切可以概括在一个概念里——韦伯的理想典型——无论是这种典型应用在实际情况时的科学的方面，或者应用于在最好的惯例的范围内应该是怎样的情况时的伦理的方面。

在美国，伦理的理想典型的最引人注意的运用，是在铁路和其他公用事业的"物质的估价"方面。在这里，根据"在目前情况下的再生产成本"的理想，由工程师、会计师、经济学家、法律家和法院的共同行动，在想象中构成另一个类似的可是不存在的机构，为了使那实际存在的机构可以符合大家认为合理的投资的价值。这种估价的原则扩充到应该向公众收取的合理的价格，以及应该给予公众的合理的服务。① 另一种理想的典型是关于在可能达到的范围内稳定货币购买力的理想典型。

这些以及类似的理想典型都是根据韦伯对经济研究的方法论的重大贡献而来。然而，它们不是建立在被韦伯正确地排斥的一种主观意志的个人主义的价值情感上，这种情感全是彼此大不相

① 马丁·格累泽：《公用事业经济学大纲》，1927 年版，第 102—114、468—475 页；康芒斯：《资本主义的法律基础》，第 143 页。

同、变化无常、没有任何一致性的。它们是建立在对共同一致的“愿意”的某些相似点的假设上，明确地为了命令、控制和实现一种不同的估价，符合于大家认为是那种交易中已经在实行的情况的伦理的理想典型。这种相似点使我们可能有一种“经济的愿意”的理论，不管它是关于已经发生的、还是预期会发生的、还是将来应该实现的情况的一种科学的理论。

问题现在又回到我们开始的地方：我们的交易或运行中的机构的公式是不是在韦伯的方法论以外提供另一种方法论，它在自然科学的意义上既是科学的，同时又包括使经济科学和自然科学不同的那种特殊性质？答案是：我们的公式是科学的，因为它不是根据魔术或者炼金术或者价值或者意志的那种主观的变化无常的东西，而是根据行为的相似点和一切科学一样；它是经济学，因为它发现人类意志的活动中经济的相似点，而其他的科学发现物体的运动中的相似点。对经济科学来说，这些相似点的关键系于“未来时间”的原则，这一原则在自然科学里没有，在经济科学里之所以可能，完全由于语言、数字、财产、自由以及使预期获得保障的业务规则等种种制度。

没有疑问，为了教育和宣传的目的，这些科学的原则确实需要一种不同的方法论，人格化的方法。可是人格化也确实正是和科学相反的东西，正在很费力地清除人格化的最后一门科学，就是以人类意志本身作为研究对象的那种科学。

因此，我们讲到我们所谓韦伯继哲学家里克特之后对政治经济学科学及其研究对象“合理的价值”的贡献。那是“分析”和“洞察”。经济学家以前从自然科学家那里学来的方法，可以区别为“分析和综合”的方法。这是一种纯粹理智的和数理的程序，把整体拆散为它的各部分，然后用相互关系、系数等等把它们再结合起来。可是，里克特区别了自然科学和历史科学。在历史科学里人类意志发生作用。因此，里克特和韦伯认为历史科学不能化为可以测量的数量。它具有一种指望未来的目标。可是，虽然这个未来能够测量，并且在一种信用和债务经济中实际上已经加以测量，虽然整个运行的程序可以用合理化的方法加以分析然后又加以综合，但这种方法决不能使我们真正洞察所有正在进行的事物。历史科学的方法，并且因此也是经济科学的方法，是分析、究源和洞察的过程。我们通过较好的分析和较好的对因果关系的知识，达到较好的了解。分析和究源是理智的合理化的程序。可是，洞察是情感的程序，是在分析和究源中解释生活、意志、目的、原因、后果、预期等等的程序。

从历史观点来说，这种程序并不真正和自然科学的程序不同，如果我们所谓自然科学的意思，不是一种知识的体系，而且一种通过更好地了解自然力怎样运行，从而取得对自然力的控制的程序。可是这不是科学这个名词的通常的意义。这不如说是"工程的艺术"的意义。"艺术"大概和科学不同，因为它意味着人的控制，而科学只意味着人的知识。然而，如果把自然科学的题材看作不是一种知识的体系，而是一群科学家从实验和研究中取得知识，那么，里克特的自然科学和历史科学的区别就是虚幻的。这种说法可以证明，因为，以化学为例，它已经创造了大约二十万种自然界所没有的产品。自然科学家在这个问题上已经感到不安，特别是因为爱因斯坦和埃丁顿已经把物理学变成了哲学家从未想象到的最极端的形而上学，这些哲学家是自从伽利略的时代以来他们所瞧不起的。

似乎他们的出路是改变科学的题材，从一种知识体系改为一群科学家。如果这样，自然科学就变成和经济学家所谓"机器程序”一样，宇宙就不再是一种与人类意志无关的无限量的“机械体”，而是一种由科学研究者构造的有定限的机器。像这样的事物也许会实现。杜威似乎说了一个轮廓。他说，“作为准备实施的行动计划的那种观念，是改变世界面目的行动中的主要因素。……一种真正的理想主义，一种和科学不相矛盾的理想主义，自会出现，只要哲学接受科学的教导，就是，观念不是已有的情况的说明，而是将要实行的行为的说明。”①

同时，如果接受自然科学作为一种知识体系的通常的意义，它的题材或研究对象就没有未来，没有目的，没有理想的典型，并且因此整个地和经济科学不同。因此，对于经济科学，我们不仅需要分析和究源，而且需要了解那起作用的人类意志。

如果我们把我们的方法论建立在这些区别的基础上，经济科学的研究对象就是人类在他们相互交易以及控制自然力和相互控制中，根据习惯的假设、合理化和洞察三方面的变化在行动。习惯的假设起源于习俗，能够并确实继续进行，不需要多少推理或者洞察。合理化(就是据理解释)是完全理智的程序，和假设及洞察能够区别但是不能分开。洞察是情感的、意志的、估价的、直觉的甚至本能的程序——部分地是习俗，部分地是合理化，它的最高程度是关键性交易和一般性交易的及时，及时地采取行动，为了控制和适应自然力和其他的人。这三方面合在一起构成我们所谓“愿意”的意思。

这种对“愿意”的分析，完全没有什么绝对的或根本的东西。我们只是认为它是一种有用的公式，可以用来分析和了解个人在经济交易中的行为。然而，因为它有计划地包括心理学和经济学之

① 杜威:《确定性的寻求》,1929 年版,第 138 页。

间大可争论的并且也许是无法越过的鸿沟，我们采用了心理学和经济学的“两种说法的假设”。把这种说法应用在“愿意”的分析上，我们能辨别几个名词的双重意义，或者不如说两方面。这样，“资本主义”具有“资本家精神”（像韦伯、桑巴特和托尼提出的那样）一面和作为那种精神的可以测量的行为的业务交易一面。习惯的假设具有没有思想的印象一面，和惯例的交易的重复一面。稀少性具有稀少的意识一面，和有限的资源一面。“愿意”具有预期一面，和所预期的交易一面。目的具有意图一面，和效果一面。责任具有良心一面和后果一面。理智具有推理力一面和合理性一面——理论和数学中所表现的分析的推理力，以及在“合理的惯例”和“合理的价值”这些名词中人们所了解的行为的合理性。最后，“洞察”这个名词具有“聪明”和“及时”的双重意义——“聪明”没法测量，因为是主观的和未来主义的，可是“及时性”可以测量，以在“恰当的”时间和“恰当的”地点用“恰当的”力量和“恰当的”数量的对象所做到的“恰当的”事情为尺度。正是在“及时性”以及它的关键性和一般性交易的研究中，经济学从洛克和边沁的抽象的推理过渡到现实主义的、参加机构的运转的人们的洞察力或者缺乏洞察力。

Ⅶ　集体行动

由于这些原因，我们有必要研究并尽可能确定集体行动本身据以运行的原则，因为个人必须在集体行动的范围内活动。我们区别这种集体行动为“政治”，以及它作为社会—经济结果所经过的各种历史阶段。

1. 政治

(1) 人物、原则、组织——所谓政治,我们的意思是一个机构范围以内协力一致的行动,目的在于取得和保持对机构和它的参加者的控制。交易是管理的、买卖的和限额的。机构是道德的、经济的和统治权的。道德的机构是那些没有经济权力或物质权力的机构,例如,在现代,以它们只靠说服的制裁这一点来说,是宗教的、慈善的、教育的、互助的和类似的团体。经济的机构是那些机构,例如企业组织、工会、农民合作社、物产或证券交易所,它们都是靠经济压迫的制裁,通过参加交易、不许参加交易或者不干涉交易,而保障利益或者使受损失。统治权的机构,不管是地方的、国家的、联邦的或是帝国的,都通过物质的强迫,运用暴力的制裁。因此,机构的政治是矛盾和领导的内部活动,目的在于作出业务规则,通过控制机构所能利用的制裁,维持对个人的管辖。

在机构本身的范围内,以及以机构作为一个整体来说,机构的政治也是按不同情况,以道德力量、经济力量或者暴力这三种制裁的一种或全部为基础。并且,根据在取得对机构的控制的努力中哪一种制裁处于支配的地位,我们用说服、压迫、威胁三种相应的名称来分别形容诱因;同时,领袖、首领、首长这些名词表示相应的领导的类型。

在这种有限制的意义上,领袖是一个完全靠说服和宣传来吸引和领导他的拥护者的人。首领,像工头、雇主或者塔马尼派[①]首领,依赖压迫,由于他控制着手下人的职业、契约、生活或者利润。首长,像警察长或者军事长官,由于他控制着暴力,依赖威胁。三

① 1789 年以组约市塔马尼厅为根据地组成的民主党的一派。——译者

种制裁也许是也许不是由同一个人使用，可是成功的首长通常也善于运用压迫和说服。首领也善于运用压迫和说服。领袖，由于成功地运用说服一项武器，可以成为首领或者首长。群众行动，没有领袖、首领或首长，是一群暴徒。有领袖、首领或首长，它是一种运行中的机构。

还有三个名词，通常用来区别取得领导地位所凭借的这些个别的制裁的不同的配合，这三个名词是：人物、原则和组织。人物有种种的不同，从儿童到成人，从女性到男性，从愚蠢的到有控制能力的人物，彼此大不相同。遗传的和获得的特性的结合，在杰出的人物中，按照暂时隶属于他的较小人物的习惯和假设使个人适合于成为领袖、首领或者首长。

各种原则同样地也有区别，可是它们的区别是领袖们根据他们自己对较小人物的意向的判断而制定和提出的不同的政策，这种意向可以作为较小人物在协力一致的行动中团结起来的基础。在这方面我们认为政治原则和科学原则有区别。后者只是从理智上观察到的行动或目的的相似点，像法学、逻辑学、物理学、电力学、重力学或者经济学这些科学的原则。可是，政治原则以意志为对象，是有目的的行动方针，例如自由贸易、保护贸易、商业伦理、工会原则、宗教的或道德的原则、爱国主义、忠诚甚至经济和效率——根据这些原则，可以激发协力一致的行动，趋向一定的目标。在这里领袖之所以成为领袖，因为他能用语言说出别人感觉到而说不出的东西。

最后，组织有别于人物和原则，因为，当它接近完善的时候，它是一种运行顺利的、有效力的包括一切较小的或最高的领袖、首领或首长的统治集团——这一种集团，有时候用比喻来说，被称为“机器”，因为它继续不断地进行，虽然它的成员变更，好像是可以更换补充的零件。没有一个人是不可少的，可是个别的领袖可以在集团内部升起来，或者可以被排除了由别人替代，按照人们认为可以运用的选择、迁调、提升和政治关系安排的方法来处理。按照组织达到这种顺利运行的完善的程度，我们给它的名称，不是物理学的名称“机器”，也不是生物学的名称“有机体”，甚至也不是那不明确的名称“集团”，而是社会活动的名称：“运行中的机构”。一个组织完善的运行中的机构的显著特征，是它能够以不断变动的人物和不断变动的原则继续下去，不依赖任何特殊的人或者任何特殊的原则。它能适应环境，更动它的人物或者变动它的原则，来适合各种人的不断变化的倾向或者互相矛盾的倾向。它需要这些人的忠诚和拥护才能继续存在。实际上，它和人一样地行为，并且实际上往往被人格化，可是近来这种比喻被物质化在“机器”这个名词里；尽管那不用比喻而比较恰当的社会名词是运行中的机构。

因此，经济社会是一种不断变化的人物、原则和组织的合成物，它们实际上分不开，并且在运行中的机构的概念中结合起来。一个机构以内的这种复杂性，我们称为“政治”，以便区别它和从前经济理论的单纯性，后者应该称为个人主义。我们不假设平等的个人，而讲大不相同的人物——领袖和被领导者、首领和被管领的人、军官和士兵。不像从前那种简单的假设，认为各个平等的个人追求私利，我们有各种不同的和矛盾的原则，根据这些原则，不平等的个人追求一种共同的利益。我们不讲不受限制的个人，而讲种种管理他们的组织机构。全部这种复杂的活动是政治。它不是和无政府主义或个人主义相反的社会主义或共产主义——它是“政治”。

“政治”这个名词的意义通常只限于目的在于取得绝对统治机构——国家——的控制的那种活动。可是，由于现代出现了无数形式的经济和道德的一致行动，我们发现一切机构中都有类似的人物、原则和组织的复杂性存在。统治机构使用暴力的制裁这一事实，似乎给了这种机构支配的地位，像“统治”这个名词所表示的那样。可是，这是虚幻的，因为，我们已经说过，统治权是逐渐的（可是不完全的）从私人交易中抽出的暴力，而且其他的机构支配国家。

因为，“国家”在于使用暴力的制裁，执行否则私人方面也许要用私人暴力来执行的事。结果，人们不用私人暴力，而名为政党的一种一致行动的方式发展起来，作为统治机构范围以内的组织，用来选择和控制立法、行政和司法人物所组成的统治机构，这些人物的一致行动决定一切经济交易中所包含的法律上的权利、义务、自由和暴露。因为，这些名词所表示的法律上的关系，不过是社会的暴力的制裁，为了控制的目的而加以特殊化，有别于“法律以外的”经济力量和道德力量的制裁，这两种制裁也许比暴力更有力量。

政党，和其他运行中的机构一样，是通过人物、原则和组织的各种变化的结合而发展的。在美国共和国的初期，当时人物似乎支配一切，政党被看作“私党”，它们的不顾一切的党争似乎损害以前各个独立殖民地的民族团结。可是人们终于发现，像汉密尔顿和杰弗逊这样的领袖人物代表了经济的和政治的原则；终于，当这些以及其他各种矛盾的原则达到持久组织的阶段时，它们实际上并且甚至不合宪法地改变了选举总统的方法，从一种空想的著名公民的会议（宪法起草人建议的选举人协会），改变为政党的会议，专门为了提名和推选总统选举人。

原来的那种由公正无私的公民冷静讨论的幻想，起源于十八世纪理性时代的天真的错误见解，以为人是理性的动物，只要认识正确的事就会去做。可是政党，和一切的一致行动一样，建立在群众的感情、愚蠢和不平等的基础上，并且它们具有很实际的目的，要取得和保持对那些说明国家意志的官员的控制。结果，政党，而不是国家，变成了经济的机构，通过这些机构，暴力的制裁被用于造成经济的利益或损失。在其他机构中（例如，企业组织、劳工组织、农民的组织、银行家的组织），这些协力一致的争取控制机构的内部斗争，在种种不同的名义下实现，例如“辛迪加”、“局内人”、“机器”、“派系”、“左翼”、“右翼”等等。但是它们都有类似的人物、原则和组织的现象——它们的总体可以用一个广泛的名词来表示，就是“机构的政治”。

由于一个机构内部的分工，主要人物作为专家出现，经验和成就使他们特别适宜于指导那机构的某些特殊活动。我们所说的这种政治家是心理专家。凭他的经验和眼光，他知道并利用个人的感情、愚蠢、不平等、习俗、习惯的假设，以便把他们在群众行动中团结起来。正如工程师是效率专家以及企业家是稀少性专家，政治家是人类心理专家。这种专门化，所有的乌托邦理想，以及过去一百年中的商业经济学家和管理经济学家，都忽略了。他们要使社会哲学家、“知识分子”、企业家、工程师来控制集体行动。可是“自然淘汰”使政治家在那里控制。他具有政治常识。

虽然一个机构内部的政治的一致行动建立在感情、愚蠢、不平等和群众行动的基础上，但是可以科学地加以研究，和一切其他科学的复杂性一样。对于任何特殊情况，我们不能预先知道那复杂性意味着什么。可是，和在其他科学里一样，我们可以根据观察或实验，创立某种科学的原则或者假定的行为的相似点，然后就能在特殊情况中用这些原则或假定来进行研究。科学头脑用来在一切研究中进行工作的这种学术研究的方法，我们称为分析、究源和洞察的方法。

分析的方法在于把那复杂性拆散，成为一切假定的行为的相似点，然后给每种相似点一个名称，作为提出的一种科学的原则，以备在研究中加以考查。究源的方法在于找出过去发生的变化，作为现在情况所以如此的说明。洞察的方法在于了解怎样领导和服从领导的情况。

在上面讲的人物、政治原则和组织的分别中，我们已经提到这种学术研究的方法。每一项都是科学的原则，因为它是一种从观察中得来的一致性，研究它的发展是“究源”，对它的了解是“洞察”。可是还有四种其他的科学的原则，以及它们的分支细目和研究对象，可以在整个政治的分析中看出，这些原则，在特殊的具体事件中，可以结合起来，以便发现它们在分析、究源和洞察中的相对重要性。这些原则是“管辖”、“限额”、“稳定”和“辩护”。

管辖的权力可以细分为地区的、对人的和对交易的管辖。“限额”的程序可以细分为“互助”①、独裁、合作、集体谈判和司法判决。稳定的程序的内容，是办法、价格和就业的标准化。“辩护”可以细分为宣传和习惯性假设。实际上，这些都是彼此分不开的，都应该包括在更广泛的政治的原则以内，因为都是一个机构以内一致行动的一般原则的不同方面，目的在于控制那机构，因而也控制个人行动。它们互有关系；可是可以用极端的例子通过分析的程序加以区别；通过究源的程序，从历史观点来说明它们怎样从一种变化为另一种；通过综合的洞察的程序，看出在当时某一种是关键的因素，其他的是一般的或辅助的因素。

(2)管辖——所谓管辖，我们的意思是指那控制个人行动的

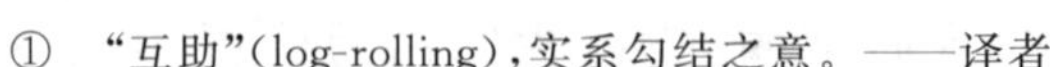

① “互助”(log-rolling)，实系勾结之意。——译者

集体行动的范围。它意味着某种权力,可以解释旧的规定或者想出新的规定,从而判决个人之间的争执;它意味着因为个人违犯规定而给予的处罚或制裁。极端的处罚或制裁是统治权所处分的暴力的惩罚。可是也有现代经济机构所处分的损失工资或损失利润的惩罚。而且,如果经济的管理没有强有力的组织,还有人们的好感或恶感的制裁,个人依靠这些人们的好感取得他的生活或利润。因此,管辖是一定范围内的集体行动,通过暴力的、经济的或道德的力量,控制个人的行为。我们仅仅提起管辖的三个方面——它们的区别是可以理解的——称为地区的、对人的和对交易的管辖。最后这一种管辖是在制度经济学领域里主要地需要我们注意的一种。

(3) 限额。a. 程序——限额的交易是行使管辖的程序。可以区别为"互助"、独裁、合作、集体买卖和司法判决。大家共同的经济原则是作出规定,管理所属的参加者的交易,通过这些交易,他们在彼此之间分配生产的负担和利益和财富的享受。限额的交易和管理的交易不同,因为后者是执行这样作出的规定;它们和买卖的交易不同,因为后者是假定平等的个人之间的协议,这种协议符合于规则,由行政予以执行。

这三种类型的交易——限额的、管理的和买卖的——以各种不同的配合方式,包括全部的经济行为。需要历史的分析来辨别它们,因为它们是从原始或蛮荒社会的简单情况——这时候它们还不能辨别——进化到高度发达的工业文明的。在这里可以把它们分别清楚,然后再追溯到它们在简单社会中的萌芽。

这样,"互助",限额的一种特殊情况,可以认为是民主的协作行动的原则。虽然这个名词最初是美国的俚语,但是,和其他这种俚语一样,从没有文化的粗鄙的民众中产生,后来进入高雅的文字,因为人们发现它适合于表达一般语文中还没有其他适当字眼的某种特殊意义。自然科学从希腊文或拉丁文里借用它们的专门名词，这种方法对社会科学却不适用。在这里“互助”这个名词表示一种原始的民主程序，对于这种程序，没有其他的字眼能这样恰当地辨别它和买卖、管理、合作、独裁的不同。基本上它是平等的人们之间达成自愿合伙的协议的程序，在共同事业中同负责任和同享利益。美洲最初的拓荒者协议互相帮助，滚木料和抬木料来建筑他们的木头房子。和许多最后用入高雅文字中的词汇一样，这个名词从物质的程序开始，后来通过类比，扩充到包括关于“拉买投票”的立法程序，然而，在那里它不正确地获得了不良的意义，意味着不顾道德原则，拉拢那些没有道德和没有原则的人，取得他们赞成票。

可是，这样地谴责这种“互助”，混淆了目的和方法。方法是一般的；目的也许好也许坏。当两个人订好一种合伙的协议，在共同事业中分负责任和分享利益，或者当立法机关的成员结好一种联盟，同意彼此投票赞成对方的措施时，那好像是集体买卖或者合作；可是，如果把字眼的意义弄得十分精确，适合真正的区别，那就不是。“互助”不是买卖，虽然它是谈判。在这方面，它和合作、集体买卖或者任何交易一样，它们都需要在关于达成协议的条件方面，进行谈判。谈判是一切交易都有的，可是如果仅仅根据这个原则来分类，所有的社会区别就模糊了。然而，“互助”的结果是一切矛盾的利益的一种合理的调和，和代议制民主政治在议会制国家中所能做到的程度差不多一样。

“互助”是一个极端，和它相反的另一极端是独裁。因为“互助”是平等的人们之间的协议，他们不是因为受到威胁或压迫而不得不同意的。可是，独裁是下级当中的协议，他们是受首长或首领所迫而不得不同意的。因此，“互助”可以说是对经济负担和利益的限额达成协议的民主的程序，而独裁是专制的程序。

然而，即使独裁者也不是完全专制的。他的周围必须至少有一个有效的少数，这些人受他的人格、原则和组织的影响，愿意对他服从。因此，与其说他是一个"人"，不如说他是独裁的制度。

如果拉拢"互助"是分配负担和利益的民主的程序，独裁是专制的程序，那么，前者的效率低和后者的效率高是很明显的。平等的人们之间拉拢"互助"，对于如何规定财富的生产与分配方面的负担和利益，达成协议，在这种程序中人力被浪费、耽延和削弱。在独裁的程序中，由于大家服从一个公认的上级，人力被节省、加快和加强。在拉拢"互助"的程序中，许多独立的意志必须同意。在独裁的程序中，意志不是独立的。正因为拉拢"互助"和独裁这两个极端之间的困难状态，所以人们尝试了两种中间的协作行动的程序——合作和集体买卖。这些名词的意义不清楚——实际上，经过十九世纪的四分之三和二十世纪的俄国革命，才完成了实验，这些实验现在已经开始澄清它们的意义。

在十九世纪五十年代以前，特别是在三十年代和四十年代中，以斯密、边沁和李嘉图的个人主义为根据的新资本主义的弊病非常显著，以致那对立的哲学，傅立叶的共产主义，受到广泛的欢迎。它采取几种不同的形式。在一个极端是无政府主义，意味着自愿的合作。在另一极端是共产主义，意味着强迫的合作。共同的主要原则是以合作替代竞争。劳工组织零零碎碎地采用那种观念，加以实验，一直尝试到将近十九世纪的最后几年。他们尝试了合作买卖，设立他们自己的批发货栈，以便排除商业资本家。他们尝试了合作生产，组织自己的工厂，以便排除工业资本家。他们甚至尝试了合作银行，以便排除金融资本家。他们尝试了消费合作社，以便排除零售商人。

这些实验之中一部分到今天还存在，虽然内容和形式已经不如原来那样有力。建筑和贷款协会以及信用协会是五十年代的合作银行的遗物。在七十年代和八十年代中，劳工协会[①]和农民互济会作了最后的对合作企业的大规模的尝试。可是，这些劳工和农民合作社都失败了。劳工合作社大多数不成功，因为结果那些工人不能举出大家在工场里必须服从的头脑。选举由合作社内部的政客操纵，问题变成了拉拢勾结的问题，关于谁应该控制经理，以及制定那些由他来对社员们实行的规则。

合作社又不能选出能够掌握市场复杂情况的企业人才。成功的企业家不能一再地由群众投票选举。他从竞争的奋斗和向上爬的争逐中选出他自己。

即使合作社业务顺利，它们仍然是不成功。成功意味着它们的业务扩张，需要添用新工人。可是，那些在内部的人不肯吸收新工人作为合作者——只吸收他们作为雇用人员。因此业务顺利的合作社变成商业公司，而劳工作为一个阶级，地位仍然没有改变。如果合作社失败了，固然是不成功；即使业务顺利，也还是不成功。

可是，五十年代中开始的工会运动，放弃了用合作来排除资本家的一切尝试。工会主义者回到他们现在用一致行动还能取得一些结果的方针，就是，从资本主义制度中取得较多的工资和较短的工作时间。他们改变了他们的哲学，从生产的力量改变到讨价还价的力量。他们让雇主负责管理工厂，自己只致力于议定工资、减短劳动时间和建立业务规则。

可是，这也不是集体谈判。它是劳工独裁。我们引证旧金山的劳工组织，最能说明那双重意义：有几年的时期，这些劳工组织

① Knights of Labor：1869年在美国费城成立。——译者

控制了建筑行业。他们规定自己的工资、时间和规划，然后拿了他们的预定计划，个别地去找雇主，要他们在指定的地方个别地签字。他们自称这是“集体谈判”，其实是劳工独裁。

这一种竞赛，最后还是雇主比工会的手段高明。突然地雇主们封闭工厂；工会想要突破雇主的联合，可是发现没有独立的雇主可以作为交涉的对象。银行已经和雇主们结合起来，一个独立的雇主没法取得信用。商人和原料商结合起来，一个独立的雇主没法卖出他的产品或者买进原料。雇主们称为“美国方法”，可是实际上它是雇主独裁。

这些集体的独裁都不是集体谈判。所谓集体谈判，两方面是平等地组织起来。雇主和雇工都不个别地行动。而是双方的代表拟定一种共同的协议，规定时间、工资和业务规则。然后个别雇主和个别工人之间的个别的劳动合同都受那共同协议的控制。这就是所谓“雇佣合同”的意思。直到二十世纪初人们才了解。“集体谈判”是雇佣合同的运行规则。

这种劳工的历史在农民的合作运动中重演。为了对付这一运动，物产交易所的经纪人在全国范围内组织起来。他们取得全国总商会的支持，该会代表着全国各地许许多多的商会。他们取得银行的支持。总商会由会长出面，向美国总统和联邦准备银行董事会主席提出抗议。他们知道，董事会的计划要完全排除中间人。政府在给予金融上的支持，要排除他们。

只要有一位能干的总统和一位能干的农业委员会主席负责主管，农民能够抵抗全国资本家势力的这种反对。可是，当总统和主席退休或者感到厌倦时，农民就必须选举他们自己的经理，或者政客们竭力使能力较差的人充任农业委员会委员，或者国会削减这方面的经费。当农民必须自己进行奋斗的时候，他们是不是能选出能够胜任的经理呢？这是政治。

问题的争点系于“市场买卖”的双重意义。它意味着“财富的生产”，又意味着为了财富的分配而讨价还价。

那中间人是一个生产者。他管理聚集产品和具体地分配这些产品的技术程序。用经济的语言来说，他创造“地点、形式和时间效用”。总要有人来执行这种程序。合作社能比那留存至今因而已经证明了他们的能力的商人，执行得更有效率吗？用群众选举的方法能有效地排除商人吗？这些都是集体行动和制度经济学的严重问题。

市场买卖的另一种意义是谈判和定价。在这里，集体谈判就会意味着承认经纪人是一种组织，有组织的农民，通过自己的代表，和它订立关于价格、交货、付款以及其他条件的协议。不用合作来排除中间人，而用集体谈判和他们打交道。

竞争制度的一项重大的优越性是，它把破产转移到个人身上，另一方面，合作社的破产会使整个一个社会阶级的全部或一部分破产。如果个别的商业机构失败，它的竞争者就吸收它的顾客，商业作为一个整体照常进行。可是，如果一个合作社失败，那就是它的全体社员都失败，并且最坏的是，他们丧失相互的信任，甚至对政府的信心。

集体谈判和合作一样有它的困难。可是，它做到这一点。它让破产的可能性仍然留在商人身上。有一个农业协作行动的园地，在那里集体谈判似乎是成功的。生产鲜牛乳的农民并不用合作销售方法自己经营买卖的程序。他们只就价格和办法和中间人订立协议，仍然由中间人经营销售。他们不排除“资本主义”，也不用农业独裁任意规定价格。他们集体地谈判议价，必要时利用仲裁。仲裁是在个别的或集体的争执中由司法权力规定限额。

因此，仲裁是第五种“限额的交易”的一个分目，我们称为“司法的判决”。当一个仲裁人或者法官判决原告和被告的一件纠纷，他把一笔钱或物品（现在的或预期的）从一个人转移到另一个人手里。他这样做，不是通过勾结“互助”，因为他的地位在诉讼人之上；也不是通过独裁，因为他本人就受着习俗、前例，或者法规、附则、协议的束缚；不是通过合作，因为他用权力采取行动；不是通过集体谈判，虽然他听取双方当事人代表的辩护和争论；并且不是通过个别的谈判，因为这样就会是贿赂。他作出决定，是通过司法程序，在权衡所有的事实和理由以后，提出单纯的意见。司法的判决，必须经过全部程序，必须通知诉讼人，听取他们的证据和理由，根据习俗、前例和法规来权衡事实和理由：因此它是司法上的财富的限额。

b. 经济的后果——我们现在已经看到五种不同形式的限额的交易，它们全是用一致行动制定规则的不同方法。我们要开始注意它们在财富的生产和分配方面的经济后果，作为数量限额、价值限额和价格限额。

数量限额是直接用权力来指定一定数量的劳动或者劳动的产品，归特殊的工人承担或者归于特殊的消费者，不经过谈判，不通过货币，而是通过下属经理们所必须服从的命令。在司法的限额中，它被称为“特定的履行”。可是这也是一切数量限额的特性。它是对个人发出的命令，指挥他们履行一种特定的服务，或者交出一种特定的产品，没有关于数量的谈判或讨价还价，不需要通过货币。数量限额是特定的履行。它的大规模的组织是苏联的共产主义。

可是，价值限额是货币的支付；由于它的会变化的一般购买力，它是间接的和反比例的劳动或产品的限额。如果货币的价值上涨，一笔特定的货币支付就是总财富的一笔较大数量的支付；可是，如果货币的价值下落，那特定的支付就是总财富的一笔较小数量的支付。因此，我们称为“价值限额”。直接地，它是货币限额；间接地和反比例地，它是数量限额。

价值限额可以称为特定的支付，犹如数量限额是特定的履行。价值限额是对个人发出的命令，指挥他们去付或接受一笔指定数目的货币，不经过谈判或讨价还价。它的大规模的运用是“租税”；它的小规模的运用是司法裁定额。大规模的运用是受立法机关的“互助”交易或者独裁的支配。

价格限额介乎数量限额和价值限额之间，因为价值是若干数量的产品乘它的价格。它和数量限额不同，因为每单位的价格是固定的，可是个人按这个价格买进或卖出的数量是随意的。它和价值限额不同，因为它关系一种习惯单位的特殊产品的价值，而价值限额让人随意选择用一定限额的货币可以购买的服务或产品的数量。一切价格规定是价格限额。例如邮局，各种邮递服务的价格由国会规定，信件的价格比较高，新闻纸的价格比较低，农业产量报告免费，以及官方的免费递送特权。结果，邮局在信件上获得很大利润，补偿在新闻纸和农业产量报告上的损失，不足之数再分摊到纳税人身上。

最广泛的价格限额方案是苏联在数量限额不生效力的场合所实行的那种办法。政府的“托拉斯”对农民生产的原料规定低价格，对卖给农民的制成品规定高价格，从而积累大量购买力，供给伟大的“五年计划”需要的资金，用于建设铁路、建筑工厂以及电气化。价格限额是价格规定，在上述的例子里，它是通过限额来实现的强迫的“储蓄”，而不是资本主义制度通过出卖债券方式的那种自动的储蓄。

c. 辩护——因此，限额在它的各种程序或结果方面，是集体行动在规定个人在财富的生产和分配中所有管理的交易和买卖的交易必须遵守的规则方面的特征。在它侵犯个人的范围内，它规定义务，从而剥夺他们的自由。对于对立的双方的个人，这减少他们的暴露和增加他们的权利，有相互关系的和相等的影响。既然经济的后果不经过个人同意就发生，是一种命令式的负担和利益的分配，限额的交易可以说是表示争取权力的斗争，而买卖的交易是争取财富的斗争。

苏联在这方面的情况是以限额代替买卖的一种极端的例子。可是，同样的争取权力的斗争，作为和争取财富的斗争不同的现象，在不同的程度上，表示任何以控制限额的交易为目的的机构内部一切集体行动的特性，我们总称为"政治"。

为了这个原因，所以限额的交易需要辩护，需要证明这样做是对的，以便取得足够的一致行动，强制实行这种交易。这种辩护同时带来了对那些不遵守规定的人们的责备。这种辩护和责备就是政治的语言。

我们可以根据习惯的假设和预期的可靠性这两项主要原则，来区别辩护和它的明确的或暗含的责备。我们曾说过，是与非的观念是从习惯假设中得来的，而稳定的原则却产生于求取可靠的预期的愿望。两者是并行的，因为稳定的程序都被认为"是"，违反这种程序被谴责为"非"。只有在习惯的假设和预期的可靠性的范围内，政治的集体行动才可能发生作用。我们可以陈述它们的历史发展中的这些范围，作为标准化或者稳定原则的不同方面。

最广泛的稳定原则是习俗。以往有过的情况，是人们预期的情况。政治不能任意废除习俗。因此，用前例作辩护。可是，当习俗改变或者互相冲突时，稳定原则首先集中于度量衡的标准化，替代有关方面私自采用的任意改变的办法。这使下一步可能发现，产生了商业债务和此项债务的执行，免得完全依靠诚实，变化无常。这引起现代的政治运动，目标在于价格的稳定、企业的稳定和就业的稳定，在苏联达到极端。最后，通过外交或者一种世界法庭，谋求国际关系的稳定。

必须承认，这些是理想的典型，容易受到我们已经提出的那些批评。它们也许不能获得大家一致同意。因此我们退一步只讲由有秩序的暴力统治组织的最终权力所认可的运行规则。只要消除了私人暴力，在这个程度上，所得到的办法和估价必须认为对当时、当地和那种文明来说是合理的。不管在个人或者后来的文明看来，它们多么讨厌和可恨，对当时、当地和那种文明来说，它们却“显然”是自然的和合理的，因此它们就是“自然的”和合理的，像魁奈关于“自然权利”的说法那样。它们完成了维持机构继续进行的主要任务；如果由于革命和征服，它们有了改变，而这种改变代以另一个机构，那么，理性和合理标准的概念，随着人们习惯于新秩序，逐渐改变。

这些完全是各种制度的综合体在当时当地发生作用的结果，个人决不能规定他自己的自然和理性的标准，和集体行动为大家所规定的标准不同。合理的价值不是理智的或理性的——它是愚蠢、感情、无知以及控制个人行动的有支配力的集体行动的评价。人们愚妄地希望在美国和全世界这些方法会改进，但即使改进，那究竟是进步或是退化，也许还有争论。

总之，最有势力的制度通过集体行动决定什么是合理的东西，不管个人怎样想法。达到这些决定的程序，我们称为“政治”。

2. 商业资本主义、工业资本主义、金融资本主义——产业的阶段

以上所讲的自然权利和合理价值的相对的意义是历史的进化的意义。它们表示进步还是退化，那是个人或集团的意见的问题。它们是伦理的，不是在主观伦理学的意义上，而是在制度伦理学的意义上，制度伦理学提出理想的典型，供集体的指导，从矛盾中造成秩序。它们维持那总体进行不辍，历史的命运决定它们是错误的或者正确的。

决定现存事物的历史阶段可以区别为"产业的"和"经济的"阶段。它们是分不开的，我们在进行研究中不得不使它们互相牵连，可是产业的阶段是工艺或技术上的变化，马克思和他的信徒们称为唯物史观。经济的阶段是制度上的变化，我们概括地称为"稀少"、"丰裕"和"稳定"的阶段。

我们不打算回到人类学上的阶段，而将以研究封建主义发展为资本主义的进化为限。在这里我们必须和我们称为社会哲学的那些"计划"发生关系。

资本主义不是一种单独的或者静态的概念。它是一种进化的概念，包括三个历史的阶段——商业资本主义、工业资本主义、金融资本主义。最后一种现在支配着一切，因为信用制度盛行；第一种起因于市场的扩充，第二种起因于工艺或技术。

不同的工业以不同的速度走向最终的阶段。一种典型的美国工业，制鞋业，可以用作例证，从技术和所有权的变动上说明这些阶段的进化。对其他的工业，也可以作类似的研究和比较。这里附列的图表，大致说明这些产业的阶段以及连带的产业阶级、所有权和组织的进化。

产　业　的　阶　段

<table>
<tr><td>1</td><td>2</td><td colspan="2">3</td><td colspan="2">4</td><td>5</td><td>6</td><td>7</td><td>8</td></tr>
<tr><td>市场的范围</td><td>买卖契约的种类</td><td colspan="2">资　本　所　有　权</td><td colspan="2">参加产业的各种人</td><td>工作的种类</td><td>竞争的威胁</td><td>保护的组织</td><td>实　例</td></tr>
<tr><td>1.流动的</td><td>工资</td><td>顾客一雇主
原料
家庭用具
食、宿</td><td>工匠</td><td colspan="2">农民家属
技术熟练的帮助者</td><td>技术监督与指导</td><td>家庭工人</td><td>无</td><td>流动的个人
1648 年</td></tr>
<tr><td>2.个　人</td><td>顾客
订货</td><td colspan="2">商人一老板一工匠
原料
手工工具
家庭工场</td><td colspan="2">商人一老板一工匠</td><td>“预定货”</td><td>“劣品”</td><td>手艺行会</td><td>波士顿“鞋匠行会”
1648 年</td></tr>
<tr><td>3.本　地</td><td>零售</td><td>商人一老板
原料
制成品存货
短期信用
销售店铺</td><td>工匠
手工工具
家庭工场</td><td colspan="2">商人一老板一工匠</td><td>“工场”</td><td>“市场”活动
“广告者”叫卖</td><td>零售商协会</td><td>费城
“鞋匠店协会”
1794 年</td></tr>
<tr><td>4.水　路</td><td>批发
订货</td><td>商人一老板
原料
制成品存货
长期信用
储藏室</td><td>工匠</td><td>商人一老板</td><td>工匠</td><td>“订货”</td><td>“工贼”；州际生产者</td><td>工匠协会；店主协会。</td><td>费城
“制鞋工匠协会”
1794 年</td></tr>
</table>

1	2	3			4			5	6	7	8
5.公　路	批发 （投机性质）	商人—资本家 原料 制成品存货 银行信用货栈 “制造厂”	包工者 工场	工匠 手工工具	商人—资本家	包工者	工匠	协同工作	监狱 血汗工场 “外国人” “高速度化”	工匠协会 制造商协会 雇主协会	费城 “制鞋工匠联合福利社” 1835年
6.铁　路	批发 （投机性质）	商人—资本家 原料 制成品存货 银行信用货栈 “制造厂”	包工制造家 工场	工匠 脚踏机器	商人—资本家 包工经纪 批发商	“制造家”	工匠	协同工作	生手 中国人 妇女 儿童 罪犯 外国人	工会 雇主协会 制造商协会①	鞋匠工会 1868—1872年
7.世　界	工厂 订货	制造家 原料　工厂 存货 信用 动力机器		工人 一无所有	制造家 主从的综合（集合各部分为整体）		工资和薪水劳动者	计件	童工 工作时间长 外国移民 外国产品	产业工会， 雇主协会， 制造商协会	“制鞋工人工会” 1895年
8.世　界	租赁 股票 债券	银行家 投资家		工人 一无所有	投资家	管理部门	工资和薪水劳动者	标准化	价格和工资削减者	控股公司 协会 卡特尔 专利权 信誉 工会	制鞋机器 （1918年） 美国钢铁 （1920年）

①　制造商协会是以商人或价格规定的职能为基础的协会组织。

在农业时代的早期，鞋匠是一种流动的熟练技术工人，携带着自己的工具，到他的顾客农民的家里去工作，农民的家属做那些不需要熟练技术的部分。顾客是资本的所有者。鞋匠的工资用食、宿和钱来支付。

后来，有了城市，就由顾客到鞋匠那里去。鞋匠设立工场（也许就在他的家里），一身兼任那些到后来才分开的所有人、商人、工匠或熟练工人的职务。他的原料、工具、工场归他所有。他先讲好质量和价格然后做工作，因此我们称为工业的顾客订货阶段。他是自己的雇主和雇工。他是“自我就业”。不需要熟练技术的一部分工作由学徒或助手担任，学徒和他的关系有师徒合同为根据，他具有父母的权利，同时有义务把制鞋的一切业务知识教授给徒弟。他既是校长又是师傅。

这是工业的手艺行会阶段，老板和雇工的阶段。在美国只有两种手艺行会的记录仍然存在，就是1648年波士顿的“鞋匠协会”和“桶匠协会”。根据鞋匠的请求，当局特许成立协会，授权他们共同规定质量和手艺的标准，并且可以向当地郡级法院起诉，制止“劣货”和拙劣的工人。他们不得抬高靴、鞋或者工资的价格，并不得阻止前一阶段的流动鞋匠用顾客自有的皮料制鞋。欧洲在十五和十六世纪中也有同样的保留。排斥劣货和不合格的鞋匠既是一种义务又是一种权利。作为义务，它保障了公众。作为权利，它消除了拙劣工人的竞争。终于，在欧洲，权利超过了义务，行会最后被制止或者权利被取消。在波士顿，原执照的有效期限三年，期满未曾换发新照。

下一阶段是零售工场阶段，商人职能跟老板职能和劳动职能两者开始分开，同时也是商人协会的开端，这种协会现在的目的是在于防止拍卖、广告或者在公开市场上削价求售的竞争。那“商人—老板”聚集一批在生意清淡时期用低工资制成的鞋子存货，不像在顾客订货阶段那样在未做之先讲价，而是在货物已做之后讲价。因此，这是投机市场的开端，商人职能取得重要地位，使雇主职能和雇工职能两者都受损失。

可是这种职能的分开还不完全。水路交通扩充以后，那商人—老板找寻远处的零售商。他携带样品，接受订单，然后制造和交货。这是大概美国宪法制订时（1787 年）所达到的阶段，当时“制造家”和技工庆祝宪法的热情和游行，表示他们对取消殖民地税则的要求，这种税则妨碍了“批发订货”业务。自由市场扩大以后产生了巨大繁荣，证实了宪法的深得人心。

可是，不久出现了新的问题。工匠现在为三种不同竞争水平的三种市场制造鞋子。同样的鞋子，用同样质量的原料和手艺，以及同样的工具制成。可是，在顾客订货的市场里价格可以订得比零售市场里较高，同时在批发订货的市场里，更有运输和接洽业务的额外费用。“老板—工人”看到，如果要保持同样的质量，工具或手艺都不能改变，他对付这些不同的竞争水平，只有对于零售市场的鞋子付给较低的工资（低于顾客订货的鞋子），对于批发订货市场的鞋子付给更低的工资。于是问题发生：同时对同样的工作和同样的工人付给三种不同的价格。

这种同样工作而工资不同的情况引起鞋匠成立了他们的第一个工会（1794 至 1806 年）。工匠们组织起来，为了排除“工贼”，迫使“老板—工人”们不得不对各种市场的货都付给最高的或者顾客订货的工资。接着老板们为了防御，也组织了一个雇主的协会，压低对零售市场和批发订货市场的工资，但不压低对顾客订货市场的工资。到了在法庭受审的时候，工匠被判决有罪，按习惯法以结党营私论处，因为习惯法的规定不许工人联合起来谋自己的利益或者损害他人。

下一步是工业的批发投机阶段，以及商人资本家和商业银行的出现。这个阶段，根据费城保存的文件，可以作为从 1835 年开始。“商人资本家”和“老板工人”不同，因为他不是一个技工，从学徒升到工匠然后成为老板，而完全是一个商人，通常是从外面来的，不熟悉制造的工艺。工艺或技术完全归那“老板工人”掌管，他现在成为一个小工场的小包工，跟他的工匠和徒弟们一起工作，把他的产品卖给那商人资本家。商人资本家自有原料和货栈，在那里他雇用了设计师、制模匠和切皮工人，然后将这种部分制成的样子供给小包工，这种小包工互相竞争，只做加工的劳动，把原料做成鞋子。这是工业的血汗工场阶段，以前的“老板工人”成为血汗工场的头子，因为他取得利润，不是通过改良工具，也不是通过买进原料和卖出鞋子，而是完全出于工人们的血汗，包括他自己在内。

这种情况所以发生，是因为商人资本家享有讨价还价的有利条件。由于市场的范围扩大，他可以任意选择各种不同的制造方法。他能在远处地方制造他的鞋子，又能从国外市场输入。他能和政府订约，利用罪犯劳动。他能雇用工匠、妇女和儿童在他们自己家里工作。他能雇用小包工，就是以前的“老板工人”。他使他们更加剧烈地互相竞争。他使零售商丧失原有的雇主职能。雇主现在成为血汗工场的头子，没有资本。商人资本家使商业银行应运而生，他的“资本”已经不是古典经济学家的所谓“技术的”资本，而主要是短期信用的“业务”的资本，垫支给零售商，而由银行供给周转的资金。因此，我们把商人资本家的出现称为工业的批发投机阶段。

在这商业资本主义阶段中，人们——特别是在法国和美国——从葛德文的《政治正义》中采取了无政府主义的哲学，把它变成经济学。法国的普鲁东，以及美国在1850年以前从傅立叶的学说里学来的所谓"空想共产主义",主张用老板工人和小农场主的自愿合作——农业中的这种小农场主相当于工业中的老板工人——来替代商人资本家。他们建议合作堆栈和合作购买原料。他们建议产品的合作销售。他们建议在血汗工场的包工、小农场主的竞争的小工场或者农场中进行合作生产。在法国和美国以外的其他国家中,像爱尔兰、西班牙、意大利和俄国(那里的农民付给大地主极高的地租),无政府主义采取了革命的形式,打散地主的产业,分成小额归农民所有;可是在法国,1789 年的大革命已经做到了这样,同时在美国北部农民的小额地产从殖民地时代留传了下来。因此,在这些国家中无政府主义不是应用于消除地主制度,而是应用于消除商业资本主义。

到了把无政府主义的哲学变成实践的时候,所有的实验都失败了。[①] 可是,在这个时期中,麻省的鞋匠于 1842 年取得法院的判决,变更了费城案件中的习惯法原则,认为工人们为了自己的利益联合起来,即使罢工的目的是排斥非工会会员,从而提高工资,也不是一种非法的结党营私。在这一判决以前,法院已经认为一个为了防御制鞋工人工会而组织的雇主协会是合法的。现在,类似的工人们的攻势的联合也显然成为合法的了。

这些判决奠定了从无政府主义的社团哲学转变到工会主义的手艺同行哲学的基础,后者法语里译作工团主义。工会主义或者工团主义,不管是雇主和厂主的组织,或是雇主的组织,都是无政府主义哲学的引申,因为它把早期无政府主义者只应用在个人身上的国家不干涉的原则,应用到社团身上。通过法庭的判决,国家不肯干涉并且不许私人干涉私人团体的规则和章程,就在这个程度上无政府主义的理想被加入习惯法,原来习惯上认为是结党营

① 参阅康芒斯等:《美国劳工史》,第 1 卷,第 496 页起。

私的事情变成一种合法的结社的权利。然而，无数纠纷的判决在不断地分清团体的合法的和不合法的手段，以及干涉它们的手段的那些人所采取的合法的和不合法的手段；结果，无政府主义者主张废除国家来实现的那种不干涉本身，只有在国家出来干涉从而防止干涉的时候才可能实现。

下一阶段，由于有了铁路和电报以后市场扩大才可能实现的阶段，是机器的产生。我们已经说过这一阶段在十九世纪五十年代中到来。这种说法适用于各种工业，但制鞋业是典型的。在六十年代以前，制鞋方面的发明仅仅是手工工具的改进——是对手艺的帮助，而不是替代手艺。1857 年的钉鞋机，以及 1862 年的缝底机，就完全不同了。在市场扩大和战时高物价的基础上，工厂制度突然出现。在 1867 年以后的失败中，第一个重要的劳工组织，鞋匠工会，共有会员五万人，分别来自顾客订货工场、零售和批发订货工场以及商人资本家的血汗工场。该会有两个争点，抵抗减低工资和拒绝传授"新手"怎样操作机器。小包工现在成为"制造家"，可是没有市场或者信用，这两项他仍然依赖中间人，不管是商人资本家、经纪人、掮客或者批发商。工人丧失了他的工具，中间人控制市场和价格，"制造家"这个名称的意义从真正的亲手操作者变成雇主，工人从"佣工"变成"职工"，其组织开始从熟练工人的手艺工会变成各级劳动的产业工会；制造家分裂为两个协会：一个目的在于压低工资的雇主的协会，一个目的在于提高价格的制造场场主的协会。

就在这动力机器阶段，共产主义的哲学出现了。马克思是第一个彻底研究英国工厂制度的人，这种制度是工业资本主义的开始，在纺织和五金工业方面大概比其他国家先进五十年。他预言一切其他产业，包括农业在内，都要发生同样的情况，实际上在许多产业中确是如此。在过去三十年内，作者目睹美国的男子衣着工业从商业资本主义发展到工业资本主义，从血汗工场发展到工厂，包工者变成了工头。

在这一过程中，制造家致力于摆脱商业资本家的束缚，建立他自己的市场，尽可能一路到底直达最终消费者，并且力求自己握有原料的来源。这种所谓“工业的纵的综合”是在制鞋工业中开始的，以十九世纪九十年代的道格拉斯公司为最早。这家公司设立了自己的零售店，造成了顾客的好感，越过中间人对市场的控制，达到由制造家自己控制市场。

制鞋工业中的下一阶段是特殊的，因为机器的所有权和工厂的所有权是分开的。“联合制鞋机器公司”利用专利条例，制造并拥有差不多全部的制鞋机器，租给皮鞋制造厂使用。但是，最高法院，在政府申请解散这家公司一案中，认可了这种办法，作为不违背反托拉斯法。七家制鞋机器厂已经合并，法院发现它们并在一起的专利品包括了不同机器在某种鞋子上所做的不同操作达一百项之多；该公司经营了一百五十至二百种不同的机器；虽然差不多所有的专利品属于一个所有权，联合并不禁止竞争；所有的投资是用公司的股份和所取得的既得权利计算的；该公司取得了新机器的专利权，替代陈旧的机器和满期的专利权；该公司备有一批修理人员，为制鞋厂保养机器；它教导数以千计的职工怎样使用机器；它提高了该项工业的效率；原来对贸易的限制是在为了奖励发明而赐予的专利权本身，并不在于专利权归共同所有；租赁契约的“拘束条款”，虽规定厂方须完全使用该公司的机器，并须向该公司租用非专利的机器而不得向其他公司租用，但这并不是压迫性的，因为承租人是“愿意的”，而且有机会向一个公司租用一切机器对承租人是有利的；由于这种租赁制度，资力不大的厂家能够取得那

441

种他们自己没有资本购置的机器设备。

制鞋工业最近的阶段的特点在于制鞋机器的制造受着控制，可是鞋子的制造却竞争激烈；其他工业也达到一种差不多相同的综合阶段。一般说来，它们从控股公司的办法开始，这种公司的设立系根据竞争的各州核发的执照，结果是使它们的业务惯例受美国最高法院的管辖。法院，通过以判决纠纷来制定法律的习惯法方法，在某些案件中解散了这种公司，可是后来在其他案件中，像制鞋机器案（1918 年）和钢铁公司案（1920 年），只不过认可或者不认可它们的业务惯例。这种工厂的综合和合并，带来了金融资本主义阶段。

在商业和工业资本主义的十九世纪中，经营短期信用的商业银行是典型的银行。二十世纪中，银行辛迪加或者投资银行（通常和商业银行有联系），从过去偶尔经手发行公司证券和国家证券的活动，发展到一种支配的地位，从事于组织产业的合并、经售外国和本国的证券以及控制某些公司的董事会，这些公司的证券由投资银行经售，大体地负担这种证券的责任，如果它们要保持投资者的好感。它们挽救了不景气时期中濒于破产的企业，把这种企业承受过来，加以改组，供给资金，维持经营，等待繁荣的恢复。千百万分散的投资者现在自动地接受银行家的领导，把他们的储蓄转移到信托银行所推荐的投资上。遇到银行的力量不够应付的时候，像 1932 年那样，政府本身就组织一种庞大的建设金融公司，解救银行家的负债。同时，银行家所控制的中央银行发展到新的重要地位，金融资本主义取得对产业和国家的控制。

3. 稀少、丰裕、稳定——经济的阶段

（1）竞争——产业的不同阶段，起因于工艺或技术上的改变，

在商品的迅速和大规模运输以及消息和谈判可以立刻传达全世界这两点中达到顶点。我们根据历史的观点，区别三个相应的经济阶段："稀少"阶段，这是在"工业革命"以前，工业革命开始于十八世纪，今天通过集体行动仍然以较大的速度在继续进行；"丰裕"阶段，一百多年来生产过剩和生产不足交替发生，伴随着这种工业革命；"稳定"阶段，开始于十九世纪中资本家和工人的协作运动，以及竞争条件的平等化——二十世纪中美国的"自己生活，让人生活"政策。

这些历史时代据以划分的基本原则，是实物控制和法律控制的区别。实物控制是技术。法律控制是社会在当时的效率、稀少性、习俗和统治权暴力等情形下派归个人的权利、义务、自由和暴露。

在稀少时代——不管这稀少是由于效率低或者由于暴乱行为，由于战争、习俗或者迷信——法律上的控制与移转，和丰裕时代或稳定时代中大不相同。在极端稀少或者战争时期中，社会通常对人力的入量和出量都采取限额的办法，只有最低限度的个人自由，而有最大限度的通过暴力强制的共产主义式、封建主义式或者政府的控制。在极端丰裕和承平时代，有最大限度的个人自由，只有最低限度的政府控制，个人买卖代替限额。在稳定时代，又有新的对个人自由的限制，主要地由政府的制裁来执行，像在苏联或意大利那样，但是在美国却主要地由经济制裁使其实现，通过制造家，商人、工人、农场主和银行家的协会、公司、工会以及其他集体运动的一致行动，不管这种行动是秘密的、半公开的、公开的还是仲裁的。

在历史的稀少时代，对物品的法律控制和实物控制是不分开的。所有人把一种商品或服务实体地交给另一个人，习俗和习惯法认为那实物的移转就是法律控制的移转。可是，在丰裕和稳定时代，法律上的控制和移转在企业家和金融家的手里被分开，另一方面实物的控制和实物的移转在工人的手里进行,受企业家和金融家的指挥,由管理部门传达命令。两种控制,始终是互有关系的,可是相互关系的程度、方法、影响和先后,在稀少、丰裕和稳定这三个时代里很有差别。

我们不想回溯到以共产主义的限额制度为特征的原始的稀少时代,而将从现代买卖制度从封建制度中产生,以及它第一次作为重商主义或者商业资本主义出现谈起。这早期资本主义的稀少时代的习俗和习惯法,在商品和服务这两种出产品上有重大的不同。

我们能转移商品而不必转移生产者的人身,可是服务是随着人身转移的。商品的移转,在这早期时代,也和服务的移转一样,是所有人跟商品一起移动到市场。由于政府没有力量以及人民的强暴和不诚实,必须鼓励有势力的领主设立市场,保护他们不受强盗和谎徒的侵害。因此,市场通常起源于一种特殊的独占权,叫做“管辖地”,这种管辖地由君主赐给一个有势力的个人或者教会中的要人,准许他举行买者和卖者的集会,并可以抽税,作为负责保护的报酬。这样建立起来的这些市场,最后受习惯法法庭在判决纠纷中所立下的规则的支配,可是最初是按他们自己订立的规则来管理的。法庭在判决中发展形成“公开市场”的原则,或者公共的、自由的和平等的市场的原则,像在芝加哥农产品交易所一案中那样。[①] 该案是现代的“公开市场”。后来这些原则扩充到零售店,直到最后公开市场的独享的特权取消,而公共、平等和自由的原则扩充到所有的市场。这些原则不是什么固有的和自然的东西,而是实际从当时的好的和坏的惯例中创立起来的。早期的重农学派和古典经济学家认为它们是由神意或者自然秩序传留下来的。

① 参阅本书下册第 373 页。

首先，那有权召集“公开市场”的人必须准备标准的度量衡工具和一位司秤。他有权并且必须设立一个特别法庭，以便迅速地决断争执和执行契约。根据共同的权利，人人可以“自由携带他的货物到公共市集出售”，因此土地或市集地址的所有人，或者当地市政当局，不能因为不付租金或捐税就自己扣押货物，而必须“自己提出诉讼，追取租金”。任何扰乱行为，足以使市场地方发生实际阻碍，而致有人不能进入市场的一部分者，都予以禁止。

这些是市场的主人或者保护人在商品的实物移转方面的责任。但除此以外，还必须提供规则，管理市场上买户和卖户之间法律上控制权的移转。寇克在所著《法律原理》一书中扼要地陈述了三百年前有关公开市场上所有权移转的习惯法。他说：

> “习惯法确实认为市集和公开市场应该充分供给各式各样有销路的商品，满足人民生活和使用的需要；认为这是政策的要点，并有益于公共财富。为了此项目的，习惯法曾规定，有关在市集或市场上有销路的物品的一切买卖和契约，不仅应在双方当事人之间有效，而且连那些对有关物品有主权的人也应该遵守。”①

换一句话说，为了可以鼓励买户到市场上来，法庭必须建立种种标准，使买方可能对所买的东西取得清清楚楚的主权，从而保护他们，以免也许有第三者出来声明这些东西是偷来的。在一种强暴、偷窃和说谎的时代，公开市场是人们可以取得对商品的明确的所有权的地方。因此，像在寇克引证的那些案件中判决的那样，商品的出售必须在一种“公开的和明显的地方，而不可在一间暗僻的货房里等等”。“公开的”这个字眼在这里的含义是“恰当的和合格的，例如公开出卖金属餐具，不应在一个代写文件者的店里，而应该在金匠店里”。不可在夜晚出售，而必须在“日出以后和日落以

① 寇克：《法律原理》，1642年版，第713页。

前”。夜晚的买卖“在当事人之间是有效的”,可是“对一个有主权的陌生人没有拘束力”。买卖的进行,不可“由两方在故意使有主权的那个人无法得知的情形下私订契约”,所有“契约必须全部地和原始地在公开市场中订立”,不可“在公开市场外开始,然后在市场内完成”。我们了解,这是芝加哥农产品交易所一案中获得认可的规定。可是,如果卖方又取得那批物品,那合法的原物主就可以主张他的权利,因为那卖方“是犯错误的人,他不得利用他自己的错误”。还有,如果那买方知道卖方是不合法的占有,“这使那合法的原物主不受拘束”。

这些规则建立了所谓“商品的可转移性”或者让与的可能性,适合于一种“稀少和不安全的时代”,那时候商品实物必须搬到市场上去,并且没有信用制度,没有将来交货的制造和销售,又没有报纸公布价格。法庭采取那些规则,像寇克说的以及我们在芝加哥农产品交易所一案中看到的那样,显然是为了增进公众的利益,鼓励买户和卖户聚集在一起,把他们的产品,带到市场上来,保证老老实实的购买者付了代价以后可以取得所有权,不受任何人的干涉。实际上,这种可转移性是建立一个自由、平等和公开的市场所必需的第一种法律规定。后来加以扩充,包括无形体的财产以及有形的商品,对于这一扩充,我们在专门的技术的意义上应用“可转移性”这个名词。

再则,预购、囤购、大宗买进以备抬价卖出等不法行为都是习惯法上所禁止的,因为那是购进或再购进大宗的商品,其数量超过购买者本人可能使用或者可能零售的范围,因而被认为是富人企图抬高价格,是破坏买方和卖方的平等。

习惯法上这些罪名实际上禁止了一切批发买卖,除了外国货物输入;这种趸购业务被认为犯罪行为这一事实,说明当时产业的规模多么小，以及在这种早期稀少时代通常市场上产品的供给多么微少。这些不利于批发买卖的法规，有些早在1772年就取消，而习惯法上禁止预购、囤购、大宗买进等行为的全部规定，于1844年由新法规予以废除。该项法案的前文重述了1772年的前文，说明废除的理由是经验证明“所有对必需品买卖的限制”，防止有关商品方面的自由贸易，“倾向于妨害此种商品的发展，因而抬高其价格”。它们实际上所禁止的是批发买卖，因此这1844年的法案完全开放了英国的批发市场，只继续禁止散布谣言，意图抬高或压低任何商品的价格，并禁止用暴力或威胁阻碍任何商品被运至任何市集或市场。在一种丰裕的时代，老的规定已不需要，并且实际上妨碍了自由与平等，这时候人们有必要趸批地买卖商品，迅速地从远处运来。

自1772年开始取消禁止预购、大宗买进和囤购的法律以后，批发市场的出现有助于明确地分开商品的法律控制和实物控制。实际上，法律不再要求卖方亲身把小量的商品携往市场，而现代物产交易所和批发市场可能产生，在这里，像在芝加哥农产品交易所，商品的法律控制，只需根据样品和规格，就能用电报或电话进行转移。这种法律上控制的移转，可以按“现货”和“期货”等不同交易，在任何地点或任何时间发生效力。

同时，实际的交货，或者实物控制的移转，在职工们的手里进行，从农场或工厂一直到铁路和最终消费点。控制物品的处置的合法权力在法律上的转移，和为了生产和消费在职工或消费者手里进行的实际交货分开了。从此以后，商品的价格变成不是商品本身的价格，而是在指定时间和地点实际交货的有效契约的价格。

这种区别，古典经济学家没有包括在他们的学说里。他们的“劳动”价值论是公开市场的理论，当时已经逐渐陈旧。

习惯法在禁止预购、囤购和大宗买进以外，又禁止其他一切对贸易的限制，作为不利于公共福利，因为它们使个人不能自由地来至市场，或者不能自由地提出他们的产品或服务求售，或者不能自由地增加产品或服务的供给，不能有益于人民的生活。对批发买卖以外的这些其他贸易限制的禁止，留传到现代，并且被扩充到凡是有新的限制方法出现的地方，但是在稳定时代已经有了重大的变更。

这样，在稀少时代中，直到十八世纪中叶，习惯法用排除和吸收的方法——排除那些认为坏的商业惯例，而肯定那些认为好的惯例——建立了一种自由、平等和公共市场的基本原则，就是，统一的度量衡、商品的可以转让、一切的人和商品都可以自由参加市场以及交易的公开。在稀少和不安全时代中所必需的某些习惯法的规定，虽然在十八世纪以后政府能保障安全以及新发明带来了丰裕时代的时候，已经废除，但是自由、平等和公开市场的这四项特质仍旧或多或少地保留，就是，统一的计量标准、可转让性、自由参加和公开性。这些构成我们所谓无形的财产。

然而，这丰裕时代带来了恰恰相反的弊病，毁灭性的、不公平的或者你死我活的竞争。这种情况使得法院早在十七世纪初期就开始赞成和支持许多"合理的"贸易限制，就是后来所谓商誉、牌号、商标等一般名称，以及最近的"不公平竞争取缔条例"。[①] 可是，尽管有这些合理的贸易限制，十九和二十世纪还是经历了周期性的和普遍的商品过剩，以各种不同的倾向和循环出现。这些生产过剩引起了毁灭性的竞争、制造品上的价格战争以及运输上的运费战争、力量薄弱的竞争者消灭、竞争者合并或吞并为庞大的联合

① 康芒斯：《资本主义的法律基础》。

组织。起初人们对这些防止运费战争和价格战争的联合组织，用重新制订那种防止垄断、防止结党营私以及防止其他贸易限制的古老法律来应付。这是十九世纪最后十年中的反托拉斯法律。可是，后来发现在运输、制造、劳工和银行这四个重要部门中，这些法律运用起来不生效力。

在运输领域里，美国在 1887 年的"州际商业法"中以成文法规明白地采取了稳定政策，因为人们体会到削价及秘密回扣的办法和垄断及高价的办法同样地对公众有害。可是，这种稳定政策，在制造品方面，在"联邦贸易委员会法"和"克莱顿法案"(1914 年)未制订以前，还没有得到充分的承认；克莱顿法案宣告削价为犯罪行为，和老的法律对待抬价几乎一样。最后，在"联合制鞋机器公司"的解散案(1918 年)以及美国钢铁公司案(1920 年)这两次的判决中，确立了稳定原则，作为全国法院的现行政策。因为司法上认为，在钢的问题中，虽然钢铁公司的办法显然是协力一致的行动——这一次是控股公司的行动——类似以前被认为是贸易限制的情况，但是它近来并未采取毁灭性的价格战争的手段，从而消灭它和公众交易中的竞争。法院宣告：该公司未曾收取运费回扣，未曾减低工资，未曾降低产品的质量，未曾制造人为的稀少，未曾胁迫或压迫竞争者，未曾在一个地方以低于竞争者的价格卖出而在其他地方维持原来的价格，未曾用秘密回扣或者低于公布的价格争取顾客。法院说，没有竞争者或顾客证明公司方面有任何胁迫或压迫的行为，并且，事实上，他们证明了一般的满意于该公司所实行的那种有名的和事先公布的关于价格和交货方面的稳定政策。

因此，在运输和制造品这两方面，"以公开取得稳定"的政策至少已经部分地采用，作为指导习惯法制造法律的方法的政策。

一种类似的稳定办法在劳工组织的历史上逐渐地发展形成。

这方面第一次广泛的努力发生在1886年，当时宾夕法尼亚、俄亥俄、印第安纳和伊利诺等州互相竞争的矿地的烟煤工人和煤矿工人，公开地同意统一的工资和工资的级差，这样使工人们在劳动市场上可以有平等的机会，不必秘密地或者个别地跌减工资。这种竞争条件的稳定，对劳动的雇用者和对铁路的顾客同样重要，也许正在获得完全认可的过程中，像钢铁公司的类似的办法所获得的完全认可一样。

一种更近的和同样重要的运动，并且距离丰裕时代的习惯法或成文法更远的运动，是那趋向于稳定货币和信用的购买力的运动。在这方面的重要经济学家是美国的费希尔、瑞典的威克塞尔和卡塞尔、英国的霍特里和凯恩斯；在美国，这方面的转折点是1914年建立的联邦准备银行制度。

(2) 差别待遇——在运输、制造品、劳动和银行这四方面，稳定原则是作为对某些足以妨碍自由、平等和公共市场的手段的一种纠正而发展起来的，那些手段一般的可以称为“差别待遇”。

我们在上面曾谈到那些在稀少时代中管理公开市场的法律规定。那是一种自由、平等和公共市场的开始，在那里买户和卖户在市场统治者的保护下集会。可是另有一种卖户，他们不把产品拿到一个中央市场，而不分彼此地为公众服务，只要有顾客上门他们就卖。这些人相当于现代的那种通常只在制造地点按离岸价格售货的制造家，虽然往往也像在“匹兹堡附加”办法中那样，在交货地点交割。

考虑到在那早期时代这一种生产者非常之少，并且因为有技术和专门训练的人也很少，早期的习惯法形成了一种规定，凡是自己立业，不分彼此地对公众出卖服务的人——作为有别于那些只供自用或者专为一个顾主或地主工作的人——就负有三重义务，就是,(1)来者一律供应,(2)只取合理的价格,(3)如果自己没有技术或者不发挥技术,须负责赔偿损失。受这些规则管理的职业包括医生、成衣匠、铁匠、木匠、食品店、面包店、磨坊、旅馆、摆渡、码头主人以及此外一切可以算作"公共服务行业"的工作。实际上,这些职业都是"公共服务行业",因为公共服务行业的意义一般的是指对任何顾客一概服务的职业。法律对于一个人是否享有实际的独占,不作区别。事实上,在那些日子里,"独占"这个名词只用于某些必须有统治者赐予的特权或特许证才能经营的职业,例如摆渡;因此那是根据"特权"的法律上的独占,而不是基于私有财产的经济上的独占。

魏曼和艾德勒,在他们的著作中,提出了两种似乎相反的理论,说明在早期时代习惯法关于"公共服务"的态度。魏曼的解释是根据稀少性原则,艾德勒的解释是根据公共性原则,或者公共服务。可是这两种解释只是两种容易变化的稀少性和习俗的作用。这些"公共服务"随着封建制度的崩溃而出现,实在不过是从在单独一个主人的控制下服务改变到为任何顾主服务。以前为一个封建领主工作的铁匠,现在不分彼此地为任何或一切主人工作。既然法庭代表统治阶级的观点,他们要使没有特权的工人有义务为任何主人服务,那是很自然的也就是合于惯例的事情。在美国废除奴隶制的时候,也表现了同样的态度。以前的奴隶,在第十三次宪法修正下已经成为"自由民",却不能自由地拒绝工作,还需要第十四次修正来给予他们和以前的主人平等的自由权①。同样地,在从农奴身份转变到自由身份的早期阶段,各种工人和商人都负担着服务的义务。

① 康芒斯:《资本主义的法律基础》,第119页。

稀少原则也可以适用，因为，假如工人很多或者太多，他们互相竞争，那就不必要使他们遵守强制的服务规定。习俗和稀少这两种原则起初并不分开，直到后来某些享有时间或地点的特殊权利的职业，像摆渡者，仍受老的强迫的公共服务原则的拘束，而其他职业在丰裕和竞争原则下获得了解放，这两种原则才分别清楚。然后，在更近的时代，稳定原则，通过工会、协会、公司、辛迪加以及类似的以一致行动限制个人自由而保障团体中其他成员的自由的种种方法，似乎又回到稀少时代的限额原则，作为对丰裕时代的买卖原则的一种修正。

在美国，古代用于一切公共服务职业的规则偶尔也应用，但是在很早时期就取消，除了对于所谓公用事业的职业或公司。在这些产业中，法律逐渐发展，最后种种规章连取费标准、服务规格以及由政府作资本估值都完全包括在内，此外还禁止差别待遇。这是因为，尽管丰裕时代大大地增多了机械的发明和机械力的使用，然而这些公用事业不仅是基于特权的法律上的独占，而且是基于一般私有财产的经济上的独占，由于它们占有控制一切的地位，别人难有机会创办竞争的企业。

制造和商业企业不是这种情况。这里，在丰裕时代，公众利益不需要倚赖法律上规定那些经营这些企业的人必须按一种合理的价格为所有的顾客服务。生产者和生产设备总是过剩，这时候强迫一个制造家或者商人按合理价格供应一切顾客，对公众没有好处，因为他们的顾客随时能找到其他的卖户或买户。因此这些事业完全作为私人企业看待，法律只要求维持一个自由、平等和公开的市场的四项重大特质，就是：统一的计量标准、可转让性、自由参加和公开性。

在早期稀少时代的条件下，不可能产生现代伦理上或法律上的“差别待遇”的观念。这种观念产生于稳定时代，标志着新的习俗和狭小的利润边际的重要性。

在早期自己为自己工作的时代，公众或购买者并不靠经常地买进这些商品或服务来谋生，而是仅仅偶然在集市的日子光顾一下，或者只买一些他们自己不能自给的东西。可是现代商业和生活经常地全部依赖现代运输业者、现代原料或半制成原料的制造家、现代聚在一起进行大规模生产的工人，或者现代银行和信用公司或辛迪加所作出的服务。

因此，现代商人，作为购买者，足以使他受损害的，倒不是他必须付出的高价，而是他的竞争者付出的买价比他低。买卖的利润边际那样小而数量那样大，如果他的竞争者付出的买价比他低，就会使他的业务无法进行。可是，如果他的竞争者付出的买价和他相等，即使他们两人付出的价格都非常之高，他还能把这种价格转嫁到最终消费者的身上。因此现代商人认为重要的，是竞争条件的均等，这只有通过稳定才可能实现。

可是，在早期普遍稀少时代，对购买者的损害不是我们所了解的这种差别待遇，而只是高昂的价格。因此，即使用到“差别待遇”这个字眼的时候，也决不意味着一种差别的低价，而总是意味着一种差别的高价。换一句话说，早期的习惯法，应用于公开市场以及差不多一切为公众服务的职业上，并没有防止一切差别待遇的规则——它的规则全是以防止高价勒索为目的。

显然，迟至 1897 年，这还是美国最高法院的了解。在那年，最高法院受理一件诉案，一个居住在艾奥瓦州的原告要求一家铁路公司赔偿损失，理由是该公司对原告的一些住在内布拉斯加州的竞争者特别优待，对他们的运费，按路程比例计算，低于对原告的运费。最高法院认为，本案并未证明原告所付的运费本身是敲诈性的高价。“他只是想要收回他认为应该收回的钱,不是因为运费本身不合理,而是因为被告的不正当的行为。”法院然后进一步研究这所谓不正当的行为在习惯法上是不是不正当,判断的标准不是对两个顾客取费高低不同这种差别待遇的社会后果,而只是对铁路公司自身的收入的影响。法院这样说:

> “假设被告公司的负责人只向原告收取了一种合理的运费……同时,没有任何正当的理由,给他对街的邻人免费运输,这样犯了一种偏袒和不公平的行为——这种行为会减少铁路公司的收入,并且相应地减少股东的股利——他们那方面的这种偏袒,如果没有法律规定,决不会使原告有权提起诉讼,要求收回他已付的运费,从而更减少股东的股利。所以,如果没有‘州际商业法案’的规定,原告不能收回他运货到芝加哥去的运费,只要公司所取的运费是合理的,尽管由于铁路负责人方面的行为不正或者徇私,对内布拉斯加州的托运者取了较低的运费,那没有关系。”

这是 1897 年中司法方面对差别待遇的概念。它仅仅是私人的事情,没有社会后果。

四年后,同一法院,由同一法官(布鲁尔)宣告,维持内布拉斯加州最高法院的意见,这次是根据“习惯法”,认为不仅所取运费本身必须合理,而且必须“相对地合理”;“没有正当的和合理的根据”,不得对某一个人取费较低,造成差别待遇;任何差别必须符合服务的成本和条件上的差别,只有在这个范围以内,差别待遇才是合理的。

换一句话说,在 1897 和 1901 年之间,美国最高法院改变了它对差别待遇的习惯法的意义的见解,从那种显然是早期意义的见解改变到比较近代的见解,认为差别待遇本身是不合法的,不管是否有敲诈性的高价存在。根据早期的见解,对差别待遇的纠正只会是减低较高价格到符合较低价格的水平。根据后来的见解,纠正的方法也同样可以是提高那较低价格(或者禁止免费运输),使符合较高价格的水平。在后来的见解之下,需要纠正的弊病是不公平或者偏袒,那会使竞争者获得免费的服务或者较低代价的服务。在早期的见解下,人们要纠正的弊病仅仅是索取一种不合理的高价,对一个竞争者取价较低,本身并不被看作差别待遇或歧视,而只是一种证明,足以表示那较高价格是敲诈勒索。

差别待遇的两种不大相同的意义竟然没有辨别清楚,显然是由于习惯法扩大古老名词的意义来包括以前不认为有害的新的弊病,所采取的"排除和吸收"的方法,是一种迂缓的过程。美国最高法院在 1901 年显然扩大了习惯法的差别待遇的意义,以便应付已经需要该院决定的一种真正的弊病,这时候歧视性的低价已经罪恶昭彰,众所周知,该院不需要硬使它本身 1901 年的意见和 1897 年的意见一致。

关于有意识地扩充差别待遇的意义,以便禁止相对的低价和相对的高价,我们能找到的最早的意见,是在 1873 年麦克杜菲控告波特兰和罗彻斯特铁路公司一案中,法院的推理可以说明从差别待遇的古老的实物的意义改变到现代经济的意义的过程。法院在该案中指出,按照习惯法,差别待遇在于无条件地拒绝"载运乙,如果他载运甲",或者实际上"对某一个被讨厌的个人的旅行或贸易加以阻碍",或者弄得一条公路"绝对无法通过",因而侵害公众的权利。我们可以看出,这些习惯法的差别待遇的概念是物质的,新罕布什尔州法院认为它们的特质是"直接"行使不合理的差别待遇。该院然后继续扩大差别待遇的意义到经济的差别待遇,现在该院称为"间接的"差别待遇,内容是一种"迂回的侵害",例如难堪的条件、价格的差别、对一个人不给予便利而对另一个人给予便利。

结论是，直到上面谈到的最高法院1901年的意见以后，才可以说一般的法院已经改变了差别待遇的意义，从认为只是一种证明，表示某种高价或其他不利条件是敲诈勒索，它“本身”是不合理的，转变到大不相同的意义，认为差别待遇的弊病在于一种相对的低价所表示的对某些竞争者的偏袒，不管那高低两种价格的绝对水平是不是太高或者太低。

法院得到这种新意义如此之慢，其一般原因是他们的早期的见解，像在上面引证的1897年的案件中那样，认为如果公共服务者对某些顾客取费较高而对其他某些顾客取费较低，自愿减少自己的收入，那完全是一种私人的事情，至于这种办法在抑制竞争以及促成顾客中的垄断方面的社会影响，却不需考虑。这种见解的结果是，一个在差别待遇下被歧视的人，不得不付出比他的竞争者较高的价格，可是在习惯法上无法获得纠正，除非他能证明这种较高价格本身是敲诈勒索或者不合理，而不管这种价格和一个竞争者所付的价格比较起来是不是相对的高。情况确是如此，尽管有些法院曾宣告，这种对优待的竞争者只取低价的制度必然会抑制竞争，使顾客们所经营的那种业务集中在被优待的人们的手里。一个联邦法院甚至在1889年曾宣称一家木材公司没有受到不公道的待遇，虽然当时一条铁路对这家公司的竞争者收费较低，甚至比运输的成本还低，而这种偏袒可能使原告公司完全无法参加市场，可能使它趋于破产。只要对原告公司所取的价格“本身是合理的”，它就没有受到不公道的待遇。

这样，美国最高法院在公众和立法对差别待遇或歧视的意义有所改变以后大约十五年才开始改变，这可以一般的认为是它的习惯性的落后。

以上所说的习惯法在差别待遇的意义方面的落后，不仅适用于所谓公共服务事业。它也适用于一切可以称为“公共职业”的产业。美国最高法院在马恩对伊利诺伊州一案中(1876 年)部分地采用了这种原则,纽约州最高法院在纽约州人民对布德一案中也很好地陈述了这一原则,并且检查了该院经办的一切案件。这些案件都和堆栈或谷仓有关系,这两种业务在习惯法上从来不算是一种公共服务事业。在以上两案中都承认,堆栈向来被认为是一种私人营业,从来不在特别执照或者法定专利的条件下经营,这种特权附带的含义是公众有权利享受由司法程序所决定的合理价格。事实上,与这些案件有关的那几家芝加哥和布法罗的谷物堆栈,被认为积极地互相竞争,虽然它们显然在采取一致的行动。法院认为,在禁止差别待遇或者勒索高价的问题上,决定性的问题不是独占或竞争,而是谷物的运输者——堆栈的顾客——是不是因为谷仓公司的价格和业务办法而处于不利的地位。

在这两案中,不同的意见很出色地和正确地争论,认为公众没有独立的法律上的权利来使用那些谷仓,因为它们不是公共服务事业,有义务对任何人来服务。但是,法院认为,在谷仓的业务里有这种“公共性”的成分,部分地由于业务的性质和范围,部分地由于它们对本州和国家的商业的关系,以及部分地由于它们虽然是竞争者,但是在当时的情形下,它们享有特殊便利,可以达成有关价格的谅解。

因此,差别待遇和高价勒索的区别,随着稳定时代的到来而产生。差别待遇在丰裕时代中不是一种弊病,因为人人可以找到另一个机会。在稳定时代中,由于协力一致的行动、“自己生活、让人生活”的政策,以及微小的利润边际,差别待遇成为严重问题,因为稳定意味着没有其他的不同机会,这就意味着差别待遇和高价勒索的固定性,跟意味着公平合理的价值和价格的固定性一样。

因此，用判决纠纷来制定法律这种程序，迟缓地配合着不断变化的经济情况以及不断变化的关于公道和不公道的伦理意见。它考虑到稳定时代的最重要的事实，就是未来性和微小的利润边际这两项原则。现代企业是用大量的借入资金来经营的。竞争者是债务人。他们必须保持他们和原料供给者、职工以及顾客的业务关系，从而保持他们的企业的未来的偿付能力，这一切关系很恰当地概括在“好感”或“商誉”这个名词里。商誉虽然是一种无形资产，却是现代商业最重要的资产。侵犯商誉的竞争是“掠夺的”竞争。因此，最最重视运行中的营业的未来安全的那种“自己生活、让人生活”政策，带来“稳定时代的习俗”以及符合那种习俗的判决。法院构成的那种商誉的概念，是以稀少性原则为基础，因为它假设机会有限和利润微薄，因此每个竞争者应该努力保持他现在的顾客和现在的营业比额。这已经成为现代“商业伦理”的一部分，认为削价竞争对顾客是不好的，并且由习惯法用判决纠纷来制定法律的方法，把这种伦理或多或少地变成了“不成文”法。

可以看出，这种历史的“稀少、丰裕和稳定”的分析，有些像马克思的辩证法，从他的“正题”原始部族共产主义，到他的“反题”十八和十九世纪个人主义，又回到他的“合题”一种未来的世界范围的共产主义。可是马克思的是一种以技术为基础的唯物主义的解释，我们已经在上面关于“产业的阶段”一节中扼要地说过，而我们的说法也是一种经济的进化，从原始的稀少（这说明共产主义和重商主义），到丰裕（这说明个人主义），到那许多现代的管理计划，使个人部分地或整个地受集体行动的支配，从而调节那交替发生的丰裕和稀少。马克思的共产主义是预先注定的，而现代的稳定可能是共产主义、法西斯主义、金融资本主义或者任何一种协作的运动，其目的在于尽力从矛盾和不稳定中造成秩序。

4. 物价

没有疑问，一切稳定中影响最大的和最困难的是金融的稳定。金融控制是世界范围的，涉及全世界中央银行的协作行动。它包含国际主义，越过群众的国家主义的保护税则的浪潮。首先提倡金融稳定的动议，不是来自银行家或者经济学家，而是来自政治家。1833 年，在世界范围物价下跌期中，从 1833 至 1868 年连任下议院议员的斯克鲁普向他的选民发表意见，主张定期公布“一种可靠的物价趋势”，据以矫正“法定价值本位”的波动，以便一切商业中人可能“参照这种物价指数表调节他们的金钱债务”。这种物价指数表后来由哲逢斯根据数学原则编造，称为物价平均变动的指数。

在斯克鲁普的这种想法以前也曾有别人的类似的想法，可是多半是出于好奇心，而不是对商业契约的实际的建议，而斯克鲁普的打算只限于长期契约中自愿的协议。直到威克塞尔在 1898 年和费希尔在 1911 年，才提出要稳定法定的货币标准本身。威克塞尔主张控制贴现率，费希尔主张控制美元的含金量，使商业金融的长期契约和短期契约都应该在集体控制一种稳定了的物价水平本身的条件下进行。

这些建议突出了一切公共政策和合理价值问题中最重要的问题，因为它们牵涉到一种世界范围的伦理问题，起因于利益的冲突：个人和某些阶级应该通过提高自己的效率取得财富呢，还是应该利用稀少性计量单位的价值上的变动取得财富呢？在资本主义文明的“老板”的控制一切的办法下，那是效率利润对稀少性利润的问题。

从 1929 到 1932 年，美国的一般批发物价水平跌落百分之三十三，农产品的价格跌落百分之五十五左右。可是，拿百分之三十三作为平均数字，一切长期债务的负担增加了百分之五十。这意味着其他国家必须比1925年战债清算时向世界市场多输出百分之五十以上的商品，来偿付欧洲对美国的黄金债务。

对我们本国人民也是如此。在1932年，为了偿付1929年以前订约成交的公私债务，所需要生产和出卖的商品，比在债务成交时至少要多出百分之五十以上。

这意味着对国内和国外生产者一种金融的剥削，达到他们的产品的百分之五十以上，他们现在必须多售出这样多的产品，才能清偿三年或更多年以前借入的债务。

任何人如果考虑到美国工业和农业的效率的惊人的提高，就会自然地首先假定供求“法则”应该会产生一种相应的物价下跌。例如，钢铁工业或者种麦产业的效率若是在十年中增加百分之十，也就是说，同一数量的劳动和管理在一定时期内增加产量百分之十，那么，我们应该自然地预期它们的价格下跌，大约每年百分之一，或者在十年中下跌百分之十。

这些数字是随意说的，只作为例证。联邦准备银行对1919至1927年中制造业的效率增加的估计，还要大得多——效率增加百分之四十七，因此平均每年增加百分之五。可是，就以我们举例的数字来说，如果钢铁业的效率和小麦业的效率同样都是在十年中增加百分之十，如果它们的货币价格在那十年中下跌百分之十，想想看，那会发生什么情况。

我们可以扩大那种假设。假设钢铁代表一切制造业，它们的效率以同样的速度增加；小麦代表一切农业，它们的效率也是以同样的速度增加。所有的农人把他们的全部农产品卖给所有的制造家；制造家把他们的全部工业产品卖给所有的农人。两方面各种东西的价格同样地降低了百分之十。

可是,交换价值降低了吗?这是“名义”价格和“实际”价格的区别。名义价格是一单位商品可以买得的货币数量。实际价格是那一单位商品可以买得其他商品的数量。可是我们不用“名义的”这个字眼,而用“制度的”这个字眼。名义的价格是制度的价格,后者我们简单地称为价格。实际的价格我们称为交换价值。这是因为用来测量名义价格的货币只是一种买卖的制度,然而它是资本主义文明的根本的制度,我们通过它来取得我们真正需要的其他商品和服务的所有权,用我们自己的商品去交换。

因此,我们不说用我们的商品“购买货币”,而说我们“卖出商品换取货币”。我们不说“用货币交换”商品,而说“用货币购买商品”。必须我们先卖出商品取得货币这个制度物,然后着手买进我们需要的商品,才知道实际价格或者交换价值。因此,我们对于用一单位自己的商品换得的另一种商品的数量,不称为我们的商品的“价格”,而称为它的交换价值,像那些不谈货币的古典经济学家那样。对于用一单位自己的商品换得的货币,不称为它的交换价值,而称为它的价格。交换价值是“实际价格”。价格是资本主义制度的价格。价值是商品的数量乘它的单位价格,用货币计算。

工资、利润、利息和地租都是如此。然而,在这里,我们所占有的那“商品”——姑且称为商品——我们不卖出。我们只卖它在一个时期内的使用。这种使用,是我们卖出的真正商品。在关于劳动、债务和投资的时候,我们称为服务——工作的服务、等待的服务和冒险的服务。名义的,或者不如说制度的工资,是货币工资,就是,出卖劳动服务或者劳动力使用所取得的价格,所取得的货币的制度物,按一小时、一天、一星期或者一件计算。名义工资是资本主义制度的劳动的价格。

可是，实际工资，或者工人的劳动力的使用的"实际"价格，是货币工资将购得的衣、食和其他物品。我们称为"实际工资"，可是和我们在这里叫做为别人工作的服务的交换价值是相同的东西。

同样地，名义的或者制度的利息，是货币的所有人由于让别人在一段时期内使用他的货币作为购买力而收入的若干货币。它又是对一种服务——等待的服务——的报酬。因为这种等待的服务而获得报酬的人，是那些用他们的货币储蓄主要地购买债券的债权者。在货币市场上，这叫做"货币的价格"或者"货币的价值"。这是名义的或者货币的利率，就是，付给等待的服务的资本主义的或者制度的价格。可是付给等待的服务的实际利率或者"实际价格"，是债权者用他作为名义利息收入的货币所能购得的若干物品。这若干物品是他的等待的服务的实际价格，也就是交换价值。

利润也是如此。名义的利润是一个企业机构在一段时期内付了名义利息、名义工资和其他一切价格以后所收入的若干货币。它是一个企业承担了风险以后因为这种服务而从公众得来的资本主义的价格。可是，实际利润是这种资本主义的利润能在市场上买得的各种物品的数量。实际利润和承担企业风险的服务的交换价值是同一回事。

地租和租金也是如此。名义的或者制度的地租或租金，是由于自己让别人使用我的土地、房屋、马匹或者任何物质的东西，而收入的货币价格。可是，实际租金是名义租金可以购得的若干物品。实际租金就是实物的使用的交换价值；而名义租金是为了同样的实物的使用而付给的资本主义的价格。

那么，一般说来，价格是商品、服务和使用的出售者所取得的制度的价值，或者货币的收入，或者资本主义的收入；而交换价值是实际价值，是这种出售者所取得的实际收入。

但是，虽然价格是制度的，交换价值是“实际的”，在资本主义的意义上，价格却是很实际的——它决定谁取得效率的结果。自从1921年以来，技术的效率一般的以非常速度在增高，所以这一点日益重要。

美国劳工联合会在1925年大会上通过一项决议，希望和雇主合作，提高产业的效率，只要劳工能以生产者和消费者的两重身份，从较高工资和较低物价两方面，在那提高了的效率中分享到它应得的一份。

要求这些较高的工资（有别于常年收入），是因为它们使劳工能购买增加了的出产，从而防止失业呢，还是单纯地因为较高的工资意味着较高的生活水平呢？第一种理由是根据不足的。较高的工资标准也不会就能防止1930至1933年的失业。可是，第二种理由是合理的。提高生活水平和缩短劳动时间本身就值得要求——在许多产业中都值得要求，即使没有效率的提高。

可是，劳工取得这些较高的水平，是应该以生产者的身份，通过较高的工资呢，还是应该以消费者的身份，通过较低的物价呢？美国劳工联合会要求以生产者和消费者两重身份同时取得较高工资和较低物价。

这里是利润边际的重要意义。如果雇主的价格平均随着效率的增加而比例地下跌，利润边际仍旧和以前一样，雇主的地位也就和效率没有提高时一样，没有能力实行提高工资或者缩短工作时间。他们对劳工的要求，一定答复说，效率提高的利益已经在较低物价中归于劳工，再没有多余的可以用来增加工资。最后的结论是那糟糕的状态，主张用一种限额的或者“勉强对付”的制度，将有限的就业量分配给所有的劳工，使他们做半工或者“受限制”。这就使劳工作为一个社会阶级不得不维持它自己的失业者，而不是稳定充分就业。这使人想到另一种结论，所谓平均来说，商品的价格应该稳定，劳工取得较高的生活水平，应该是作为较高工资、较短工作时间以及常年稳定就业的生产者，而不是作为在较低物价和失业情况下的消费者。

由于不能辨别清楚利润边际、利润率和利润份额，以及每小时或每天的工资率和每年的全部工资收入，以致讨论这个问题的一些著作家不知不觉地从一个观念转到另一个观念，而自己莫名其妙。福斯特和卡钦斯有一种利润边际的观念，因而他们建议一般物价水平的稳定，可是他们转移到利润率，然后又从归于消费者的份额太少这一点得出他们的结论。他们说，产业在发达的时期付给消费者的钱不够购买所生产的物品，如果物价随着效率增加而比例地降低，这一点显然会得到纠正。在这方面，他们仿效了十九世纪马尔萨斯、劳伯特斯、共产主义者和工会主义者的理论。可是，如果人们对利润边际真正了解清楚，那就不仅商业循环中物价的涨落应该可以尽可能防止，而且长期的跌价趋势也应该可以防止，例如从 1815 到 1849 年的发现黄金、从美国南北战争到 1897 年提炼黄金的新发明，或者 1920 到 1933 年这几次的长期跌价趋势。要防止物价过度下跌，必须在以前防止物价过度上涨。

这种小心预防揭露了效率这个名词的一种双重意义。它意味着使工人加紧工作，又意味着以机器替代人力。在 1919 年物价暴涨中，工人那样容易从竞争的雇主那里得到工作，以致他们对工作毫不注意，甚至把他们的卡车抛弃在大街上，以便接受另一个雇主所出的较高工资。他们不肯好好地工作。据作者知道的一个例子，他们的效率降低了三分之二，他们的工资却增加了三倍。到 1921 年物价暴跌时，数以百万计的这些工人失了业，然后，当 1922 年商业开始复苏时，劳工已经受过“清算”，由于在1921年害怕失掉工作岗位，所以又加紧干活。

因此，用1919年作为比较的基点，效率上百分之四十七的增加也许主要的是由于工人操作速度的增加，这和机器的采用及工场组织的改良同样重要。商业循环在1919年败坏了工人的风纪，在1921年弄得他们贫困，在1922年逼得他们不敢怠慢。这都是雇主的利润边际发生变化的结果。

因此，假定所有的产业中真正效率同等的增加，十年中每年增加百分之一，如果一切商品的价格同样地降低了百分之十，交换价值或者实际价格也降低了百分之十吗？不。它们仍旧和以前一样。一蒲式耳小麦仍然交换和以前同样数量的工业品，一套衣服仍然交换和以前同样数量的农产品。农产品和工业品的货币价格都降低了百分之十，可是农产品和工业品之间的交换价值或者实际价值并没有降低。

那么，我们是不是可以说，不管物价水平怎样，或者不管物价水平有无变动，都没有关系呢？就我们假设的例子来说，我们显然可以说它没有关系。可是，假设一种相反的情况。假设，一切商品生产的效率同等地增加了百分之十，但一切物价的水平不是下跌，而是上涨百分之十。工业品和农产品的交换价值或者实际价值仍旧没有改变。价格会比以前增高百分之十，可是一蒲式耳小麦仍旧会换得和以前同样数量的工业品，一套衣服仍旧会换得和以前同样数量的农业品。所不同的是一切物价比以前高百分之十，这意味着或者小麦和衣服会多卖得百分之十的货币，或者少百分之十的货币会买得同样数量的小麦或衣服。

如果一切物价下跌百分之十时对工业品和农产品之间的交换价值或者实际价值没有影响，那么，一切物价上涨百分之十时对实际价值也同样没有影响。可是谁获得那效率上百分之十的增加呢？

再假设另一种情况。假设各方面的效率同等地增加了百分之十，而平均物价水平没有变动。因此小麦售得和以前同样数目的美元，同一数目的美元买得和以前同样的一套衣服。所以，当物价水平稳定不动时，对交换价值或者实际价值仍然是没有影响，和货币价格上涨百分之十或者下跌百分之十时一样。可是，现在谁获得那效率上百分之十的增加呢？

当一切物价下跌百分之十而一切效率同等地增加百分之十的时候，那增加的效率归谁所得呢？显然，我们必须区别生产者和消费者。这是通常的说法。某些人是生产者，其他的人是消费者。可是，这不适合我们的问题。在我们假设的情况中，所有的农场主和农场工人以及所有的工厂主和制造工人，既是生产者又是消费者。因此我们的区别必须不是分别生产者和消费者好像他们是不同的人那样，而是分别同样的人的“生产—出售”作用和“购买—消费”作用。

这种分别是重要的。效率上的增加归于千百万的参加者，是在他们的生产—出售作用中呢，还是在他们的购买—消费作用中呢？让我们来看上面假设的关于物价的三种不同情况。如果一切物价下跌百分之十，那农场主和农场工人、工厂主和工厂工人取得效率增加百分之十的利益，是作为生产—出售者还是作为消费—购买者呢？显然，实际的情况各方面都取得利益，不是由于它自己的增加了的效率，而是由于交易的对手方面的增加了的效率。各方面会失去它自己的效率增加可能产生的利益。在这假设的情况中，结果他们大家扯平，因为每一方面从对方的效率增加中所得的利益，和它由于价格下跌、不能取得自己的效率增加的利益因而损失的数目恰恰相等。换一句话说，当价格下跌和效率增加的程度相等时，各方面在购买—消费作用中的利得和它在生产—出售作用中的损失相等。

拿相反的极端来说，假设物价同等地增加百分之十，同时效率也全面增加了百分之十。实际价值或者交换价值，我们已经了解，仍然和以前一样，可是物价全面上涨了百分之十。哪一方面获得效率增加的利益，哪一方面损失呢？显然生产—出售方面获得两重利益。它由于效率增加获得百分之十的利益，由于价格上涨又获得百分之十的利益。它的总收获是百分之二十。另一方面，消费者—购买方面受到百分之十的损失，因为物价要上涨那么多，于是购买者的一定数目的货币所能购买的商品要比以前减少百分之十。可是，作为出售者，他们已经取得了比以前多出百分之十的货币，可以供购买之用。因此，我们又必须把我们的生产者—出售者方面分开为两部分。生产者—出售者方面获得两重利益，从效率增加中获得百分之十，从价格上涨中又获得百分之十。这意味着它从生产作用中获得百分之十的利益，从销售作用中又获得百分之十。没有任何情况来抵消或者减少这种作为生产者从效率上所得的百分之十的利益。这是纯粹的净效率利润或者净效率工资。可是，当它发挥作为购买者的作用时，就有一种完全相等的损失，将抵消它作为销售者所得的利益。

在这里，我们必须进一步区别两种消费者。一种是最终消费者，一种是商业消费者。最终消费者是最后的购买者；商业消费者是一种中间购买者。为了生产机器和农具而购买钢铁的厂主协会，自称“辗钢消费者协会”。可是，他们不是消费者；他们是生产者。他们组织起来，为了取得有利条件，以便付出较低的价格购买所需要的半制成的钢产品，不是用于消费，而是用于进一步生产，变为制成品。因此，精确地说，他们应该叫做购买者—生产者，而不是购买者—消费者。我们在这里要把他们作为购买者—生产者来考虑。

生产者有三种方向可以扩大他们的利润：第一，作为售卖者，抬高他们的产品的价格；第二，作为购买者，降低为了换取原料和劳动而付给别人的价格；或者，第三，作为生产者，增加他们的效率。

为了测量这三种增加利润和工资的方法，我们需要两种计量的制度。为了第一种和第二种抬高和降低物价的方法，我们的计量单位是元。为了第三种方法，就是以生产者的地位增加效率的方法，我们的计量单位是工时。第一种和第二种方法依赖供求的关系，就是依赖商品的相对稀少性。第三种方法依赖增加由同样数量的劳动生产出来的产品的数量，就是，依赖增加劳动和管理的效率，我们测量相对效率的尺度是工时。

我们以前已经考虑过这些计量标准。在这里我们看出，在我们假设的物价全面相等地上涨中，怎样有一种完全相等的变动，足以抵消作为售卖者所得的利益。这种抵消是由于作为购买者所必须付出的价格上百分之十的增长。因此，作为生产者，各方面从效率增加中获得百分之十的利益，作为售卖者，各方面又获得百分之十，但是，作为购买者，各方面却失去了自己作为购买者所得到的利益，虽然保留着自己作为生产者所得到的利益。

我们将发现这些细致的区别是重要的。某一个企业家想要证明化学和电气的科学可以运用到商业里来，从而获得巨大的利润。他的理想显然是效率利润，并且他大为成功。突然他自己在停止生产和解雇工人，因为他在等待那些供给他原料的生产者不久会破产和抛售存货，到那时候他可以指望用较低价格买进他的原料。为什么他从起初以提高效率来谋利的理想改变到完全不同的打算，要以停止生产和压低原料价格来谋利呢？在 1921 和 1931 年物价下跌期内，所有的企业家都在采取这同样的手段。他们大家互相等待别人被物价下跌挤垮，因此他们很像那有名的岛民，要逼得每个人在家里给别人洗涤衣物，勉勉强强地维持生活。他们大家都想取得靠不住的利润，都在兜圈子，想以购买者的身份在下跌的价格下互相从别人身上来取利。

或者，当相反的动向出现，物价上涨时，每个企业家和股票投机者都认为自己很精明很敏捷，如果他趁着市价最高峰售出，恰好在市价开始下跌以前"脱身"。"脱身"的意思是让买进者去受跌价的困难。那么，为什么在物价上涨的时期，雇主和工资劳动者都不好好地工作，以致减低效率呢？1919 年出现了这种情况。那是因为，作为售卖者，他们彼此想从别人身上取得他们的利润和工资，而不是作为效率高的生产者从自己身上取得。这时候它变成了用上涨的价格互相从别人身上取得。

第三种增加利润和工资的方法是效率的方法，在这里他们不用那种循环的程序，借物价的普遍上涨或下落彼此从别人身上取利，可是他们用增加效率的方法从自己身上产生额外的利益。拿第三种假设的情况来说，物价同等地稳定，实际价值或者交换价值，和以前一样，也是稳定的。现在，很明显，双方作为售卖者或购买者都没有什么所得或所失。价格和交换价值没有变动。可是各方面作为生产者——不是作为购买者或售卖者——都有所得，其所得的利益恰恰等于本身效率上百分之十的增加所代表的利益。

因此，在我们假设的平均效率普遍增加中有三种可能的价格情况，我们必须测验第一种自然的假设，所谓一切物价将随着效率增加而下跌。问题现在转入另一种不同的方向。问题不是，当效率增加时我们应该自然地预期供求法则对一切物价发生什么影响，而是，哪一种物价情况我们预期会对一切有关的人最有利？是不是对各方面最好，如果生产者从效率中造成的利益归于作为购买者的其他的人？若是这样最好，那么，下跌的物价会做到这样。或者，是不是最好，如果生产者以售卖者的地位取得一种不是基于效率的额外利益？若是这样最好，那么，上涨的物价会做到这样。或者，最后，如果效率造成的利益保留在生产者自己的手里，没有什么作为售卖者或作为购买者的利得或损失，是不是最好？若是这样最好，那么，一种稳定的物价均数会做到这样。

那么，我们实际上有三个问题要回答，一个经济的、一个政治的和一个行政的问题。经济的问题是，当效率增加时，不加管理的供求法则对物价会有什么影响？政治的问题是伦理性的问题，在利益的冲突中，谁应该取得效率的利益？行政的问题是，中央银行和财政部，如果由政府授予权力，是不是能稳定物价的平均变动？

我们在这里将不考虑第一和第三问题。我们已经考虑过那第三个问题。当然，如果我们肯定知道第三个问题不可能正面地回答，那就不值得考虑其他的问题。然而，我们确实知道，自世界大战以来，全世界的政府，以及它们的中央银行，或多或少地始终在研究物价均数的巨大波动这个问题，想要减少这些波动。我们现在不是考虑它们能否减少波动。我们只是考虑它们在管理世界的信用制度中应该采取什么公共政策作为指导方针。我们在考虑“合理的价值”的问题。问题是，它们是不是应该以促进效率为指导方针？这是不是对公共政策的一种合理的指导？

又必须记住，效率和生产或生产过剩不是同样的东西。效率仅仅是生产率，用工时测量。增加效率不一定是增加总产量。它也许意味着**减少工作时间**而**每小时**的产量加多，并不是总产量增多，减价倾销于市场。

我们可以和亚当·斯密一样，假设人人在一切买、卖、生产和消费的经济活动中，追求私利，不顾对别人的影响。这在于尽可能取得最多的利益和尽可能受到最少的损失。人人都这样做，不顾对别人的影响，除非他受着一种不能克服的束缚。如果有人自称他从事商业是为了公共利益，我们可以和亚当·斯密一样，当它是废话。那么，公共政策问题就是“合理的价值”问题：他的最大的私人利益和最小的私人损失，由银行制度使他能够达到目的，应该是作为一个生产者呢，还是作为售卖者、购买者或最终消费者呢？

实际上，一个自私地追求自己的最大利益的人，要达到目的而不是不劳而获、从别人身上榨取，那只有一个办法，就是增加他的效率。他可以做到这一点，或者由于加紧劳动，或者由于动脑筋而不增加劳动强度。如果他的利益完全来自抬高别人所付的价格，他的所得就完全来自别人作为购买者的等量的损失。他不仅是不劳而获，而且比不劳而获所付的代价更少。然后，那些别人，如果他们也是生产者—售卖者，可以用两种方法收回损失，或者作为售卖者抬高他们的价格，等于他们作为购买者的损失，或者增加他们作为生产者的效率，等于他们作为购买者所受的损失。如果他们作为售卖者抬高价格，他们本身就又从别人身上去不劳而获，因而结果扯平。如果他们提高自己的效率，但是收入相应的较低价格，那就是别人得去他们的效率的利益，结果他们就不能扯平。最后，如果双方都增加效率而不抬高价格，那么，他们结果也扯平，但双方都是从自己的效率中取得利益，不经过那中间步骤，不劳而获地或者无代价地从别人身上取利。

对政治的和伦理的问题的答案就似乎是，每一个追求增加纯粹自私的利润或工资的人，取得他的最大利益，应该作为一个生产者通过增加效率，不应该作为一个售卖者在物价上涨上赌博，也不应该作为一个购买者在物价下跌上赌博。

如果以前制造一套衣服的货币成本是三十三美元，现在货币成本降低到二十四美元，我们说不出这货币成本上百分之二十八的降低究竟是由于较低的工资、较低的利息、较低的利润、较低的原料价格，还是由于效率的提高。可是，如果工时成本降低百分之三十三，我们就可以说还有一个差额应该分别摊派，作为由于较短的工作时间或较高的工资、利润或利息。

从公共政策的立场来说，哪一种比较好呢？答案的关键系于以前问过的另一个问题。由于生产者—售卖者和消费者—购买者根据纯粹自私的动机在行动，要为他们自己尽可能取得最多利益，没有任何对别人负有义务或责任的意识，所以他们喜欢采取比较容易的方法，用索取高价或付出低价和低工资的手段，从别人身上取利，而不采用比较困难的方法，增加自己的效率，从自己身上产生利益——那么，对商业的诱因应该放在什么地位呢？

那些回答上面这个问题的人，如果说那套衣服的价格应该下跌百分之二十八，那就是采取购买者—消费者的立场，认为购买者应该自私自利地从生产者手里夺去效率的利益。这样合理吗？那些可能回答说价格不应该降低的人，就是采取自私自利的生产者—售卖者的立场。这样也完全合理吗？两方面都不值得予以伦理的考虑，说什么公道、正义或者同情，因为各人都是追求自己的私利，不顾别人。消费者恨不得用较低价格从生产者手里拿走全部利益。生产者尽可能用较高价格从消费者身上，或者用较低价格和工资从原料售卖者和劳工身上取得利益。生产者除非在必要时不肯增加他们的效率，而他们没有增加效率的必要，如果他们能有更容易的方法，可以用较高价格从消费者身上取得利益，或者用较低价格从原料的生产者身上取得，或者用较低工资从他们自己的工人身上取得。

既然两方面都不值得予以伦理的考虑，说什么公道、正义或者同情,因为两方面进入我们政治经济学的法庭都带着一双同样龌龊的自私的手,那么,社会的问题就必须转移到其他方面。对整个的国家,哪一种情况比较有利?国家作为一个整体,所要的或者应该要的是哪一种情况?它应该要消费者取得效率进步的全部利益吗?或者,它应该要生产者取得全部利益吗?

当问题这样地提出时,许多人会说,他们应该分摊这种利益。可是,在这里人们又提出某些其他的问题。谁的效率将被分摊?怎样分摊?什么时候分摊?应该分摊的是其中的多少?

我们不需要猜测这些问题的答案,也不需要让我们的供求“法则”的学说给我们答案。我们有经验可以作为根据。专利法是政府对供求“法则”的自然作用的一种人为的干扰。专利法使发明家以及运用新发明的制造家能禁止别人利用此项发明所提高的效率来增加供给,从而维持产品的价格。专利法的用意,像国会代表全国所同意的那样,显然是给予发明家和制造家他能从自己的特殊效率增加中所能得到的全部利益。他们作为生产者的效率,根本不和购买者—消费者分摊。他们取得效率完全是为了他们自己。

可是,有一种由供求“法则”造成的限制因素。他们不能把价格抬得高于效率较差的竞争者所收取的价格水平,这些竞争者出售同样的产品,但没有同样的专利的效率工具。因此供求“法则”继续发生影响。它防止他们作为售卖者把价格抬高到超过效率较差的竞争者的价格,从中取利。他们必须完全作为效率高的生产者来取得利益。供求法则可以解决这一问题。供求“法则”不能废除——但能加以利用。

可是,如果他们要那样做,如果他们的效率使他们能那样做,他们就能降低价格,从而逼垮他们的效率较差的竞争者。因此他们自己决定在他们所增加的效率中有多大一部分将以较低价格的方式和作为消费者的购买者分享。他们显然也运用供求“法则”来达到这种目的，在自己要这样做的时候增加供给。

可是法律规定专利权在若干年后满期。然后任何人都能利用那专利的发明增加他的效率，供求法则又发生作用，使价格降落，因而最后把效率增加所产生的利益转移给购买者—消费者。

当然，专利法上有一些缺点和流弊，可是上面所讲的是它的社会哲学，也是它在实践上主要地运用的方法。最初它把效率上全部利益给予生产者。后来终于把全部利益给予购买者。专利法做到这一点，由于从三方面控制供求的“法则”。第一，由于使生产者能限制效率工具的供给。第二，由于容许生产者增加他的出产，减低他的价格，从而逼垮他的竞争者，因此随他自己的意思怎样和购买者分享他的增加的效率，随便给予购买者多少。第三，由于在专利满期时剥夺生产者以前对供求“法则”的控制，这样把效率增加的全部利益转移给购买者—消费者。

因此，就专利品来说，那人人自然发生的第一个思想，所谓供求“法则”会随着效率的增加使价格下跌，只有我们加上国家的集体目的，使效率的利益最初完全归于生产者，然后逐渐归于消费者，只有我们再加上国家的权力，准许专利人在有限的一段时期内控制供求的“法则”，那种想法才是真实的。

从经验中又显然可以看出，他自己的政府单独地没有能力可以这样授权专利人，来控制供求的“法则”；事实上，差不多各国政府以条约或其他方式联合起来，在各国对同一发明家或者制造家给予同样的专利权。在现代运输和电讯的制度下，供求“法则”是世界范围的和迅捷及时的；必须这些专利法能在世界范围内控制供求，生产者才能取得效率增加的利益。

然而，有许多种效率上的改进不能取得专利权。较好的工厂设计，较好的劳动力组织，较好的原料购买，较好的对职工的诱导，较大的机器设备——这些不能取得专利权。这里很明显，连十七年的专利权都没有，生产者没有机会实际取得效率增加的利益。这些利益必须用其他方法来取得，而不依赖专利法，必须逐日地随时取得，并且尽可能要快，要赶在竞争者仿效改进以前。

可是，即使在这里，也有其他的主要由习惯法判决形成的方法，可以保障这些暂时的效率利益，并且及时加以发展。习惯法保障业务秘密。如果有雇员对一个竞争者泄露一项秘密方法，法律将使那竞争者赔偿损失，以他盗窃此项秘密所得的全部利润为度。我国法律非常注意于防止供求“法则”发生作用，以致一种新方法的发明者不能享受效率增加的充分利益。

还有一种对效率的保护——习惯法和立法对企业的商誉和商标的保护。如果一个制造家因为质量好和服务好而取得声誉，法律就禁止他的竞争者“盗窃”他的美名，使用任何和他相似的名称或标记。实际上这也是一种对效率的保护，因为质量或服务上的进步和数量上的增多同样是一种效率的增加。

在这些方法中，国家的公共目的，通过立法和司法，表现于运用一切可能的限制，抑制供求“法则”在纯粹自私的动机下毫无拘束地发生作用，以便保护生产者，使他不至于不得不以较低价格把自己的效率所造成的利益让给购买者，从而保护效率。

所谓应该有一种世界范围的稳定货币平均购买力——平均的物价变动——的计划，以及世界各国政府应该授权各国中央银行稳定货币的价值，这种主张实际上和专利法以及保护业务秘密、商标、商誉的方针所根据的那种伦理原则和公共目的是相同的。可是它更进一步，保护那些自己的效率没有受到这些法律保障的人。至少，这种稳定政策的一项目的是，一切产业中效率增加的利益将尽可能首先归于生产者，不是归于购买者；生产者取得他们的利益，应该作为高效率的生产者，而不是作为单纯的售卖者以较高价格从购买者身上取得；以及，作为最终或中间消费者，他们取得利益，不是作为购买者付出较低价格，而是从他们作为高效率生产者的其他职能中。

这种主张的实现，不是像专利法和类似的法律以及法院判决那样简单；也不如我们为了简化理论在上文假设的例证那样简单。然而，这不过是把公共政策对个别生产者保证的东西扩充到一切生产者。它是否合理还要决定于其他条件，例如阶级优势和阶级仇恨，或者国际的复杂情况，这些使得它不一定能够做到。如果由于这些和其他原因，稳定不能作为一种"理想的典型"来实现，我们还能以在一切情形下可能做到的最大限度的稳定为目标。这是合理的稳定。可是总必须有一种"目的"，作为理想的典型；否则，就不能号召和得到一致的行动，尽可能实现这种目的。

这种不用稀少性而用效率来缩短工作时间以及增加利润和工资的社会理想，使我们接触到一种可以用作标准的指数的理想典型的问题，并且接触到实施这种标准的行政机构。一般说来，资本主义文明的最严重的问题是失业。效率增加一倍、两倍甚至三四倍，一方面永远存在着重大的失业问题，这一矛盾使得战争或者共产主义或者法西斯主义也许比和平与自由更为可取。因此，由于大多数人在变成无产阶级，可以导致稳定的最重要的方针，是维持充分的和经常的就业。1919 和 1923 年中急剧上涨的物价很快地恢复了充分就业。1920—1921 年和 1929—1933 年的急剧下跌的物价大大地增加了失业。这是因为产业的利润边际很窄，全面上涨的物价水平，即使上涨的程度不大，对于放宽利润边际以及因此增加需求，却有一种扩大的影响，另一方面，价格下跌就减少对劳动的需求。

可是，如果让物价水平涨得超过充分就业的水平，像在 1919 年那样，就是单纯的物价和工资膨胀，因为在全部充分就业时，除了减少工作时间，不可能有由于生产的就业增加。充分就业是合理的膨胀的限度。1923 年问题处理得比较好。在当时产业和银行业的情况下，由于出售证券和提高贴现率，物价没有涨得超过恢复充分就业的程度。

5. 课税的警察权力

(1) 私人效用和社会效用——“警察权力”是“行动中的社会效用”的美国名称。它是一种立法和司法的权力，不是一个行政人员——警察——的权力。在联邦立法中，它被包括在管理州际商业和国外商业的权力之内。它是指挥个人行动的权力，使个人的行动采取某一种方向，而不采取另一种方向。在这方面，它和课税没有什么不同。两者都基于一项事实，没有一个人本身是自给自足的，而是通过交换从别人手里取得他的收入。

这一社会事实向来引起两个问题：财富的分配，以及维持机构的继续运行。自从李嘉图的时代以来，在财富的分配中，对于劳动收入和非劳动收入，始终有所区别。可是，最近一百年改变了这些字眼的意义。一切都是非劳动的，一切都是劳动的，可是程度不同。我们需要一种比较明确而不那么惹人反感的名词。我们根据李嘉图的线索，把它们弄得精确一些，区别为个人收入、资本收入和地基价值收入。我们和它有关系的运行中的机构，有时在进行，有时迟缓，有时停顿。这些情况本身大大地影响财富的分配以及捐税和利息两项固定支出的负担。

我们已经看到，制造公司付出的捐税总数，在包括若干年的一段时期内，只占平均生产成本的百分之一二左右，但是平均利润边际上的捐税负担，却大不相同，从1919年的百分之三十三到1921年的"无穷大"；无疑地在1930、1931和1932年又是这样，这三年的统计数字还没有发表。这些公司生产全国制造品的百分之九十，它们的捐税负担在1926年超过利润边际百分之三十五，在其他年份，是利润边际的百分之三十三到百分之九十。

在资本主义制度的二十世纪阶段，决定商业是不是维持现状、繁荣、衰落或者停顿的，正是这种公司组织的利润边际，而不是十九世纪个人主义经济学的生产成本。捐税和利息一样——一种固定的经常费用——在美国可以占取人民的总收入的百分之十或十二，但是，从制造机构的平均数来说，它们最少是利润边际的三分之一，多的大大地超过利润边际。

老派经济学家主要地研究分配的问题，就是，个人分得的社会出产的份额。可是，在根据微小的和变动的利润边际发行巨额证券的公司替代了个人以后，二十世纪的经济学家变成研究这个问题：什么因素使得这种法人资本主义的运行和停顿的变化比旧日的个人资本主义还更加剧烈呢？在所有的答案中，我们归纳为主要的是物价、捐税和利润边际。此外还有其他的利害关系方面，像工人，可是这些可以暂时解雇，不构成固定支出的负担。法人资本主义无疑的是资本主义的最强有力的阶段，同时也是最脆弱和最危险的，因为它主要地在狭小的损益边际上运转。个人资本家，像今天的自耕农，或者斯密和李嘉图时代的制造家，他不分别什么利润、利息、地租和工资，遇到利润、利息和地租消没的时候，也许可以束紧裤带，全家工作，依赖减低的工资，继续维持生活。可是法人资本主义，遇到利息、捐税、地租和工资耗尽了利润边际的时候，就会破产。因为，那公司变成一个债务者，它欠工人的工资、欠贷款者和银行家的利息、欠地主的地租、欠国家的捐税；结果利润只是销货收入中偿付了这些负债以后剩下的余额。法人资本家反对高度累进的私人所得税和遗产税——这两种税不是来自法人的利润边际——那是他分辨不清他的私人的和法人的利益；可是，当他反对在法人的较高利润上征收累进税时，他是聪明的，因为，根据近年的情况，大公司和小公司的地位同样脆弱。

金融资本主义的这种脆弱性、重要性和社会危险，需要塞利格曼教授的所谓《财政学的社会理论》①。

塞利格曼根据个人的需要的性质分别他的所谓“团体”，而我们区别为运行中的机构，根据集体行动用来控制个人行动的业务规则和制裁。它们的相同点和相异点从下列他的分类中可以很容易地看出：

塞利格曼的团体的分类

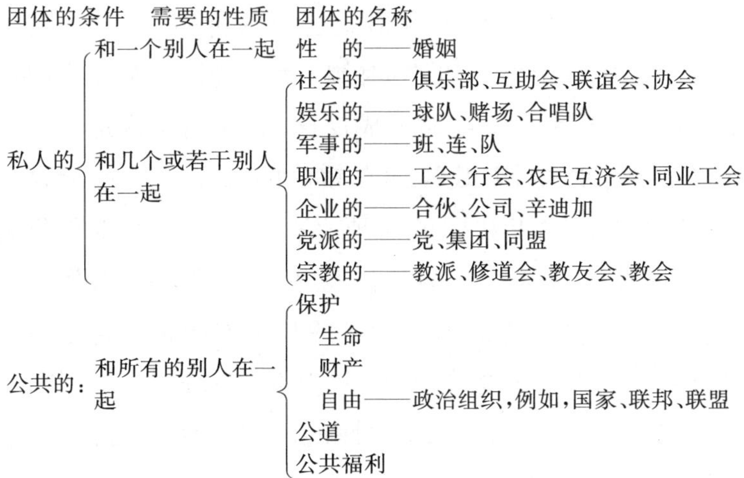

① 塞利格曼：《财政学的社会理论》，载《政治学季刊》，1926年第41号，第193、354及以下各页。

塞利格曼用这种团体或者运行中的机构的制度，回到古典派的个人需要或欲望的概念，认为这是经济学里的根本因素，可是，和帕累托一样，注意到欲望或需要本身是变化的和无法测量的，如果转移到任何一个团体的集体需要或欲望来讲。这种需要的区别，不是基于“它们的原始的心理特性”，而是基于个人的或集体的“满足需要的手段”。这些手段是“个别的”、“相互的”和“集体的”，并且集体的满足需要的手段又“根据由私人团体或者由公共团体予以满足，进一步分别为私人的和公共的需要”。公共的需要以及满足这些需要的手段，和私人的不同，因为它们是根本的、普遍的、强制的和永久不变的，因为公共团体的成员身份是强制的。这造成公共团体和私人团体的区别，因为就公共团体来说，没有互惠作用，像我们在买卖的交易和限额的交易的对比中所看到的那样，而且对各个人的利益是分不开的和无法测量的。因此，为了作出满足集体需要的公共服务而以捐税形式征取的价格，不是根据成本或利润的原则。这种价格是以不同的程度根据特别利益和付税能力的原则；或者甚至和利益或能力成反比例，像销售税那样。

塞利格曼的结论是，财政科学在较广的意义上是社会科学的一部分；财政科学起因于共同的需要；它区别私人团体和公共团体；然而两种团体在要求个人为了满足集体需要而付出代价的程序上，却是相同的；付税的能力和所受的利益这两种长斯矛盾的原理，必须放弃，作为互不相容的东西，因为各有其适当的作用范围。

我们断定，由于这些原因，决定性的因素是休谟的公共效用，或者帕累托的社会效用，或者那同样不能测量的甚至煽动性的“公共政策”或者警察权力和课税权力，它用限额（不是买卖或者甚至管理）在分配社会负担和利益给个人以及通过财富的生产维持机构运行的程序中，决定种种界限。

这种课税权力，在行使权力的过程中，考虑对个人的诱导和抑制，以及税收的数额。它在经济上是限额的交易的一种特殊情况，支配着买卖的和管理的两种交易。它做到这样，是通过民主的各种特殊利益集团合作的制度，或者通过独裁政治或者占优势的集团的同样合作的活动。因此，它主要地考虑各种矛盾的利益集团的压力，决不遵守那些基于个人主义的私人效用学说的原则，除了这些原则符合那些争取支配地位的矛盾的利益集团的政治原则，并且只以符合一致的范围为限。

这一点可以从事实中看出，随着商人和制造家方面从地主方面取得政权，帕累托的社会科学的“分子”原则最后可以在政治上采用，像英国在 1846 年采用了斯密和李嘉图的自由贸易原则那样。可是，一百年后，经过另一次政治冲突以后，连这种原则也放弃了，代以加雷和李斯特等其他经济学家的保护贸易原则。

(2) 地基、成本、预期——保护贸易的原则，实际上，内容远远地超过征收关税。一切捐税，或多或少地，抑制一方面，从而诱导另一方面的扩展。单纯的国家收入的取得不是捐税的唯一目的。可是，把负担转移给别人，从而取得那种收入，是显然可以看得出的目的。财政科学是经济科学，因为它分析这些使别人纳税的集体努力的手段和影响，这种分析的关键大部分系于“资本”这个名词的意义的历史的变化。

我们已经注意到这种意义上历史的变化，从李嘉图的过去的生产的劳动成本到加雷的现在的再生产成本，到预期的金融资本主义的商业债务、股票、债券和土地价值的所有权会产生的未来净收入的现在价值。在这种意义的转变中，李嘉图的非劳动所得的地租和劳动所得的工资、利息或利润的区别消失了。区别的消失从加雷和巴斯夏开始，因为土地的“再生产成本”包括生产另一块和现有土地价值相等的土地所需要的一切社会的和个人的成本，李嘉图的非劳动所得的地租的区别也消失了——像费特于1901年在资本的意义的最后转变的转折点所说的那样——因为一切未来收入，不管多么垄断的、歧视的，或者不公平的，都被看作为了使用任何一种财产而缴付的未来的“租金”。结果资本成为那些未来租金的现在的贴现价值。

我们可以看出，并且已经常常注意到，“资本”的不断变化的意义决定于“地租”的意义上的变化。地租，在费特对这个名词的通俗用法中，和“租费”的意义相同，或者和为了在一个时期内使用任何东西而付给的代价的意义相同。不动产的租金是一种每单位时间的代价，不管地产所有权中存在的许多经济的差别。利息是为了货币的使用而缴付的租金或租费。工资是为了劳动的使用而缴付的租费。租金和利润是付给一个所有人的代价，为了换取他的马的使用。整个十九世纪和二十世纪初期的经济理论，始终从事于拆开地租的这种封建的、法律的和通俗的意义，分清它的经济的差别；随着城市土地价值的增长和农业土地价值的相对减落，这些区别的需要更加迫切。

李嘉图第一个指出地租的经济的特性，这是由资本家和封建地主在小麦的保护税则上的利益冲突所引起。在这样做的时候，他不得不改变地租的意义，从以往的土地使用的代价的意义改变为土地的“固有的和不可毁灭的”特质的使用的代价。这一来他使地主的地租成为一种“非劳动收入”，他们取得这种收入而不作出等值的服务，另一方面，利息、利润和工资是劳动收入。

马克思，把李嘉图的劳动的意义从个别工人扩充到社会劳动力，消除这种李嘉图式的区别，因为他认为地租，和利息及利润一样，是非劳动收入，由于私有制而起，不是由于生产力上的差别；这种区别在公共所有制之下就会消失，像在苏联那样。约翰·穆勒在他的土地国有化建议中，部分地承认了李嘉图的区别，可是没有承认马克思的资本社会化。亨利·乔治在他的土地单一税的建议中也只是部分地承认李嘉图的区别，因为他包括了地力在内，而李嘉图没有包括。

穆勒和乔治都没有利用李嘉图对地力和土地的不可毁灭的特质的区别。乔治在他最初的作品里并没有仿效魁奈的单一税，魁奈认为只有土壤的固有的地力是神对人类的恩赐，而保持的和扩大的地力是地主和耕种者所垫支。乔治，最初和斯密及马尔萨斯一样，认为一切地力，由于神的恩惠，生产财富超过劳动和资本（魁奈的所谓垫支）所生产的一部分，因此应该作为单一税的征税对象，以便解除生产性的资本家和劳动者的捐税。我们知道，魁奈和李嘉图以及乔治在他的后期作品中也知道，这是不确实的。地力大部分是可以耗尽的，在这个程度内必须再生产，和任何形式的"资本"或者魁奈的垫支一样。

可是，李嘉图的区别本身还可以再进一步加以区别。他所谓土地的"固有的和不可毁灭的特质"可以分析为地基价值，决定于社会的需要，以及基础价值，产生于生产者和耕种者的努力。地基价值不过是稀少性价值，因为它完全起因于接近市场的机会，因此主要地决定于社会的需求以及需求集中地点的有限的供给。可是基础价值是一种可以由个别所有人努力造成的东西，个别所有人是否生产这种价值，决定于他计算收入是否能补偿生产成本。在这方面，基础价值也和李嘉图的可以毁灭的、增进的，或者保养的地力相同，他的价值是一种劳动成本价值。对他来说，成本价值是所包含的"资本"或劳动数量的一种尺度，而稀少性价值是一种"名义的价值"，因为它不是多于就是少于成本价值。在他的反税则的宣传中，城市土地对他的关系不如农业土地，所以他不区别基础价值和地基价值。可是城市土地和农业土地确有区别。

土地的资本价值，像杜阁在他对“地产”的说明中所提示的那样，是一种可变数，由五项因素构成：便利产品买卖的市场地点；用于建筑物和肥力的基础；建筑物本身的损旧情况；固有的地力；增进的、保养的或消耗了的地力。在地产交易中，这些都或多或少地要考虑在内，可是经济或财政科学的职务是区别那些说明种种变化的不同原则；然后，尽可能在利益冲突和估价的困难中，应用于具体的商业估价和税额估定。

地基价值高低差别的幅度很大，大城市的金融中心区每英亩价值几百万美元，李嘉图的僻远的耕种边际、不能接近市场的地方，完全没有价值。地基价值可以因良好的道路、铁路、电讯和邮政事业而增长，也可以因这些事业的变动而减低，如果它们会使人口、工业和商业迁移到其他地方。因此它是一种特殊的社会价值，随着公共政策加以提倡或限制的交通工具上的技术变革，而归于个别所有人或者使他们损失原有的这种价值。

可是基础价值是从地基价值中扣除费用以后的价值，其价值的大小，决定于需要花费多少成本才能使它适宜于建筑和生产。如果基础不适宜，就必须加以改进，例如削平山冈、炸除岩石、开凿地窖、填没沼泽、安置木桩、建筑灌溉堤坝和沟渠。这些费用可以或者加在个别所有人或者加在广大纳税人的身上，决定于控制公共政策的占优势的利益集团或者习惯假设。

这些道理同样适用于城市土地和农业土地。在农业上，基础部分地用于建筑，但是主要的是利用它吸收肥料、增加出产的能力。如果是沙质的土壤，它吸肥的能力就低。如果是高级的肥土，但由于毁灭性的耕作，已经消耗到李嘉图的所谓不可毁灭的基础的地步，它仍然可以因人工的培养，恢复原有的出产力。无论哪一种土壤，总是地质和地形以及接近市场的机会，决定值得对土壤施用多少肥料和做多少耕种工作。地力、肥料以及以前耕作的结果可以耗尽，通常不能合乎经济地使土地吸收肥力超过它原有的程度。可是，由于优良的耕作，可以使土地恰到好处地恢复原有的出产力，或者超过原有的程度。在某些情况下，像菜园，增加出产力到超过原有的程度是有利的，这种超额部分很恰当地被称为“增进的出产力”；另一方面，如果维持在原有出产力的水平，照农民的说法，就是维持“标准”。原有的出产力是“标准”，而增进的或损耗了的出产力是高于或低于标准。

美国农民，在他们的大面积田地上，有一种方法来决定他们的所谓“标准”。在他们拖运粪肥的马房附近，土地维持着标准。较远一些的地方，因为拖运成本的关系，他们让出产力降低到标准以下。可是在经济上是否值得维持标准或高于标准，决定于接近良好道路和良好市场的便利。如果适宜于种植蔬菜，并接近市场，由于施用大量粪肥、人造肥料、轮种不同的菜蔬；总之，运用深透的耕作和优良的管理，农民甚至也许培养它的出产力超过原有的程度。

无论如何，农业土地很像城市土地。一块适宜于城市建筑的地基，接近某种产品的良好市场，在最好的地点，提供建筑摩天大楼的机会，在其他地点建筑两层或三层的房屋，在其他地点建筑可以通达工厂和商业区的住宅，并且在建筑物里设置种种动产的设备。如果这些建设和设备没有接近市场的便利，或者如果所有人建筑了太多的房屋和购置了太多的设备，现有市场不能吸收，那么，这些建设或设备就是浪费，它们的价值缩减到低于成本。

因此，土地地基的稀少性价值和建筑上及基础上的改进的成本价值，以及土地上各项有利可图的设备之间，大致有一种相互关系。它和出产力或地力可以说是一样。消耗尽了的农业土地的地基价值以及出产力和其他有利的改进的成本价值之间，大致有一种相互关系。如果土地远离市场，让它改作牧场倒比较有利。如果它靠近市场，可以有利地用于生产那种消耗出产力很快的作物，这种消耗能够由深透的耕作和精细的管理予以抵补，而可以获利。

任何一块土地是否会按照这种相互关系来发展，决定于它的所有权和管理的情况。租佃和不善的管理可能用尽土壤的出产力，良好的管理可能把生产力维持得高于标准。城市土地也有类似的情况。一个所有人会建造摩天大楼，另一个人会让他的土地空闲着，或者在上面留着一所损坏的或者废旧的建筑。地基价值和建筑上的或基础上的改良的价值，或者增进的或保持的出产力之间大致的相互关系，由于情况会有变化，不是总是实际做到的事情的相互关系，而是做起来合于经济的、有利的事情的相互关系。土地所有人个别的差异很大，支配课税制度的公共政策所影响的，正是这些差异。

城市土地上地基价值和建筑价值之间这种大体的关系，在布朗以机会成本的名称利用凯雷—巴斯夏的“再生产成本”概念时显得更清楚，他利用这种概念不仅测量各项改良的成本价值，而且测量城市土地的地基价值。有了“机会成本”这个工具[①]，要确定城市土地的地基价值，就不需求助于李嘉图的农业耕作的边际。然而，像布朗这样接受李嘉图的地租概念，认为地租是一种“非劳动”收入(这种概念凯雷和巴斯夏不接受)，这种非劳动收入的预期就被资本化为土地的现在的地基价值，从社会观点来说，这同样是非劳动的。如果一个人想要建造一所房屋，使他自己作为所有者能

---

① 参阅本书上册，第383页，《代用的法则》。

获得一种未来的劳动所得的利息和利润的净收入，等于地基价值的未来的非劳动所得的地租净收入，那么，建造这所房屋的成本将决定地基价值的最高或最低限度。在这个限度上，地基的卖方或者买方将愿意接受或者付出一笔价格，等于建造一所房屋的成本，这所房屋预期会产生利润和利息的净收入，等于地基价值上的地租净收入。这样，地基和地基上各项改良的两种估价，由购买地基或者建造一所将产生等值的未来净收入的房屋的选择，使它们保持着相当的相互关系。

这种对凯雷—巴斯夏的再生产成本概念的利用，说明怎样商业社会以及法庭在个别的估价中丢开了李嘉图的地基价值。商人或者银行家不管他所买进或抵押的是一种对未来的非劳动收入的权利——非劳动的，因为它完全是一种稀少性价值，取得这种价值的人不花费任何成本——还是一种对未来的劳动收入的权利，这种收入需要花费工资、利息和利润来生产。一块钱就是一块钱，不管它后面隐藏着什么社会歧视或个人牺牲。卖方所索取的或者买方所付出的，或者银行家凭地皮担保所贷出的，不过是另一种投资机会，可以运用他的钱，取得一笔未来的相等的利润。

地基价值和建设价值之间没有一种更精确的相互关系，我们已经说过，部分地是由于个别所有人的差异。这些个别的差异，以及上面所说的有关土地的五项因素，都受课税制度的影响。它们可以归纳为三项可变因素，在课税时必须考虑。一项是个人的能力，这是国家的人力资源；另一项是发挥能力和使用天然资源的机会；第三项是导致人们发挥能力和保全或扩充资源的诱因。这些是分不开的，但是可以辨别。它们不能精确地计量，因此必须用一种“理智的准则”来说明，亚当·斯密称为课税的“原则”。

(3)课税原则——能力的差别当然很大，可是主要的差别，从诱因的观点来说，是“静态的”——快乐主义的工人或农民和“动态的”商人或资本家的差别，这是熊彼特的经济进化论的中心。这些差别是一方面工资、利息和地租以及另一方面利润的本质区别的基础。利润是动的因素的诱因；工资、利息和地租是静的因素的诱因。利润指望未来，是投机性的，承担风险，并且因此激发企业能力，能吸引或者指挥工人、投资家和土地所有人照它的命令行事。其他的人必须由企业家给予工资、利息、地租，加以诱导；可是企业才能是因利润的希望而自我诱发的。利润是构成的或组织的因素；其他都是被动的，等待利润来带头。从社会诱因的观点来看，可以正确地说，生产财富的不是“土地”、“劳动”或者“资本”，而是预期的利润。①

这是对私有财产和不同报酬的辩护。如果人们会自觉自愿地工作，根据社会主义的“各尽所能、按需分配”的原则，私有财产和利润就可以取消。可是人们一般的实际是根据利得的原则工作，付出的代价和买卖的能力成反比例，所得的利益和买卖的能力成正比例。这是利润的显著的属性，对企业才能的报酬。其他的人所得的报酬可以比照他们的需要，或者按照他们作为业务必需因素的所有人的关键的地位，可是企业才能主要地受利润边际的诱发，根据他们是否能减低付给别人的价格而抬高别人所付的价格。

但是企业才能受机会的限制，决定于是否有机会发挥这种才能。这些机会也有级差的利益，和能力上的差别一样，这些级差利益正是私有财产的原因。我们已经说过，马克思和李嘉图成为对比，他甚至认为产生地租现象的是私有财产，不是生产力上的差别 。当然，如果一切财产归公共所有，这些生产力上的差别就会合

① 参阅本书上册，第 406 页，《李嘉图和马尔萨斯》；又本书下册，第 160 页，《利润的边际》。

并为一笔单一的基金，按照社会主义的原则予以定额分配，李嘉图的级差生产力就会变成马克思的社会劳动力的“平均”生产力。李嘉图着重自然上的差别，马克思着重所有权上的差别，可是两者的重要性都次于利润上的差别。各种私有财产，不管是关于地基价值、基础价值、建筑上的改良，或者固有的、保持的，或增进的出产力，其所以有理由存在，完全因为正是级差利益对动态的因素提供有效的诱因，使一切利润可能产生，因为只有通过报酬上的差别，企业才能才会发挥出来，使静态的因素获得运用。幸运、机会、自然的恩赐，不管是存在于人们自己的才能中或是存在于自然的或社会的资源中，都是一样，因为从它们身上取得的级差利益是对企业家的重要诱因，促使他们找出最好的工具，以最有利的方法来使用，增加他自己的利润。

这对于课税有关系。课税是私有财产的反面，因为捐税是从利润、工资、利息或地租上扣除的数目。在私有财产和自由的制度下，谋利者如果认为利润边际不够大，他能不发挥他的才能，不利用他的自然资源和资本设备。既然课税大大地减少利润，他不肯使用自己的才能和自然资源的程度，和捐税负担成正比例，和预期的利润成反比例；这就是说，他充分使用自己的才能和自然资源的程度，和预期的利润成正比例，和捐税成反比例。

人们通常用“纳税能力”这个说法，为个人所得税和遗产税辩护，这些是对个人以前取得的收入的课税。这是很正确的。人们也用它为一般财产税辩护，这是对未来可以取得的收入的课税。[①] 就前者来说，付税的能力正确地导致累进的课税，随着收入或遗产的增多而增高税率。[②] 就后者来说，它导致一种对财产价值的同一

① 塞利格曼:《租税论文集》,1895、1900 年版,第 54—59 页。

② 塞利格曼:《累进税的理论与实践》,1899、1908 年版,第 138 页。

税率，根据财产的价值代表未来纳税能力的观念。

这是普通所谓平等的概念，投资于地基价值的一块钱，和投资于基础、建筑、家具设备、固有的出产力，或者投资于增进的或保持的出产力的一块钱，完全一样。每一块钱和任何其他一块钱代表相等的未来的纳税能力。一个人投资十万美元于一所没有改良的农场，另一个人投资十万美元于一所有改良的农场，对这两个人的课税为什么要有区别呢？或者，一个人投资十万美元于空着的地基价值，另一个人投资十万美元于建筑物、基础、机器和家具设备，这两个人所付的税为什么要不同的？他们具有相同的预期的纳税能力。纳税能力和投资的美元数成比例，所有的美元是没有区别的。

区别在于一个人用来致富的方法。一种类似的关于致富方法的问题，在产生“英国共和政治”的那一个时代之初发生。在1602年判决的“垄断事业案件”以及那一时期的同样案件中，争点是在专利、特许或公司执照等特仅占有人和不享有这种特权的商人与制造家之间。习惯法的法律家，作为后者的代言人，认为当一个业务熟练的商人或制造家增加他自己的财富时，也就是增加了“共同财富”。可是当一个国王特许的专利人凭借特权增加他的财富时，由于他“业务不熟练”，只是从共同财富中抽取那份财富，而对它没有作出相应的增加。这种十七世纪的财富和共同财富的区别，相当于二十世纪的私人效用和社会效用的区别。

李嘉图在他关于地租的定义上运用了同样的区别。完全从地租（李嘉图所解释的地租）上取得收入的人，是从资本家和工人身上抽取财富，而不作相应的贡献，不像资本家和工人，他们交给别人若干财富，等于他们从别人那里取得的价值。①

① 参阅本书上册，第406页，《李嘉图和马尔萨斯》。

现代从农业土地变为城市土地的地基价值的转变，也是这样。如果一个人增加已垦土地的供给，增加一般建筑物、摩天大楼、木材、森林、果园、排水系统、道路改良、土壤出产力以及其他谋利的产品的供给；甚至如果他善于经营因而增加空地的供给，增加用于基础的开支，以及增加用于道路的开支，使较多一部分土地有接近市场的机会；他就是增加国家的财富的供给，和增加他自己的财富一样。可是，如果一个人自己的财富增加完全由于土地的地基价值的增加，不开垦、不改良，不管出产力、森林、建筑，并且不改进它的交通条件，这种财富增加只是靠机会从共同财富中抽取，而不对共同财富作出比例的贡献。个人的财富上同样的增加是纳税能力上同样的增加；可是一种是仅仅私人财富（资产）上的增加，另一种是私人财富和公共财富两者的增加。

可是普通的纳税能力的观念甚至比一般财产税更加谬误。捐税只能从收入中支付。纳税能力和收入成比例。空地不产生收入。因此纳税能力由于使土地空闲着而减少。联邦所得税主管机构想要纠正这种谬误见解。当土地或证券经过一个时期以高于买价的价格卖出时，土地或者股票或债券的价值上的增加被解释为“所得”，然后这种增加就作为所得来课税。可是，如果那土地上没有每年的地租，就没有可以课税的所得。如果资本价值上有所损失，受损人可以从他的其他所得中扣除此项损失，因而可以完全逃避所得税。

同样地，“土地贫瘠”的人的纳税能力不如那施用肥料或建筑房屋和从事于基础建设，改良自己的土地的人。实际上，对全国平均来说，以复利计算，那些占有土地，完全等待投机性的地基价值增长，而不加改进的人，比那些经营其他业务或者作种种改良的人，获得利润较少。这种可能的事实，从凯雷开始，被经济学家用来说明对土地的地基价值的课税不应该高于对建筑、设备、出产力和改良的基础的课税。可是它采取私人利润的观点，不是采取社会效用的观点，好像把社会所需要而不归社会所有的东西留在个人手里不用，是对社会有益的。

因此，如果“纳税能力”是唯一的课税原则，那就是认为对空地所有人的捐税应该低于对生产的土地的所有人的捐税，即使他的未经改良的空地的价值等于或者高于他的邻人的土地包括各项改良的价值。这种目的往往实现，如果当地的估税员相对地低估未经改良的土地，因为它不生产，一方面按一律的税率课税。

可是，如果有另一种课税原则可以适当地应用，就是，根据对财富生产的影响，以有利于财富生产的公共目的为指导方针，那么，只靠地点价值增长而取得财富的人，就应该比那些靠工业或农业取得财富的人，缴纳较高的捐税。在一种情况下，他从共同财富中抽取财富，而对它没有贡献。在另一种情况下，他直接地对私人财富和共同财富都有所贡献，有所增加。因此，从共同财富或者社会效用的立场来说，有两种纳税能力：一种是和一个人对共同财富的贡献成正比例地变化的能力，一种是和一个人对共同财富的贡献成反比例地变化的能力。第一种我们将称为“服务的能力”，第二种，“纳税的能力”。

可是，既然两种能力同时在同一个人身上存在，尽管对不同的个人和不同的机会两种能力的比例不同，因此那差别是没法测量的程度上的差别，课税的原则不妨说是：捐税应该和一个人的纳税能力**成正比例**，和他为共同财富服务的能力**成反比例**。

这种假定的原则，或者理智的准则，基于一种相应的课税的概念。我们看一种捐税，或者一般课税，是从过去已经发生的事情的观点，还是从那由于捐税的影响将来会发生的事情的观点呢？如果我们从以前发生的事情的观点来看，我们就会着重平等、纳税能力、自然的原始的或者无代价的恩赐、幸运的凑巧——总之，过去取得的元——作为捐税的适当标准；并且我们将十分正确地认为所得税、遗产税，或者对过去的累积所征的一律的财产税是适当的课税方法。可是，如果我们从警察权力的观点、从捐税的预期的经济结果的观点来看一种捐税，我们就会问：什么是最好的诱因，可以促使个人从增加自己的财富中同时增加共同财富？这是我们所谓课税的警察权力。警察权力以未来为目的；征税权力以过去为目的，以过去的累积为目的。

实际上，我们认识到捐税和免税像警察权力一样地发生作用，往往有意识地用来调节产业、道德或者福利，而不是为了取得国家的岁入。塞利格曼教授曾说明美国对课税权力和警察权力的分别，在很大的程度上，是一种从我们的政府制度中发展出来的法律上的假定，从经济的和财政的观点来说是不必要的。① 再则，我们可以说，在我们的法院的判决下，课税似乎是警察权力的一种特别的运用，因为，法院考虑到它是征收岁入的主要手段，而岁入是国家生命所系，所以并不时刻注意追究捐税的附带的调节性的效果。这一点从它们对保护税则的容许态度中可以看出，保护税则显然不是一种目的在于岁入的捐税，而是为了把价值从一种人转移到另一种人的手里。这是警察权力以控制对外贸易的名义利用保护税则所达到的目的。

因为，警察权力就是统治权力，用来束缚或抑制有势力方面认为不利的事物，促进和奖励他们认为对共同财富有利的事物。因此，课税是警察权力的最普遍和最特殊的运用；由于战时捐税增

① 塞利格曼：《租税论文集》，第273、296页。

多，以及捐税对利润边际的重大影响，课税成为警察权力最有效的运用。即使在不是有意识地用来调节的时候，捐税还是起调节的作用，因为它们像保护税则那样，决定人们不可用以致富的方向，从而决定人们可以用以致富的方向。捐税对企业家说：这里是利润，那里是损失。不可能避免捐税的这些影响，因此就不可能逃避课税的警察权力，因此就不可能把任何一种捐税看作仅仅是取得国家收入的手段，根据任何平均原则，或者纳税能力、财富的累积，或任何完全注意过去所得的标准。实际上，课税是调配谋取利润的诱因，从而取得国家收入的程序。它总有这些后果，实际上，一切立法者和估税员确实考虑预期的后果。然而，如果财政学想要指导实践，创立一种社会效用的原则，使捐税的负担和纳税能力成正比例，和作出公共贡献的能力成反比例，那就是公开地在做税务当局已经私自地或者盲目地甚至贪污地在做的事情。

当然，总有人能提出反对的意见，认为这一种原则会引起政治上、立法上以及课税权力的执行上各个人和阶级的偏见、激情以及权力的争取。人人都或多或少地把他的私人利益和公共利益等同起来，并且会有许多人提出异议，认为公开地让个人和阶级意见支配捐税的分派，是以阶级立法替代合法程序，从而破坏宪法。

可是，人们已经在这样做，随着日益增加的捐税负担，还要更加强这种做法。人们有意识地、无意识地、盲目地、无知地、用贪婪和隐蔽的手段、用煽动的财阀政治或者煽动的民主政治在这样做。与其欺骗我们自己，还不如公开地承认这一点。然后我们可以像事实上现在对于任何特殊捐税办法那样，根据其经济后果是否是一种所谓公共利益，来处理我们的问题。我们能明确地树立共同财富的标准，和私人财富的标准同时存在。关于现在实行的一般财产税，包括土地税在内，我们就能够从自然权利的学说和自然资源的生产力的古老概念，过渡到制度的学说，就是，适当地分配对个人的诱因，使他们以增加共同财富来取得财富。

如果我们从过去发生的事情来看，就可以说原始出产力是自然的恩赐，不是经营的成果，它的所有人因此应该按它的价值纳税，像魁奈和亨利·乔治在第一本书里建议的那样。可是，如果我们从将来会发生的事情来看，我们就要问：什么正当的诱因促使农人清除土地上的树木和岩石，因而增进它的基础价值，以及保持这种原始出产力，并加以改进呢？接近市场的机会和捐税的适当分配，是国家给予农人的两种诱因，促使他们从自己谋利中增加国家的财富。

因为农人是一个企业家。生产财富的不是他的体力劳动——而是他的预期的利润。作为一个单纯的劳动者，农人因为他在最近或遥远的过去所做的工作而获得报酬。作为一个企业家，他雇用工人并且自己工作，预期着将来会获得的利润。利润指望未来，工资有关过去，生产财富的是预期的利润。利润增加的尺度，部分地是他为土壤准备的各项基础建设的价值的增长，部分地是土壤出产力的保持和增加，部分地是土地的地基价值的增长，从这种地价的增长中将产生预期的利润。随着人口增加，以及他预期他的土地将有接近市场的机会，那农人相应地会有一种较大的诱因，促使他更深透地垦种土壤，增加投资，争取未来的作物，增加更多的建筑上和基础上的建设，以及改良公路，便利土地的交通。

因此，地基价值和各项改良的成本价值间大致的相互关系，有一种心理上的解释。土地越有接近市场的机会，利润的可能性越大，制造家和农场主受它的诱发，在土地上建设的房屋、工厂、围篱、道路和其他组织上或地基上的改良越多。有接近市场的便利的土地，对它进行改良，比在便利程度较差的土地进行改良，较为有利。土地的出产力也是这样。土地越有接近市场的机会，农场主越会清除土地、加以深耕、注意施肥、增进出产力并保持原始出产力。他从森林地改变为牧场，从牧场改变为耕地，从耕地改变为制酪场，从马虎的耕种改变为深透的耕种，从消耗土壤的出产力改变为施用粪肥和其他肥料以及轮种菜类作物。因此，各项改良和出产力两者的成本价值和供给，随着有关土地的地基价值的增长而增加，或者随着地基价值的减低而减少。

实际上，地基价值和成本价值没有绝对的区别。只有程度的差别。两者都是总的共同财富的限制性因素。地基价值对农业和工业是必要的，一个开发道路供工业和农业使用，增多可以利用的空地的人，因而增多共同的财富，尽管他也许减少其他土地的地基价值，如果这些其他土地现在变为相对地交通不便利。因此，不能武断地陈述一种单独的普遍真理或者自然权力，而只能有一种原则或者理智的准则，在差别的程度显然足以造成实际效果和有关重要的场合区别这两种价值。为了这个原因，课税的原则应该用那种可以使比例的分别看得清楚的说法来陈述：那原则可以很适当地这样说：根据才能和资源的运用增加共同财富的程度，反比例地分派捐税。

这种原则不过是陈述亚当·斯密的所谓课税的第二原则。他说：

> “一切赋税的征收，须设法使民之所出，尽可能的等于国之所入。若民之所出，大过于国之所入，那是由于以次四种弊端。……第二，赋税之设，民之举办产业者，将裹足不前，社会许多人之生计职业，因而受其妨害。”①

① 亚当·斯密：《国民财富的性质和原因的考察》，卡南校正本1904年版，第2卷，第311页。

这种原则似乎和霍布森接受纳税能力的原则作为“经济和公平的最高原则”是一致的，然而，附带着下列两项“反面条件”的第一项：“(1) 它切不可消除或者损害重要的或有用的生产程序的任何工具或诱因。(2) 它切不可消除或者损害任何重要的或有用的消费要素。”①它似为实行塞利格曼对一般财产税的否定以及用“产品”代替“财产”作为课税的根据，然而，他认为可以由一种对不生产的地产的捐税来补充。

以前说过的，一方面各项改良和出产力两者的成本以及另一方面土地的地基价值之间大致的相互关系，提供一种对出产力和空地分别估值的原则。就城市土地来说，没有困难。那里的土壤本身，除了几百年前给它的价值以外，没有价值，而那种价值现在已经完全清偿，因此无关重要。甚至已经用光。价值是单纯的地点价值。可是，就农业土地来说，必须找出一种简单的标准，用来把生产力的价值和地基的价值分开。威斯康星州立法所提出的格林斯达德法案，以及国会中提出的凯勒法案，附有标准，主张出产力的价值应该规定为按绝对用于农业的土地的公平的市场价值的一半计算，“如果出产力保持着标准。”“公平的市场价值”是通常的课税准则。公平的市场价值，或者“标准”，或者保持着原有出产力状态时会有的情况，也是农民熟悉的一种概念。“耗光”的土地要打折扣。例如，在某一项交易中，一个农场主买进一片农场，每英亩价格一百美元，预期在十年内把它的价值增进到每英亩二百美元，这是马路对面农场的价值，它具有同样的土壤基础，和当然同样的接近市场的机会。根据上述法案的规定(这两项法案不包括建筑和出产力的价值)，那较好的农场就会有土壤出产力价值每英亩一百美元和地基价值每

① 霍布森：《新国家的课税》，1920 年版，第 12 页。

英亩一百美元，那耗光的农场就会只有同样的地基价值每英亩一百美元，没有出产力或改良的价值。按照李嘉图的地基价值原则，这两种农场的适当的平等就会是对两者都按每英亩一百美元征税，而不是对改良的土地按二百美元征税，对耗光的土地按一百美元征税。

威斯康星州的土壤调查，说明耗光了的土地——就是，已经消耗到耕种不能获利的程度的土地——已经丧失了它的化学上全部植物养料的百分之三十三，可是当然丧失了它的经济上可以利用的植物养料的百分之一百。于是发生这个问题，新的出产力的价值是不是应该根据再生产成本学说，按肥料、运输和施肥的现行费用计算？如果是这样计算的话，距离市场远的、价值低的土地上的成本价值就会大于比较接近市场的出产力相同的土地上的成本价值。它甚至会超过僻远的土地在耗光的情况下只值每英亩十美元的价值，但是远不及那出产力相同但交通便利、可值每英亩一百元作为单纯的地基价值的土地的价值。

这种计算成本的方法不仅不能实行，而且在理论上根据不足。理论从成本改变到价值。成本是一种限制。价值是一种诱因。真正的问题是：需要多少价值诱因来克服把植物养料始终保持在标准或者甚至超过标准所需的成本？那诱因必须超过准备各项基础的费用、粪肥和其他肥料的费用、运输和施肥的费用、所损失的轮种蔬菜可能获得的利润。这种预期价值的诱因的整个问题，在私有财产和自由制度下，是预期的一种合理的利润边际，足以促使所有人为了未来的作物收获而维持和增进出产力。如果我们考虑到，由于天时变化、收成不好、霜冻、洪水和干旱，农业的风险很大；如果我们考虑到，农人不能像企业家那样突然停止生产，从而控制他的市场；我们就有理由认为，如果城市的人不肯投资于建筑物、工厂、机器和原料，除非他能预期获得利润，等于新建设成本的百分之十到二十，我们就不应该期待农人花太多的成本来增进或维持土地的出产力，除非能预期获得百分之二十到三十的利润。利润估计或有差错，但大致总在这个限度以内。因此，把一切事实考虑在内，将标准出产力作为百分之五十，地基价值作为百分之五十的比例，可以认为是一种可能做到的最合理的估计。

这种决定类似管理货运和客运的运费或者其他公用事业公司的收费标准时的决定。在这些公用事业的"物质估价"或者成本估价的问题上，发生了很多的辩论，关于价值是否应该根据"新的再生产的成本"，或者"现在情况"，或者根据"原来的成本"，或者根据"积累的投资成本"，以及在计算投资成本中所假设的利润率是否要略高于积累过程中当时的利率。这些计算法的关键在于公道的问题，它注意所有人由于自己过去的行为而现在有权利要求的东西。在农人要求农产物的价格应该等于生产成本的问题上，也曾有过同样的辩论。

可是，当这些对投资家或者农人的公道问题归结到实际规定收费标准或价格时，那支配甚至操纵计算方法的有力因素是在一切情况下的经济诱因。问题就变成这样：什么收费标准或价格会使经理部门能获得利润，从而吸引必要数量的投资和劳动，以便供应公众所需要的服务？

诱因的问题必然是循环的。价格愈高，公众作为消费者能吸收的产品供给通常就愈少；价格愈低，经理部门作为生产者将供给的数量就愈少。唯一的解决是习惯法里所规定的"理智的准则"：由合理的人组成的陪审委员团，在听取了所有的事实和辩论以后，认为合理的是什么呢？这种"合理"不过是习惯法和恰当的判断，就在这种基础上，铁路委员会和法院决定运费是二分、三分或四分。"合理"是判断和公道的问题，因为它注意现在行为的未来结果，而公道本身自然地只注意过去，作为证明现在的要求是有理由的。

在寻求土地出产力的价值和土地的地基价值之间的合理比例时，也是这样。这两者的比例不能像一所建筑物的价值和建筑物所在的地基的价值的比例那样精确，因为这里没有出产力可以估值。就出产力来说，总会有不同的意见，和一种差误的余地。可是，把维持在标准程度的出产力的价值规定为百分之五十，免予课税，而以百分之五十作为应该课税的地基价值，这种比例是合理的，根据土壤调查的结果以及为了保存出产力而需要的利润来说。

又有一种需要考虑的理由，可以看作政治的权宜手段而不是合理的办法，可是实际上是为了做到对农场所有人和城市土地所有人平等待遇。就城市土地来说，所有人的物质资本——有别于地点价值——完全由建筑的和基础的改良构成。就农场主来说，他的资本由同样的改良和出产力构成。在威斯康星州，各项改良是和土地分开估值的，1919 年该州土地、建筑地基和各项改良的课税价值说明，平均来说，城市中建筑改良的价值是全部地产价值的百分之六十，空地的地基价值是百分之四十。在乡下建筑改良的价值只是百分之二十，可是土地的价值，包括出产力和地基价值在内，是全部地产价值的百分之八十。① 这表示在 1919 年平均来说，

① 威斯康星州土地和各项改良的估值(1919 年)：

	农　村	百　分　比
各项改良除外……………………	$1,289,332,819	79.08
各项改良…………………………	340,771,127	20.92
	$1,630,103,946	100.00
	城　市	百　分　比
各项改良除外……………………	$　460,256,606	40.13
各项改良…………………………	686,795,320	59.87
	$1,147,051,926	100.00

课税的地基价值按百分之五十计算的比例，使农场主和城市土地所有人处于平等的地位。按照这个比率，在农村地区中，各项改良和出产力的成本变为地产价值的百分之六十，而土地的地基价值是百分之四十，正如在城市地区里单单各项改良的成本就是全部地产价值的百分之六十，而地基价值是百分之四十。在这两种情况下，平均来说，地产价值的百分之六十免税，百分之四十作为地基价值课税。

当然，可以看出，这种理论的影响有利于农场主，和通常单一税的观念完全相反，通常所谓单一税对出产力和地基两者课税。事实上，1921 年的威斯康辛法案获得差不多所有的农场主的拥护，而单一税受到农场主的剧烈反对，并且像我们的分析所说明的那样，反对得很对。

人们知道，在一般财产税上农场主受到和城市土地很不平等的待遇。如果上面的分析是正确的，地基价值税是农场主乐于接受的，因为它使他们和城市土地所有人处于平等的地位。它把农场主作为真正的资本家，保存着国家的自然资源，正如企业家以建筑房屋和工厂有益于国家。如果那分析是正确的，这种税并不是有利于农场主而不利于城市土地所有人，尽管事实上按英亩数的比例来说，这种税的较大的收入来自城市土地。这较大的收入完全是由于城市里庞大的地基价值集中在小面积上，往往高到每英亩几百万美元，另一方面，在乡村里，地基价值散布得面广而稀薄，每英亩只有一两美元到五十或一百美元。不管哪一种情况，总是在一般财产税上应用这个原则：分配捐税应根据纳税能力，并且和公共利益成反比例。

这原则所根据的事实是，在一般财产税的制度下，被课税的不是土地或者财产，而是土地所有人，因为税是从所得中付出的。在法律的意义上，对土地的税是一种对财产的税。可是，在经济的意义上，捐税，如果确定了的，就不是一种捐税，因为它被预先扣除，购买者买进土地，按它的预期收入减去捐税的资本化价值。然而，无论就哪一种意义来说，土地税都似乎是一种对财产的税，而不是对所有人的税。所有人好像是一个代理人，收来捐税，交给国家。

然而，这是或者混淆了物质的和商业的概念，或者混淆了资本和所得。土地不付税——而是所有人按他们的土地的价值比例地付税；捐税通常从所得中付出，不是从资本中付出。如果土地不产生必要的所得，所有人必须在别处挣得或者借得这笔钱。因此对土地的税是对所有人的"预料可以得到的"收入的税，不管他实际上是不是得到，就是，不管他使用那土地是不是获得利润。诚然，土地税的估价以土地为对象。征收的对象是土地，法律上对不缴纳的补救办法也是针对着土地。然而所有人缴纳土地税是从他自己或者某一个别人的收入中付出，和他缴纳所得税或者遗产税完全一样。

因此，累进税的原则适用于巨额的地基价值，不管那具体的土地是连在一起的或者分开的。纳税者是所有人，他们的纳税能力或者随着实际收入的增加而累进地增加，像所得税和遗产税中所打算的那样，或者随着巨额地基价值的所有权所包含的未来收入的增加而累进地增加。

在这里我们不考虑执行上的困难，例如没有训练的估税员难于区别地基价值和出产力价值，可是这种困难大概不比美国发明的"特别税"的执行中已经遇到的和仍然存在的那些困难更大。在这一类捐税中，美国人民久已①采用了这里所主张的原则，就是，

① 在纽约十七世纪中就开始。

课税多寡应该和纳税能力成正比例，和服务能力成反比例。这一原则体现在“地基价值”和“改良价值”的分别上。

特别税和一般课税不同，根据法院的说法，那是“因为这种税的根据，是假设社会的一部分，在位置特殊的财产由于公共支出而引起的价值增长中，将特别受益。”或者，像塞利格曼教授的说法，“特别税可以解释为一种强制的捐献，按照所得到的特别利益比例地征收，用来支付一种为了公共利益而实施的特种改良的费用。”

可是，在区别这些特别利益的数额中，不包括各项改良和建筑的价值，因为这些改良的价值是某一个人的劳动、投资和经营的成果。可是，对于因公共改良而增值的地基价值，早在1830年就有一个州法院作出原则性的决定，认为所有人缴纳的数目不应该多于加在财产上的价值的增长，当然也不应该多于他应该分担的公共改良建设的一份费用。

这里，课税的原则是根据宪法上禁止不经过合法程序而剥夺私有财产的原则推论出来的，它对课税权力的使用，规定两种最高限度：增加的价值和公共改良的费用。由于规定这些限度，可以说社会效用的概念，虽然在经济理论里是空泛的和不可测量的，还是归纳为一种合理的计量标准。一条公路或其他公共改良所创造的社会效用的总数值，不过是它的实际建筑成本。那增加的社会效用的成本可以摊派给受益的私人所有者的最高限度，是他们的财产的价值上估计的增加。征取的捐税超过此数，就是没收。征取的捐税少于建设的成本，如果不超过所增加的价值，就是一种赐给个人的特殊利益，也就是负担公共建设费用的广大纳税人的损失。

结果是特别税受“分摊捐税，应该和纳税能力成正比例，和服务能力成反比例”的原则支配。纳税能力因受益的地基的价值增长而增加；服务能力因现在的所有人或者以前的所有人加在公共财富上的改良而增加。

除了在很少的情况下，这种特别税的课税原则，在建筑汽车所需要的大规模公路系统中，不加采用。在公路的建筑中，并不特别受益的国家或一州的广大纳税人和汽油购买者，担负那些享受特殊便利的地基所有人所吸取的特别利益的费用。所以不采用特别税原则的一个理由，从我们的分析中可以看得很清楚。在少数试行这种原则的场合，结果对农场主极不公平，由于他们的抗议，很快就取消。它的不公平在于把农民的土地出产力作为土地价值看待，按照我们的李嘉图式的分析，这就使农民所付的特别税，双倍于城市土地所有人。因此这种特别税不扩大到一切受益的财产，包括城市土地的价值在内，而只应用于紧靠着的土地所有人，大多数是农民。

这种李嘉图式的地基价值和出产力价值的区别，在美国特别税的法律中实际从来没有。这说明为什么特别税的原则在城市财政中广泛采用，因为这里没有需要估值的出产力，并且在农业中差不多完全用在灌溉和排水工程上，因为在这里显然出产力实际是由公共建设造成的。建筑上的改良建设，虽然在特别税法律里正确地认为不吸收公共建设对私有财产所增加的任何价值，因此正确地免征特别税，但是农民的土地价值被认为包括农民维持的出产力和它的地基价值，而城市土地价值完全是一种地基价值。只有地基价值，而不是建筑的价值或者出产力价值（除了在灌溉和排水的时候），能因公共建设而受益，因为竞争使建筑的价值和出产力价值不能超过再生产成本，另一方面地基价值完全决定于社会对有限的地基的需求，不管再生产成本怎样。如果使特别税只以受益的地基价值为对象，而不包括不受益的出产力价值，显然农民因为道路和公路而负担的一份特别税就会少于现在的份额，和城市地基价值所有人所负担的一份比例来说。这种比较精确的对受益的和不受益的财产的经济分析，也许可以消除一项主要的障碍，从而可以接受特别税的课税原则。那一来，就会更精确地实现美国法院的原则，在特别税的时候，分摊捐税，应该和纳税能力成正比例，和对共同财富的贡献成反比例。

可是树木不能长到天空里去——它们会在强风中毁灭；一种单独的真理，和一种单一税一样，结果由于和其他利益集团所拥护的其他真理冲突而自己灭亡。真理的确实性会递减，如同牛肉的效用会递减一样。某一种真理太多，既是讨厌又不真实。各种真理必须彼此成适当的比例，以便得到最适宜的真理，在一个矛盾的世界里可以行得通。政府需要的岁入越来越多，不是因为它们腐败和无能，这种缺点可以补救，而是因为教育、伦理、道德、艺术、平等、自由、对弱者的保护、公路、卫生、娱乐等社会需要，在一个日益进步的文明中，发展得比私人在食物、奢侈品、炫耀方面的需要较快。课税的权力实际上是破坏的权力；正因为这个理由，所以课税的原则不能像数学那样精确，而只能像法院的理智的准则那样，对纳税能力和服务能力给予适当比例的重要性。

然而这原则，经过调查研究，可以应用于一种日益进步的文明所需要的其他收入来源。如果只考虑纳税能力一项，像在所得税的评估中那样，似乎和累进所得税相同的税率应该用在个人所得、资本所得和地基价值所得上。可是，如果考虑服务能力，就要对由于个人能力的所得征收最低的累进税率，由于资本建设的所得征收中级的累进税率，由于地基价值的所得征收最高的累进税率。

联邦所得税考虑这些区别中的两项。国会的一个国内税收委员会，在帕克的领导下，对这两项作了详尽的研究。该委员会从纳税人之间的公平以及对促使生产要素增加共同财富的诱因这两种观点来讨论这个问题。两者实际上是分不开的。

委员会的研究员区别劳动所得、投资所得和资本利得，像这些名词用在联邦所得税里那样。“劳动”所得，或者不如说个人所得，是“从劳动中得来的收入，例如薪俸、工资、专门职业的取费以及由于纳税人的个人努力而获得的利润——有别于因资本的运用而获得的利润。”“投资所得”是“从资本中得来的收入，例如利息、股息、租金以及出售或折换占有不到两年的资产而获得的收入。”“资本利得”被解释为“从出售或折换两年以上的存货生财以外的资产而获得的收入；例如，出售股票、债券、专利权、不动产等等，只要持有的时期合于规定的限度。”最后两项我们可以不管，并且可以区别“投资”所得为资本所得和地基价值所得。

“劳动所得”这个名词相当于我们的“个人所得”。委员会的研究员主张对个人所得征课较低的税率，要低于投资所得的税率百分之十二又二分之一到百分之二十五，他说明几点理由。

> “投资所得的生产作用物，资本，由现行法律加以周密的保卫，通过准许扣除损耗、折旧和有用价值的丧失，使其不负担任何捐税。因此，劳动所得的生产作用物，个人，应该通过同样准许扣除个人的劳动能力的损耗，予以保护。”他引证全国租税协会的话，接下去说，“医生的本领，律师的聪明，行政人员的精力，不是固定的和不可毁灭的，不是能永远产生所得的。然而他们产生的所得和资本同样地课税。资本可以通过损耗和折旧，利用所得，补充它的损失，可是人们在以劳动取得薪俸、服务费和类似的报酬中所损失的活力、健康和气力，不能作为损耗或折旧，从劳动者的所得中扣除。”

因此从公道推论出来的原则，相当于从公共利益推论出来的原则。个人是生产的作用物，他增加自己的财富，从而增加共同财富。可是他是一个有生命的和会死的个人，会发生疾病、意外事故、衰老、失业。因此，他的所得税，为了公道，以及为了以合理的平等待遇或者较大的收入刺激生产，对他在二十五年到五十年的生产生活中的活动，提供较大的诱因，应该大概低于资本投资所得的税额百分之二十五。后者，虽然也是生产性的（并且不是像联邦法律中所说的“非劳动所得”），可是在所有人患病、不能生产、衰老或死亡以后，还继续产生所得。

我们说课税和服务能力成反比例而累进地和纳税能力成正比例，就是这个意思。较大的个人能力具有较大的纳税能力，可是个人能力比资本投资对国家提供较大的财富生产，资本投资只有在个人能力发明、控制和运用它们的时候，才能有用。因此，对个人能力的课税应该按一种较低的可是累进的税率。

可是投资有两种，上述委员会没有加以区别：生产资本上的投资，土地的地基价值上的投资。如果我们的发明的和管理的能力能给一所二千万美元的工厂创造需要和机会，我们就应该对那种能力和那种投资提供诱因，这对国家很重要。可是，我们不应该对地基价值的所有人提供诱因，他们的价值是一种社会需求，这种价值的增加，没有相应的个人能力的努力或者新投资所可能造成的新建设。

今天，由于工业和农业上的新发明和技术的变革，新建设空前重要。它们容易更快地损旧，特别是容易过时作废。可以估计，新建设平均在十年或十二年内全部损耗和由于废旧而丧失生产力，因此平均每八年或十年必须全部改造。近来有人建议资本投资上的所得税应该每年减除百分之十作为折旧。鉴于现代资本主义企业中折旧和陈废大大地增加，这种减除不是不公道的。所得税上的这种减除对资本建设提供的诱因，大概仅够恢复由于折旧和陈废而降低得很快的价值。

可是投资,在现行的官方定义下,包括空地的地基价值。地基价值整个地是不是比其他可以征税的价值增加得较快,那很难说;可是,毫无疑问,地基价值已经大量地从农业地区和小地方移转到商业、工业和金融的城市区域。这种情况不断发生,没有所有人的任何生产性的努力,没有他们的个人能力或者新投资建设的作用,而是完全由于人口日益增加以及产业和金融日益集中于有利的地点所引起的日益增加的社会需求。既然是这样,社会不能对地基价值的所有人提供任何诱因,促使他们增加生产。这些纯粹的地租所得,根据李嘉图的说法,是完全非劳动的;另一方面,个人能力的所得以及建筑改良、机器、原料和土壤出产力的保养上资本投资的所得,是劳动所得,因为这些都增加国家的财富。

我们不必研究行政细节的复杂情况,就可以断言,从促使人们由于增加自己的财富因而增加共同财富的观点来说,累进所得税的合理的分类需要像这样的分类:个人所得,按最低的但是累进的税率;投资所得,按中等的但是累进的税率;地基价值所得,按最高的税率,并且对巨额的地产也是累进的。

(4) 静态和循环——今天的需要,由于一般的生产过剩,似乎是一般的限制产量。在这种时候说租税政策应该根据促使人们增加国家财富的诱因,和古典经济学家反抗重商主义时的政策一样,无疑的是矛盾的。这确实是资本主义文明的矛盾。可是,我们认为人们混淆了两种政策:稳定物价,目的在于抑制周期性的一般生产过剩,或者防止萧条;适当地分配捐税,目的在于增加生产。这是现代集体行动在利润边际狭小而变化无常的情况下所碰到的两个搅混不清的问题。

这种左右为难的局面需要对捐税的影响作进一步的分类,弄清楚我们是研究物价、生产和就业的静态的变动,还是循环的变动。以上的分析是关于一种假设的、从古典派的传统推论出来的静态的情况，在这里人们假设各项因素都获得充分使用，和其他因素处于平衡状态，当事人有一种理想化的选择的自由。可是，这不是实际的历史情况。在物价上涨和繁荣日增的时期，各项因素所起的作用，和在停滞或者繁荣日减和物价下跌的时期不同。扩张和抑制交替发生，此起彼伏，像波浪一样，静态的分析为周期的循环所隐蔽。

有四种可以辨别得出的方法，纳税人用来避免捐税的负担：偷漏、迁移、转嫁和抑制。这些方法随着循环而变化。偷漏是隐蔽或者低估应该课税的财产或所得。迁移是财产或者人从高税地区迁移到低税地区。偷漏和迁移使政府不得不把负担增加在其他纳税人的身上，以便取得它所需要的钱。可是这些负担，和政治或财政腐败的负担一样，在普遍繁荣的时期不受人注意。

转嫁是用较高的价格把捐税负担向前移转给购买者和消费者，或者用较低的价格和工资把捐税负担向后移转给售出者和生产者；抑制是减少作为课税对象的生产数量。转嫁和抑制不是总是加以区别的，可是两者不同，像价格和数量不同一样。两者不是并行的，因为也许只有转嫁而没有抑制，或者只有抑制而没有转嫁。可是，甚至捐税的这些影响在普遍繁荣的时期也简直不受人注意。

转嫁和抑制比偷漏和迁移转为微妙。后者可以看得出。以无形体的或无形的财产为对象的较旧的税种，因为逃避，已经放弃或减少，或者改变为所得税。以有形的财产为对象的捐税，可以用低估价值来逃避。所得税可以用迁居来逃避。这些主要的是行政的问题。可是转嫁和抑制需要经济的分析。

不管怎样，四种避免的方法，随着一般繁荣和萧条的变化而大不相同，人们变更租税政策本身来适合这些变化。在涨价的时候，像我们的应税边际图表所表示的那样①，转嫁捐税极其容易，因为人人能简单地"抬高"他的价格，甚至超过捐税的数目。那捐税被"堆叠"上去，由最终消费者负担。可是最终消费者起初并不抱怨。他能负担，因为他充分就业，或者在普遍涨价的时期，他作为生产者，完全能够涨起并取得他的价格。如果销货总值的曲线上升，像我们图表里显出的那样，显然捐税对于抑制生产数量没有什么影响。可是在相反的价格下跌以及销售和就业减少的时期，捐税负担所耗用的甚至超过利润边际，因为那时候价格的"抬高"只是一种无用的姿态，只有抑制生产和就业，才能避免捐税。

因此，对捐税的转嫁和抑制的影响的静态的分析，必须和一般物价涨落的循环结合起来。在一个时期，转嫁很容易办到。它不是一种负担，不起抑制的作用，"没有人感到捐税的负担"——在乐观的利益的协调中公共政策无足轻重。在另一个时期，转嫁几乎是不可能的。负担受不了，生产和就业已经受到抑制，"人人感到捐税的负担"——公共政策，因为人们硬要把捐税转嫁给别人而搞得乱七八糟。

这些概括需要由对各种不同捐税的特别研究加以修正。我们可以用两种极端的例子来说明：保护税则，和地基价值的课税。保护税则的目的在于维持国内价格，使其高于世界价格，以便刺激受保护的产业在国内扩张。地基价值税的目的在于"促进企业和改良，并且由于减低建筑物的捐税和增加没有改良的土地的捐税，从而抑制土地投机。"两者都是保护的——保护税则，由于抑制进口业，促进国内制造企业；地基价值税，由于限制抬高地基价值的营

① 参阅本书下册，第210页，《应税边际》。

业，鼓励制造厂、办公房屋、公寓和住宅的建筑在两种情况下，都是由于抑制一方面而促进那另一方面。一种可以区别为积极的保护，因为它提高被保护的行业的价格。从而提高利润；另一种可以区别为消极的保护，因为它减低对被保护的活动的平均课税，因而提高利润。不管在哪一种情况下，总有一方面的活动受到束缚或抑制，在普遍萧条时期，利润边际已经消失的时候，抑制最受人怨恨。

就税则来说，预期受保护的企业会以较高价格把捐税转嫁给购买者，虽然最后是以增加效率来降低价格。符合上述情况的捐税，在繁荣时期实际上随着普遍上涨的价格而转嫁，对购买者没有负担过重的影响，因为他们也能堆叠成本，提高售价。可是，在萧条和物价普遍下跌的时期，受保护的产业不能以单纯地提高价格而转嫁捐税，因为顾客们本身不能提高他们的售价，包括所增加的生产成本在内，那所谓受保护的产业并没有受到保护。

正是为了这种原因，在物价不断上涨的时期，自由贸易政策受到重视，并且通常能减低税则；可是在物价普遍下跌的时期，大众就要求更高的税则，所有的国家提高它们的关税壁垒，对付从其他国家输入的进口货的跌价。国内生产者的集团尽可能采取进一步的措施，组织卡特尔，孤立跌价竞争者，并限制出产。美国和外国历史上大多数保护税则都是伴随着或者紧跟着一个跌价的时期。近年来，尽管各国提出许多专家意见，甚至达成了国际友好的外交协定，提高税则仍然是全国人民对物价下跌的深得人心的抗议。它使得许多议会和国会拒绝各国派往国际联盟的著名经济学家和专家们提出的减低关税的建议。

因此，征课关税的公共政策，虽然通常受静态分析的谴责，认为把关税成本加在最终消费者身上，实际上并不总是这样。政策反而是追随世界范围的一般物价变动的起伏。在物价上涨的趋势中，例如 1897 至 1914 年那样，人们听到消费者诉说生活费用高涨的痛苦，他们竟然能引起税则的减低（1913 年的威尔逊税则）。可是在物价下跌的时期，诉苦的人是生产者，他们引起越来越高的税则（1920、1930 年）。不断变化的政策在转嫁上是不是有效力，或者在抑制生产上是有害还是有益，以及在什么时候发生这些作用，需要研究公共政策和一般物价起伏变动的相互关系。

把捐税转移到地基价值上，从而使建筑上的改良和生产过程中的原料免于课税，也是同样的情况。各项改良的供给预期最后会增加，从而减少为了使用这些改良所必须付出的利息和利润代价。可是，既然这些改良所用的资金是由新发行的长期证券供给，租税政策的影响被交替发生的繁荣和萧条所隐蔽。新建设决定于长期的预测。一般说来，在萧条时期中长期利率低的时候，新建设增多；在繁荣时期中长期利率高的时候，新建设减少。总之，新建设的数量上的增加，受物价循环和物价趋势的支配，甚于受捐税豁免的支配。

因此，租税政策的影响，不管是偷漏、迁移、转嫁或者抑制，因投机的忽上忽下而致隐蔽、混淆甚至颠倒，这种变动使经济科学从研究静态改变为研究循环。可是，即使如此，循环可以使人们格外需要回到李嘉图的地基价值地租以及联合在一起的利润、利息和工资的区别，这是他对地主制度和资本主义制度的区别。最近，一家大规模的资本主义组织，经营着五百五十五所药房[①]的里盖特公司，写信给它的五百五十五个房东，说：

> “本公司已经想尽……一切可能的方法来减低损失……除了租金以外，各项开支已经减到最低限度。职工的工资已经大大地减了三次，

① 原文是 Drug Store，美国的这种药房大都附设咖啡室。——译者

而他们工作更加努力,表现了服务的忠诚。……不能再要求职工们作进一步的牺牲;又不可能再减少营业费用。……唯一的还没有按现在价值调整的一项成本是……各药房所使用的地位的成本。”

这里的情况类似法国革命后那一时期的情况,以及李嘉图形成他的关于矛盾利益的学说时物价极端变动的情况。可是,现在的资本家是里盖特公司,地主是那五百五十五个城市地基所有人。根据我们以前使用的金氏的计算①,1925 年房东收入的租金只占美国人民全部货币所得的百分之九,但是就这一实例来说,租金的固定开支,在萧条时期,在效率增加以及工资和就业减少以后,吸引剩余的利润边际的百分之百以上,使得一个庞大的和具有相当效率的公司前途必然破产。尽管有资本主义的商业循环,李嘉图的资本主义制度的意义和他的地主制度的意义不一定就要混淆不清。在李嘉图的地基价值的意义上,地主制度从共同财富中抽取私人财富,而不作出等值的服务。可是,资本主义制度,在李嘉图的意义上,以促使私人增加自己的财富,来增加共同财富。捐税应该和纳税能力成正比例以及和服务于共同财富的能力成反比例的课税原则,大致相当于李嘉图的地主制度和资本主义制度的区别。

可是,经济分析上从静态转变到循环,是从李嘉图的静态的以生产的劳动成本作为价值尺度,转变到对未来金钱所得(作为价值的尺度)的投机的循环。一切资本主义的估值都是投机性质的,土地价值上的投机,其投机性并不超过商品、股票和债券上的投机。由于这个原因,李嘉图的地租和利润的区别又混淆了。

这种混淆出现在金氏的议论里,他说不仅土地的所有人而且产品的所有人,都不是按照生产成本,而是按照超过生产成本以外

① 参阅本书下册,第 163 页,《利润的份额》。

的价值上投机性的增加，取得他们的利润。这些价值上的增长都是“投机性的或者偶然的利得”；如果一种是“非劳动所得”，其他的也是“非劳动所得”。因此，对它们作不同的待遇，对地基课税而对各项改良和产品免征，是不公平的。

从私营企业的私人观点来说，这种议论是有理由的。可是它不承认从社会观点、从地基投机对工业和农业的影响来说时，必须作出的区别。诚然，一切利润都是在微薄的利润边际上投机的利得；一切损失都是投机的损失，部分地决定于幸运和机会。这正是资本主义文明中利润的理由。对于工业和农业上的利得，和对于地基价值的利得，都是这样。实际上，由于商业循环和估计错误，土地投机的结果也可能不是利润而是损失，和在工业或农业上的投机一样。如果我们的标准仅仅是个别机构的管理好坏，或者运气好坏，那就像金氏所说的那样，“没有任何合理的原因要区别土地价值上的利得以及证券或商品的价值增长上的利得。如果一种是不劳而获的增值，另一种一定也是。”

可是，如果我们的原则也可以是投机对国家财富的经济影响，那么，股票、债券、工业或农业上房屋、机器、土地出产力的价值变动所引起的利润或损失，以及随着商业循环由社会（不是个人）造成的地基价值的变动所引起的利润或损失，就有区别。单一税者的个人主义的自然权利学说，或者个人主义的单一税反对者的同样自然的买、卖或使用的权利——不管这种投机的买、卖和使用对共同财富的影响——都不能解决这个问题。按照习惯法，一个人对于他自己过去劳动所得的东西享有权利，可是这并不意味着警察权力或者课税权力不能在合理范围内用来决定他可以谋利的有益于公众的方向，对那种从不利于公众的方向得来的利润，加以捐税的负担。就工业和农业来说，个人在增加衣、食、住的供给的活动中获得利润或者受到损失,这是对“共同财富”的贡献。就地基价值来说,他在投机中获利或受损,这并不增加共同财富。

一切投机都是如此,不管是股票、债券、土地价值或者商品上的投机。为了公众的利益,也许有必要想出其他方法,例如稳定物价,来防止物价上涨、债务增多的市场上的过度投机,这种过度投机消灭物价下跌的市场上的利润边际。这些补救办法是所谓警察权力的其他运用,例如限制股票市场的投机,不是防止有益于共同财富的投机,而是防止不利于共同财富的过度投机。

因此,静态的分析使我们能把复杂的课税因素分解为它们的基本成分,并且形成关于它们的容易变化的影响的一般法则,但是繁荣和萧条的分析使我们了解课税政策以及它对个人行动的影响这两方面实际的历史上的变化。

6. 意外事故和失业——保险和预防

我的同事摩顿教授对威斯康辛失业救济法案的尖锐批评,接触到本书中所发挥的一些基本原则。它使我有机会用一种比较切身的和实际的方法来说明以前对本书读者显得非常抽象并且往往是矛盾的和令人迷惑的东西。再则,它证明要实行任何旨在增进一般福利但是和私人利益矛盾的计划,有很大的困难。

摩顿教授所提出的批评,在过去十年中,威斯康辛制造家协会在屡次向立法机关陈述意见时,差不多全都提出。计划是由我首先建议的,第一次法案于 1921 年由州参议员休柏提出。雇主们的批评是非常切实的,必须以切实的方法来应付。在以后几次的草案中都注意要做到这样,直到最后于 1932 年在州议会议员格鲁夫斯的领导下制成法律。经过这样屡次修改以后,制造家协会,虽然反对它,最后还是接受了,作为比其他的提案较为可取,和威斯康辛州劳工联合会一样；于是此项法案制成法律。

失业保险的提议者本身就分成两派，提出了两项相反的议案。一派主张一种“州基金”，由州政府官员管理，因此倾向于摩顿教授所提倡的“社会责任”论。另一派主张“企业基金”，由各企业机构管理，受雇主组织、劳工组织和州政府产业委员会的集体监督，因此倾向于参议员休柏和州议员格鲁夫斯所主张的“雇主责任”论。

当然，在这些裁判和辩论中，以及在州内各地召开的公开会议中，发言人的语言和他们的基本社会哲学都不是用抽象的概括来陈述，像现在摩顿教授以经济学家为对象所用的说法。但是，哲学的和理论的问题仍然在那里，正如摩顿从倡议者的宣传中提炼出来的那样。双方辩论者所研究的是一切经济病症中最迫切的一项，他们和全体人民所熟知，可是现在归纳到这实际问题：可以使谁人负责，以及谁能缓和或者防止这种毛病？实际上，正是由于十年来这些讨论的帮助以及我自己参加了这些讨论，所以我终于能详细解说更抽象的“制度经济学”的理论，现在我能把它解释为集体行动控制、解放和扩张个人行动。

摩顿的批评接触到我的经济的责任论的基础，因为威斯康辛法案差不多完全根据一种各个雇主对失业的个人责任的理论，而摩顿认为雇主作为个人并不比别人负更多的责任。那种责任是“社会的责任”。

我认为这是“个人主义”和“社会主义”的根本冲突。摩顿对个人主义的主张的批评，意味着失业津贴的负担应该按一种“三方面计划”分摊——雇主、工资劳动者和州政府——而不是许许多多的“一方面计划”，由个别雇主供给资金。

如他所指出，该项法案的设计是要使各个雇主只负责他自己的工人，而不负责其他雇主的失业工人。这就使该项法案脱离任何“社会保险”或者甚至“产业保险”的哲学，并且使法案规定的准备金成为个别企业单位的准备金，不和其他单位提供的任何基金合并在一起。它含有雇主个人应该对失业尽可能尽量负责的观念。

这是和该项法案作为一种“预防”措施的理论分不开的，该项法案的目的在于促使雇主**预防**失业，不是仅仅作为一种**救济**的措施，目的在于对那些无辜失业的人给予失业津贴。可是按工资抽取百分之二的保险费太低，以致摩顿认为，作为一种**救济**措施，该项法案完全不够，作为一种**预防**措施，又完全没有效力。

这里摩顿的根本社会哲学是，整个资本主义的私有财产制度应该负责；在资本主义制度下，失业无可避免；因此，资本主义存在一天，立法的唯一目标只能是**救济**，不是**预防**。他说：

> “失业是我们的经济制度运用不善的结果。只有承认失业是一种社会的而不是个人、公司或产业的责任，评定保险费额的方法才能扩大范围，供给充分的救济。只有整个的经济制度能支持它自己造成的负担。”

摩顿接下去将这种社会责任的哲学和此项法案的倡议者的理由所根据的个人责任的哲学作了对比。他说：

> “因此，在威斯康辛，人们借助于严格的资本主义的精神。欧洲的制度受到谴责，因为它们为了一种假定不能避免但是没有设法预防的祸害而增加社会的负担。也有一种斯潘塞的‘社会静力学’的复活。普通都要问，‘为什么一个雇主要为另一个雇主造成的失业而受罚呢？’雇主们因而感到这种征课不是一种不可避免的捐税。它不是州政府干涉他们的企业，而是对竞争制度有信心的一种表示。他们可以安心，人们不会强迫他们养活别人工厂里或者另一个地方的失业者。既然许多雇主认为欧洲的计划包含那有害的‘失业津贴’，据说格鲁夫斯法案根本上不同。前者目的在于减轻失业的痛苦；格鲁夫斯法案目的在于防止

失业。”

然而，在这方面，我们应该注意，斯潘塞的哲学不仅是斯密、边沁和李嘉图的放任主义的政治哲学；它也是他们反对各种形式的私人集体行动以及国家行动所根据的哲学。个人主义经济学家认为，私人集体行动总是垄断性的，和公共福利对立的。

可是，该项法案的倡议者利用个人主义的哲学，不是在这种历史的放任主义的意义上，作为和一切集体行动对立的观念。他们利用个人主义是以完全相反的方向，就是，私人的和公共的集体行动应该认为是用来使个人雇主对失业负责的手段。他们借助于已经存在的制造家协会、已经存在的本州劳工联合会以及作为本州立法机构已经组织起来的纳税人。它不是借助于没有集体行动的个人主义。它是通过集体行动来运用个人主义。这种方法预期会怎样获得结果，我们在下面解说该法案的行政特征时可以看出；摩顿所注意的只限于严格的立法特征。

我同意摩顿的看法，我们的资本主义的一切制度建立在个人责任论的基础上。可是它们也建立在个人进取论的基础上。没有自由进取，就不可能有个人责任。

再说，美国人民的占优势的心理向来是个人主义的，而且非常顽固，以致社会责任，就其有效地存在的范围来说，只是一点一点地逐渐实现的。

我所谓有效的社会责任，意思是指愿意纳税的心和可以纳税的能力，以及愿意和能够坚决要有一个胜任愉快的文官制度，足以维持和管理“社会服务事业”。这些需要的社会服务事业不计其数，例如义务教育、保健、防止童工、团体组织的集体行动的自由以及其他很多工作，包括现在一种新的没有慈善意味的失业救济，和一种新的使那些能够使他们负责的人防止失业的计划。

过去每逢有这种新建议的社会服务提出时，总要发生激烈的斗争。在一个时候——国家保护奴隶的自由和公民身份——那矛盾终于造成历时四年的革命性的南北战争。可是，这场冲突实际上不是受到任何黑人与白人平等的社会哲学的鼓舞。实际上这种社会哲学在过去和现在都是美国多数人民所不能接受的。这场冲突的目的是推翻奴隶主在控制全国政府的立法、行政和司法机构上的政治优势，代以一种根据资本主义原则的政府。个人主义的奴隶的自由的原则附带地提出，作为一种战时措施，后来又作为一项没有效果的行政问题。

我对于这些有关白人和黑人劳动的政治斗争，作了广泛的历史研究。主要地是根据这种研究以及我自己在集体行动上的经验，我往往批评了一些人的天真的理论，他们一百年来假设他们的所谓“社会”，一经有人指出一种重大的弊病，就会及时地负起责任，来减轻或者预防。在这些历史研究以及我个人的接触中，我发现了许多的这种富有公共精神和自我牺牲的领袖和宣传家，从欧文到现今一代的人物，最后终于失望。根据各人的性格和环境，他们或者变为最保守和最反动的资本主义的拥护者；或者变为意气消沉的悲观主义者，认为“毫无办法”；或者变成一种自然神教的或唯物主义的信仰，认为主宰一切的上帝，或者自然法则的伟大的内在势力，一定会完成他们自己以前努力求其实现的那些改良（不管是个人主义的、共产主义的、社会主义的、单一税或者其他的改良）。在研究这些转变时，我用冷静的“科学的”方法，追溯它们的起源在于以前他自己心里造成了一种理想化的社会、理想化的工人、理想化的资本家、理想化的政治家，和实际情况距离很远，因为是在他们自己的人道主义的心象中创造出来的。他们忽略了“怎样”和“为什么”的细节问题。这些实际问题是大大增加了的捐税

负担，一种被注重实利的政治家和饥饿的求职者所支配的文官制度，以及为了争取控制政治机器而作的幕后谈判。

就所有这些情况来说，我总是问，所谓“社会”是什么意思？是不是意味着一种抽象的存在，像十九世纪中叶的社会主义者和同样的各种非正统流派那样，或者像你在各种集体行动中实际经验的那样，意味着“行动中的社会”？如果意味着后者，你就是指纳税人联盟、有组织的雇主、有组织的劳工、公司组织、运行中的机构、政党等等，像他们在各种利益的协调和冲突中实际行动着那样。行动中的社会是习俗、政治、公司组织，总而言之，是任何形式的集体行动在当时以或大或小的效力控制个人行动。

可是，如果在多年的冲突以后，“社会责任”终于确定，例如在义务教育的问题上那样（一百年前义务教育最初被反对者指责为“社会主义的”倡议），那么，美国人民，不知道以前历史上的斗争，最后可能就心甘情愿地征收巨额捐税来维持义务教育。像他们在教育上的实际措施那样，他们可以建立一种选任教师的文官制度，尽可能和政党政治及个人偏爱分开。反对义务和强迫教育的理由是个人主义的理由，认为它剥夺了父母对自己的子女的控制权；可是结果它是实行父母教育子女的社会责任。即使如此，在这经济萧条时期人人知道，国家的一切“社会服务事业”以及私人的“社会服务所”都在感到困难，由于人们虽然愿意而无力缴付捐税，或者无力维持自动的捐献或者不能使文官制度不受“政治”的影响。

向来如此，这是历史上个人和社会责任的矛盾。可是，它的基础不是一种哲学的或者学术的“社会对个人”问题，不管经济的、政治的、行政的和个人主义的障碍，而是那非常实际的问题，要使一种新的社会责任在一个过分个人主义的、政治上分歧的、行政上无能的社会中获得有效的承认和实施。

因此,在我的历史研究和五十年来参加以控制个人行动为目的的各种集体行动中,我发现我的推理的方法溯源于马尔萨斯,而不是溯源于斯密、边沁、李嘉图、马克思、普鲁东、斯潘塞或者任何"逻辑的"经济学家。这些学派比较上属于十八世纪的理性时代,可是马尔萨斯明确地宣告"感情和愚蠢的时代"。然而,我把这个叫做"习俗",不是感情或者愚蠢,为了避免令人不快的反感,并且留一些余地,让不愉快的经验所激发的理性可以慢慢地渗入。

但是,逻辑经济学家以各种旨在促进共同福利的集体行动来对付的,正是这种马尔萨斯式的感情用事的、愚蠢的、个人主义的甚至无政府主义的动物。资本主义和独裁政治与政党政治一样,靠人类的愚蠢而成功。因此,为了心情安静,如果预先认清资本主义的基础,以免最后理想幻灭、完全失望、反动、革命或者满足于"自然法则"而不求一种组织得更好的集体行动,岂不更好吗?

那么,怎样可以使这个马尔萨斯式的个人愿意地和有效地合作,通过立法、行政或者任何其他的集体行动,把一种新的社会责任加在他自己和其他个人身上,缴纳捐税、消除政党政治和选择有能力的行政人员吗?

威斯康辛的人们的个人主义和宗教思想特别显著,虽然有比较少数的社会主义分子集中在密尔沃基。像摩顿所说的那样,有两点足以吸引他们的地方,一点是投合他们的个人主义社会哲学,另一点是投合他们的防止意外事故的经验。摩顿认为后者是一种"有疑问的类比"。他说:

> "该项法案被比作工人的意外事故赔偿法案。正如这一立法,按意外事故的大小对雇主处罚,曾促使他们采用安全措施,结果产业事故显著地减少,因此一种失业罚金会刺激雇主来稳定工人的职业。这种类比,虽然很有疑问,却是威斯康辛法案的根本用意……处罚个别雇主,

会促使他用有效的劳动管理来避免失业。”

接下去他引证该项法案的某些详细规定，其目的在于造成雇主责任和企业单位基金，代替社会责任和一种由国家管理的共同基金。

我不认为这种诉诸经验的说法是一种“有疑问的类比”。演绎地来说，也许是这样。可是，事实上正是这有效的动人的说法使此项法律的制定得以实现，尽管它的内容细节还有缺点。摩顿的推理的方法是逻辑经济学家的方法，不顾从过去经验中产生出来的习俗。就这个问题来说，所谓经验是有组织的但是矛盾的利益集团的领袖们共同参加防止意外事故条例的执行。在威斯康辛的人民以及该州有组织的雇主和有组织的工人看来，那是最好的理论。虽然不一定合乎逻辑，甚至在某些地方也许极不一致，那理论却表示他们的经验和实际知识使他们在执行所建议的失业条例中预期的东西。冲突激烈的有组织的雇主和有组织的工人，他们心里各有一套从他们和本州产业委员会合作的经验中得来的习惯假设。他们不仅能预先知道委员会将怎样叫他们去帮助执行法案，而且，更重要的是，他们差不多能预先料到哪一个重要的雇主一定会由委员会任命为威斯康辛制造家协会的代表，哪一个将担任代表劳动的本州劳工联合会主席，以及产业委员会的哪一位个别代表将作为执行法案时的调解员。

这三个人已经在一起工作了十年或十五年，执行防止意外事故条例。人们实际上假设他们会共同执行“就业准备”和“失业防止”条例。这一假设结果证明是对的，虽然在法案中没有规定。因此，他们的经验，对他们来说，不是一种“有疑问的类比”；它是注重实际的人们在矛盾和疑问中的现实主义的推理。这些保证不可能在法规中明文规定。可是，假如不是二十年来在威斯康辛它们已经成为劳工行政的“不成文法”，就不可能制定那种法律。在起草新法律的过程中，差不多在每一问题上，支配新法律的规定的，不是仅仅一个科学家的可疑的类比，而是一个实际家的个人经验。

因此，摩顿所批评的那失业法规本身一部分是一种“权能附与条令”，规定着最低标准；各方面指望的是本州的委员会、制造家协会和劳工联合会将共同负责此项法案的执行。这是注重实际的人推理的方法。他不是抽象地议论法规本身。对他来说，那只是费解的文字。他根据人们将怎样解释法规的“不成文法”以及由谁执行法规这些具体情况来推论。在他看来，行政是“行动中的立法”，他的现在行为的根据，是预期的行动，[①]不是逻辑和文字。

结果恰如所料。产业委员会任命了一个“咨询小组”，这个小组，按威斯康辛的情况来说，将是主要的行政权力，草拟一切规章，向雇主和工人解释法律的冗长的和详细的规定，甚至宣传说服本州的雇主们自动地遵守此项法律。委员会本身实际上成为仅仅是批准的权力，使咨询小组的“建议”取得合法的地位。

再说，对于集体的防止意外事故有了二十年的经验以后，人们已经知道，那代表“资本”和“劳动”的咨询小组的成员不是由州委员会用机关的或者文官考试的方式甄选，而是由有组织的利益集团本身自己选择。代表们不是由州政府给予任何薪俸，而是由他们自己的组织付给报酬。防止意外事故条例中的这一规定，消除了州委员会里的“政治关系”，在劳资双方的“代表”的选择上，甚至在它自己的代表、统计员和视察员的选择上，这三种工作人员是准备和有组织的雇主及工人一起进行工作的。事实上，一种新的文官制度已经加入了劳动法规的执行机构。那是一套州级官员，实

① 参阅康芒斯和安德鲁合著：《劳动立法的原则》，《论行政》章，1916、1923、1926年版。

际上由矛盾的劳资组织的共同行动所任命，因此受到双方的信任。这样，那些州级官员行动起来，不是作为来自上级权威(州政府)的强迫的“仲裁人”，而是作为自愿的“调解人”，他的任务是在双方了解的“事实”基础上使对立的利益集团合作，从而帮助他们起草“业务规则”，使他们作为个人必须个别地在这些规则下经营。既然这些规则能根据进一步的研究和经验随时变更，它是一种对不断冲突的利益进行不断调解的制度，不用独裁而只用调解。

这种结果，应用在失业准备金和失业预防的时候，在两份公报里可以看出，这两份公报由州委员会核准和发表，可是实际上是咨询小组和他们的助理起草的。这些公报发表最近采用的对法律和规章的一切解释，经济学家要了解法律实际上怎样运用，应该依赖这些公报，而不是依赖法律文字本身。最近的公报(1933 年 8 月 1 日)登载咨询小组成员的姓名，这些人名说明制定规章的机构中各种冲突的利益集团的真正“职业的代表性”：

> “雇主代表：克劳森，威斯康星州霍里康市，凡布伦特制造公司经理；库耳，威斯康辛制造家协会秘书；梅伦，威斯康星州凯诺夏市，纳喜汽车公司秘书。
>
> “劳工代表：弗里德里克，威斯康星州劳工联合会，执行委员会委员；加斯特鲁，威斯康星州木工工会代表会议主席；奥尔，威斯康星州劳工联合会主席。
>
> “主持会议的主席：奥特迈耶，威斯康辛产业委员会秘书。”

可以看出，这本书里所讨论的许多形式的集体行动中，这一种接近所谓“集体谈判”，而大家同意的业务规则属于所谓“雇用合同”之类。咨询小组有成员七人，但值得注意，其中克劳森和奥尔两位，在十年来立法机关对先后各次议案的审查中，一贯地是对立的两派的主要人物。当立法法案最后拟成时，它通过了立法。事实的发展是雇主的一派和工人一派被变成一种集体雇佣合同的谈判者,由立法机构决定了他们意见不能一致的问题。虽然雇主们反对这种法律,但制定以后,他们规规矩矩地予以支持。

可是,这种集体谈判更前进一步,消除摩顿的信口而出的话里含意,认为“1933 年威斯康辛的立法延迟了它的运用”。一部分的运用并没有延迟,法案按原来的意图实行,拨有必要的经费。1933 年的所谓延迟不是由立法主动的。那是先经过内部详细讨论,用另一个由咨询小组同意的议案提出,然后经立法一致通过。

1932 年的法律曾规定先后三个日期,所有本案的各个不同阶段应按照这些日期先后实施。关于设置联合的执行机构、采用规章条例、批准或不批准个别单位的自动的计划以及怎样使公众熟悉法律条款等各项规定,在 1932 年通过后生效。法律的这一部分并未延迟,现在正在施行。

为了建立单位基金而收取保险费,原来规定应于 1933 年 7 月 1 日实行。法律的这一部分延迟实施,实际上不是由立法主动,而是根据劳资双方代表的共同建议。这种建议由立法批准,完全作为一种例行手续,没有一票反对,没有辩论。开始缴纳保险费的日期现在推迟到委员会统计员认为适当的时候,或者本州的就业增加百分之二十,或者工资总额比较 1932 年 12 月的水平增加百分之五十的时候。

这一延迟自动地延迟了此项法律的实施的第三阶段,就是失业津贴的支付;按原来规定,失业津贴的支付应于开始收取保险费建立失业准备金的一年后开始。

此项延迟的理由,法案中有所说明。法案最初的原文部分地如下:

> “本州最大的雇主组织已经声明它的成员有意于自动地建立失业基金制度,立法方面准备给予雇主们相当的机会,让他们实现本法案的

目的，而不经过法律的强制。”

那延迟法案修正前案，加进一段说：

“因此，使本法案暂不普遍和强迫生效的机会应延长到商业复苏在威斯康辛达到相当的程度。”就是，到法案中所指出的就业或工资总额的增加完全实现的时候。

再说，州内的制造家对于自愿的个人主动负责的计划，那样的坚持，以致原来的法案规定了，如果十七万五千工人的雇主能实行经过核准的自动的计划，法案中所有强迫性的各点就不必实施。根据这一规定，以及咨询小组的建议，委员会甚至任命制造家的代表克劳森先生“兼任”州职。据委员会发表的“手册”里说明，这样做是为了“对威斯康辛的雇主们解释法案，并促进经过核准的自动计划的实行”。后来，1933 年的法案，根据咨询小组的建议，把工人的数目从 175000 减少到 139000 人。如果在规定开始征收强迫保险费的日期以前，自动的计划已经达到这个人数，立法的强制规定就不予施行。

显然这种延迟是合乎情理的，实际上也是此项法律原来的政策，就是基金应该在比较繁荣的时期建立起来，而主要地在萧条时期用出去。困难在于 1932 年的立法没有能准确地推测繁荣的恢复，选择了 1933 年 7 月作为开始实行的日期。可是征收保险费的日期仍应根据将来“事实的调查结果”来决定，是完全合乎法案的精神的。这种调查工作由行政上的统计机构负责。1933 年 9 月的统计表示，和基本时期 1932 年 12 月比较，就业已经增加了百分之三十五，工资总额增加了百分之五十。按这种增加的速率，法案的第二阶段可能提早实行，除了因另一条规定的限制，不得在 1934 年 7 月以前开始；以及所有强制的规定将不予实施，如果已有十三万九千工人归于自动的计划。

因此，那立法的法案部分地是一种权能附与条令，建立一种集体谈判的执行制度，附有一定的最低和最高限度。这种制度不能了解为单纯的法规，由一个机关性质的委员会执行，可以向法院上诉。在我们的宪法政府的性质所许可的范围内，它是一种自愿的集体谈判制度；只有在了解自动的私人组合的一致行动的范围内，才能了解这种制度。在法案成立以前，已经有少数个别的制造公司，利用法规许可的各种手段，自动地降低到法案规定的百分之二的最低限度以下。

摩顿的批评就是集中在法规里这百分之二的最低限度上，特别关于“不够”救济和“不足以”作为一种诱因，促使雇主防止失业。这种批评实际上接触到一种有关国家对个人的关系的根本理论。如果摩顿称为“政治经济学”的那种东西——有别于经济学上的问题——的法则有一种理论作为基础的话，那种理论的大意是说强制性的立法对公共福利的贡献很小，比较起来，远不如自愿的和主动的私人努力和私人合作在国家的适当指导下所能作出的贡献。这种说法包含一种对全部事实的相反的解释，在这方面，作为仅仅是含糊的事实来说，我同意摩顿的意见以及雇主们最初的批评。

从以上这一番叙述中可以看出，制造家的代表和劳工的代表双方距离强迫的“社会责任”的观念多么远，同时对于管理的但是自动的个人责任的观念又多么接近。劳工方面的议院活动者在1932年部分地放弃了他们对“救济”的坚持，转变为拥护个人主义的“预防”方案。对于一个不熟悉“劳工心理”的人，这也许似乎奇怪。事实上，劳方的议院活动者在1931年的立法中曾拥护一种强迫的“救济”方案，采取一种“州管基金”的形式，由一个州政府的委员会执行管理，完全和个别的“企业单位基金”相反，并且类似摩顿所主张的社会责任的原则。他们以为"州管基金"也可以发生预防作用。可是,后来他们体会到,作为劳工组织和社会主义政党两者的代表,他们自己的思想上就有分歧,就有两种冲突的"劳工心理"——政党的"社会主义的心理"和自愿的集体谈判的"工会心理",他们就放弃了他们的州管基金议案,一心支持格鲁夫斯的企业单位基金和集体谈判议案。

他们的集体谈判的观念,像五十年前冈珀茨和社会主义者分裂时形成的那样,是"自动的"工会组织以及和自动的雇主组织订立的雇用合同,两者都完全不受政治的或司法的干涉。他们认识到,"州管基金"意味着基金的管理将受政党政治家和不利于自己的法院的控制,而集体谈判的方案会使他们和雇主有平等的发言权,在雇主的一切自动计划的管理中,可以尽可能不受官方干涉和强迫仲裁,于是他们选择后者。他们二十年来和雇主一起执行防止意外事故条例和本州就业事务所工作的经验,足以使他们相信他们的工会政策,在集体谈判中取得和雇主平等的地位,在当前的情况下,胜过他们的社会主义政策,作为本州政治中的一个少数党。

雇主的"心理"中一种类似的矛盾,摩顿教授在他的文章里也提到。他十分正确地说,"制造家们比较喜欢格鲁夫斯议案(旧的休柏议案),假如他们必须在该项议案和另一种保险计划之间作一选择的话。"接下去,他在注解中又说:

> "前任制造家协会主席现在协助威斯康辛产业委员会推行现行法案的克劳森先生,在最近一次演讲中促使有关方面遵照威斯康辛法案中关于自动计划的规定行事。他警告他们,此项法案应及时实施,否则将来也许会碰到俄亥俄计划,后者他认为是社会主义。"

这里提到的"俄亥俄计划"是俄亥俄州立法机关根据一个特别

调查委员会的建议而提出的一项议案，着重救济而不注重预防。此项议案是按照摩顿提倡的“三方面”原则拟定的，本质上是根据“社会主义的”心理，不是“工会”心理。

因此是社会主义原则和工会主义原则的选择，最后使劳工代表和雇主代表都决定采取威斯康辛工会原则，就是，自动的集体谈判，由州政府核准。

要了解这种“两者相权取其一”的原则在创造有效的社会责任方面的重要性，最好是用历史的方法，就是经验的方法。雇主或者任何其他阶级的个人，不到面临着另一种他们认为似乎更不利的办法时，决不会有效地接受社会责任。历史的方法是一种利害相权的历史。就这个问题来说，失业准备金和个别单位责任的倡议者用作理由的是历史的“对比”，就是，1911 年的“工人的赔偿金和防止意外事故条例”。

1932 年的防止失业条例，虽然比较复杂，显然是完全模仿 1911 年的防止意外事故条例。既然我参加了意外事故赔偿和安全条例的鼓动、制定和执行(最初两年)，同时在芝加哥市场上一项自动的失业准备金和防止失业的雇用合同中有类似的经验，我可以根据个人经验来谈一谈这些集体运动实际上怎样发生作用的情况。

在 1911 年的威斯康星防止意外事故条例以前几年，本州立法机构中社会主义的代表成功地提出了一项议案。它规定设置一种州管保险基金，使“社会”负担意外事故的责任，强制雇主们对此项基金捐献。

还有另一种学说认为“社会”将负担这些捐税，那是古典经济学家的生产成本论，我们称为“讨价还价的能力”。根据这种理论，如果对雇主的捐税是一律的，同样地影响那成本最高的“边际”雇主,所有的雇主就会按捐税的数目提高他们的产品的价格,由于“经济法则”的正常作用,那捐税当然就会转嫁给消费者。

纽约州的立法曾制定一项法律,但是该州的最高法院宣告此项法律不合宪法,作为没有经过“合法程序”,因为它无故没收了他们的财产。这种没收的实现是通过一种保险基金,使每一个雇主对其他雇主的厂里的意外事故负责。由于习惯法,他们已经对他们自己的疏忽所造成的事故负责。可是,纽约州的法律使得他们对受伤工人由于本身的疏忽,或者同事工人的疏忽,或者本业的自然危险所造成的事故,也要负责。根据古典的和习惯法的理论,最后这一项危险被认为是工人签订自己的劳动合同时情愿“担当的”,在他所得的比较高的工资中已经充分照顾到,作为他的预期危险的代价。换一句话说,纽约州的法律被宣告为不合宪法,是根据古典经济学和习惯法的个人责任论,以及和它有相互关系的说法,所谓“不犯错误,不负责任”。

因此,威斯康星立法机关的一个委员会,在 1909 年以后处理一种意外事故保险议案的起草问题时,决定要避免不合宪法,因而提出一项“自动的”议案,在这个议案里,只有那些向委员会登记声明接受新法律的雇主被认为“受此项法律的拘束”。他们也可以撤销他们的接受,只需按照规定先期通知委员会。然而,为了在宪法许可的范围内尽可能给予雇主最大的经济“压力”,从而促使他们“心甘情愿地”来遵守此项法律,立法方面对于上面讲到的雇主在工人要求赔偿的诉讼中可能提出的某些辩护,宣告它们不能成立。这一措施对每一个不受此项法律拘束的雇主有不利的影响。

这样,由于提出两种办法,让个别的雇主可以选择,立法造成了一种诱因,促使他“自动地”接受此项法律的拘束。这两种办法,一种是旧的在个别的要求赔偿损失的诉讼中雇主因疏忽而负责任的法律，可是他的某些习惯法上的辩护理由被取消了；另一种是新的对工人的一切意外事故应该给予补偿的法律，不管是哪一方面的疏忽、错误或者产业本身的危险。他可以自动地选择在现行习惯法下的个人责任或者在新法律下的社会责任。

此项法律受到本州最高法院的承认。可是当雇主们可以任意选择是否服从法律的时候，只有在幽默的意义上才能把它称为法律。它牺牲了社会责任，造成自己的“合于宪法”。在意外事故赔偿“法律”最初两年的执行中，“宪法性”的滑稽变得明显。自动地“选择”受此项法律拘束的雇主，在最初两年中，所影响到的工人只占本州全部合格的工人的百分之十左右。

雇主的不愿意以及法律强制的可能不合宪法，结果变成一种有利条件，而不是不利的条件。它使州委员会不得不展开一种运动，劝诱雇主们心甘情愿地接受法律的拘束。1911 年的产业委员会条例，把意外事故赔偿条例的执行以及防止意外事故的安全规程的起草和执行，统一在一个委员会的手里。该委员会注意“事故的防止”，而不注意“事故的赔偿”。以前“赫赫一时”的工厂视察，往往企图以刑事起诉来施行那不切实际的安全法规，现在他们被改为“安全专家”，劝导雇主怎样减少事故。雇主、他们的工头以及全州各地的工厂监督，被组织为地方和区域的“安全会议”和一个全州范围的会议。这些会议，人们热烈地参加；本州以外私营公司的专家被邀出席；突然形成了一种显著的“安全精神”。雇主们证明了他们自动地防止意外事故，比州政府用强制手段防止事故，成绩好得多。虽然后来在世界大战中意外事故率增高，这些会议和对预防的努力到今天仍然十分起劲。

在这种“安全精神”的创造中，人们利用了最大的提倡者美国钢铁公司的实例。实际上，这是起草产业委员会条例时所用的榜样。该公司早在 1907 年就开始它的安全组织。委员会的广泛调查似乎说明所有的意外事故大概只有三分之一可能用安全设备来预防，三分之二是由于工人和雇主的疏忽。这三分之二的事故的预防，甚至安全设备的装置和使用，要使其实现，只有先在思想上养成“安全精神”，不仅在雇主和工人的思想上，而且同样地要在一般公众的思想上建立这种精神。

在促进这种“安全精神”的创造中，最重要的是组织安全小组，其成员包括雇主和工人，另有委员会的代表一人作为秘书；小组的任务是起草各项规章，将来作为州委员会发出的“命令”，取得法律的效力。这种命令替代了许多复杂的和详细的法规，这些法规原来由立法机构陆续制定，并经过利益冲突各方面的合法代表拉拢和斗争。这种“命令”有这些优点：它们是由雇主和工人共同拟订的，不是由一些完全不懂产业业务的法律家和议员来拟订。它们可以由原来拟订的小组根据进一步的经验加以修改。最重要的是，它们是切实可行的，雇主和工人双方都可以接受。

这就使得这种命令进入法律上“合理”原则的范围，并且避免了宪法对于不经合法程序剥夺雇主的财产的禁例；就这个问题来说，就是不经雇主的同意。委员会已经陆续地发出几百页公报，刊载这些命令，具有法律的效力，和上面提到的关于“威斯康辛失业津贴法案”的手册十分相似。

历时两年的这种安全运动对雇主们说明了，他们接受新法律，比仍然实行那旧的个人责任法律，可以获得较多的利润，只要他们防止意外事故，体会到安全精神。再则，运动又说明了，由于防止事故，没有人会因为对工人付给规定的赔偿金而增加任何负担，连消费者也不会因此而负担较高的价格。换一句话说，人们依赖一种新的“效率”，在防止意外事故方面的效率，这样生产成本可以降低，结果价格不需要提高。

因此，两年结束后，根据联合小组和产业委员会的建议，立法机构修改了赔偿条例，大意是把选择的方法颠倒过来。不像原来那样由自己选择、由自己决定接受法律的拘束，现在是假定他们应该受此项法律的拘束，除非他们提出通知，声明自己选择不接受此项法律的拘束。这一修改使百分之九十的工人受到此项法律的保障。最后在1931年，在一种强制的法律已经在其他州中以及被美国最高法院认为合于宪法以后，立法方面制定了一种强制的法律来代替那可以随意选择的法律。

这样，威斯康辛的立法费了二十年才从旧的制度过渡到新的制度。在这一段时期中，不仅发展安全精神的行政制度和预防意外事故的教育制度，而且以州政府为调解人由劳资双方代表共同谈判的制度，都先后建立了。

这样证明了法律的规定并不自动地产生立法方面想要造成的效果，像摩顿仅仅分析法规的文字时似乎认为必然会产生的那样。要使法规有实际效果，必须加上劳资双方积极的旨在造成“安全精神”或者“就业精神”的集体行动。没有这种愿意合作的“集体精神”，法律不能生效。立法强制的必要非常之小——就意外事故赔偿问题来说，只占生产成本的百分之零点五——只要把有关的双方组织起来，设置执行机构，积极造成这种自动的集体精神。

在失业津贴和失业预防法律的推行中，已经有了这样的发展。利用广泛的失业恐怖(公众和经济学家以前都没有这样严肃地考虑过这个问题)，威斯康辛的法律想要使那些可以首先使他们负责的雇主确实感到这种不幸。它想要通过执行来创造“就业精神”。

“精神”这个名词，像用在这方面的意思，对于古典的、快乐主义的、共产主义的或者其他经济学家，是不允许的，他们的理论起源于和机械体、有机体或机器的类比。可是那实际名词“安全精神”是在那些参加一种有意识的集体努力来预防事故的人们中间不知不觉地发生的。“精神”这个名词像这样使用，只有那些研究集体行动的人可能办到。它有些类似一种宗教复兴。实际上我已经屡次提到，集体的经济压力甚至比宗教复兴的影响更大，可以把个人从感情和愚蠢改变为“合理”。它是一种关键，有了它才可能对于一般所谓“商业伦理”、“职业伦理”、“工会伦理”以及类似形式的集体经济学，获得科学的了解。

这些方法，在目的和效果上，和其他形式的社会压力相同，因而可以和禁忌、公众意见、时尚、习俗、抵制等放在同一类。如果这些形式的道德和经济压力，因为受到反抗，不能充分有效地取得希望的结果，那就加上些微的法律强制，在少数严重的问题上实行起诉，在反对者以及数以千百万计的不需要加以压力的个人中激发自动的社会责任的精神。

这些议论对于摩顿的批评有一种关系，常常由雇主们自己提出，认为各个单位，作为一个“运行中的机构”，已经有强有力的诱因，可以维持不断的经营，这些诱因的力量超过那微不足道的失业津贴的“费用”。他们有特别重的经常费并且有保持顾客的好感的必要，如果他们停止营业，这些就要损失。没有疑问，这是确实的，可是且看它怎样发生影响。我三十年来熟悉的一家公司，在全部时间开工的时期有一万工人，可是一到萧条时期，他们就解雇八千人，只留下两千人左右的一种最小限度的组织。威斯康辛法律的目的是要使人注意那八千人，而不是要注意那维持企业运转作为一个运行中的机构的两千人。

在威斯康辛宣传中很有影响的另一个公开的证明，是一家总公司设在纽约的企业，它在1919年通货膨胀的繁荣中从全国各地雇用了工人五千名，后来在1921年的物价暴跌中，把这五千人全部解雇，由工厂所在地的一个小市镇的人民去养活。除了打击在外股东的利润以外，怎样才可能使纽约银行家感觉到他们对威斯康辛人民的责任呢？社会责任感必须积极地造成，从引导那些真正应该首先负责的人的注意力来着手，这些人，在我们现代庞大的“运行中的机构”里，是人们看不见的不在现场的股东。他们感觉不到对失业的责任，因此他们把责任留给当地的人民，后者实际看到失业的人，不得不亲身地通过赠与或捐税来照顾他们。一种很低的保险费往往被惊人地夸大，假如它的后果直接影响到利润边际，此中关系，我们即将看到。

从经济理论和法律理论的观点来说，威斯康辛的意外事故和失业条例是在统治权的学说里加入有关方面自愿的代表。这和旧的个人主义的学说构成显明的对比，后者把统治者说成一种君主代表着消费者的利益，和没有组织的生产者分开，但是规定法律要他们遵守。这种旧的学说，不管是“多数的统治”或者有组织的少数的统治，结果都变成专政。

可是，有关方面在集体谈判中的自愿的代表制（各方自选领袖），需要双方都承认那刺激对方的动机。就现在的问题来说，那意味着承认现在占优势的公司组织的集体行动中的利润动机；以及怎样运用这个动机来增进整个社会的福利。

我在别处已经说明过①，这是十七世纪上半期中习惯法的理论，倾向于一种法律和经济原则，从增加个人自己的财富中增加当时英国“共和政治”下的共同财富。实际上它也是亚当·斯密的理论，可是斯密认为个人的利己心增进了共同财富或者国家的财

① 康芒斯：《资本主义的法律基础》，1924年版，第225—232页。

富，作为上帝和自然法则引导的结果。威斯康辛法律中所体现的理论，使经过批准的自动的协议具有一种统治权力，以集体行动控制个人行动，从而增进共同财富。这种联合的集体行动是法律；它的执行是雇主的个人行动，遵守雇主和工人在州委员会的合作下所形成的业务规则。

从这种集体观点来说，合理是理想主义的实际可行的最高限度。[①] 因此，为了确定什么是合理的东西，我用最好的工会或者最好的协会作为范例，只要它们曾经能够维持自己的生存，作为运行中的机构。然后，以某种形式的集体行动——政治的或者私人的——我努力使其他的机构提高，尽可能接近它们的水平。

必须承认，这种方法不一定符合法院判决中所谓"合理"的习惯的意义。法院一般的假设"通常的"的事物就是"合理的"事物，并根据这种假设处理案件。在它们看来，"习惯的"不是最好的可以实行的，它是显然无能的或者愚蠢的以及特别能干的和效率高的之间的一种平均数。经过反复的观察，我推测雇主或者工会会员中只有百分之十到百分之二十五在这种以习惯为"通常"的意义以上，而百分之七十五到百分之九十是在这个水平以下。这意味着预期有百分之十到百分之二十五左右的雇主或者工会会员可能自动地对别人的福利作出较多的贡献，超过用任何强制手段可能取得的结果，不管这种强制是通过国家的还是通过私人的集体行动。

这种推理将在"安全"的定义中出现，此项定义，在我的一些学生和其他人士的帮助下，被用入 1911 年的产业委员会法律。在那里"安全"被解释得可以包括对"生命、健康、安全、舒适、体面和道

---

① 参阅本书下册，第 408 页，《伦理的理想典型》。

德福利”的保障。法规接下去就确定每个雇主有一种义务或者“社会责任”，应该提供那样的工作、那样的工作地点，以及那样的安全设备、保安措施、方法和生产程序，必须足以保护工人的生命、健康、安全、舒适、体面和道德福利，必须在工作性质或工作地点“合理地允许”的范围内，尽可能做到。

这里仅仅改变“合理”的意义，就改变了成文法和习惯法。所谓“合理的”安全，现在不是“通常的”安全，作为最高和最低安全的平均数，而是最高度的意外事故预防，这是最好的公司实际做到的。不像三十年来积累的许多不切实际的法规那样，安全的意义被扩大了，结果在工厂本身必须进行调查研究，找出最有“社会思想”的一类企业机构中已经施行有效的最高的实际可行的限度是什么，以便保护生命、健康、安全、舒适、体面和道德福利。于是没有人提出不合宪法的问题，攻击委员会在这些方面的命令，因为它们是确实合理的，系由雇主、工人和专家组成的咨询小组所拟订，他们熟悉最好的可以实行的方法。“合理性”成为不再是主观的和个人主义的，而是客观的和集体地可以实行。它可能不是“理想主义的”，可是在当时的利己心、感情和愚蠢的程度以内，是相当理想的。再说，它还能达到一种更高的理想，如果人性进步。

一般说来，人们可以预期，凡是这样证明了在利害冲突可是自愿组织起来的各集团的自动协议的意义上是“合理的”事物，早迟总会被最高法院认为“合于宪法”。最高法院，和欧洲的独裁者一样，很不尊重现代的立法，可是它越来越尊重自动的集体行动。

所以我认为最高法院结果将赞成失业预防和失业津贴。法规不能仅仅靠它的条文就发生效力。必须由人们解释、执行和应用于各个单位，根据具体情况以及它所适合的和可能遵守的限度。如果能对于什么是最好的可以实行的办法，达到一致的意见，那么，通过那些最接近事实的人们的判断，这就是理想主义的最高限度。事实上，这种限度也就是人们考虑到各有关方面的利益，以及在最高法院对美国宪法的可以变动的解释下，认为合理的情况。

意外事故赔偿和安全法律的另一特点，在失业津贴和失业预防法律中，加以摹仿。意外事故法律规定了三种类型的“保险”：向股份公司保险；州内雇主“互助”保险；以及个别企业机构的“自己保险”，这些企业能证明它们自己具有资力，付得起这种赔偿金。

意外事故赔偿法制定以后几年中产业委员会收集的统计似乎表示，意外事故的预防和法律所允许的意外事故保险方式有相互关系。最好的预防成绩来自所谓“自己保险者”。这些企业，可能有二百家，“办理它们自己的保险”，因此实际不是“保险”，而是和“企业基金”或者“意外事故准备金”相同。就预防的程度来说，其次是以互助保险公司形式联合起来的一些企业；成绩最坏的是在全国范围的股份公司中保险的企业。

1932 年的失业准备金条例仿效了两种保险，“自己保险”或“企业基金”和“互助保险”，而不采用股份公司保险的方式。目的是消除股份公司的私人利润的动机，而选择那些例如在意外事故问题上预防成绩最好的保险方式。由于互助保险的规定，如果雇主们自动地决定把他们的基金合成一种共同基金，因而相互为别人的失业负责，他们可以这样做。

在意外事故赔偿条例的执行中，重要人物是医生。他鉴定受伤的程度和决定因伤不能工作的期限，因此决定每周津贴的数目以及此项津贴应于何时截止。同样地，失业津贴中的重要人物是公共就业管理员。负责的首长向基层收集失业和再就业报告，转送州委员会。他在失业津贴中处于裁判庭的地位，决定津贴的数目、等待的时期和津贴的开始。

这里，在州委员会的主持下，威斯康辛已经形成了一套有效的就业事务所制度，大概有十个机构。特别在密尔沃基事务所，由当地有组织的劳资双方共同管理的制度已经完成。这种当地的就业事务所制度的共同管理，当然被运用到预期的失业法律的执行里。实际上，正如雇用医生那样，人们预期雇主会设立并参加职业介绍所，替他们自己的失业工人在其他雇主那里找工作。失业的时期越短，失业津贴的数目越少。雇主们变成自己的就业管理员，由于受利润动机的驱使，甚至比州政府任用的就业管理员更有效力，后者只领取薪俸，不管利润和损失。为了防止流弊，对于和劳动工会共同执行的集体谈判制度，雇主和工人双方都感到满意。

这种联合一致行动的榜样和习惯，使得人们接受 1932 年威斯康辛的失业津贴条例。这一条例决不是一种合于逻辑的、演绎的法律，起源于正统的经济学说或者美国法律上的宪法论。由于这个原因，同时由于需要时间来组织执行的机构并且在雇主当中培养"就业精神"，条例规定先建立机构，然后延迟保险费的征收、准备金的创立以及最后津贴的支付，像在意外事故的赔偿和预防问题上那样。

以前所讲的这种研究集体行动的历史方法，结果使我在 1921 年陈述了上面说的一种预防失业的法律的一些原则，有别于失业保险。那些原则自动地适应美国商业心理，这是我后来在 1921 年被聘担任芝加哥男子衣着业中联合失业保险计划的主席时发现的，此项计划事先已在该业中由集体谈判议定。我不知道，参加此项协议的七十多家企业公司对于我在 1921 年的主张有任何知识或了解。可是他们在他们传统的竞争、利润和利己的观念中，自然地拒绝了工会提出的要求，要一切雇主捐款，构成一种"市场"基金，由一个中央委员会分配给工会所有的失业成员。雇主们认为，这样把基金合并在一起，将使业务顺利的和效率高的企业——因此也是能提供经常就业机会的企业——不得不对他们的业务较差和效率较低的竞争者的失业工人捐助津贴。

实际上，这是欧洲差不多所有的关于这个问题的立法的“保险”计划；芝加哥工会在要求设立一种共同基金时，它的计划肯定也是这样。后来取得一种折衷办法，设置了大约七十个分开的“企业基金”，代替一种单一的“市场基金”。这就需要七十个不同的执行委员会，从事于征收保险费和支付津贴的工作，于是我发现我自己成为七十个不同委员会的“七十个主席”。

既然百分之二又二分之一的保险费是全市一律的，按各家企业的工资总额比例征收的、个别基金收入的数目彼此大不相同。结果，失业数字最大的企业，负担失业津贴的能力最小；失业数字最小的企业，能够负担最大数字的津贴。终于，一个能维持稳定就业（规定为每年四十七个星期）以及完成一笔等于一年的未来保险费的准备金的企业，将不必再付出保险费或者津贴。因此，这种制度的正确名称是“失业准备金”，不是“失业保险”。准备金是各个企业设立的，保险就要把所有的企业的准备金合并为一笔共同的基金。

显然“劳动心理”不满意于这样一种不充足的和不公平的津贴的分配。工人们，特别是在工会里，感觉到彼此互相负责。失业的工人不仅引起其他在业者的同情，而且引起在业者担心受别人的拖累。这种劳动心理的显著证明是工会会员们情愿“分担”失业的困难，接受零星工作，以便短期的就业可以大家都轮到。

可是“商业心理”很少有这种感情，会使企业公司在淡季和萧条时期中和它们的竞争者“平分”那减少了的出产量。不错，它们可以利用卡特尔，在产量和价格方面达到这种目的，可是，除了这种补救方法而外，竞争者的破产和消灭对于业务兴旺和效率高的企业是有利的，因为把倒闭了的竞争者原有的顾客和工人转移给它们。这可以叫做“利润心理”，而有组织的工人的心理较为接近一种“团结心理”。工人们甚至不能了解为什么业务兴旺的和效率高的雇主不应该和“边际的”及效率低的竞争者分享他们的兴旺和效率。广大工人群众，就我观察到的来说，想要救济，对效率或预防不感兴趣。他们的领袖们近来已经知道注重预防，胜于重视救济。

就是在这里古典派和正统派学说不懂得关于“劳动”和“商业”心理的要点。那些学说是从小制造者的时代留传下来的，那时候一个工匠很容易一天成为一个雇用工匠的“老板—工人”，过了一天又成为受老板—工人雇用的工匠，因此，亚当·斯密在他的一般分析中，对利润和工资不加区别。同样的竞争原则对两者都适用，使利润和工资实质上相等。① 实际上，我们已经注意到，血汗工场制度中的小包工者或制造家的“利润”往往低于他的工匠的工资。

可是，正统派和制度派的理论还有另一种区别。现代的雇主不是一种个人。“他”是一种“制度”——企业家、银行家、股票持有人和投资家的联合一致的行动，他们在一家“行号”或“公司”中结合起来，这种行号或公司如果“运行不停”，我们称之为运行中的机构。现代个人主义是“公司组织—个人主义”。这里适用的不是古典派的理论，而是“公司财政”的理论，至今还没有加入标准的个人主义学说。② 标准学说的关键在于“生产成本”，摩顿正确地估计，威斯康辛法律中规定的按工资总额百分之二的保险费，只占全部

① 参阅本书上册，第187页，《亚当·斯密》。

② 这些理论正在商业学校中以纯粹经验主义的方法发展形成，始终和“经济学”的各部门分开。

生产成本的百分之零点五左右。他认为,这样微不足道的项目,作为一种预防失业的诱因,对雇主不能发生任何影响。

可是"公司财政"的关键在于"利润边际"。这里承担风险的企业家(股票持有人)总是"利用剩余"。所谓"剩余"就是"利润边际",或者摩顿的"纯利润"。企业家是联合的股票持有人。他们共同地成为对一切其他参加者的一个债务人,为了取得利息、租金和工资,他们的利润边际是他们的销货总收入和经常总负债的差额,后者通常称为营业总开支。

对于利润边际的大小还没有作出满意的研究,可是,我在上面已经计算过,根据大约六万家制造公司的情况,在 1919 年的最高平均边际和 1921 及 1924 年这种年头的平均损失之间,中间的利润边际大约是全部销货收入的百分之二又二分之一或者百分之三。

假设利润边际是百分之三,生产成本就是销货收入的百分之九十七。如果是这样的话,平均生产成本的百分之零点五就是平均利润边际(纯利润)的百分之十五左右。对于不同的公司,或者同一公司在不同的时期,它可能比这个数字高得多或者低得多。

这里是诱因所在。资产的可以被银行接受、提供给贷款者和银行家的担保、企业单位作为一种运行中的机构的整个连续性,都系于这种很狭小的利润边际;工资总额的百分之二,如果从利润边际中抽取,就放大了许多倍。

否则,为什么雇主们对于一种按工资总额百分之二或百分之三计算的微不足道的捐税,要像他们在威斯康辛那样激烈地反对呢?这种捐税只有在他们"认真研究业务"时才开始显出重大的意义。当然他们很快就这样做,并且体会到所有他们的经济打算、眼光、效率、讨价还价以及维持偿付能力的其他努力,焦点在于这比较微小的利润边际。

我时常觉得奇怪，为什么企业家在他们反对失业保险的辩论中在成本这一点上显得这样的前后矛盾。一个时候，他们认为全部成本的百分之零点五非常微末，不足以发生效力，不能促使雇主们预防事故或失业。然后在另一个时候，他们又说加上这笔额外费用就会使他们无法继续经营，不能和那些不负担这种费用的其他企业单位竞争。他们确实不是不合理，可是前后矛盾。

显然他们的矛盾的关键系于两种价值学说，古典经济学家的生产成本论和企业家的交易论——选择不同的对象，维持利润边际。摩顿对比了这两种学说，决定赞成古典派的理论。他说：

> "应该用什么方法来表示失业捐税的大概负担和影响呢？……和成本比较，工资总额的百分之二是一个小数目，平均约为百分之零点六；和利润比较，它的比例大小不同，在'正常'情况下可以高到百分之二十五。那些将捐税和利润比较，估计捐税的影响的人，相信它具有强有力的稳定的影响。在那些和成本比较的人看来，它的影响似乎无足重轻。作者认为，和利润比较会产生错误的见解；因此他把捐税和生产成本及风险比较。"

接下去他陈述古典派的成本和风险的理论。针对着这种理论，我创立了利润边际论，这个理论他不同意。我假设企业家是有理性的，他们的前后矛盾实际上不是那么一回事，于是着手研究他们表面上矛盾的原因。我发现了他们的原因在于本书里所阐述的一些理论；就是，凯雷、庞·巴维克、戴文波特等关于不同对象的选择的理论；公司财政学上利润边际的理论；以及关键性交易和一般性交易的理论，这是通过意志作用从经济学家关于限制性因素和补充性因素的客观理论中产生出来的。

参考交易的公式，可以推论凯雷和戴文波特的理论的意义。①

① 参阅本书上册，第69页，关于买卖的交易的公式部分。

我们了解，这些是商人的价值论，也是法院的价值论，后者从商人那里采用他们的经济理论。在他们谈判单独一件交易时，商人首先发生的念头不是生产成本①，而是他们在谋取利润的竞争中面临的选择。因此，他们的价值论不是古典经济学家的“成本”论，而是一种在眼前的不同机会中进行选择的“选择”论。如果别无办法的话，他们甚至会不惜损失继续经营业务，而不愿完全停顿。

这种机会的选择，以及宁可受着损失继续营业，实际上是摩顿在运用运行中的机构的概念时非常重视的。与其停止营业，他们宁愿不顾成本，亏本经营。成本不是主要的；选择的机会是主要的。商人通常把这些不同的机会说成供求的法则，认为这种“法则”和古典派的“生产成本”是对立的。他们说，“我们知道我们不是按照成本营业。我们是按照需求经营。”可是，需求和供给，我们已经了解，只是选择机会的稀少性。当商人说他的交易是受供求的支配、不是受生产成本的支配时，这正是他的真正的意思，变成了经济理论的说法。首先是凯雷和巴斯夏，其次是庞·巴维克、格林和戴文波特，把这种商业的实践变成价值和成本的理论。这两种理论我们曾区别为反机会价值和机会成本。它是一种机会主义的理论，由于商人作为买者和卖者在两种交易中选择机会的多寡而产生。②

可是，如果成本不支配他的交易，支配交易的是不是预期的利润和损失呢？利润和损失是他“利用剩余”的结果。股票持有人成为对一切其他参加者的债务人，不管是工资劳动者、贷款者、银行家、债券持有人、优先股票持有人、原料供应者。他们的利润边际

① 生产成本是买卖双方同意的价格，在公式中称为讨价还价的能力。

② 参阅本书上册，第351页，《能力和机会》。

是产品售得的价格和对其他参加者的债务之间的差额。这个边际，我们估计平均是销货价格的百分之三左右。作为一种促使雇主预防事故的诱因，全部生产成本的百分之零点五，如果从利润边际中扣除的话，百分比就扩大三十倍。

可是，这里加入了那第三种因素，我们称为关键的和一般的交易。古典派的成本论或者是一种静态的理论或者是一种成本的长期倾向的理论。所谓前者，我们的意思是说一切交易作为在同一点时间发生。所谓后者，我们的意思是说，一切交易的计算结果加在一起，得到一段时期中的总成本。

可是，交易论是讲交易本身。每一项交易占用或多或少的短短一点时间，这时候交易的谈判实际上在进行中。它是行为主义的理论，关于商人怎样处理他的许多容易变化的交易，在先后连续的时间点，对付各种不同的工资劳动者、原料供应者、贷款者和其他人等。每项交易，在谈判的时候，对他是关键的因素，他集中全部注意力在上面，考虑着自己当时在这项交易中实际所有的其他机会。一切其他未来的或过去的交易暂时都是补充性的。它们是惯常的环境，当时的关键性交易在这种环境中进行谈判。后来，当时的一种未来的可是辅助的交易变成关键的交易，而以前的关键的交易现在（在接着发生的时间点上）变成一种惯常的问题，不立刻加以处理。

从过去来说，一项关键的交易，一经完成，以后如果经常重复，就变成“惯常的”或“一般的”问题，所以我们不用“关键的”和“辅助的”那种字眼，而用了“关键的和一般的交易”。

以前讲的古典派的静态的或长期的对利润边际的看法，和关键的及一般的看法之间的区别，在摩顿的一段说明中可以看出。他说，

> “捐税、保险、会计上的一切成本，每一项可以是纯利润(利润边际)的一大部分，但是成本的一小部分。说这些成本项目中的每一项占去纯利润的百分之二十五、百分之五十或者百分之一百，使人对于它们的重要性和负担有一种错误的看法。由于这种理论，产生了现在流行的观念，认为捐税在破坏一切利润，因而破坏促进生产的刺激。对于任何单独一项费用，都可以适用这同样的道理。这种开支项目是成本的一部分，生产者一定设法转嫁。”

从古典经济学家的静态的或长期的观点来看，这种推理没有疑问是正确的。它使得那种认为一切成本项目——捐税、保险、工资、原料等等——在计算单独一笔交易的利润边际时都能够加在一起。这一点在我们对利润边际的讨论中已经注意到。我们的所谓“损益边际”，实际上是一年来一切交易的总结，这种边际中必然不能列出个别的交易，那只是总数的微小的一部分。

同样的道理适用于我们所区别的“财务边际”，作为支付捐税以后的利息边际；以及“捐税边际”，作为支付利息以后可供纳税的边际；以及在那里没有提到的其他边际，例如一切其他开支付出以后影响利润的工资边际，就是惯常的或者一般的。

显然这些不同的边际不是在任何一项交易中累积的。各项交易有它自己的选择机会。最重要的或者关键的交易在于有关某一项因素的特殊谈判，以它单独地影响利润边际的程度为范围；一切一般的或辅助的交易这时候已经都不加考虑。如果一段时期的全部交易总结起来——例如一年的交易，像在我们的损益边际中那样——那是作为那个时期的一种统计的结果，而不是交易本身。这些交易，如果是关键性的，必须分别作为当时发生的每一项单独的谈判来处理。

这是有名的统计的错觉之一。个人消失在统计的总数中。①

① 参阅本书上册，第312页，《平均》。

可是个别的交易是实际的行为。一个时候，如果个人在反对捐税，他也许说捐税虽然只占他的生产成本的百分之一或百分之二，可是占了其他一切债务付清以后他的纯利润的百分之四十或百分之五十。另一个时候，如果他在反对失业或者意外事故保险，他也许说并且确实在说，保险费虽然只占他的生产成本的百分之一，可是占了他的利润边际的百分之三十等等。他在进行工资谈判、利息谈判或者租金谈判时，也提出类似的理由。在他正进行谈判的时候，那些交易每一项都是关键的。这种谈判一经完成，以后的重复就成为纯粹惯常的或辅助的交易，因此在当时不受重视。

从他本能地反对的静态经济学的观点来说，他的逻辑是荒谬的。可是，从连续的交易中所包含的动态的时间因素，从他陆续谈判的连续的各次时间来说，他是不错的。他和任何能力有限的不能同时做许多事的人同样的有理性，他必须把他的有限的能力用在一项因素上，这项因素他当时认为是关键的或者限制的因素。这里，在那关键的交易中，他不得不考虑自己在这一次的交易中"面临"的选择的机会；他本能地不接受一种"空论"的学说，那种学说实际上把他当作一个能力无限的生命，能够在一刻时间上做他的一切交易。

这可能似乎和近来对"成本会计"的重视有些矛盾。这种成本会计是统计家和会计家创立起来，作为企业家在交易中的指南或者在谈判中的"要点"。可是他知道，在他的个别交易中，不能受它的束缚。在那一点时间，他知道他受他的可供选择的机会、他的不同的反机会价值，以及他当时的讨价还价能力的束缚。这三者的关系在我们的交易的公式里说明了。

我们正是应该这样地处理"风险"问题。摩顿和古典经济学家一样，正确地把企业的风险和生产成本联系起来。可是，我比那些旧的理论更认为风险重要得多。如果利润边际平均只是销货总值的百分之三左右,如果生产成本因此是销货总值的百分之九十七,那么,风险对利润边际的影响,比它对生产成本的影响重要得多——三十三倍。可是,这些边际在许多变化无常的交易中变化很大。每项交易有它自己的风险,这些风险必须折算在该项交易中所谈判的价格和数量里。①

一个时期内所有这些不同的风险不是累积在各项交易里面的。它们集中在正在谈判中的关键的交易上,这一项交易中的风险也许那样大,以致在它的谈判成功以前,所有的一般性交易都暂时延搁,营业停顿。如果风险很大,像有时因为预期价格下跌在借贷的谈判中那样,那么,预期的利润边际就一定比风险小的时候大得多。

那么,风险成为"信心"或者"没有信心"的整个问题,和利润边际相比的时候,比较和生产成本相比的时候,更重要许多倍。

因为这个缘故,当然必须承认,而且实际上在一切争论和辩护中必须考虑到,按工资总额征取百分之二的保险费,在不同的时候、不同的交易中、不同的企业里,对于预防意外事故或者失业,具有大不相同的压力。在极端繁荣而利润边际大的时候,以及在极端萧条而利润边际小的时候,保险费的影响,大概不及在"正常"时期中的影响那样大。在这样极端的时期,其他因素的关键性比较大,意外事故或失业预防的关键性比较小。然而那百分之二的保险费的压力总在那里,不管是关键的或者一般的。可是,法案中作了许多的通融和让步,并且在执行的谈判中一定还会有其他的通融和让步,照顾这些变化无常的风险。

① 参阅本书下册,第 48 页,《贴现和利润》;又第 192 页,《商业的供求法则》。

必须注意，那法案当然只限于威斯康星州。该州的纳税人不能预防失业，因为，他们以纳税人的资格，不能控制个别的企业。人们提出意见，和现在摩顿再陈述的一样，认为全国——实际上全世界——应该对失业负责，比个别的雇主们更有责任。因此国家应该承受救济的负担。

在辩论中对这种意见的答复是，只要有很多的州采用同样的立法，它们就会有足够的政治影响，促使国会按照各州州内支出津贴的数目，予以补助，像在几种其他由社会负责的事业上已经实现的那样。[①] 特别是在萧条时期中这些国家补助也许很大，对于这一点，人们举出“联邦救济总署”和“全国产业复兴法案”作为具体的证据。也有人说，全国政府所承担的失业责任，只能以它的货币和信用政策对失业应负责任的范围为限。它应付这种责任的方法必须是全国或者世界范围的稳定物价。[②]

关于工人分担企业的失业基金，有人提出类似的理由；这种办法摩顿也赞成。这里人们在答复中认为工人和纳税人一样，不能预防失业。他们只能分担救济。因此关于工人的捐助，法案中没有作明确的规定。我们可以假设“开放工厂”的雇主会要求他们的没有组织的工人捐助，因为这是在谈判劳动合同中他们的习惯法权利的一部分。也可以假设，在有组织的“工会工厂”中，工会会要求它们的会员捐助，像在芝加哥的制度中那样。他们的捐助会扩大工资劳动者所重视的救济。

因此，摩顿所主张的由三方面捐助来实行“社会责任”的计划，在结果产生那法案的谈判中获得了充分的考虑。可是社会责任问题留给工人和联邦政府的未来的自愿的行为去解决（在法律的“自

① 例如教育、职业教育、公路等。
② 参阅本书下册，第 233 页，《世界范围的偿付社会》。

愿”的意义上），这种自愿的行为决定于他们预期通过自愿的集体行动可能获得的结果。

最后，我们注意到人们混淆了课税权力和警察权力，它们的关系我们以前曾就一个方面加以考虑。[①]摩顿一贯地认为保险费是对雇主的一种捐税。如果是这样，他认为，那就和亚当·斯密所谓租税应该根据“纳税能力”分派的原则相抵触。这一原则，他发现被用在欧洲的失业保险制度里。在那里雇主所付的保险费按一年中工人就业若干星期比例计算。这显然是跟雇主的繁荣和纳税能力成比例的。例如，一个雇主的业务兴隆而稳定，一年雇用工人五十二周，他缴付的捐税两倍于他的只雇用工人二十六周的竞争者（工人的人数相同）。作为一种捐税，缴纳的数目和缴纳的能力是成比例的，工厂的继续不断的经营可以为证。

可是，在威斯康辛法律中，缴纳的数目和缴纳的能力成反比例。提供五十二周就业的雇主不付出任何保险费或津贴，可是那只能提供二十六周就业的雇主倒按照他的工资总额付出二十六份保险费。这当然是一种“累退税”，随着减少的纳税能力而增加。

可是，如果我们仔细地研究这个问题，这是美国制度中“警察权力”怎样运行的特色，有别于课税权力本身。警察权力对那些社会思想最低的人压迫最大，那些社会思想最高的人却不受影响，因为他们自动地对共同福利作出其他的人必须受到强迫才会作出的贡献，或者停止营业。就这个问题来说，“具有社会思想”意味着能够和情愿常年地继续提供就业。实际上，课税权力可以用来产生这种警察权力的效果，像在关税、奢侈税中那样，或者，像我们建议的那样，豁免那些由于使别人致富而自己致富的人，从而把负担

① 参阅本书下册，第477页，《课税的警察权力》。

加在那些获得自然增值或者非劳动增值的人们的身上。

因此，如果威斯康辛法案叫做一种课税办法，那是使用“课税权力”这个名词，不是维持政府，而是为了可以诱导那些没有社会意识或者个人能力的人接受关于失业的社会责任，向那些有社会责任感的人看齐，后者觉得自己有一种社会责任，应该救济和预防失业，否则就停止经营。这样一种办法，在美国宪法使用这个名词的意义上，是一种警察权力的使用，不是课税权力的使用。它不是根据纳税的能力，为了维持政府；而是根据可以促使人们稳定就业的诱因。

7. 人格和集体行动

合理价值的理论，在实际应用上，可以扼要地说是一种由集体行动控制、解放和扩张人格，从而取得社会进步的理论。它不是个人主义，而是制度化的人格。它的默契的或者习惯的假设是以私有财产和利润为基础的资本主义制度将继续存在。它配合马尔萨斯式的人性概念，这种概念从感情、愚蠢和无知出发，因而人类的行为和理智及合理性会规定的事物相反，结果人们崇拜那种由于进取、坚持、冒险以及承担对别人的责任，因而取得领袖地位的个人。

没有节制的追求利润，使得有良心的人堕落到最没有良心的人的水平；然而相当多的少数人总是在这个水平以上，不管集体行动可能已经把它提高到什么程度。这些人表示进步的可能性。

那么，问题只在于研究集体行动的运行法则，这些法则把不情愿的个人提高到一种合理的理想主义（不是一种不能实行的理想），因为进步的少数人在现状下已经证明了它是可能实行的。

过去一百年来美国的各种自愿的和政治的运动不消除利己的

动机。这些运动暴露它的局限性。利己心总是在那里。意外事故赔偿条例还给工资劳动者的数目，估计不到他们所损失的工资的百分之三十。这些条例使工资劳动者负担繁重的责任，它们在销货价格上只增加百分之零点五左右，准备转嫁给消费者，或者为较高的管理效率所吸收。工会把一小部分工资劳动者提高到大众的水平以上，可是他们造成一种比较高尚的人格，因为解除了人们的忧虑。农民合作社只在小地区和小国家里进行顺利，并且只限于各种农民中的小部分，可是它们提高了社员的思想意识，使他们具有较高的相互负责的责任感。货币的、经济的和物价的稳定运动在一个战争和经济冲突的世界里是令人失望的，可是它们提高个人的责任感，使个人感到对于冲突的预防负有责任。

集体行动的发展所以有限的原因，在历史上是明显的：矛盾的各社会阶级的抗拒；内部的政治关系、党派、猜忌以及机构内领袖人才的缺乏；大众的传统和习惯。他们宁愿忍受已经习惯的弊病，不肯做没有把握的试验；以及因此在暂时成功以后发生的反动力。

在经济学领域内，如果能在社会福利的计划里利用利润动机，那就利用到一种有力的因素，比一切其他因素更加积极。这是一种引力，要引起企业家在使别人致富中求得自己的财富，如果这样对他不能生效，就诉诸集体行动。

这使我们需要比较一下那三大实验——共产主义、法西斯主义和资本主义——它们自从最近的世界大战以来，已经使前此经济学家的互相矛盾的学说以及各种全国范围的、扩大或抑制个性的集体行动都受人注意。

第十一章
共产主义、法西斯主义、资本主义

自从世界大战以来，三种政治经济学体系取得了重要的地位：苏联的共产主义，意大利和德意志的法西斯主义，美国的金融资本主义。可以从这三种观点出发，对它们进行比较：经济理论、社会哲学和世界历史。经济理论是供给和需求、生产成本、边际生产力、欲望的满足。社会哲学是人性和它们所趋向的最终目的。世界历史是从历时二十五年的法国革命的世界战争到我们现在亲身经历的四十次革命的世界大战为止的实际变迁。这三种观点是分不开的；想要把它们结合起来的努力，就是现在的所谓"制度经济学"。

他们从亚当·斯密的个人主义和法国革命开始。斯密提出法国革命所实行的那些原则。这些原则攻击了公司组织和行会，攻击了地主，攻击了政府造成的特权。法国革命废除公司组织，分掉地主的财产，并且宣告一切个人的平等、自由和私有财产，不受国家或者由国家赐予特权的行会和公司的控制。

斯密以经济上的供求法则以及政治上的财产、平等和自由的法律代替了重商主义。所需要的对个人的唯一控制，是消费者的欲望。正统经济学家追随了斯密一百余年，起初作为古典经济学家，他们的学说以生产的劳动成本为基础；后来作为心理经济学家，他们的学说以消费者的欲望为基础。这两派可以称为自动平衡经济学家，他们的推论采用自然科学里的类比为基础，就这个问题来说，它成为各个人当中供求的平衡，这些个人是自由、平等、分子式的和可以移动的。可是，结果证明经济理论必须以历史为基础，和必须以平衡为基础一样。

在这自动平衡的背后有一种人性的哲学。亚当·斯密的哲学是神学的。人是有理智的动物，受神圣理性的指导。这神圣理性是一位仁慈的上帝，他会给全世界带来丰裕，只需人类不要用政治和公司的集体行动来抑制和压迫个人。法国革命废除公司和地主，崇拜了一位理性的女神。

可是希望不久就幻灭。马尔萨斯在大革命中就预先说道。人不是有理性的动物——他是感情和愚蠢的动物，所做的事情往往和理性要他做的相反。因此政府不能让他自由，必须加以强制。

滑铁卢战役以后，那预言的使人失望的情况实现了。世界范围的商业萧条，历时三十年，带来贫困和失业，终于又产生 1848 年的革命。马克思现在出现，发表了他的共产主义宣言。他修正了李嘉图的劳动价值论，把它的唯物主义哲学扩充为阶级斗争。如果像李嘉图的理论似乎相信的那样，只有劳动创造价值，劳动就应该享有全部产物，然而不是作为个别的劳动者，而是作为社会劳动力，通过无产阶级专政的手段。供求的“法则”，财产、平等和自由的法则完全取消，代以阶级斗争和无法抑制的劳资冲突。这种哲学结果产生了俄国革命，具有马克思的信心，相信此后会成为一种没有阶级的社会。

同时斯密的个人主义向另一种不同的方向发展——趋向无政府主义。这种哲学终于变成意大利的法西斯革命。第一个无政府主义者，威廉·葛德文，在 1793 年要把斯密和法国革命推进一步，不仅要废除公司和地主，而且要废除国家本身，那是对个人的一切强制的根源。马尔萨斯提出他的感情和愚蠢的哲学，就是为了答复葛德文的理论。

后来,在十九世纪四十年代那可怜的十年中,葛德文的继承人普鲁东,在他和马克思的辩论里,主张个人对私有财产的绝对权利,和国家以及一切集体财产对比。个人们可以形成自愿的组合,可是那团体组织并不因此就取得个人的财产,而个人能够随时脱离,带走他的财产,不受违背契约的处分。

普鲁东的自愿组合的幻想很快就证明了也不可能实现。现代的股份公司在五十年代开始形成,成为一种法人,根据可以执行的契约,占有生产手段,替代个人所有者,终于在单独一个机构里雇用着数以千计的无产的工人。因此革命的无政府主义的下一阶段是革命的工团主义,它的哲学家是二十世纪初期法国的乔治·索雷尔。

索雷尔承受了马克思的阶级斗争和资本主义制度必然灭亡的学说,可是他把它改变了,从运用专政来占有国家改变到利用工会和总罢工来占有工厂。这是世界大战后在意大利发生的情况。工人开始占领工厂,农民开始占领田产。总罢工使整个城市陷于瘫痪状态,也瘫痪了铁路和电报。工团主义变成有组织的无政府主义和无组织的共产主义。由于既不能从资本家那里获得原料,又不能从银行家那里获得信用,最重要的是,由于有组织的罢工破坏者法西斯党人的兴起,它终于垮台。

这是马克思在他的唯物史观的哲学里忽略了的东西。他正确地预言了那必然的趋势,自由竞争和长期的萧条将消灭个人生产者,把资本的所有权集中在少数人手里,把以前独立的个人变成受雇于这些少数人的工资劳动者。可是他假设然后资本主义会由于本身的无能而没落,广大工资劳动者完全由于人数众多就会占有一切。

他忽略了工资劳动者本身可能会分裂为两个阶级——脑力劳动者和体力劳动者,白领工人和工厂工人,薪水工人和工资工人;

争取对他的所谓腐朽资本主义的控制权的真正斗争，可能是这两种阶级之间的斗争，他们都依赖他的所谓无能的资本家获得他们的衣食。他又过分相信小财产所有者的必然消灭，主要地指农民，他的所谓小资产阶级，这些人后来表现了很大的组织起来互助的力量。

这是在苏联和意大利发生的情况。它的关键不在于单纯的人数。它的关键在于政治的领导以及组织能力，组织一种斗争的少数。领导是列宁和墨索里尼。斗争的组织是红军和黑衫党。他们的方法都是暴力的组织。

列宁用他的口号“一切权力归于苏维埃”，墨索里尼用他的口号“一切权力归于法西斯”，分别取得胜利。苏维埃就是我们了解的所谓主要城市中的中央工会或者劳工联合会，代表当地工资劳动者的工会。它们在俄国成为从战争中回国的武装工人。知识分子，作为一种阶级，不得参加苏维埃。

法西斯最初也是归国军人，和美国退伍军人会一样，也是失业的，在找寻工作。然后中学和大学的教师和学生参加；然后办公室里薪水生活者参加；然后城市和乡镇里的小商人参加；然后各种职业中的知识分子参加；然后资本家和地主的儿子参加；然后退伍军官参加。最后所有的大学教授被迫宣誓拥护法西斯政权。从最初起，墨索里尼的经费就靠工厂主、银行家和地主供给。终于他们成为不出面的法西斯统治者。

一种类似的阵容在德国出现。德国的法西斯党是办公室工作者，中等学校和大学校的青年、小商人，以前的财产所有人，他们由于通货膨胀损失了自己的储蓄，他们自己现在失业，和体力劳动的工人一样在找寻工作。希特勒也是由银行家、工厂主和地主供给经费，他使失业的旧政权下的军官充任他的地方组织的负责干部。甚至在英国,我们看到已经有了一个法西斯政党的开端。法西斯和苏维埃实际上是现代资本主义制度下的薪水工人和工资工人这两个阶级,相互仇恨,可是两者都依赖资本家获得他们的工作。

当局势比较安定下来的时候,我们在苏联和意大利发现两个独裁者,斯大林和墨索里尼,他们对政府的控制,依靠两个对立阶级之一的斗争的少数对他们的忠诚。在苏联,体力劳动的工人是至高无上的,他们享受较好的衣、食、住、医药以及戏院中的座位。教授、工程师、科学家、技术家、专家、艺术家、演员、律师、机关办事员,以及以前的资本家,都是次要的,地位较差,或者完全没有地位。

在意大利,情况相反。法西斯的忠诚靠政治工作上的优先任用,以及职业介绍所尽先介绍职业来维持;那些顽固不驯的人被镇压、处死或者送进孤岛监狱。在苏联和意大利,审判时都没有贵族陪审委员,没有独立的司法,也没有立法机构。一切处分都由行政程序衡量,决定于特权阶级的官员;法官的任命和去职,由政府的行政首长任意安排。当然没有许多政党——只有一个政党,共产党或者法西斯党,仅占全体人口的很小一部分,可是拥有棍棒、手枪和其他暴力的工具。甚至这些党的领袖人物都由那独裁者任命和罢黜。

虽然马克思在他的唯物史观以及自由竞争和个人自由的最后消灭的理论上是正确的,可是在他对阶级斗争的解说上却不正确。社会里所有的不是一个阶级或两个阶级,而是许多阶级;结果是共产主义,或者法西斯主义,或者资本主义,决定于人格、领袖人才以及组织一个战斗的少数的能力。

马克思的理论甚至对美国比对苏联或意大利还正确得多。这些国家仍然主要是农业的，完全没有达到资本主义的工业和金融阶段，由少数的资本家雇用着千百万的工资劳动者。在苏联，惊人的五年计划想要硬把一个农民的国家变成一个工资工人的国家，在五年或十年中完成马克思认为自由竞争不知哪一天（也许一百年后）才会完成的事物。

对美国来说，他的预言比较接近正确。一百年前，美国人口的十分之九是农民和农民的家庭。今天农民不到五分之一，其余五分之四已经迁移到城市和村镇，在那里或者成为主要由公司雇用的工资劳动者和薪水工作者，或者成为小法西斯商人。甚至人们现在估计，如果农业会采用已有的最好的机器和化学，那就只需要用百分之十的人口种田，就能供给全国人的衣食，并且农民很快地被压缩得向那百分之十的标准减少下去，特别在大战以来是这样。农业机器、化学和集中在比较肥沃的土壤，在农业上造成的结果相当于机械力在工业和制造上造成的结果——把田地农场变成资本主义的组织，由雇工耕作经营，或者租赁给农民，用一种常年计件制度。连锁商店[①]和连锁银行对小商人也在发生同样的影响，把他们变成由大公司雇用的“白领”工资劳动者。一种类似的连锁农场制度，从分散的农场由一个中央组织经营的办法中，已经可以看出。全国制造业的十分之九已经掌握在公司组织的手里。[②]自动地并且靠自由竞争的力量，以前的十分之九的人口，一百年前的小业主和美国个人主义的堡垒，逐渐在变成另一种十分之九，现在的工资劳动者和薪水工作者，共产主义或法西斯主义的基础。个人主义变成公司主义，私人财产变成法人财产。剩下的小部分农民，由于抗拒法院和郡长取消赎取抵押品的权利的意图，变成革命

① 就是“联号”，一般属于一个公司组织。——译者

② 参阅本书下册，第 160 页，《利润的边际》。

主义者。

美国固守着殖民地时代的个人主义，虽然它的经济基础已在消灭。在共和国的最初五十年中，除了那些获得立法方面特许的以外，没有什么公司组织。所有的公司当时都被看作垄断事业。当时的反垄断运动是反公司运动。它们实际上是合法的垄断，因为每一家公司都是根据立法的特殊法案创立的。为了取得设立公司的执照，企业家不得不和政界人士联络。独立党执政时，只有独立党一派的活动分子能取得执照。民主党执政时，只有民主党一派的活动分子能取得执照。政党的领袖以中间人的姿态出现，代表资本家控制着两党。

后来，在 1848 年从纽约州开始，立法方面制定了一般公司法，规定任何组织只需向国务卿提出公司章程，就可以取得执照。这不是为了便利资本主义，而是为了消除政治上的贪污。立法机关不废除公司组织，而是使它们普遍化。公司组织不再是垄断——而是竞争者。它们确立了商人的一项新权利——组合的权利。这种新的权利是现代资本主义的开始。资本主义不是从亚当·斯密开始，而是从“运行中的机构”开始的。

反垄断的立法然后采取了不同的方向，结果产生了四十年前的反托拉斯法律。任何联合，不管是公司或者个人的联合，只要限制贸易，就不合法。

然后，三十年前，又出现了一项新发明——控股公司。这是公司法专家的发明，目的为了逃避反托拉斯法律，首先由新泽西州制定有关的条例。它不是完全新的东西，因为公司向来能持有其他公司的股票和债券。它的新奇在于创立公司完全为了或者主要地为了持有其他公司的股票和取得在其他公司投票的权利。其他各州和新泽西州竞争，从事于此项有利的业务。

控股公司被赋予几乎无限的权力，它们在本州享受的一切特权，在其他州内也可以享受。对它们的唯一限制现在是美国最高法院。该院在二十年前解散了两家这种公司——美孚石油公司和烟草公司。可是，十五年前，在制鞋机器公司和钢铁公司的解散诉讼中，最高法院支持控股公司，运用了“合理的贸易限制”的新准则——就是，法院的多数认为合理的那种限制。这些控股公司成为金融资本主义的顶点，“现在变成比政府本身更有势力”。

由于这种司法权的发展，公司组织法律化了马克思的唯物史观。可是，不用废除司法来实现共产主义或法西斯独裁，而通过提高司法的地位，使司法高于各州和联邦的一切立法和行政。现在是美国最高法院解释财产是什么，而那些天真地解读宪法的人却拘泥地认为财产的解释应由各州负责。共产主义和法西斯主义废除立法和司法，代以政府行政部门的命令；美国的制度使行政和立法服从美国最高法院的命令。联邦法院成为美国独裁的标记。

这是美国的资本主义——不是世界大战的革命以来共产主义和法西斯主义的行政统治权；也不是 1689 年以来英国的立法统治权；而是 1900 年以来最高法院的司法统治权。它的行政工具不是独裁者的命令；而是法院的禁令。

还有其他美国和欧洲制度的对比。我们对于苏联和意大利的情况，不能确实知道，因为反对派的报纸已经停刊；私人结社已经禁止；大学校里不许自由研究和讲学；官方的统计数字不尽可靠。可是，我们可以作概括的比较。

“工团主义”这个名词起源于法语，意思不过是“联合主义”。雇主或银行家的联合是一种雇主的辛迪加或者银行家的辛迪加。工会是劳工的辛迪加。可是，历史已经改变了辛迪加这个名词的意义。在美国文字里它意味着索雷尔的革命工团主义，目的在于推翻私有财产制和政府。在意大利，它的意思已经变成爱国的工团主义，由政府组织，支持私有财产制和独裁者的霸权。

在意大利，有四种主要的辛迪加：资本家辛迪加，农业辛迪加，劳工辛迪加和专门职业辛迪加。为了可以经营商业或者获得工作，各个人必须参加辛迪加为成员，或者至少必须缴纳捐款维持他的辛迪加。它们制定规章，规定工资甚至产量，非成员和成员同样必须遵守。它们的组织分为地方、地区和全国的。它们的干部和命令必须由独裁者核准。全国性的辛迪加现在称为“全国法西斯联盟”。近来它们在“公司”的名义下改组了，其中包括两个对立的雇主和职工的联盟；我们看到了一个“法人组织的国家”，独裁政治的表面。

这些强迫性的公司代替了议会。它们又是政治的又是经济的。这好比美国总统将废除所有的选举，所有的立法机构和所有的政党；靠他控制着法西斯党，永远保持他的地位，这种党不是政党，而是政府的警察力量；然后取消商业部部长和劳工部部长的职位，由他自己担任各种公司的唯一首脑；禁止一切罢工和闭厂，代以强制的仲裁；召集这些公司开会，一起制定法律规章，管理产业、农业和劳工；可是不用成文法和司法制度，而发布这些法律规章作为政府行政首长的命令，由法西斯党的行政程序加以执行。

这样一种转变不是不能想象的，实际上在美国的政府制度中已经有些习惯。根据宪法，一经对外宣战，美国政府马上就变成独裁。由行政停止人身保障法的效力，等于废除司法。战争工业委员会、谷物公司、运输委员会、战争金融公司的创立，是独裁者任命的一种“公司部”。各种公司和联盟在“公司部”面前作为咨询机关出现，不是代表个人，而是代表经济利益集团。国会暂时退让，可是我们南北战争以后的建设时期说明总统能怎样控制选举；三K

党、公司独裁以及厂主和商人的协会表示地方和州的选举可以怎样控制。我们已经有了法西斯主义的手段，墨索里尼扩大这种手段，只由于造成一种永久的战争状态，为了维持意大利全国的团结，和一切其他国家斗争。这种移转，在有势力的集团的思想上，是从国内的阶级斗争转移到世界性的各国之间的斗争。

苏联也消除国内的阶级斗争。很奇怪，这是共产主义的社会哲学。无产阶级专政据说只是一种过渡时期，为了有必要在这期内消除人们的利润心理。他们的理论是，到了所有的人都成为工资劳动者，没有人能希望靠利息、租金或利润生活的时候，利润心理就会消灭。五年计划是一种宏伟的尝试，不仅利用外国工程师的帮助，把苏联提高到美国的技术水平，而且同时要改变人民的心理，从利润、租金和利息心理改变到工资心理。到这一点实现的时候，独裁政治就会在一个伟大的工人的合作的国家中消逝。

可是，由于环境的力量以及其他国家中资本主义和法西斯主义的阻力，马克思和列宁的早期哲学，所谓无产阶级的国际阶级斗争，已被放弃，苏联现在只要求世界范围的和平以及有机会建设它自己的国家。共产主义变成国家主义。

在意大利和苏联，以前的自愿的工会和合作社都被禁止，它们所用的手段非常简单，就是，指派它们的高级职员，由法西斯党或者共产党负责执行这些任命。在意大利，它们成为全国法西斯公司的一部分。在苏联，工会是工人的委员会，它们对工厂经理下命令；合作社只是政府的买卖代理人。

切不可认为，意大利的法西斯独裁是一种大企业的独裁。它也许是这样，合于帕累托的所谓“财阀政治”，因为大银行家、制造家和地主供给经费。可是它显然是一种小企业、小业主和薪水及专业工作者的独裁。在美国可以和它相比的是“全国制造家协会”

和美孚石油、美国钢铁、通用电气、通用汽车、大通银行这种大公司之间的区别。美国大约有六万家制造公司，生产着制造品的十分之九，可是其中我们可以叫做大企业的，估计不到二百家。其他五万九千家是比较小的制造厂。三千万美元的公司现在是小企业，如果它的唯一的竞争者是一家三亿美元的控股公司。在买卖和银行业的领域里也是这样。像希尔士·鲁布克连锁商店或者大通银行和它的分支机构这种庞大的买卖和银行公司比较少。大多数是小商人、小企业家和小银行家，分布在数以千计的乡、镇和城市里。他们的业务只占比较小的一部分。

在意大利，似乎控制法西斯公司的是这些小企业家，因为墨索里尼对大企业做一种姿态，表示它的大头脑，像我们的洛克菲勒和摩根之流，也会和小人物完全一样被关进荒岛监狱。我们以侮辱法庭罪监禁辛克莱九十天，他出狱后比入狱前在伙伴中享受更大的威信，只因为他不肯作不利于他们的证言。法西斯主义主张把他无限期地关在监狱里。

在美国的另一种对比是农场主和农场工人。法西斯主义是包括农场主的政党。它好比是美国的农民协会、农场联合会和所有的农民合作社都变成“全国法西斯主义农业联盟”，跟制造家和银行家的全国法西斯主义联盟并列。总之，法西斯主义是企业家、银行家和农场主的专政。

至于一切国家中的小企业家和小农民，他们在现代技术条件和商业萧条的压迫下，陷于苦境。一方面大企业在吞并或控制他们的市场。另一方面，工资劳动者在要求提高工资和缩短工作时间。大企业付得起高工资，它们减低工资或者维持高工资，只是一种自己的政策问题。它们实际上处于一种非竞争的地位。可是小企业家和小农场主，在萧条时期内，不得不减低工资，否则他们的财产就会更被大企业吞并，通过取消抵押品赎取权或者忍痛变卖。那冲突是无法遏止的。从人们企图在美国形成一个进步党或者第三党的努力中可以看出。小企业家、小农扬主以及工资劳动者的组织支持了这些运动，可是在碰到工资、劳动时间或其他劳动立法问题时，小农场主反对，于是该党分裂。法西斯意大利运用企业家和地主的独裁、禁止罢工和闭厂、强迫规定工资和劳动时间、运用独裁者的命令，来解决这种问题。

可是，欧洲制度和美国制度的基本不同，是贫穷和丰裕的不同，是低生活水平和高生活水平的不同。由于丰裕和高生活水平，出现了美国的金融资本主义。这种区别使失业在欧洲成为可能引起革命的危险，而在美国只是可能引起生产过剩的危险。一个工资劳动者的国家，像德国或者英国，即使在充分就业时已经处于饥饿的边缘，在发生失业时必须用捐税维持它的赋闲的工人，否则就会发生内战，结果成为共产主义或者法西斯主义。欧洲国家已经在趋向这种不幸。法国、瑞士以及斯堪的纳维亚国家的危险最小。法国仍然是农业国家，农民尽管贫穷，却不失业。工业崩溃的时候，田地可以养活他们。在美国，从前遇到工业失败的时候，工资劳动者可能领种荒地，或者回到他们的种田的家庭里去。可是现在，由于资本主义农业的兴起以及农民本身的穷困，田地越来越不能作为失业者的避难所。农民害怕过多的农民，正如资本家害怕生产过剩。当一个国家的十分之九的人口成为工资劳动者和薪水工作者，以及农民公然反抗郡长时，失业和穷困可能引起的危险不仅是生产过剩。

意大利的工团主义勇敢地应付这种危险。独裁者宣布全国的工资和薪水一律减低百分之十二，使企业可能有一种利润边际，使失业者可能就业。苏联的独裁用另一种方法来应付，手段更为激烈。一切制造、销售和银行机构属于国家所有，苏联对作为销售者的农民和合作社给予低价，而对作为购买者的同样农民和工人收取高价，并且，利用两者的差额，不必借款就可以创造资金的来源，雇用工资劳动者，建设庞大的物质资本。节约是强迫的节约，由于压低原料的价格而抬高零售物品的价格。他们没有失业，虽然他们贫穷。

没有失业保险或津贴的资本主义的美国，以前只是等待饥饿迫使工人接受较低的工资，然后才重新举办工业，雇用失业者。生活标准无疑地因此降低，可是，由于自愿的失业津贴，它仍然高于欧洲的贫困的水平。过去这一年中全国复兴总署才致力于维持工资。

美国资本主义在这些较高生活标准的基础上进行建设，反驳了马克思所谓资本主义腐朽的预言。部分地由于所谓自力复兴，部分地由于强制的复兴，资本主义正达到一个统合的时期，显然在加强这个制度，超过以前的任何时期。马克思正确地预言了资本的集中，这个我们称为大企业。可是，他没有预见到由于公司组织和高生活水平而可能发生的所有权的分化。一般公司法律已经分散了资本的所有权，虽然一方面促进它的集中。大规模的公司渐渐看出这种所有权的分散多么重要，在政治上因为它对选举的影响，在经济上因为资本本身的增加。他们有意识地把他们的股票和债券散布在数以千计的投资者的手里；有意识地努力稳定股利，尽管以前“幕内人”曾利用公司组织这种新方法像剥削工人一样地剥削投资者。最近美国商会主席估计有五千五百万个储蓄账户、六千五百万份保险单和五百万股票持有人属于法人所有权。一家公司，美国电报和电话公司，它的收费标准由一些假定代表消费者的委员会规定，据报告它的股票持有人在七万以上。

这种所有权的扩大，可以称为投资者的好感的扩大，它使千百万的美国人对于保存资本主义感到兴趣，一方面他们自己的小资本主义在停止发展，趋于消灭。

可是，资本主义需要立法来实现这种目的。法人组织的特许状是立法的行为，赋予整体性、永久性和有限责任的特殊权利。主要地通过州立法来实现，例如公用事业法、管理股票和债券的发行和销售的“证券买卖取缔法”以及可以提出的其他类似的法律，使善意的资本家在资本主义的主要保证——千百万投资者的信心——方面得到保障。然而，必须指出，自从1929年以来投资者的好感遭受破坏，一种联邦的证券买卖取缔法已经制定。这种立法是强迫的复兴来帮助自力复兴。

强迫复兴的另一种运用是劳动立法。直到过去三十年中美国最高法院准许劳动立法扩大和实施，劳动立法才开始有效力。法院受了商业和农民的社会哲学的影响，在重要案件中行动落后；可是大企业实在是比较敏感的，因为它没有票数。预料不到的结果是，劳动立法和公众意见在大企业身上比较在小企业身上容易实行。美国钢铁公司击败了要求八小时的工潮，然后由于政界人士惊慌的请求，又宣布建立每天八小时工作的制度。小企业不是那样敏感，因为它有票数而没有利润。通用电气公司不等到被立法强制，就实行失业保险。其他大公司也在通用电气公司的先后实行。也许，归根结底，大企业在排挤小企业和农民的过程中，要争取劳工的好感。

资本主义的另一种强迫的复兴是工会主义。美国的工会会员只占工资劳动者的百分之十五，而欧洲的工会包括工资劳动者的百分之六十到七十。但是美国的工会组织比欧洲的工会组织力量较强。它把会员的工资提高到两三倍于无组织的工人的工资，甚至高于小农场主的收入；在欧洲，有组织的和无组织的工人的工资差别小得多。小企业和小农场主在竞争的压迫下付不起这些工资，而大企业却了解要防止工会组织发展，最容易的方法是"抢先一着"。他们了解必须要做有益于他们的工人的事情，要做得和工会一样多或者比工会更多。他们组织就业部门，和他们以前组织生产、稽核、法律和财务部门一样。他们聘有研究劳动心理的人事专家，甚至用公司协会摹仿工会。然而，连这些自力复兴在1929年的萧条中也受到挫折，第一个被取消的是人事专家。

更重要的是，他们懂得不利用禁令，竞争的小企业却竭力要保留禁令，不让工会进入他们的工厂。禁令就是一种司法的命令，起因于美国的司法权制度，类似墨索里尼的行政命令，解散工会，由独裁政治直接管理劳动。大资本主义不需要它，它是相当于意大利法西斯主义的美国制度。"反禁令"法，如果法院遵守它，就会把法院关在政治的门外，使劳工团体和雇主团体在法律面前处于平等的地位。

美国资本主义的另一种力量是人们可以白手起家，从最低的地位升到最高的地位。培尔曼教授在谈话中曾把它比作天主教会。最低级的计日的散工，出身于最穷的家庭，可以成为工头、厂长、总经理，然后董事长。在我们的大公司里这种事例很多很多。在老的个人主义制度下，个人创立他自己的企业，取得财富，而这种企业在他的儿子和女婿手里垮掉。现在他创立一个公司，这公司在他死后仍然存在，他的继任者不是他的亲属（他们主要的是作为债券持有人），而是那些主要由于自己的能力爬到经理地位的穷苦的孩子。

欧洲还没有学会这种升级的诀窍。阶级心理把体力劳动者始终留在他的下等阶级里，高级行政人员出身于特权的和受教育的阶级的家庭。可是,美国的高级行政人员,如果出身于低微的工人,就会感到骄傲。我常常见到一个富有斗争性的社会主义者或工会主义者,因为美国公司组织的这种可以上进的制度,而变成一个资本主义的热心宣传家。给一个有能力的经理每年薪俸十万美元,对一家每年有十亿美元买卖经常靠他决定的公司,是微不足道的。可是,这样神话般的薪俸对小企业和民主政府是不可想象的。一家资本十亿美元、股东五十万人的公司的行政首长,尽管他自己不是一个股份所有人,却对那傀儡董事会发号施令。他们乖乖地服从。他和董事们都是银行家派在那里的。

因为这些选拔人才、升级和高薪,公司比个人能活动的方面多得多。它能雇用专门人才开展它各方面的工作。它能雇用议会活动家和政客,来控制立法,安排投票的阵容。它能雇用法律家起草法律以及在法庭上取得有利的判决。它本质上是一个股票和债券所有人的制造家的组织,由它的销售部门维持价格;又是一个雇主的组织,由它的劳动部门压低劳动成本。它设有公众关系部门,雇用新闻系毕业生向人们宣传。大资本主义,在经理才能的选择上具有这样多方面的便利,它的地位日益稳固,可以对抗小资本家、农场主、工资劳动者甚至政府。就这些后者来说,它们没有量才录用的升级制度、对于有能力的个人任期没有保障、对于雄心大志的人没有优厚的薪俸。

资本主义的主要力量是银行制度。大公司把它们的总管理处迁往纽约,或者它们的董事会必须使银行家满意,或者它们必须自己控制银行。这种关系在以往三十年中发生,完全由于有必要保持投资家的好感。银行发行公司的证券,安排商业信用。它们发现了,如果要保持它们本身在投资家当中的商誉,就不能听任那些公司由幕内人操纵。因此,它们必须控制那些由它们供给资金的公司。银行家们也以辛迪加的方式在一起合作，他们作为国际辛迪加进行业务，各人把外国政府和外国产业的证券卖给本国的投资者。因此，美国资本主义是银行家或金融资本主义，不是以前的商业资本主义或者工业资本主义。可是，即使这样，在通货膨胀和萧条时期，他们曾剥削千百万的投资者，失掉他们的好感。保障投资者的"证券买卖取缔法"，实际上是资本主义的另一种强迫的复兴。这些法令遭到那些不了解投资者的好感的人们盲目地反对。

后来，为了公众的利益，以及有必要经济使用分散的黄金准备，以便供给一种可以伸缩的通货，国会把大多数银行联合起来，成为一个庞大的联邦准备银行制度，类似世界各国的中央银行。联邦准备制度订立它自己的规章，管理它的成员银行和借款人，很像一个工会。全世界的银行制度已经成为现代国家和国际经济管理制度的头脑，不仅因为这些银行本身想要扩大势力，而是因为公众的利益迫切需要统一经营，代替旧的竞争的个人主义。大的产业公司有代表参加十二个联邦准备银行局的董事会，银行和产业的联盟于是完成。

然后政府任命一个"联邦准备银行董事会"来监督它自己创立的这个庞大的银行家的政府，可是薪俸低而任期没有保障，他们所应付的人却是现代资本主义在建立它的霸权中所利用的薪俸极高和能力最敏锐的人物。

在这里，当我们研究到银行制度的时候，战后全世界的经济学家正形成新的派别，可以区别为买卖派和管理派的经济学家。两者起源于同样的原因，周期的生产过剩和失业。可是，他们在关于未来和补救方法的问题上得到不同的结论。管理派在最后结论中指望一种极其重要的"经济计划委员会"，该会将用限额的方法防止生产过剩和失业。买卖派指望一种联合一致的国际货币和银行政策，仿佛像国际支付银行，以及对全世界银行的金银准备的控制，目的在于稳定一般物价水平，从而防止生产过剩和失业的循环再现。两派的根本区别是，买卖派想要在新的情况下保留一切决定价格的买卖的交易中平等和自由的旧原则，而管理派的基础是一切管理的和限额的交易中那种更旧的上级和下级原则，这些交易决定产量和效率。一派以买卖能力的平等为目的，另一派以生产能力的定额为目的。一派倾向于合理的资本主义，另一派倾向于共产主义或者法西斯主义。

管理派现在占优势，由于科学管理的惊人成绩，以及过去三十年中动力机器的革命性的采用和大量生产。工程师居于首要地位，作为一国的总经理，不管那精通群众心理的政治家。这些工程的胜利，人人可以看得出。可是买卖派不是那样令人信服的，因为全世界的物价作用是看不出的，也没有庞大的国际银行可以指出多年的成绩给大家看。然而，庞大的公司组织的成长，大概主要地不是由于马克思的技术效率，而是由于金融资本主义的繁荣和萧条。

斯密和李嘉图的个人主义派的老经济学家们说不可能有普遍的生产过剩这种事。可能有某一种产业或某一个机构中特殊的生产过剩，结果在那一种产业中价格和工资降低。可是，这种情况会自然地获得纠正，因为资本和劳动会从这一产业中自由地流入其他的产业，那里的价格或工资没有降低。结果在那生产过剩的产业里生产将减少，生产不足的产业里生产将增加，各产业之间会不断地进行着一种自动的趋向平衡的趋势，并且它们会环绕着比较生产成本趋于相等。一种产品的供给的增加造成对一切其他产品的需求的增加，因此不可能同时在一切产业中发生普遍的生产过剩和普遍的失业。

可是,这种说法是由于在理论上撇开了货币,以及不知道现代大规模的集体买卖。相反的,买卖学派把论点从某种商品的供求转移到在一切商品上货币和信用的供求。普遍的物价上涨,不管由于什么原因,扩大一切产业中销货上的利润边际。这刺激所有的雇主同时互相竞争,招致普遍的生产过剩。然后,由于银行信用普遍的紧缩或者中央银行的黄金垄断,或者由于负债过多的忍痛出售,普遍的物价下落减缩一切产业中的利润边际。所有的产业,无论大小,完全停顿,解雇它们的工人,因为不可能从一种生产过剩的产业转移到一种生产不足的产业。大家同时都生产过剩,1927 年以来法国和美国的中央银行集中了全世界货币黄金的三分之二。大多数重要的国家,因为商品的黄金价格低落,不得不放弃金本位。

现代资本主义的产业证明了确有普遍的生产过剩的失业。各种产业和各个国家同时诉苦。物价的普遍下跌可以为证。煤、石油、运输、制造、买卖或者农业方面都生产过剩,在一切资本主义国家中同时发生。根据那种讲个人需求和供给的分子式的旧理论,这是不可能的。

劳动工会首先认识到这一点,组织起来防备它,那是在八十年前。然后是铁路公司,六十年前;制造公司,四十年前。现在农业——个人主义的最后藏身所——正在配合它的定额计划,停种边际田地,限制生产。

鉴于这种普遍的生产过剩,管理派经济学家正在经历他们的哲学的三个阶段。第一是个别企业的“科学管理”阶段。第二是整个产业的“规则化”阶段。第三是设立一个“全国计划委员会”,规划全国所有的产业。

“合理化”一词在欧洲用来包括这里的所谓“规则化”和“全国

计划”两者。创始人是二十年前德国的伟大企业家和许许多多公司的董事腊森瑙；工程师泰勒，四十年前在美国创立了科学管理。世界大战使所有的国家不得不暂时效法腊森瑙，可是苏联和意大利却在和平时期效法泰勒和腊森瑙。

管理派经济学家的科学管理阶段和规则化阶段结果恰恰相反。在科学管理阶段，哲学是消除工厂中的浪费，使劳动和机器的效率提高，从而增加产量。可是在规则化阶段，目的不是消除工厂里生产的浪费，而是消除市场上生产过剩的浪费。管理的哲学现在改变为“产量的限制”，以便使生产和消费平衡，适合实际的需求，而不致失去对价格的控制。十九世纪经济学家的自动的平衡，变成管理派经济学家的调节的平衡。

管理经济学的第一和第二阶段是科学的，因为是根据计量的。可是计量单位改变了。在第一阶段，单位是工时。在第二阶段，单位是元。增加工厂里的效率，就增加每工时的产量。限制售给市场的产量，就增加以美元计的收入。

这两种结果，管理派中比较天真的人认为都是一种效率的增加。因此“效率”这个名词取得双重的意义——“产量的增加”和“收入的增加”。一个是工程师的科学管理阶段；另一个是企业家的规则化阶段。工程师的单位是工时，企业的单位是元，管理派经济学家从小时变化到美元。

在管理派的这个规则化阶段，元成为计量单位的时候，买卖派也从个人主义改变为集体的稳定世界物价。可是，在管理派本身范围以内，现在可以区别三种规则化的一般方法，分别称为“公平贸易资本主义”、“辛迪加资本主义”和“金融资本主义”。三种方法可能彼此混合，并且有 一些分不清楚究竟是哪一种的情况。可是，一般说来，公平贸易资本主义是小竞争者的组合，他们大家同意于一种伦理的法则，各成员在道德上（而不是在法律上）必须遵守，违反这种法则的人不受法律的处分。

辛迪加资本主义更进一步，采取工会的原则，对会员的违章行为加以处罚。辛迪加资本主义在卡特尔这个含糊的名称下，在德国是合法的，可是在美国是不合法的。结果，在美国，资本主义正在变为或者公平贸易资本主义或者金融资本主义。金融资本主义的方法，人们现在称为“追随领袖”的方法，所谓领袖是一个占优势的公司。

根据辛迪加方法，整个产业被纳入一个组织，所有的制造家，大的和小的，效率高的和效率低的，都包罗在内。然后那辛迪加研究市场情况以及他们希望维持的价格，任意地规定整个产业下一期（例如一年）的总产量。总产量这样地规定以后，辛迪加就派给各生产单位它担任的一部分，比照它的能力或者它向来经常在销售的数额。各单位不许超过它的限额。在美国已经有了几个实例。显著的一个例子发生在无烟煤工业里；最近值得注意的一个新例子是在原油工业里，此外还有人劝告农业家采取同样的办法。

可是，这些辛迪加始终被美国最高法院认为是不合理的对贸易的限制，加以禁止。因此在过去三十年中美国的金融资本主义制度产生，实行控股公司和追随领袖的方法。

根据美国的自由哲学，你依法不得强迫一个人生产、出售或者竞争，如果他不愿意这样做。他有一种自然权利，可以抑制生产，正如他有自然权利可以扩充生产一样。很合理的，当个人变成由银行供给资金的控股公司时，公司和个人享有同样的自然权利。剥夺公司的这种抑制生产的权利，就是剥夺它的自由，根据宪法的第十四次修正条款，这是不容许的。所以美国的方法不是一种辛迪加的强迫的方法，强迫抑制生产，而是一种自愿的追随领袖的方法，以下列的方式实现：

美国资本主义不需要把所有的竞争者联合为单独一个控股公司。它只需要把最有力量的公司和关键性的公司联合起来。这些包括拥有自然资源的公司，从事于中间制造和运输的公司，享有商标、商誉和专利权、可以招致顾客的公司，以及供给公司资金的大银行家。这是“统合的资本主义”，或者金融资本主义，因为那统合的整体所需要的资金只有银行家能供给。美国钢铁公司，由一个银行家辛迪加所创立，受银行家的支持，在它的某些制造部门里所控制的产量不及全国产量的半数。可是，如果一个小竞争者，由于市面不好和缺乏订货，竟敢削减价格，招徕顾客，只需钢铁公司的当局宣告它打算“对付竞争”，就会使那不安分的竞争者恢复到占优势的公司原先规定的价格。汽油供给站，虽然竞争者很多，生意很忙，却同时售取同一价格，并且在改变价格时采取一致行动。

这是美国的资本主义。它是一种银行家的经济上的政府，比政治上的政府势力更大。它的制裁不是国家的暴力，而是那力量更大的信用、利润和损失的制裁。这种制度像是那老的供求“法则”以及经济学家的边际效用原则。竞争仍然自由，可是制裁已经从经济学家所谓欲望的满足改变为企业家的害怕破产。小资本家在意大利或者德国是法西斯主义的广大后备军，在美国成为金融资本主义的驯服的追随者。

克莱顿法案中授权公司“对付竞争”的条款，表示美国资本主义的议会活动能力的胜利。克拉克，以敏锐的眼光，在 1901 年曾指出，当一家公司在一个地方削减价格以便歼灭一个只有本地市场的小竞争者时，如果法律规定该公司应在它所有的各地市场上作同样的减价，该公司就不可能在其他市场上收回利润，抵补它在那减价市场上的损失。这一下就会使大公司和它的最小的竞争者在买卖能力上处于平等的地位。可是，克拉克教授的这种见解在法律制定时虽然获得国会议员的支持，一些公司的国会活动家终于能加入"除了为了老老实实地对付竞争"这些字眼。假如不加入这种"除外"，自由竞争的旧理想就可能保留，建立在例如大小企业平等的基础上。可是，加入了这种"除外"以后，只需提出"对付竞争"的威胁，通常就能迫使小资本家恢复原来价格，并且使美国资本主义清清楚楚地成为一种"追随领袖"的资本主义。

即使法律上有这种除外，为什么金融资本主义容许这些小资本家继续存在呢？他们不是总是小的，不是总是效率低的。他们甚至可以比他们的大竞争者效率较高。他们可以继续存在，只要他们不生产过多，不减价招徕顾客。这是经济的理由。

还有一种政治的理由。合成整体的资本家不愿意被称为垄断者。如果他能指出获得公众同情的小竞争者作为目标，就可以借此避免政治的攻击。小资本家是他的政治旗帜或掩护。

结果证明，这种自愿的追随领袖的资本主义的美国方法，比较德国的卡特尔、意大利的法西斯主义或者苏联的共产主义的法律的强制，力量大得多，伸缩性和效率高得多。力量比较大，因为它付给高薪，争取行政的才能。伸缩性比较大，因为它使小资本家有机会获得大利，只要他提高自己的效率。美国钢铁公司已经失掉钢铁工业的一个部门——钢管工业——的全部业务，因为一个只有二千万美元左右的比较小的资本家发展形成了一种生产方法，比钢铁公司的旧式方法的效率高得多。补救的办法是由公司收买那小资本家。美国制度迫使资本主义不得不建立庞大的科学研究部门。也许最高法院做得很对，它摒弃辛迪加资本主义，强使美国走上金融资本主义。

然而辛迪加资本主义或者金融资本主义都不能克服物价极度

下跌时期中生产过剩和失业的危险。实际上，生产过剩和失业的波动，对大公司比较对小雇主更为剧烈。再说，有人认为，业务集中在庞大的公司里，往往像减低生产成本一样增加销售的费用。

同样重要的是巨额投资和经常的设备费，以及熟练技工和经理人员的经常费用，这些人必须予以维持，即使工厂停工，其他的工人都失业。工厂设备和经理人员是专门化的，专门为了生产某种特殊产品，不能转移到其他产品，像老派经济学家假设的那样。因此，即使生产已经过剩，利润边际由于物价下跌已不存在，最好还是维持生产，只要能抵补经常费用。或者，可以设立一种利润垫层，用来支付股利，不必雇用劳动，生产货品来出售。因此金融资本主义比小资本主义会引起还要更多的失业。小资本主义是地方资本主义。金融资本主义是世界资本主义。

这种情况把管理派经济学家推进到他们的哲学的第三阶段——全国经济计划委员会。竞争不再是同一产业中个人之间跌价的竞争。产业作为一个单位在行动，不管它是公平贸易、辛迪加或者金融资本主义。竞争成为各产业之间取得消费者的货币的竞争。降低价格的旧观念变成讲究推销术而不减价的新观念。因此这个计划委员会将要把各种产业所有的资本家综合在一起，按适当的比例分配资本和劳动，不仅在每种产业内的竞争者用“规则化”来分配，而且在全国所有的产业之间分配，由一个包括一切产业的委员会负责进行。在管理派经济学家看来，这不是梦想。他们指出人人看见的两个实例，苏联的最高经济委员会和法西斯意大利的新的法人组织的国家。

可是，这些实例已经不是自愿的资本主义。它们是独裁或专政。没有国家的暴力强制，经济计划委员会不能实行它的计划，不管是规则化或者全国的计划，因为它是一种定额和限额的制度。

不是所有的个人，或者公司，或者产业都会自愿服从的。如果他们按规定的价格或工资能获得利润，就不能指望他们把生产抑制在分配给他们的定额以内。委员会必须获得国家的帮助，才可能防止生产过剩。我们在堪萨斯和俄克拉荷马两州关于油井的法律中已经看到这种开端，它们规定油井的开钻或产量的扩大必须获得政府行政部门的批准。把这个例子推广到所有的产业，我们就了解一个全国经济计划委员会的管理的目标，由国家的行政独裁予以支持。

这就使我们接触到公共政策和实际政治的根本问题。民主政治和代议制政府是不是有能力来管理这些世界范围的金融政府呢？共产主义和法西斯主义已经作出它们的答案。它们坦率地和公开地废除了普选、代议制政府、言论自由和结社自由，代以专政和强迫参加受管理的组织。

可是，苏联和意大利是小资本主义、小农农业、低生活水平以及对普选差不多没有经验的国家。美国资本主义有优厚的薪俸、行政人才的升级、高生活水平、投资遍及千百万选举人、普选和一个最高法院。

美国的问题，如果我们根据跟苏联和意大利的比较来说，是两重的：经济的和政治的。我们可以认为将来有两件事是肯定的。在经济方面，是金融资本主义的发展；在政治方面，是最高法院的统治权。不肯定的事是立法的未来，以及工人、农民、小企业家的私人组合和政党的未来。立法和自愿的组合两者在苏联和意大利已经废除。在美国，我们看得很清楚，两者都越来越弱。

企业家害怕立法或者国会的开会。墨索里尼的黑衫党向罗马进军，结束一个无能的议会。共产主义者也厌恶普选。美国最高法院宣告立法和国会的行为不合宪法，它自己决定公司组织和它们的营业办法的合法性。

在现代普选和经济利益冲突的世界中，立法机关无疑地不受人信任。在一种意义上，国会外的实力派比立法机关的代表性更强。它代表经济利益集团——立法议员代表各式各样的个人。意大利曾采用比例代表制，按照他们的票数代表多数党和少数党。可是这徒然增加政党的数目和它们的相持不下，每一个党代表着不同的经济利益；这一点给了墨索里尼他的最动听的理由，可以借此取消立法机关。

另一方面，普鲁士由天主教党、社会主义党和民主党的比例代表制统治了十年以上，成绩很好，最后被德国的军事独裁废除掉。

我们知道，在南部各州和我们最大的城市里，普选已经失败。在这些地方，企业界和专门职业工作者向往着一种企业家的政府，这是我们的法西斯主义。墨索里尼一度是工团主义者，赞成工人占有工厂。他懂得群众暴力的心理。当他取得企业家和专门职业工作者的信任，向他们要求财政帮助的时候，他已经具备条件，可以成为他们的领袖。

在他改组那多数反对他的立法机构以前，他首先废除遗产税和增加消费税。不久他的暴力行为和对反对派的镇压，开始在立法机构中引起反对。终于反对党完全脱离了立法机关。他然后变为把一切工资劳动者和农民以及雇主组织为强制的辛迪加。这些辛迪加，代表全国的各种经济利益集团，它们的职员由独裁者任命；它们代替那种代表地区个别选举人的多数的旧立法制度。

立法议员的地区选举制度，在选举权限于有产阶级的时代，运用得很好。那时候立法机关中只能有两个政党，代表着乡村里的地主和城市中的资本家。可是，自从普选实现以来，在美国差不多一百年，在英国还不到三十年，立法机关开始分裂为许多集团，出现了相持不下的局面以及拉拢合作和辩论的团体，代表着新的经济利益集团。

可是，当墨索里尼废除立法上的比例代表制时，他废除了可以使现代立法真正代表一切经济利益集团的唯一方法。经济利益的范围从此不限于一州的郡区，或者一个城市的选举区，或者一国的州区。它们超越了地区的界限。它们有了全州和全国的组织。比例代表制企图解决的问题是怎样选举这些领袖参加立法机关，并且把他们留在那里。他们的领袖是像工会的冈珀斯这种人，或者像钢铁公司的加里这种人，或者像农民组织的娄登这种人，或者像社会主义者组织的伯杰这种人，或者像大通银行的维金斯这种人。这种人的仇敌太多。他们在小地区里不能由多数票连续地一再选出。可是他们在较广的范围内用比例或少数代表制可以连续地被选。但事实上，只有没有仇敌的人能够被选，美国的政治机器是用来发现和选出"黑马"①的方法，他们作为代表性的领袖是不出名的，因为他们的敌人最少。人们后来发现内部的人对他们很熟悉。

辛辛那提市是一个实例，可以说明比例代表制对于使立法机构具有代表性和效力，能起什么作用；在其他国家中这种制度已经慢慢地扩充到各州和全国的立法机构，只有到独裁政权加以掌握时才被取消。必须通过自己自由选出的领袖使立法机构足以代表经济利益集团，才可能期待立法机构有那种经验和能力，足以控制或者对付美国金融资本主义的那些薪俸优厚的行政人员和政治机器。

可是，意大利的例子摆在我们面前，可以对照。正是这种比例

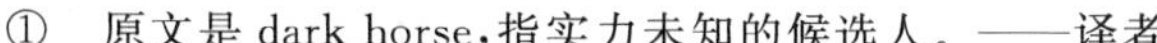

① 原文是 dark horse，指实力未知的候选人。——译者

代表制使意大利议会成为一种无能的辩论会，分成许多小集团，造成许多僵局。在美国也可能如此。一家大公司的董事会只有一种经济利益需要促进——利润。立法机构却有十几种或者更多种矛盾的和部分一致的利益集团。

可是，美国的立法机构和国会已经知道怎样使它们自己摆脱现代矛盾的利益的复杂性所需要的行政管理方面的具体工作。它们创立了铁路和公用事业委员会、捐税委员会、产业委员会、市场委员会，处理铁路和运货人之间、雇主和雇工之间、各种纳税人之间、同业中大小竞争者之间的冲突。这些委员会是半立法的机构，在它们最有效力的地方，我们发现它们设置了代表矛盾的经济利益的组织，作为咨询小组，很像墨索里尼的法西斯公司，所不同的是这些利益集团是自愿的，选出自己的代表，而墨索里尼的是强迫的，所有代表是由他本人选派的。

解除了这些繁重的具体工作以后，现代立法机构知道怎样限制自己的工作范围，只做一些可以发生效力的事。它的有效的领域是一般法律和一般的行政标准。这些一般规则是矛盾的经济利益集团之间的妥协问题，而半立法的行政机构仍然办理具体工作和政策的执行，和以前一样。

可是，要改进和保留立法机构的最重要的理由，是它们可以保护自愿的社团组合。这种保障扼要地陈述在起源于 1689 年英国革命的民权条例里。然而，每个时代必须更改或补充它的民权条例。它们不仅是言论自由、出版自由和研究自由的权利，而且最重要的是结社自由的权利。在我们的时代，这种权利意味着工会、农民合作社、商业合作社、政党。在苏联和意大利被废除的就是这些权利，因为立法机构被废除了。

即使如此，这些自愿的组织已经开始知道它们也必须限制自己的活动范围，只作能够发生效力的活动。在美国，我们有一些实验可以根据。早期的劳动组织，到劳工协会①为止，企图通过自愿的组合以合作和自我就业代替资本主义的就业，根据一人一票的民主原则，而不根据一股一票的资本主义原则。它们的组织在用大众投票选举经理的问题上失败了。或者，如果它们成功了，它们就不再接受新会员，而用工资雇用非会员，因此最后变成通常的公司，转向资本家方面。

农民的合作社也有同样的经验。六十年来，它们在一人一票的民主原则上始终是失败。小合作社似乎进行得很顺利，它们大家利害相同，彼此又相当熟悉。可是，在会员经常变动，有政治、宗教、肤色、种族、语言、人格上的区别的地方，就派别滋生，内部的政治关系决定经理人选，不管经理的能力怎样。

大公司只从事于一项活动——利润。过去四十年的美国工会，不像其他国家的工会，已经知道只注意争取一项利益——工资、工作时间和工作规则。它们不想管理企业，只想尽可能取得企业的成果的一大部分。

农民仍然处于四十年前的劳工组织的阶段。政府帮助他们，对他们的合作社供给资金，供给他们领袖人才。他们还需要证明，大规模地组织起来以后，他们能够选举自己的领袖，任期有保障，内部可以升迁，薪俸相当优厚，能够应付那些大公司。人们对他们的主要劝告是选举较好的经理和付给较高的薪俸。不幸的是，一般说来，不能说他们有能力这样做。有几个销售合作社可以为例；可是，不管我们考虑哪一方面的活动，我们必须依赖立法来保障这些组织团体的权利，不是通过从上面供给它们领袖人才，而是通过

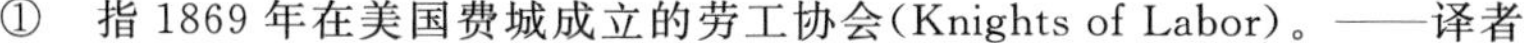

① 指 1869 年在美国费城成立的劳工协会(Knights of Labor)。——译者

保证它们不受外部强有力的竞争者的歧视。

一个从匈牙利独裁政治下逃避出来的著名流亡人物对我说，所有这些关于民权条例的议论都是废话，我这样抱住民权条例不放，可以算是自由主义的最后遗民。据他和其他欧洲人的看法，世界必然地在向着共产主义或者法西斯主义推进，自由主义者将逐渐地或者猛烈地被排挤掉。实际上是一种值得注意的对比，美国的宪法以“权利”为基础，而苏联和意大利的宪法以“义务”为基础。义务成为独裁政治的伦理。这是一百四十年中发生的变化，从法国革命的人类的权利改变到苏联和意大利独裁政治的人类的义务。人的权利是他的各种自由，人的义务是否定或克制他的自由。可是人的权利现在是自由结社的权利。

这是现代经济学的问题，现在人们称为“制度经济学”。制度不过是集体行动在控制、解放和扩张个人行动。它也许是共产主义、法西斯主义或者资本主义。法国革命的经济哲学想要废除集体行动。现在全世界的经济哲学是集体行动的哲学。剥夺人们经济自由的，是失业和贫困。剥夺他们的政治自由，不过是一种防止革命的手段，但确实是必要的手段。他们用集体行动保留他们自己的自由，或者通过自愿结合的团体或者通过政党。

也许美国资本主义正在“经济计划委员会”的伪装下趋向法西斯主义。它已经从抑制共产主义和工团主义开始。可是在立法机构完全不受信任以及法官由独裁者随意任免以前，它不能达到最终的法西斯国家的地步。由于这些抑制，就抑制了使工会、农民协会、商业合作社和政党等自愿的组织可能产生的那种公民的自由。正是这些组织——而不是老的自由个人行动的个人主义——是现代自由主义和民主主义的藏身之所，从而避免共产主义、法西斯主义或者金融资本主义。

但是，在现代的情况下，是否能决定苏联的共产主义、意大利的法西斯主义和美国的金融资本主义三者之中哪一种是较好的公共政策，还有疑问。在那两种欧洲的制度以及其他模仿它们的制度中，自由受到抑制，知识分子（包括艺术家、发明家、工程师、编辑、教授）受到排除，不单是因为他们受到暴力的压制，而且因为个人的创造性和天才在一个恐怖的国家中不能发扬。

但是，这些人是全国人口中很小的一部分。绝大多数是工业、农业、运输和银行等各方面的体力劳动工人和事务人员。对这些人来说，现行制度在物价上涨时使得他们精神沮丧，物价下跌时弄得他们穷困，并且就业机会的缺乏使他们受到威胁。如果共产主义或者法西斯主义在低工资的基础上使他们生活安定，他们并不因没有自由而感觉痛苦。

个人的节约也有同样的情况。个人节约曾经是小资本主义的基础；小资本主义排除了封建贵族政治的浪费，获得杜阁和亚当·斯密的热烈赞成。二十世纪金融文明的通货膨胀和收缩，消除了个人所有权的精华，这种个人所有权以前一直在诱导个人工资劳动者和农民节约储蓄、精打细算、承担他们有机会克服的风险以及维持美国共和国。节约在变成法人组织的公积金和苏联或意大利的限额那种制度化的节约，那些在美国资本主义制度下节制个人享受、以便储蓄投资为将来打算的人，受到那些及时行乐的人的嘲笑，后者挣得钱来随时享受，可是现在比那些可能享受而不肯享受的人，处境并不较差。

如果这些俭约的个人，由于变成一种工资和薪水劳动者的无产阶级，而在资本主义文明中不复存在，那么，对绝大多数的人来说，很可能共产主义或者法西斯主义的专政也许比美国的金融资本主义较为可取。没有疑问，那种专政马上会消除学术自由和出版自由，可是一方面经济学家暂时在苏联、意大利和美国有三套新的大规模的实验室，可以试验他们的古典的、快乐主义的和制度的学说。

译名对照表

〔三　画〕

凡勃伦 Veblen, T.
山达亚那 Santayana, G.
门格尔 Menger, C.
马席士 Mises, L.
马尔萨斯 Malthus, T.
马勒伯朗士 Malebranche, N.

〔四　画〕

瓦尔拉 Walras
戈森 Gossen, H. H.
戈登—柯明 Gordon-Cumming
丹尼逊 Dennison, H.
巴克 Buck, N. S.
巴克斯特 Baxter, R.
巴杰霍特 Badgehot, W.
巴斯夏 Bastiat, F.
开因斯 Cairnes
冈珀斯 Gompers, S.
韦尔 Ware, N.
韦伯 Weber, M.
韦伯斯特 Webster, D.
贝克哈特 Beckhart, B. H.
孔德 Comte, A.

〔五　画〕

古奇 Gooch, G. P.
卡南 Cannan, E.
卡特 Carter, J.
卡内基 Carnegie, A.
卡斯特 Caster, J. C.
卡塞尔 Cassel, G.
卡钦斯 Catchings, W.
布朗 Brown, H. G.
布莱克斯顿 Blackstone, W.
布鲁金斯 Brookings, R. S.
加斯特鲁 Gastrow, F. E.
弗尼斯 Furniss, E. S.
申 Shinn, C. H.
汉尼 Haney, L. H.
汉密尔顿 Hamilton, W. H.
卢埃林 Llewellyn, K. N.
皮亚斯 Pierce, F.
包克 Boucke, O. F.
包林 Bowring, J.
边沁 Bentham, J.
艾伦 Allen, E. S.
艾德勒 Adler, E. A.
艾奥华 Iowa

〔六　画〕

亚奎纳 Aquinas, T.
安德鲁 Andrew, J. S.
邦纳 Bonar, J.
邦布莱特 Bonbrignt, J. C.

华莱士 Wallace, A. R.
刘易斯 Lewis, A. B.
伏格林 Voegelin, E.
托尼,珍妮特 Tawney, Jeanette
托尼,理查德 Tawney, Richard
托伦斯 Torrens, R.
西默 Simmel, G.
西季威克 Sidgwick, H.
乔治 George, H.
休伯 Huber, H. A.
休谟 Hume, D.
米尔斯 Mills, F. C.
米契尔 Mitchell, W. C.
米恩斯 Means, G. C.
吉德 Gide, C.
伊利 Ely, R. T.
伊利斯 Ellis, L. S.
约旦 Jordan, E.
达耳伯格 Dahlberg, A.
卡夫卡 Koffka, K.

〔七　画〕

沃尔 Woll, M.
沃克 Walker, F.
沃森 Watson, J. B.
杜阁 Turgot, A. R. J.
杜兰特 Durant, W.
希慕勒 Schmoller, G.
里克特 Rickert, H.
里普利 Ripley, W. Z.
里斯特 Rist, C.
克内斯 Knies, K. E.
克拉克 Clark, J. B.
克洛格 Kellogg, E.
克朗诺 Kroner, H.
克劳森 Clausen, F. H.
克累格 Clague, E.
克伦威尔 Cromwell, O.
李嘉图 Ricardo, D.
怀特海 Whitehead, A. N.
麦克文 MacVane, S. M.
麦卡洛克 McCulloch, J. R.
麦克劳德 Macleod, H. D.
库耳 Kull, G. F.
库克 Cook, W. W.
库柏 Cooper, P.
纳普 Knapp, G. F.
劳伦斯 Lawrence, J. S.
劳伯特斯 Rodbertus, A. J. C.
伯杰 Berger, V.
阿特金斯 Atkins, W. E.

〔八　画〕

金 King, W. I.
帕克 Parker, L. H.
帕累托 Pareto, V.
帕尔格雷夫 Palgrave, R. H. I.
杰尼 Geny, F.
杰弗逊 Jefferson, T.
林德曼 Lindeman, E. C.
孟德维尔 Mandeville, B.
罗叟 Roscher, W.
罗斯 Ross, E. A.
罗杰斯 Rogers, J. H.
罗德戴尔 Lauderdale, J.
庞·巴维克 Böhm Bawerk, E. von
图克 Tooke, T.
凯雷 Carey, H.
凯耳森 Kelsen, H.

〔九　画〕

席勒 Schiller, F.
威廉 William, H.
威廉斯 Williams, A. T.

威克塞尔 Wicksell,K.
威斯康辛 Wisconsin
胡克 Hook,S.
哈耶克 Hayek,F. A.
哈勒威 Halévy,E.
珀耳曼 Perlman,S.
科勒 Kohler,W.
洛克 Locke,J.
派特逊 Patterson,E. M.
英戈耳斯 Ingalls,W. R.
柏格森 Bergson,H.
柏克莱 Berkeley
柯普兰 Copeland,M. A.
费特 Fetter,F. A.
费尔默 Filmer,T.
费希尔 Fisher,I.

〔十　画〕

唐森 Townsend,G.
埃克利 Akeley,L.
埃梅特 Emmet,B.
恩格尔 Engel,E.
惠特克 Whitaker,A. C.
泰勒 Taylor,F.
索雷耳 Sorel,G.
夏夫曼 Sharfman,I. L.
桑顿 Thornton,H.
桑巴特 Sombart,W.
特纳 Turner,G.
配第 Retty,W.
哲逢斯 Jevons,W. S.
格林 Green,T. H.
格娄斯 Grose,T. H.
格累泽 Glaeser,M. G.
格兰特 Grant,J. A. C.
格鲁夫斯 Groves,H. M.
格斯顿伯格 Gerstenberg,C. W.
莱昂斯 Lyons,W. H.
贾德 Judd,C. H.

〔十 一 画〕

梅恩 Maine,H.
梅伦 Mellum,H. J.
寇克 Coke,E.
寇因,亨利 Cohen,Henry
寇因,摩里斯 Cohen,Morris R.
悉尼耳 Senior,N. W.
维塞尔 Wieser,F. von.
萨依 Say,Jean-Baptiste

〔十 二 画〕

富兰克林 Franklin,B.
提加尔特 Teggart,R. V.
黑斯廷斯 Hastings,H. B.
普利斯特列 Priestley,J.
堪萨斯 Kansas
斯班 Spann,O.
斯密 Smith,A.
斯坦莱 Stanley,W.
斯威歇 Swisher,C. B.
斯科特 Scott,D.
斯潘塞 Spencer,H.
斯巴克曼 Sparkman,R.
斯巴克斯 Sparks,J.
斯克鲁普 Scrope,G. P.
斯图亚特 Stuart,D.
道格拉斯 Douglas,P. H.
谢弗 Shafer,J. E.
谢弗兹堡 Shaftesburg
葛德文 Godwin,W.
奥尔 Ohl,H.
奥特迈耶 Altemeyer,J. A.

〔十 三 画〕

魁奈 Quesnay,F.
瑞安 Ryan,F. W.

芮夫勒 Reifler,W. W.
塞利格曼 Seligman,E. R. A.
路易斯安纳 Louisiana
詹姆士 James,W.
福莱 Foley,T.
福尔曼 Foreman,C. J.
福斯特 Foster,W. T.
赖兴巴赫 Reichenbach,H.

〔十 四 画〕

赫契森 Hutcheson,F.
熊彼特 Schumpeter,J.

〔十 五 画〕

摩顿 Morton,W.

〔十 六 画〕

穆尔 Moore,B. V.
穆勒,约翰 Mill,John Stuart
穆勒,詹姆士 Mill,James
霍布生 Hobson,E. W.
霍布斯 Hobbs,T.
霍伊特 Hoyt,E. E.
霍季森 Hodgson,W.
霍特里 Hawtrey,R. G.
霍勒斯 Horace,T.
霍兰德 Hollander,J. H.

〔十 七 画〕

魏纳 Viner,J.
魏曼 Wyman,B.
戴维斯 Davis,A. C.
戴文波特 Davenport,H. J.

图书在版编目(CIP)数据

制度经济学.下册/(美)康芒斯著;于树生译.—北京:
商务印书馆,2017
(汉译世界学术名著丛书:120年纪念版:珍藏本)
ISBN 978-7-100-14155-0

Ⅰ.①制…　Ⅱ.①康…②于…　Ⅲ.①制度学派
Ⅳ.①F091.349

中国版本图书馆CIP数据核字(2017)第139029号

汉译世界学术名著丛书
(120年纪念版·珍藏本)
制 度 经 济 学
下册
〔美〕康芒斯 著
于树生 译

商 务 印 书 馆 出 版
(北京王府井大街36号 邮政编码100710)
商 务 印 书 馆 发 行
南京爱德印刷有限公司印刷
ISBN 978-7-100-14155-0

2017年12月第1版　　开本710×1000 1/16
2017年12月第1次印刷　　印张37¼
定价:180.00元